Petra Ritter-Müller

Kennst du die Welt? - Gottes Antwort an Ijob

Altes Testament und Moderne

herausgegeben von

Hans-Peter Müller (Münster)

Michael Welker (Heidelberg)

Erich Zenger (Münster)

Band 5

LIT

Petra Ritter-Müller

Kennst du die Welt? - Gottes Antwort an Ijob

Eine sprachwissenschaftliche und exegetische Studie zur ersten Gottesrede Ijob 38 und 39

LIT

Die Deutsche Bibliothek – CIP-Einheitsaufnahme

Ritter-Müller, Petra
Kennst du die Welt? - Gottes Antwort an Ijob : Eine sprachwissenschaftliche und exegetische Studie zur ersten Gottesrede Ijob 38 und 39 / Petra Ritter-Müller. – Münster : LIT, 2000
(Altes Testament und Moderne ; 5.)
Zugl.: Salzburg, Univ., Diss., 1997
ISBN 3-8258-4268-1

NE: GT

Grevener Str. 179 48159 Münster Tel. 0251–23 50 91 Fax 0251–23 19 72

Vorwort

Die vorliegende und mittlerweile leicht überarbeitete Untersuchung wurde im Jahr 1997 von der Katholisch-Theologischen Fakultät der Paris-Lodron-Universität Salzburg als Dissertation angenommen. Am Zustandekommen und Fertigstellen dieser Arbeit sind viele beteiligt gewesen:

So habe ich zu allererst und vor allem meinem Doktorvater Univ.-Prof. Dr. Friedrich V. Reiterer, Salzburg, zu danken. Er war bereit, mich trotz widriger Umstände als „wissenschaftliche Tochter" zu adoptieren und die Jahre bis zur Fertigstellung der Arbeit zu begleiten. Ohne seine Mühe und Geduld hätte ich bereits vor Jahren der wissenschaftlichen Arbeit den Rücken gekehrt. Auch Prof. Dr. Josef Wehrle, München, bin ich sehr zu Dank verpflichtet. Er übernahm das Koreferat und gab mir wichtige Hilfestellungen, vor allem für den zweiten Teil der Arbeit.

Weiterhin trug Prof. Dr. Ernst Feil, München, entscheidend dazu bei, daß ich nicht aus materiellen Gründen aufgeben mußte, sondern durch die jahrelange Mitarbeit an seinem Forschungsprojekt „Religion" nicht nur eine gewisse finanzielle Sicherheit, sondern auch menschlich-soziale Anteilnahme fand. Ihm und der Münchner Universitätsverwaltung bin ich zu großem Dank verpflichtet.

Als im Neuen Testament doktorierende Leidensgenossin hat Luitgard Ilmberger durch manches Gespräch Aufbauarbeit geleistet. Den Herausgebern Hans-Peter Müller, Münster, Michael Welker, Heidelberg, und Erich Zenger, Münster, danke ich herzlich für die Übernahme in die Reihe „Altes Testament und Moderne" sowie Herrn Dr. Michael J. Rainer vom LIT-Verlag, Münster, für gute Hinweise.

Den Erzdiözesen Salzburg sowie München und Freising schulde ich für ihren finanziellen Beitrag zu den Druckkosten Dank, ebenso dem Erzbischöflichen Ordinariat München, näherhin der Studienförderung Kirchliche Berufe für ein eineinhalbjähriges Stipendium.

Ganz besonders danke ich meinem Mann, Prof. Dr. Ludger Müller. Er half mir bei meinen zahlreichen Computerproblemen, las das Manuskript Korrektur und ließ mich auch mit den Satzarbeiten für diese Veröffentlichung nicht im Stich. Ohne seine Ermutigungen wäre meine Arbeit „auf halber Strecke" liegengeblieben.

Das Buch möchte ich meiner Mutter, Maria Ritter, widmen. Sie hat mit Wohlwollen vor Jahren mein Studium ermöglicht und auf ihre Weise das Zustandekommen des Buches nach Kräften unterstützt.

Allen, auch mancher und manchem hier Ungenannten, gilt mein herzliches Vergelt's Gott.

München, den 26. März 2000 — Petra Ritter-Müller

INHALT

Ijob 38

1 וַיַּעַן־יְהוָה אֶת־אִיּוֹב (מִן) (הַסְּעָרָה) [מִן] [הַסְּעָרָה] וַיֹּאמַר

2 מִי זֶה מַחְשִׁיךְ עֵצָה בְמִלִּין בְּלִי־דָעַת

3 אֱזָר־נָא כְגֶבֶר חֲלָצֶיךָ וְאֶשְׁאָלְךָ וְהוֹדִיעֵנִי

4 אֵיפֹה הָיִיתָ בְּיָסְדִי־אָרֶץ הַגֵּד אִם־יָדַעְתָּ בִינָה
5 מִי־שָׂם מְמַדֶּיהָ כִּי תֵדָע אוֹ מִי־נָטָה עָלֶיהָ קָּו
6 עַל־מָה אֲדָנֶיהָ הָטְבָּעוּ אוֹ מִי־יָרָה אֶבֶן פִּנָּתָהּ

7 בְּרָן־יַחַד כּוֹכְבֵי בֹקֶר וַיָּרִיעוּ כָּל־בְּנֵי אֱלֹהִים

8 וַיָּסֶךְ בִּדְלָתַיִם יָם בְּגִיחוֹ מֵרֶחֶם יֵצֵא
9 בְּשׂוּמִי עָנָן לְבֻשׁוֹ וַעֲרָפֶל חֲתֻלָּתוֹ

10 וָאֶשְׁבֹּר עָלָיו חֻקִּי וָאָשִׂים בְּרִיחַ וּדְלָתָיִם
11 וָאֹמַר עַד־פֹּה תָבוֹא וְלֹא תֹסִיף וּפֹא־יָשִׁית בִּגְאוֹן גַּלֶּיךָ

12 הֲמִיָּמֶיךָ צִוִּיתָ בֹּקֶר (יִדַּעְתָּה) (שַׁחַר) [יִדַּעְתָּ] [הַשַּׁחַר] מְקֹמוֹ
13 לֶאֱחֹז בְּכַנְפוֹת הָאָרֶץ וְיִנָּעֲרוּ רְשָׁעִים מִמֶּנָּה
14 תִּתְהַפֵּךְ כְּחֹמֶר חוֹתָם וְיִתְיַצְּבוּ כְּמוֹ לְבוּשׁ
15 וְיִמָּנַע מֵרְשָׁעִים אוֹרָם וּזְרוֹעַ רָמָה תִּשָּׁבֵר

16 הֲבָאתָ עַד־נִבְכֵי־יָם וּבְחֵקֶר תְּהוֹם הִתְהַלָּכְתָּ
17 הֲנִגְלוּ לְךָ שַׁעֲרֵי־מָוֶת וְשַׁעֲרֵי צַלְמָוֶת תִּרְאֶה
18 הִתְבֹּנַנְתָּ עַד־רַחֲבֵי־אָרֶץ הַגֵּד אִם־יָדַעְתָּ כֻלָּהּ
19 אֵי־זֶה הַדֶּרֶךְ יִשְׁכָּן־אוֹר וְחֹשֶׁךְ אֵי־זֶה מְקֹמוֹ
20 כִּי תִקָּחֶנּוּ אֶל־גְּבוּלוֹ וְכִי־תָבִין נְתִיבוֹת בֵּיתוֹ
21 יָדַעְתָּ כִּי־אָז תִּוָּלֵד וּמִסְפַּר יָמֶיךָ רַבִּים

22 הֲבָאתָ אֶל־אֹצְרוֹת שָׁלֶג וְאוֹצְרוֹת בָּרָד תִּרְאֶה
23 אֲשֶׁר־חָשַׂכְתִּי לְעֶת־צָר לְיוֹם קְרָב וּמִלְחָמָה
24 אֵי־זֶה הַדֶּרֶךְ יֵחָלֶק אוֹר יָפֵץ קָדִים עֲלֵי־אָרֶץ
25 מִי־פִלַּג לַשֶּׁטֶף תְּעָלָה וְדֶרֶךְ לַחֲזִיז קֹלוֹת
26 לְהַמְטִיר עַל־אֶרֶץ לֹא־אִישׁ מִדְבָּר לֹא־אָדָם בּוֹ
27 לְהַשְׂבִּיעַ שֹׁאָה וּמְשֹׁאָה וּלְהַצְמִיחַ מֹצָא דֶשֶׁא
28 הֲיֵשׁ־לַמָּטָר אָב אוֹ מִי־הוֹלִיד אֶגְלֵי־טָל
29 מִבֶּטֶן מִי יָצָא הַקָּרַח וּכְפֹר שָׁמַיִם מִי יְלָדוֹ
30 כָּאֶבֶן מַיִם יִתְחַבָּאוּ וּפְנֵי תְהוֹם יִתְלַכָּדוּ
31 הַתְקַשֵּׁר מַעֲדַנּוֹת כִּימָה אוֹ־מֹשְׁכוֹת כְּסִיל תְּפַתֵּחַ
32 הֲתֹצִיא מַזָּרוֹת בְּעִתּוֹ וְעַיִשׁ עַל־בָּנֶיהָ תַנְחֵם
33 הֲיָדַעְתָּ חֻקּוֹת שָׁמָיִם אִם־תָּשִׂים מִשְׁטָרוֹ בָאָרֶץ

34 הֲתָרִים לָעָב קוֹלֶךָ וְשִׁפְעַת־מַיִם תְּכַסֶּךָּ
35 הַתְשַׁלַּח בְּרָקִים וְיֵלֵכוּ וְיֹאמְרוּ לְךָ הִנֵּנוּ

36 מִי־שָׁת בַּטֻּחוֹת חָכְמָה אוֹ מִי־נָתַן לַשֶּׂכְוִי בִינָה
37 מִי־יְסַפֵּר שְׁחָקִים בְּחָכְמָה וְנִבְלֵי שָׁמַיִם מִי יַשְׁכִּיב
38 בְּצֶקֶת עָפָר לַמּוּצָק וּרְגָבִים יְדֻבָּקוּ

39 הֲתָצוּד לְלָבִיא טָרֶף וְחַיַּת כְּפִירִים תְּמַלֵּא
40 כִּי־יָשֹׁחוּ בַמְּעוֹנוֹת יֵשְׁבוּ בַסֻּכָּה לְמוֹ־אָרֶב
41 מִי יָכִין לָעֹרֵב צֵידוֹ כִּי־(יְלָדוֹ) [יְלָדָיו] אֶל־אֵל יְשַׁוֵּעוּ יִתְעוּ לִבְלִי־אֹכֶל

Ijob 39

1 הֲיָדַעְתָּ עֵת לֶדֶת יַעֲלֵי־סָלַע חֹלֵל אַיָּלוֹת תִּשְׁמֹר
2 תִּסְפֹּר יְרָחִים תְּמַלֶּאנָה וְיָדַעְתָּ עֵת לִדְתָּנָה
3 תִּכְרַעְנָה יַלְדֵיהֶן תְּפַלַּחְנָה חֶבְלֵיהֶם תְּשַׁלַּחְנָה
4 יַחְלְמוּ בְנֵיהֶם יִרְבּוּ בַבָּר יָצְאוּ וְלֹא־שָׁבוּ לָמוֹ

5 מִי־שִׁלַּח פֶּרֶא חָפְשִׁי וּמֹסְרוֹת עָרוֹד מִי פִתֵּחַ
6 אֲשֶׁר־שַׂמְתִּי עֲרָבָה בֵיתוֹ וּמִשְׁכְּנוֹתָיו מְלֵחָה
7 יִשְׂחַק לַהֲמוֹן קִרְיָה תְּשֻׁאוֹת נוֹגֵשׂ לֹא יִשְׁמָע
8 יְתוּר הָרִים מִרְעֵהוּ וְאַחַר כָּל־יָרוֹק יִדְרוֹשׁ

9 הֲיֹאבֶה רֵּים עָבְדֶךָ אִם־יָלִין עַל־אֲבוּסֶךָ
10 הֲתִקְשָׁר־רֵים בְּתֶלֶם עֲבֹתוֹ אִם־יְשַׂדֵּד עֲמָקִים אַחֲרֶיךָ
11 הֲתִבְטַח־בּוֹ כִּי־רַב כֹּחוֹ וְתַעֲזֹב אֵלָיו יְגִיעֶךָ
12 הֲתַאֲמִין בּוֹ כִּי־(יָשׁוּב) [יָשִׁיב] זַרְעֶךָ וְגָרְנְךָ יֶאֱסֹף

13 כְּנַף־רְנָנִים נֶעֱלָסָה אִם־אֶבְרָה חֲסִידָה וְנֹצָה
14 כִּי־תַעֲזֹב לָאָרֶץ בֵּצֶיהָ וְעַל־עָפָר תְּחַמֵּם
15 וַתִּשְׁכַּח כִּי־רֶגֶל תְּזוּרֶהָ וְחַיַּת הַשָּׂדֶה תְּדוּשֶׁהָ
16 הִקְשִׁיחַ בָּנֶיהָ לְּלֹא־לָהּ לְרִיק יְגִיעָהּ בְּלִי־פָחַד
17 כִּי־הִשָּׁהּ אֱלוֹהַּ חָכְמָה וְלֹא־חָלַק לָהּ בַּבִּינָה
18 כָּעֵת בַּמָּרוֹם תַּמְרִיא תִּשְׂחַק לַסּוּס וּלְרֹכְבוֹ
19 הֲתִתֵּן לַסּוּס גְּבוּרָה הֲתַלְבִּישׁ צַוָּארוֹ רַעְמָה
20 הֲתַרְעִישֶׁנּוּ כָּאַרְבֶּה הוֹד נַחְרוֹ אֵימָה
21 יַחְפְּרוּ בָעֵמֶק וְיָשִׂישׂ בְּכֹחַ יֵצֵא לִקְרַאת־נָשֶׁק
22 יִשְׂחַק לְפַחַד וְלֹא יֵחָת וְלֹא־יָשׁוּב מִפְּנֵי־חָרֶב
23 עָלָיו תִּרְנֶה אַשְׁפָּה לַהַב חֲנִית וְכִידוֹן
24 בְּרַעַשׁ וְרֹגֶז יְגַמֶּא־אָרֶץ וְלֹא־יַאֲמִין כִּי־קוֹל שׁוֹפָר
25 בְּדֵי שֹׁפָר יֹאמַר הֶאָח וּמֵרָחוֹק יָרִיחַ מִלְחָמָה רַעַם שָׂרִים וּתְרוּעָה

26 הֲמִבִּינָתְךָ יַאֲבֶר־נֵץ יִפְרֹשׂ (כְּנָפוֹ) [כְּנָפָיו] לְתֵימָן
27 אִם־עַל־פִּיךָ יַגְבִּיהַּ נָשֶׁר וְכִי יָרִים קִנּוֹ
28 סֶלַע יִשְׁכֹּן וְיִתְלֹנָן עַל־שֶׁן־סֶלַע וּמְצוּדָה
29 מִשָּׁם חָפַר־אֹכֶל לְמֵרָחוֹק עֵינָיו יַבִּיטוּ
30 (וְאֶפְרֹחוֹ) [וְאֶפְרֹחָיו] יְעַלְעוּ־דָם וּבַאֲשֶׁר חֲלָלִים שָׁם הוּא ף

(Hebräischer Text nach der BHS 1990 mit textkritischen Änderungen aufgrund der folgenden Untersuchung; Satzabgrenzungen nach Richter 1993; Strophenabgrenzung von mir)

EINLEITUNG

1. *Zur Fragestellung*

In den letzten Jahren erfreut sich die Auslegung des Buches Ijob wachsenden Interesses. Parallel dazu entwickelte sich in Dogmatik und Fundamentaltheologie eine verstärkte Diskussion um die Theodizeefrage.[1] Wenngleich die Diskussion nicht auf Deutschland beschränkt ist[2], so zeigt sich gerade hier und heute, etwa 50 Jahre nach Auschwitz[3], eine Sensibilisierung für die Frage, warum Gott dieses unermeßliche Leid durch menschliche Schuld, allem voran durch die Schuld des deutschen Volkes, zulassen konnte und auch weiterhin großes Leid in der Welt zuläßt, sowohl durch Menschen als auch durch Naturkatastrophen.

Diese Frage ist mit der „Hiobsfrage" identifiziert worden und führte in der Aufklärung des 18. Jahrhunderts zu der an Gott gerichteten Frage nach dem Sinn des Übels, die sich seither unter dem Begriff „Theodizee" etabliert hat.

---

1 Z. B. Hans-Gerd Janssen, Das Theodizee-Problem der Neuzeit. Ein Beitrag zur historisch-systematischen Grundlegung politischer Theologie, Frankfurt a. M. 1982; Carl-Friedrich Geyer, Leid und Böses in philosophischen Deutungen, Freiburg/ München 1983; Hans-Georg Fritzsche, Schuld und Übel. Zum Theodizeeproblem, hg. von Karl-Heinrich Bieritz und Martin Seils, Berlin 1987; Eleonore Stump, Die göttliche Vorsehung und das Böse. Überlegungen zur Theodizee im Anschluß an Thomas von Aquin, Frankfurt a. M. 1989; Hans-Gerd Janssen, Gott – Freiheit – Leid. Das Theodizeeproblem in der Philosophie der Neuzeit, Darmstadt 1989; Willi Oelmüller (Hg.), Theodizee – Gott vor Gericht?, München 1990; Walter Sparn, Mit dem Bösen leben. Zur Aktualität des Theodizeeproblems, Neue Zeitschrift für Systematische Theologie und Religionsphilosophie 32, 1990, 207–225; Ders., Leiden IV. Historisch/Systematisch/Ethisch: in TRE XX, 688–707; Bibel und Kirche Heft 4, Jg. 46, 1991, unter dem zusammenfassenden Thema „Das dunkle Angesicht Gottes"; Walter Groß/Karl-Josef Kuschel, „Ich schaffe Finsternis und Unheil!" Ist Gott verantwortlich für das Übel?, Mainz 1992; Armin Kreiner, Gott und das Leid, Paderborn 1995; Odo Marquard, Glück im Unglück. Philosophische Überlegungen, München [2]1996, bes. 11–38.

2 Vgl. z. B. Daniel S. Breslauer, Theodicy and ethics. Post-holocaust reflections, in: American Journal of Theology and Philosophy 8, 1987, 137; Larry D. Bouchard, Tragic method and tragic theology. Evil in contemporary drama and religious thought, University Park u. a. 1989; Abraham van de Beek, Why? On suffering, guilt, and God, Grand Rapids 1990; Michel Deneken, Théodocée et anthropologie après Auschwitz. Le dégi de l'inhumain en théologie, in: Revue des sciences religieuses 65, 1991, 259–286.

3 Vgl. Verena Lenzen, Nach Auschwitz. Ein Fragment über Theodizee und Martyrium, in: Bibel und Kirche 46, 1991, 172–180.

Von exegetischer Seite ist die Identifizierung der Frage nach dem Grund des Leidens, also des Theodizeeproblems, mit „der" Frage Ijobs nicht erst heute kritisiert worden. Paul Volz bemerkte 1921 in der zweiten Auflage seines Buches „Hiob und Weisheit": „Dagegen beabsichtigt er [der Dichter] nicht, das Rätsel der Theodicee zu lösen (die allgemeine Frage war ja auch von Hiob wenig berührt worden) oder dem Leidenden zu sagen, er, der Gottes Naturwalten nicht verstehe, dürfe nicht verlangen, sein persönliches Erleben zu verstehen. Der Dichter hat nicht, wie wir heutigen vielleicht erwarten würden, die *Frage Hiobs* über den Grund seines Leidens aufgegriffen, sondern er ist als Glied der jüdischen Gemeinde von einem *praktischen* Anliegen, von *Hiobs Verhalten*, beunruhigt ..."[4] und Friedrich Baumgärtel unterstrich 1933: „Es geht weder um die theoretische Frage nach dem Sinn des Leidens, noch um das Problem der Theodizee"[5]. Othmar Keel betont aber, daß es den Gottesreden um das Bemühen um Einsicht gehe und daß sie dieses Bemühen mit dem Anliegen der Theodizee gemeinsam habe[6] und Hans-Peter Müller meint, daß das biblische Hiobbuch das Theodizeeproblem insofern behandele, „als Vorgänge aus einer vortheoretischen Situation ... einen diskursiv erörterbaren Probleminhalt zum Gegenstand haben".[7]

Ijob ist *die* klassische Figur, die für die Frage nach dem Leiden steht, welche durch die Begriffe „Hiobsfrage", „Hiobsbotschaft" bis heute geprägt ist. Da die biblischen Texte, also auch das Buch Ijob, als die Offenbarungsurkunde der Juden wie der Christen Wahrheitsanspruch erheben, kommt der Antwort Gottes an Ijob in theologischer Hinsicht eine besondere Brisanz zu. Wie reagiert Gott auf Ijobs Reden und welchen Wahrheitsgehalt kann dies für unsere Zeit, das Leid des jüdischen Volkes und für jeden einzelnen haben?

Die Antwort Gottes ist vielfach neben anderen Denkern[8] auch von Theologen kritisiert worden: Curt Kuhl meint: Die „Gottesreden bringen keine Lösung und geben keine Antwort auf Hiobs Frage ... was sie [die

---

4 Volz 1921, 86.

5 Baumgärtel 1933, 187.

6 Keel 1978, 24.

7 1998, 123.

8 C. G. Jung (1990, 13. 16. 25) empfand das Erscheinen Gottes als „durch nichts verschleierten Anblick göttlicher Wildheit und Ruchlosigkeit" (13), Gott befinde sich im Widerspruch zu sich selbst (16), er ziehe Ijobs Wirklichkeit nicht in Betracht und rede dermaßen an ihm vorbei, daß man unschwer sehen könne, wie sehr er sich mit sich selbst beschäftige (25). Ähnlich äußert sich auch Ernst Bloch (1985, 155): „fremdartig ist auch ein unverkennbarer Hauch von sozusagen dämonischem Pantheismus ... so fehlt in den Worten des Gottes jede menschliche Teleologie, jede Verheißung auf menschliches Heil hinter dem Untergang der Natur ... Jachwe wählt zum Erweis seiner Majestät sogar sinnlose oder blutig-rohe oder monströse Beispiele aus der Tierwelt selbst; rationale Zwecke fehlen auch hier."

Gottesreden] sagen, haben wir schon aus dem Munde Hiobs und Zofars gehört."[9] „Das alles sind aber keine Lösungen, die einem gequälten Herzen Antwort geben. Eine solche findet sich allein in der *Theophanie:* in der Gewißheit und Gemeinschaft Gottes, in welcher alles menschliche Fragen klein und nichtig wird."[10] Ähnlich äußert sich Paul Volz[11]: „den Weg, den er [der Dichter] voll Geist anbietet, wird eine verwundete Seele schwerlich gehen können". Auch in jüngster Zeit hält Hermann Spiekermann[12] die Gottesreden für „ärgerliche und törichte Weisheit Gottes", und auch Ludger Schwienhorst-Schönberger[13] meint, daß die Gottesreden nicht auf Ijobs Leiden eingingen. So werden die Gottesreden entweder als völlig überflüssig betrachtet, oder auch nur zum Teil, weil allein der Tatsache der Gottesbegegnung an sich Gewicht beigemessen wird, oder sie werden ganz oder teilweise als sekundär angesehen[14] und somit indirekt ihrer Autorität beraubt.

Wenige Exegeten haben, von einzelnen Aufsätzen einmal abgesehen, sich ausdrücklich die Gottesreden zum Thema gemacht:

Während Henry Lawrence Rowold 1977 beide Gottesreden vor allem unter schöpfungstheologischen Gesichtspunkten betrachtete, hat Veronika Kubina 1979 ihr Hauptaugenmerk auf die zweite Gottesrede gerichtet. Da die erste Gottesrede von den meisten Forschern als zum Ijobbuch gehörig betrachtet wurde, wollte Kubina die zweite Gottesrede, bei der das Urteil keineswegs so einhellig ausfällt, u. a. durch Vergleich mit der ersten, als ebenfalls zur Ijobdichtung zugehörig erweisen.

Othmar Keel kam 1978, unabhängig von Kubina, zu dem Ergebnis, daß, bis auf einige Glossen, beide Gottesreden als ursprünglich anzusehen seien. Er hat insbesondere die Tiermotive der Gottesreden untersucht und erstmals mit dem altorientalischen Bild des Herrn der Tiere einen Schlüssel gefunden, diese unter einem einheitlichen Gesichtspunkt sehen zu können.

Demgegenüber hat Jürgen van Oorschot 1987 in seinem Forschungsüberblick die vielen vorgelegten, v. a. literarkritischen Lösungsvorschlä-

---

9 Kuhl 1953, 266f.

10 Kuhl 1954, 314.

11 1921, 87; ebd. meint Volz, der Dichter sei unbekümmert um Hiobs Leiden. – Sellin 1919, 19: „Das ethische Gebiet, um das sich im Redekampfe mit den Freunden schlechthin alles drehte, wird so gut wie gar nicht berührt." Ebd. 46: „Die Gottesreden mit Hiobs Antwort berühren, wie sich uns herausgestellt hat, das Leid Hiobs überhaupt nicht, sie können also vollends das Problem nicht lösen wollen, wie sich das Leid des Frommen mit einem gerechten Gotte verträgt oder woher es überhaupt stammt."

12 1994, 44.

13 1995, 241.

14 Vgl. Cox 1978, 114–119. Zu weiteren Kritikern der Gottesrede vgl. Keel 1978, 11f und Alonso Schökel – Sicre Diaz 1983, 532–534.

ge zu den Gottesreden in fünf Kategorien eingeteilt und sich mehr oder weniger der Lösung Fohrers angeschlossen, indem er wieder größere Teile der zweiten Gottesrede und kleinere Teile der ersten für sekundär erklärte.

Zwei weitere Autoren, die sich andere Teile des Ijobbuches zum Thema machten, äußerten sich zu literarkritischen Fragen der Gottesreden: So Markus Witte 1994, der – ausgehend von seiner Untersuchung des dritten Redeganges – sich ebenfalls ungefähr der Meinung Fohrers und van Oorschots anschloß, und 1990 Theresia Mende, die herleitend von ihrer Untersuchung der Elihureden mehrere Bearbeitungsschichten im ganzen Buch, also auch den Gottesreden vermutet, wobei eine auch auf den Elihuverfasser zurückgehe.

In der vorliegenden Arbeit soll nur die erste Gottesrede, also Ijob 38,1 bis 39,30, genauer untersucht werden und zwar v. a. mit sprachwissenschaftlichen Methoden. Vereinzelte Versuche, die meist unter dem Begriff „Formkritik" o. ä. geführt wurden, sind von einigen der Genannten schon unternommen worden.[15] Der Text der Kapitel 38 und 39 soll ausgehend vom masoretischen Text synchron betrachtet werden, ohne daß deswegen die zweite Gottesrede als weniger aussagekräfig oder gar als nicht zum Buch Ijob zugehörig zu verstehen ist.

Wenngleich auch die erste Gottesrede von den meisten als ursprünglich angesehen wurde[16] und wird, fanden die meisten Ausleger immer wieder Verse und Passagen in der ersten Gottesrede, die sie dennoch als sekundär oder sogar tertiär erachteten. So wird z. B. die Passage über die Straußenhenne oft als sekundär angesehen; über verschiedene weitere als sekundär angesehene Verse in Kap. 38 zeichnet sich keine übereinstimmende Meinung ab,[17] so daß es ratsam erscheint, Kapitel 38 und 39

---

[15] Kubina 1979, 31–43, Rowold 1977, 48–53, van der Lugt 1995, zu Kap. 38 und 39: 362–389. Mende 1990, 277–326 unternimmt eine formkritische Untersuchung des ganzen Ijobbuches auf der Grundlage ihrer literarkritischen Elihuthese. Witte 1994 und van Oorschot 1987 bieten keinen eigenen Abschnitt zur Formkritik, sondern nur Einzelbeobachtungen im Rahmen ihrer literarkritischen Blickrichtung. Witte 1994 enthält zudem einige philologische Notizen.

[16] Delitzsch 1902, 89f.117–122, hält neben 39,13–18 auch 40,15–41,26, also fast die ganze zweite Gottesrede für sekundär.

[17] Den Abschnitt über die Straußenhenne halten für sekundär: Duhm 1897: 39,13–18; Delitzsch 1902: 39,13–18; Driver-Gray 1950: nur 39,17; Würthwein 1970: 39,13–18; Kissane 1939, 262–279 stellt die Reihenfolge einiger Verse um und hält nur 39,17 für eine Glosse: 38,2.3.31.32.4.5–30.33 – 39,16.[17=Glosse]. 18–20.25a.21–30; Hölscher 1952[2]: 39,13–18; Stier 1954: wahrscheinlich 39,13–18; Westermann 1978: neben 39,9–12 wahrscheinlich 13–30; Fohrer 1963: Glossen 39,15.17 (tertiär); Hesse 1978: 39,13–18 tertiär; Keel 1978: 39,17[= Glosse]; Maag 1982: ursprünglich nur 38,1*.2–39,1.2.5.19.26f, 39,13–18 sekundär; van Oorschot 1987: 39,17 Glosse. – Als sekundär bezeichnen folgende Verse aus Kap. 38: Duhm 1897: 13b.14b.15.28; Hölscher 1952: 1 (aus dem

einer synchronen Analyse zu unterziehen, um zu sehen, ob eine derartige Betrachtungsweise weitere Ergebnisse bringt.

Es stellen sich folgende Fragen, auf die eine Antwort zu finden versucht wird: Welche sprachlichen Erscheinungsformen werden wie in der Gottesrede verwendet? Erweist sich die Plazierung der Gottesrede an dieser Stelle des Ijobbuches als sinnvoll und läßt sich ein theologischer Sinn eruieren?

In dieser Untersuchung soll nun folgendermaßen vorgegangen werden: Anhand des masoretischen Textes der BHS wird die Textkritik vorgenommen, wobei durch Heranziehung weiterer Überlieferungstexte ein Text konstituiert wird. Dieser so konstituierte Text soll vor allem synchron analysiert werden und zwar aus folgenden Gründen:

1) Viele vorangegangene exegetische Arbeiten zu diesem Textabschnitt haben haben vor allem den diachronen Aspekt berücksichtigt. Außer vielleicht bei der Textpassage über die Straußenhenne in Kapitel 39 gibt es keinen wissenschaftlichen Konsens über literarische Brüche und sekundäre Passagen Textabschnitts. Auch gibt es keinen Konsens darüber, wer warum wann welche Textpassagen geschrieben, übernommen, eingesetzt hat.[18] Jedoch gibt es bereits mindestens zwei Untersuchungen, nämlich die von Veronika Kubina und Othmar Keel, die diesen Textabschnitt als (fast) einheitlich erachten. Diese synchrone Untersuchung kann ihre Untersuchungen ergänzen.

2) Im ganzen Ijobbuch gibt es kaum historische Anhaltspunkte. Zwar herrscht über den ungefähren Entstehungsprozeß des Ijobbuches[19] ein mehr oder weniger großer Konsens, dennoch sind die ältesten und jüngsten Datierungsangaben der Exegeten innerhalb eines Zeitrahmens von rund 400 Jahren so weit auseinander, daß es schwerfiele, eventuelle literarische Teilstücke in der Gottesrede differenzierter datieren zu können.

3) Die synchrone Textbetrachtung bietet den Vorteil, eine relativ genaue Textbeschreibung des zugegebenermaßen zeitlich späten kanonischen Endtextes zu liefern, die jedoch dessen literarisch-ästhetische Struktur und eigenständige inhaltliche Aussage deutlich machen kann.

4) Zeigt sich am Ende der synchronen Untersuchung eine homogene literarisch-ästhetische Struktur, die zugleich eine schlüssige inhaltliche

Sturmwind); H. Richter 1958: Umstellung der Reihenfolge: 19–20.22–23.18.21; Fohrer 1963: 19f.28 (tertiär); Schmid 1966: 1 מנ הסערה; Hesse 1978: 38,1–39,12. 19–30 (Straußenhenne tertiär, ursprünglich keine Gottesrede); de Wilde 1981: 38,28 (auch 39,27f); van Oorschot 1987: 19f.28 – Vgl. zum Ganzen ausführlicher: van Oorschot 1987, 232–259.

18 Selbst van Oorschot 1987, 186f, gibt zu: „Die Zusätze lassen keine deutlichen theologischen oder sonstigen Interessen erkennen". Dennoch kann er vermuten, „daß wir es auch hier mit einer Redaktion zu tun haben, die der traditionellen Weisheitstheologie nahesteht."

19 Siehe unten S. 19 f.

und letztlich theologische Aussageabsicht des Textabschnitts erkennen läßt, so könnte auf eine Einheitlichkeit des Textabschnitts geschlossen werden. Es würde sich dann eine diachrone Untersuchung erübrigen, wenn durch sie eine differenziertere, klarere inhaltliche und theologische Aussage und ein geschichtlicher Anlaß zur Entstehung eines neuen Teilstücks nicht erkennbar und die vermeintlichen Brüche und Spannungen des Textabschnitts literarisch-ästhetisch plausibel wären.

Für die synchrone Textuntersuchung wird die theoretische Unterscheidung von Ausdruckseite (Form) und Inhaltseite (Inhalt) vorausgesetzt. Jede Seite soll auf der Wort-, Satz- und Textebene untersucht werden.

Die Arbeit beginnt mit der Wortebene auf der *Ausdruckseite*. Die Wörter werden nach den jeweiligen Wortarten gesammelt und auf die Häufigkeit und die Plazierung ihrer Vorkommen im Text hin untersucht. In gleicher Weise wird mit den Wortkombinationen verfahren. Somit ergeben sich u. a. auch die in inhaltlicher Hinsicht bedeutsamen Leitworte. Auf der Satzebene werden die verschiedenen Satzarten festgestellt. Die Arten der Aneinanderreihung von Sätzen ergibt Aufschluß über die formale Satzverflechtung des Textes sowie über die Verbformationen, die ihrerseits die Zeitlage bestimmen. Die Untersuchung der Textebene der Ausdruckseite schließlich betrachtet nicht nur die aufeinanderfolgenden, sondern auch alle formalen satzübergreifenden textbildenden Elemente wie die Phorik und andere deiktische Formen. Die Beschreibung der Ausdruckseite zeigt also Formelemente, die in äußerer, sichtbarer Weise den Text aufbauen und strukturieren.

Den zweiten Teil der Arbeit nimmt die Beschreibung der *Inhaltseite* ein, ebenfalls in den Untersuchungsschritten Wort-, Satz- und Textebene. Auch hier wird mit der Wortebene begonnen und im wesentlichen eine Komponentenanalyse der Substantive und Verben vorgenommen. Die Inhaltskomponenten werden ebenfalls auf ihre Häufigkeit und den Ort ihrer Vorkommen hin betrachtet. Auf der Satzebene der Inhaltsbeschreibung werden die Kombinationen der Inhaltskomponenten v. a. hinsichtlich der Kernsätze, also Subjekt und Prädikat, näher untersucht. Die Beschreibung der Inhaltskomponenten von aufeinanderfolgenden Versen ergibt zudem, daß sich inhaltliche Kriterien für parallelismus membrorum finden lassen. Den größten Teil der Arbeit nimmt schließlich die Untersuchung der Textebene auf der Inhaltsebene ein, da sich hier die komplexe inhaltliche Struktur des Textes zeigt, die beschrieben und dargestellt wird. Einzelne Lexeme und Lexemkombinationen sowie mit ihnen über die Inhaltskomponenten verwandte Lexeme und Lexemkombinationen werden mit ähnlichen innerhalb und außerhalb der ersten Gottesrede, sei es im Buch Ijob oder anderen biblischen Büchern verglichen. Somit wird sich zeigen, ob und inwieweit die erste Gottesrede ein Pendant zu den Ijobreden, bzw. zu den vorangehenden Freundesdialogen darstellt, und der Versuch gemacht, durch diese Zusammenschau einen Beitrag zum Verständnis der ersten Gottesrede.

Schließlich wird in einem kurzen *pragmatischen* Kapitel besonders auf die Frage der Ironie und anderer rhetorischer Sprachelemente eingegangen, um anhand der vorangegangen Untersuchung ironische Aussagen festzustellen und zu belegen.

Den Schluß der Arbeit bildet eine Zusammenfassung mit dem Blick auf zentrale theologische Aussagen, die sich aus der Untersuchung der ersten Gottesrede und der eingangs gestellten Frage ergeben, ob die Antwort Gottes eine Antwort an Ijob ist und ob sie für uns heute ebenfalls einen Wahrheitsgehalt birgt.

2. *Zum Kontext der Gottesrede und ihrer Entstehungszeit*

Die Gottesrede ist eine Antwortrede Gottes an Ijob (38,1). Den Anlaß bietet Ijob, ein rechtschaffener und ehemals reicher Mann, der seinen Reichtum, seine Kinder und seine Gesundheit verloren hat. Nach altorientalischer Tun-Ergehens-Denkweise fragt er nach dem Grund und Sinn seines Leidens, da er sich keiner Sünde und Schuld bewußt ist. Seine Freunde, die gekommen sind, um ihn zu trösten, können ihm durch das Gespräch nicht helfen, so daß er sich schließlich mit seinen Fragen direkt an Gott wendet. Trotz Ijobs zwiespältigen Verhältnisses zu Gott, den er einerseits als Retter (19,25), andererseits aber auch als den Verursacher seines Leides betrachtet (19,6 23,16 27,2), wünscht er eine Gegenüberstellung und Antwort Gottes (23,3–7 31,35–40), von der der Text Ijob 38 und 39, aber auch die zweite Gottesrede, Ijob 40 und 41, berichten.

Allgemeiner exegetischer Konsens ist: Das Buch Ijob besteht aus verschiedenen Teilen, die schon auf den ersten Blick formal recht unterschiedlich sind: Die Rahmenerzählung, in Prosa gehalten, geht auf eine alte volkstümliche Erzählung zurück und macht wohl den ältesten Teil des Ijobbuches aus. Sie berichtet über Ijobs Redlichkeit, das Gespräch Satans mit Gott, den Verlust seines Reichtums und seiner Gesundheit. Am Ende des Buches schildert sie Ijobs Wiederherstellung.

Dazwischen findet sich im poetischen Stil der Dialog Ijobs mit seinen Freunden in drei Redegängen, wobei der dritte Redegang (22–27) nur fragmentarisch erhalten ist, sowie Gottes Antwort an Ijob (38,1–42,6). Dem Verfasser dieser Dialoge diente die alte Volkslegende als „Aufhänger" für seine Dichtung. Die Antwort Gottes bietet die Besonderheit, daß sie in zwei Reden aufgeteilt ist (38,1–40,2 und 40,6–41,26), denen jeweils eine Antwort Ijobs folgt (40,3–5 42,1–6).

Später hinzugefügt wurden wenigstens das Lied der Weisheit (28,1–28) und die Elihureden (32–37).

Somit zeigt sich, daß das Buch über einen längeren Zeitraum hinweg entstanden ist. Die Tatsache, daß im Buch Anspielungen oder Erwähnungen historischer Begebenheiten fehlen, trägt dazu bei, eine genaue Datierung unmöglich zu machen. Vielfach hat man eine Zeitspanne zwischen 580 und 190 vC angenommen durch die Nennung von Ijobs Namen in Ez 14,14 und Sir 49,9. Auch Indizien wie Vokabular, Anklänge an die persische Staatsverwaltung (3,14f) und weisheitskritische Gedanken deuten auf eine nachexilische Entstehung hin.[20]

3. *Abgrenzung des Textes*

Als Ausgangstext zur nachfolgenden Textkritik dient der masoretische Text des Codex Leningradensis, näherhin die Ausgabe der Biblia Hebraica Stuttgartensia (BHS)[21]. Der zu untersuchende Text umfaßt den gemeinhin als „erste" Gottesrede bezeichneten Text Ijob 38,1–39,30. Ijob 38,2–39,30 beinhaltet eine im poetischen Stil gehaltene wörtliche Rede; an keiner Stelle gibt es einen Hinweis auf eine Unterbrechung dieser Rede. Die Verse 38,1 und 40,1 sind miteinander identisch und in Prosa gehalten. Sie markieren den Anfangs- und Endpunkt des zu untersuchenden Textes. Dabei soll 38,1 als Einleitung zur Gottesrede mit in die Untersuchung hineingenommen, 40,1 jedoch ausgeschlossen werden.[22] 38,1 ist deshalb als Einleitung zu verstehen, weil er in die Situation der nachfolgenden Rede einführt, wenn es heißt ויען־יהוה את־איוב מן הסערה ויאמר. Es werden zwei Personen genannt, die eine, Jahwe, als Subjekt und Sprecher, die andere, Ijob, als Adressat der Rede. Außerdem wird ein „Ort" angegeben, der Sturm, aus dem heraus Gott spricht. Die Verbform ויאמר ist als formelhafter Übergang zu einer direkten Rede zu verstehen[23], mit der die eigentliche Gottesrede beginnt.

Aufgrund dieser klaren formalen Abgrenzung ist zunächst unkritisch eine inhaltlich in sich geschlossene Redeaussage zu erwarten, die eine nähere synchrone Untersuchung dieser ersten Gottesrede sinnvoll macht.

4. *Textkritische Beobachtungen zu Ijob 38 und 39*

Die nachfolgenden textkritischen Beobachtungen haben das Ziel, den masoretischen Text (MT), wie er sich heute in der BHS darstellt, anhand

---

20 Vgl. Lévêque 1981, bes. 218f, aber auch Fohrer 1963, 29–43, bes. 42, de Wilde 1981, 57, und Eißfeldt 1964, 636. Die beiden letzteren nehmen eine Entstehung um 400 an. Siehe auch Cheyne 1887, 74f.

21 BHS 1990.

22 Vgl. auch Keel 1978, 41f, der 40,1 als Verschrieb (Dittographie einer Zeile) ansieht. – In der LXX fehlt 40,1. – Kubina 1979, 27, weist jedoch darauf hin, daß das Ende in 39,30 unvermittelt und abrupt ist.

23 Vgl. Jenni 1981, 64.

anderer Überlieferungen[24] kritisch zu hinterfragen, und zwar dann, wenn er offensichtlich oder anscheinlich orthographische, grammatische oder sachliche Unklarheiten aufweist. Grundsätzlich gilt MT als der wichtigste Textzeuge, da „er auf direkter Überlieferung in der Grundsprache beruht und mit großer Sorgfalt tradiert wurde". Außerdem hat er „sich immer wieder als bester Textzeuge erwiesen".[25] Dieser kritisch hinterfragte Text des MT soll die Grundlage für die weitere Textanalyse bilden.

Zu 38,1a) מנ

Hier ist aus orthographischen Gründen dem Qere zu folgen und מן zu schreiben. Kennicott[26] nennt mehrere Manuskripte, die ebenfalls das Qere schreiben.

24 Septuaginta. Vetus Testamentum Graecum. Auctoritate Academiae Scientarum Gottingensis editum, vol. XI,4: Iob, edidit Joseph Ziegler, Göttingen 1982. – Biblia Sacra iuxta latinam Vulgatam versionem ad codicum fidem iussu Pii PP. XII, libri Hester et Iob ex interpretatione Sancti Hieronymi, Romae 1951. – Bibliorum Sacrorum Latinae versiones antiquae seu Vetus Italica et caeterae quaecunque … Opera & studio D. Petri Sabatier, Tomus Primus, Florenz 1743, Nachdruck München 1976. – Origenis Hexaplorum quae supersunt sive Veterum interpretum Graecorum in totum Vetus Testamentum Fragmenta, concinnavit, emendavit, et multis partibus auxit Fridericus Field, Tomus II, Hildesheim 1964. – The Old Testament in Syriac according to the Peshitta Version, edited by the Peshitta Institute Leiden, Part II, fascicle 1a: Job, prepared by L. G. Rignell, Leiden 1982. – Le Targum de Job de la grotte XI de Qumran, edite et traduit par J. P. M. van der Ploeg, A. S. van der Woude u. a., Leiden 1971. – Hagiographa Chaldaice, edidit Paulus de Lagarde, (תרגום כתובים), Lipsiae 1873. – Hebräische Textvariantensammlungen: Benjaminus Kennicott, Vetus Testamentum Hebraecum, cum variis lectionibus, Tomus secundus, Oxford 1780. – Joh. Bern. de Rossi, Variae Lectionibus Veteris Testamenti Librorum, Volumen IV, Parma 1785, Nachdruck Amsterdam 1970. – C. D. Ginsburg, The Writings. Diligently revised according to the Massorah and the early editions with the various readings, London 1926.

25 Würthwein 1988, 127. – Die übrigen Überlieferungen haben ganz unterschiedliche Qualitäten. Nachfolgend wird sich z. B. herausstellen, daß die Versio antiqua zumindest hinsichtlich dieses Textabschnitts mehr oder weniger eine lateinische Übersetzung der LXX darstellt, während die V sich um die Nähe zu MT zu bemühen scheint. Interessant ist der Vergleich mit 11Qtg, da sich hier eine Überlieferung bietet, die noch vor die Festlegung des hebräischen Textes im 2. Jh. zurückreicht.

26 1780, 517.

Zu 38,3a) כנבר

Die Schreibweise von MT כנבר wird beibehalten und nicht wegen eines einzigen Manuskripts, welches Kennicott[27] anzeigt, in כניבור geändert, obwohl letzteres auch sinnvoll wäre.

Zu 38,3b) ואשאלך

Kennicott[28] nennt 24 Manuskripte und Rossi[29] mehr als 30 weitere, die ו nicht voransetzen. Da aber auch die LXX[30] δέ verwendet, welches ähnliche Funktionen wie das hebr. ו hat, nämlich Gegenüberstellung, Aneinanderreihung und Verbindung, soll der MT-Schreibweise gefolgt werden[31].

Zu 38,3c) והודיעני

Fohrers Vorschlag[32] „und" zu streichen, erscheint unbegründet, denn Kennicott[33] nennt nur ein Manuskript ohne ו. In V[34] heißt es *et responde mihi* und in der LXX[35] σὺ δέ μοι ἀποκρίθητι; bei letzterem ist besonders das σὺ sprachlich außergewöhnlich. Immerhin heißt es auch in 11Qtg[36] והתיבני und in T[37] ותהודעינני, wobei dem aram. ו die gleiche Bedeutung wie dem hebr. zukommt, so daß hier ו mit MT beibehalten wird.

Zu 38,7a) (ganzer Satz)

38,7 zeigt eine bewegte Überlieferungsgeschichte, die, wie es scheint, besonders durch בני אלהים ausgelöst wurde. Diese Wendung war be-

---

27 1780, 517.

28 1780, 517.

29 1970, 134.

30 Vgl. Rahlfs 1979, z. St.

31 Mende 1990, 214 hält eine Streichung des ו nicht für notwendig. Das Fehlen in den Parallelversen 40,7 und 42,4b sieht sie als ein literarkritisches Kriterium und will es deshalb nicht streichen.

32 1963, 491.

33 1780, 517.

34 Biblia sacra 1983, z. St.

35 Rahlfs 1979, z. St.

36 van der Ploeg 1971, z. St.

37 de Lagarde 1873, z. St.

reits den Schreibern der Qumrantexte suspekt, so daß es in 11Qtg[38] heißt: כל מלאכי אלהא. Ähnlich überliefert auch T[39] mit כל כיתי מלאכיא. Die LXX[40] übersetzt πάντες ἄγγελοι μου, überliefert aber auch im übrigen Vers einen völlig anderen Sinn, wenn es heißt: ὅτε ἐγενήθησαν ἄστρα ᾔνεσάν με φωνῇ μεγάλῃ πάντες ἄγγελοί μου. Die in der Versio antiqua der lateinischen Bibel[41] überlieferte Fassung scheint sich mit *Quando facta sunt simul sidera, laudaverunt me voce magna omnes angeli mei* an die LXX anzulehnen. Ganz anders die Vulgata[42], die noch am wortgetreuesten die MT-Überlieferung wiedergibt: *cum me laudarent simul astra matutina et iubilarent omnes filii Dei.* In Kennicotts Sammlung hebräischer Textvarianten[43] findet sich ein Manuskript, welches אדם statt אלהים überliefert. In der syrischen Bibel[44] heißt es: ܒܢܝ̈ ܡܠܐ̈ܟܐ (Söhne eines Engels).

Aus all diesen verschiedenen Überlieferungen zeigt sich die Absicht der Tradenten, die בני אלהים zu emendieren, da dieser Wortlaut wegen ihres monotheistischen Glaubens als anstößig empfunden wurde. Somit ist der sachlich komplizierteren Lesart des MT der Vorzug zu geben.

Zu 38,8a) ויסך

ויסך in 38,8a bietet Schwierigkeiten, weil sich in der Umgebung auf den ersten Blick kein logisches Bezugswort zur 3.m.sg. zu finden scheint. In der Textüberlieferung wurde versucht, dieses Problem auf zwei Arten zu lösen: einmal durch Verwendung der 1.sg., wie in T[45] (ואגיף), die LXX[46] (ἔφραξα) und in der an sie gelehnte Versio antiqua[47] (*conclusi*), oder durch die Umgestaltung in eine Frage, wie es bereits 11Qtg[48] (התסוג), aber auch die Vulgata[49] (*quis conclusit*) überlieferten. Syr[50] richtet sich mit ܘܣܟܪ anscheinend als einzige Überlieferung nach MT. Kennicott[51],

---

38 van der Ploeg 1971, z. St.

39 de Lagarde 1873, z. St.

40 Rahlfs 1979, z. St.

41 Sabatier 1743, z. St.

42 Biblia Sacra 1983, z. St.

43 1780, 518.

44 Rignell 1982, z. St.

45 de Lagarde 1873, 114.

46 Rahlfs 1979, z. St.

47 Sabatier 1976, z. St.

48 van der Ploeg 1971, z. St.

49 Biblia Sacra 1983, z. St.

50 Rignell 1982, z. St.

51 1780, 518.

Rossi[52] und Ginsburg[53] bringen weder zur ersten noch zur zweiten Möglichkeit hebräische Textvarianten. Wie sich nachfolgend noch zeigen wird, bietet LXX an einigen anderen Stellen erhebliche Abweichungen vom MT, so daß auch hier der Setzung der 1.sg. nicht gefolgt wird. Eine Emendation in eine Frage, so die sehr alte 11Qtg-Überlieferung und V, hat einige Argumente für sich. Trotzdem soll auch hier der MT-Version mit der lectio difficilior und der ihr folgenden Syr-Überlieferung, die bemerkenswert zu sein scheint, gefolgt werden.

Zu 38,10a) ואשׁבר und חקי

ואשׁבר bot zu vielen Emendationen Anlaß: Fohrer[54] las וָאֶסְגֹּר „als ich es einschloß", LXX[55] übersetzte ἐθέμην im Sinne von ואשׁית, ebenso die Versio antiqua[56] mit *posui*. Syr[57] las ܘܣܟܪܬ, Vulgata[58] *circumdedi* und T[59] ופסקית. Auch hier ist MT im Sinne der lectio difficilior der Vorrang zu geben, weil der Sinn zwar schwierig, aber nicht völlig unklar ist.

Ebenso ist חקי verschieden überliefert worden und zwar durch die LXX[60], Versio antiqua[61] und Syr[62] ohne Personalpronomen, hingegen durch T[63] und V[64], wie MT, mit dem Personalpronomen der 1.sg. Es gibt mehrere Gründe, die ein ePP der 1.sg. an חק wahrscheinlich machen: Das zugehörige Verb im selben Satz führt ebenfalls das Morphem der 1.sg. Bereits im vorangehenden Vers 9vI1 wird das gleiche Personalpronomen am Infinitiv verwendet; aus lautlichen Gründen läßt sich eine Verbindung der Verse 9 und 10 feststellen, so daß בשׂומי und חקי durch Homoioteleuton verbunden sind, ebenso wie לבשׁו und ואשׁבר durch Paronomasie. Diese Verse 9vI1 und 10a stehen lautlich in einem chiastischen Verhältnis.[65] Außerdem gibt es weitere i-Laute im folgenden Vers

52 1970, z. St.
53 1926, z. St.
54 1963, 487, 491.
55 Rahlfs 1979, z. St.
56 Sabatier 1976, z. St.
57 Rignell 1982, z. St.
58 Biblia Sacra 1983, z. St.
59 de Lagarde 1873, z. St.
60 Rahlfs 1979, z. St.
61 Sabatier 1976, z. St.
62 Rignell 1982, z. St.
63 de Lagarde 1873, z. St.
64 Biblia sacra 1983, z. St.
65 Zu den Begriffen Homoioteleuton, Paronomasie und Chiasmus siehe Bühlmann/Scherer 1973, 18f.40.

10b, die jeweils auch Homoioteleuton bilden, so daß die i-Endung von חקי nicht isoliert dasteht. Aus diesen syntaktischen und stilistischen Überlegungen ist MT der Vorzug zu geben.[66]

Zu 38,11d) ופא־ und יָשִׁית בִּגְאוֹן

ופא־ wird von Fohrer[67] als Schreibfehler vermutet, weil es im AT sonst immer פה heißt. Diesen Befund bestätigt auch die Konkordanz[68]. Rossi[69] gibt nur kurz an, daß *„plures* ופה *per he"* wiedergeben und Kennicott[70] gibt 20 Manuskripte an, Ginsburg[71] nur vier. Besonders aufgrund des Konkordanzbefunds scheint Fohrers Urteil gerechtfertigt und legt eine Konjektur in ופה nahe. Vielleicht ist der Schreibfehler durch einen des Aramäisch und des Targum kundigen Abschreiber zustande gekommen, da es im T[72] וכא heißt.[73]

יָשִׁית בִּגְאוֹן wird von vielen[74] zu יִשְּׁבֹּת גְּ־ emendiert. Da aber weder Rossi[75] noch Kennicott[76] und Ginsburg[77] ein Manuskript mit der Schreibweise der Basis שבת aufweisen und die übrigen Überlieferungen unterschiedlich übersetzen (T[78] תשוי. Syr[79] ܬܬܒܪ; LXX[80] συντριβήσεταί; V[81]

---

[66] Fuchs 1993, 194 will mit anderen חקו lesen. Ebenso van Oorschot 1987, 197, in Anlehnung an Spr 8,29. Mende 1990, 214, hingegen will MT belassen.

[67] 1963, 491.

[68] ES 935, 939f.

[69] 1970, 135.

[70] 1780, 518.

[71] 1926, z. St.

[72] de Lagarde 1873, z. St.

[73] Mende 1990, 214f, sieht in der „zweifache(n) Schreibweise der Demostrativpartikel" Hinweise „auf eine sekundäre Bearbeitung des Verses", was verfrüht und auch nicht haltbar ist, da sich ein vom Targum herrührender Schreibfehler eher erklären läßt.

[74] App. der BHS; Fohrer 1963, 491; Ehrlich 1968, 331 (mit Bickell, Budde, Beer u. a.); KBL 967.

[75] 1970, 135.

[76] 1780, 518.

[77] 1926, 552.

[78] de Lagarde 1873, z. St.

[79] Rignell 1982, z. St.

[80] Rahlfs 1979, z. St.

[81] Biblia Sacra 1983, z. St.

confringes; Versio antiqua[82] *comminuentur*), soll die auch nicht unverständliche MT-Lesart beibehalten werden.[83]

Zu 38,12a) הְמִיָּמֶיךָ

Hier wird dem Vorschlag des App. der BHS gefolgt und die Punktation von הְ־, swa simplex, die auch im masoretischen Apparat beanstandet wird, in הֲ־, swa compositum mit Hatef Patah geändert, da es der Logik der masoretischen Punktation entspricht. Bei Ginsburg[84] findet sich diese Schreibweise bereits im zugrundegelegten Text.

Zu 38,12b) יִדַּעְתָּה שַׁחַר

Hier ist dem Qere zu folgen mit dem App. der BHS und Edel[85]. Kennicott[86] nennt 15 Manuskripte, die השחר schreiben. Nach der Konkordanz von Even-Shoshan kommt הַשַּׁחַר in dieser Vokalisation siebenmal im AT vor[87], ידעתה, wie hier als Ketib, jedoch kein weiteres Mal[88]. Fohrer[89] entscheidet sich für das Ketib, welches er „vielleicht" für „mater lectionis" hält; ebenso Ehrlich[90], dessen Argument: „in der eigentlichen Poesie kommt שחר niemals vor" allerdings nicht ganz einsichtig ist.

Zu 38,14b) וְיִתְיַצְּבוּ

Die in MT verwendete Verbform ist unklar, weil das zu der 3.m.pl. gehörige Bezugswort nicht eindeutig festzustellen ist. Mehrere Lösungsmöglichkeiten wurden angeboten, indem entweder als Wurzel יצב ange-

---

82 Sabatier 1976, z. St.

83 Buber, Schriftwerke, z. St., und Edel 1984, 146, bieten Übersetzungsmöglichkeiten für שית, indem sie die 3.m.sg. im Deutschen unpersönlich übersetzen. – Fuchs 1993, 194 liest mit anderen hitp. ישחבר.

84 1926, z. St.

85 1984, 146. Anders König 1929, 401: Durch das Qere sei die poetische Artikellosigkeit des שַׁחַר verkannt.

86 1780, 518.

87 ES 1132: Gen 19,15; Jos 6,15; 1Sam 9,26; Jon 4,7; Ps 22,1; Neh 4,15 und hier als Qere.

88 ES 435.

89 1963, 491.

90 1968, 331.

nommen wird[91] oder aber die aus dem Altaramäischen geschlossene Wurzel צבע.[92] Bei letzterer Lösungsmöglichkeit wurde dann eine Konjektur vorgenommen, die entweder tD PK וַתִּצְטַבַּע f.sg., „sich gefärbt zeigen“[93], oder N PK וְתִצָּבַע f.sg., „sich färben“, las[94]. Diese Vorschläge ziehen eine Änderung von zwei bzw. drei Konsonaten nach sich. Überlieferungsgeschichtlich hat der Vers ebenfalls Verwirrung gestiftet. So übersetzt die LXX[95] καὶ λαλητὸν αὐτὸν ἔϑου ἐπὶ γῆς und mit ihr die Versio antiqua[96] *et famosum eum fecisti super terram.* T[97] umschreibt den Text weitschweifig. Erst die V[98] lehnt sich wieder eher mit *restituetur ut lutum signaculum et stabit sicut vestimentum* an MT an. Da auch Syr[99] mit ܘܢܨܛܒܥܘܢ die 3.m.pl. Imperfekt verwendet und Kennicott[100] drei Manuskripte nennt, die ויתצבו schreiben, soll hier zunächst MT als der wichtigste Textzeuge beibehalten werden, auch wenn auf dieser Untersuchungsebene noch kein „glatter“ Sinn erkannt werden kann.

Zu 38,20b) תבין

MT mit תבין wurde mehrfach angezweifelt und in תְּבִיאֵנִי geändert,[101] Kennicott[102] und Rossi[103] bringen keine Textvarianten, die für בוא (H-Stamm) sprechen. Während Syr[104] תבין י nicht übersetzt, überliefern T[105] תתבין, LXX[106] ἐπίστασαι, Versio antiqua[107] *nosti* und V[108] *intellegas.*

---

91 Ges[17] 311f führt die Stelle Hi 38,14 mit dem Kommentar „unklar“ auf. Vgl. die Übersetzungen von Bubers Schriftwerke und die Einheitsübersetzung.

92 Ges[17] 672; dort wird Hi 38,14 nicht genannt.

93 So Fohrer 1963, 492 und KBL 792.

94 So HAL III, 937 und App. der BHS.

95 Rahlfs 1979, z. St.

96 Sabatier 1976, z. St.

97 de Lagarde 1873, z. St.

98 Biblia Sacra 1983, z. St.

99 Rignell 1982, z. St.

100 1780, 518.

101 So KBL 120; Bobzin 1974, 479; Fohrer 1963, 492 und van Oorschot 1987, 175 Anm. 85.

102 1780, 518.

103 1970, 135.

104 Rignell 1982, z. St.

105 de Lagarde 1873, z. St.

106 Rahlfs 1979, z. St.

107 Sabatier 1976, z. St.

108 Biblia Sacra 1983, z. St.

Die vier letztgenannten Überlieferungen bleiben also bei der Form von בין. In Anbetracht dessen wird MT beibehalten.[109]

Zu 38,24aR1) אוֹר

Der App. II der BHK; Ehrlich[110], Fohrer[111] und andere lesen רוּחַ statt אוֹר. Ebenfalls sprechen sich die Herausgeber von 11Qtg J. P. M. van der Ploeg, A. S. van der Woude und B. Jongeling[112] für רוח in MT aus, denn 11Qtg scheint dafür zu sprechen. In T[113] wird „Licht", נהורא, überliefert und im zweiten Halbvers רוח vor קדומא gesetzt. LXX[114] und Versio antiqua[115] übersetzen πάχνη bzw. *pruina* (Tau, Reif); V[116] und Syr[117] *lux*, bzw. ܢܘܗܪܐ. In den Variantensammlungen von Kennicott, Rossi und Ginsburg findet sich nichts dazu. Ein Blick auf die lautliche Struktur des Verses 24 zeigt, daß רוח durch den ח-Laut gut zu יחלק im selben Satz klingt. אוֹר harmonisiert mit dem א von ארץ, welches ebenfalls an letzter Satzposition in 38,24aR2 steht. In der Sprechmelodie klingt אוֹר ruhiger als רוח. Außer der zum Teil verderbten Stelle in 11Qtg[118] gibt es keine überlieferungsgeschichtlichen Argumente für רוח, da auch „Reif" und eben „Licht" überliefert wird. Aus diesen Gründen soll hier die nicht unverständliche MT-Lesart beibehalten werden.

Zu 38,26 und 27)

Die Verse 26 und 27 fehlen in der LXX und werden in den Septuaginta-Ausgaben durch die Übersetzung Theodotions wiedergegeben[119]. In 11Qtg[120] sind die Verse zwar vorhanden, aber Vers 26 wird verkürzt überliefert, indem לא איש und לא אדם in einer einzigen Wendung לא אנש

---

[109] Auch Mende 1990, 215, ist der Ansicht, daß sich eine Korrektur erübrigt.

[110] 1968, 332.

[111] 1963, 492.

[112] 1971, 72.

[113] de Lagarde 1873, z. St.

[114] Rahlfs 1979, z. St.

[115] Sabatier 1976, z. St.

[116] Biblia Sacra 1983, z. St.

[117] Rignell 1982, z. St.

[118] Auch in den Versen 25 und 26 weicht 11Qtg zu einem erheblichen Teil von MT ab.

[119] So z. B. bei Rahlfs 1979, und Ziegler 1982.

[120] van der Ploeg 1971.

ausgedrückt wurde und ebenfalls gibt es nur die eine Wendung על ארץ מדבר. Der zweigliedrige parallelismus membrorum ging dadurch verloren. T, V und Syr überliefern die MT-Version.[121] Deshalb und wegen seines parallelismus membrorum ist MT zu folgen.

Zu 38,27vI2) מֹצָא

Es gibt einige Argumente, die für eine Emendation in מִצִּיָּה sprechen, welche Fohrer[122] vorschlägt: Zum einen bildet es einen vom Sinn her besseren parallelismus membrorum zu שׁאה ומשׁאה als מצא, zum zweiten paßt es aus lautlichen Gründen durch das Homoioteleuton der i- und h/ch-Laute zu וּלְהַצְמִיחַ und zum dritten gibt es in Ijob 30,3 eine ähnliche Wortkombination mit ציה, שׁואה und משׁאה. Die Häufigkeit der Vorkommen im AT, 27mal für מוֹצָא und 16mal für ציה, stellt kein ausreichendes Argument dar. Überlieferungsgeschichtlich gibt es keine Hinweise auf מִצִּיָּה, weder in 11Qtg, T, V, Syr[123] sowie der griechischen Übersetzung Theodotions[124] (in der LXX fehlt dieser Vers) noch in den Variantensammlungen. Auch gibt es lautliche Gründe, die für eine Beibehaltung von מֹצָא sprechen: die Paronomasie der o – a Laute von מֹצָא zu שֹׁאָה und וּמְשֹׁאָה. Da MT der wichtigere Textzeuge ist und der Sinn nicht unverständlich ist, soll ihm gefolgt werden.[125]

Zu 38,30a) כאבן

Der App. der BHS und Fohrer[126] möchten כבאבן schreiben, indem die Präposition ב eingefügt wird. In 11Qtg[127] findet sich diese Schreibweise nicht, allerdings ist auch der Sinn leicht verändert. T[128] schreibt היך אבנא. Kennicott[129] nennt ein Manuskript, welches באבן schreibt. Überlieferungsgeschichtlich gibt es für כבאבן keinen Anlaß, so daß MT gefolgt wird.

---

121 de Lagarde 1873; Biblia Sacra 1983; Rignell 1982 jeweils z. St.

122 1963, 492, mit Beer u. a.

123 van der Ploeg 1971; de Lagarde 1873; Biblia Sacra 1983 und Rignell 1982, jeweils z. S.

124 Siehe Field 1964.

125 Ebenso Mende 1990, 215.

126 1963, 492, mit Hinweis auf Gesenius-Kautzsch, § 118w.

127 van der Ploeg 1971, z. St.

128 de Lagarde 1873, z. St.

129 1780, 519.

Zu 38,32) (ganzer Vers)

Der Vers fehlt in der LXX. Fohrer[130] vermutet, daß er wegen seiner schwer deutbaren Sternbezeichnungen dort ausgelassen wurde. In den übrigen Überlieferungen (V, Syr, 11Qtg [teilweise verderbt], T) ist der Vers vorhanden, aber jede scheint einen anderen Sinn zu vermitteln. MT ist als vorzuziehender Textzeuge beizubehalten, weil die unterschiedliche Überlieferung ein Hinweis auf ein allgemeines Unverständnis dieses Verses ist und die modernen Erklärungen[131] zu diesem Vers MT als sinnvoll erscheinen lassen.

Zu 38,33b) משטרו בארץ

Diese Wendung schien den Übersetzern Schwierigkeiten zu bereiten: V[132] verwendet *rationem eius*, Syr[133] ܢܡܘܣܐ (nomos), LXX mit Versio antiqua[134] überliefern ἢ τὰ ὑπ' οὐρανὸν ὁμοθυμαδὸν γινόμενα bzw. *aut omnium quae sub coelo pariter fiunt*, T[135] אין תשוי שטריה. Auch hier ist MT mit der sachlich schwierigeren Lesart vorzuziehen, zumal T ähnlich überliefert ist.

Zu 38,36) (ganzer Vers)

Auch dieser Vers hat keine einheitliche Überlieferung. Unsicherheiten bereiteten vor allem die beiden Worte בטחות und לשכוי. LXX[136] übersetzte τίς δε ἔδωκεν γυναιξὶν ὑφάσματος σοφίαν ἢ ποικιλτικὴν ἐπιστήμην, Versio antiqua[137] *Quis dedit mulieribus texturae sapientiam, & varietatum scientiam?*, V[138] *quis posuit in visceribus hominis sapientiam vel quis dedit gallo intellegentiam*, Syr[139] ܡܢܘ ... ܒܟܘܣܝܐ. ܐܘ ... ܫܘܐ. T[140] überlieferte, ähnlich wie MT; בכוליין für בטחות und ללִיבא für לשכוי. Die un-

---

[130] 1963, 492.

[131] Vgl. z. B. Fohrer 1963, 198 (Anm. zu Ijob 9,9; mit Literatur). 492.

[132] Biblia Sacra 1983, z. St.

[133] Rignell 1982, z. St.

[134] Rahlfs 1979, und Ziegler 1982, sowie Sabatier 1976, jeweils z. St.

[135] de Lagarde 1873, z. St.

[136] Nach Rahlfs 1979, z. St.

[137] Sabatier 1976, z. St.

[138] Biblia Sacra 1983, z. St.

[139] Rignell 1982, z. St.

[140] de Lagarde 1873, z. St.

terschiedliche Weise der Wiedergabe sowie die MT ähnliche T-Version sprechen für die Beibehaltung des wichtigeren Textzeugen mit seiner sachlich schwierigeren MT-Lesart.[141]

Zu 39,1) עת

Verschiedentlich wurde vorgeschlagen, vielleicht עת[142] oder לדת[143] aufgrund von Verschreibung durch gleichlautende Endung zu streichen, doch, wie auch Fohrer[144] meint, „zwingen metrische Gründe nicht dazu". Ganz im Gegenteil sprechen sie sogar dagegen, denn der ganze Satz 39,1a ist eine einzige Alliteration[145], indem alle fünf Worte klanglich miteinander verbunden sind: Homoioteleuton erscheint durch den t-Laut von הידעת עת לדת, wobei der d-Laut in לדת und הידעת alliteriert. Weiterhin gibt es im Satz viermal ע und in der zweiten Hälfte dreimal ל. Aus diesen Gründen ist MT beizubehalten.

Zu 39,3c) הבליהם

Die Suffixendung von הבליהם bereitet Schwierigkeiten. Einige Manuskripte überliefern die Endung הן-[146]. Fohrer[147] erklärt die MT-Version mit Gesenius-Kautzschs „abgeschwächter Differenzierung der Geschlechter". Abgesehen davon, daß diese Erklärung plausibel erscheint, spricht auch die Paronomasie von הבליהם und בניהם für die Beibehaltung von MT.

Zu 39,4a) יחלמו

Für MT יחלמו finden sich verschiedene Überlieferungsversionen: 11Qtg יקשן, T מתחיילן; Syr verkürzt den Vers; in der LXX fehlt der Vers vollständig, V nennt *separantur*, die Versio antiqua *abrumpent*. Da auch MT einen sinnvollen Inhalt gibt, ist er der vorzuziehende Textzeuge.

---

141 Vgl. zur deutschen Übersetzung von „Ibis" und „Hahn" Keel 1978, 60f mit Anm. 219 und ders., 1981, 220–223.

142 App. der BHS und BHK; Ehrlich 1968, 333.

143 App. der BHK; Budde 1913, 248.

144 1963, 493.

145 Ähnlich ist es in T: איפשר דידעתא עידן מילדיהון דיעלי.

146 Kennicott 1780, 519.

147 1963, 493. – Gesenius-Kautzsch § 135 o.

Zu 39,4b) ירבו

Wie auch in Vers 4a hat MT mit ירבו verschiedene Überlieferungsversionen: Der Vers fehlt ebenfalls in der LXX[148], nach Kennicott[149] überliefert ein Manuskript ילכו und eins יראו, 11Qtg[150] ויפקן, T[151] יסגון, V[152] *pergunt* und Sabatiers Versio antiqua nach Theodotion[153] (πληθυνθήσονται), ähnlich wie MT, *multiplicabuntur*. Der App. II der BHK schlug vor, aus metrischen Gründen ירבו oder בבר zu streichen – der App. der BHS machte diesen Vorschlag nicht mehr. Gerade die Paronomasie durch die Konsonanten ר und ב ist es, die eine Streichung eines der beiden Worte verbietet. Außerdem bilden die ו-Endungen von ירבו, יצאו (4c) und שָׁבוּ (4d) Homoioteleuton, so daß aus diesen Gründen MT gefolgt wird.

Zu 39,6b) מלחה

Einige Versionen fügen vor מלחה ארץ ein, so V[154], 11Qtg[155], T[156], Syr[157], Symmachus[158]. In der LXX fehlt dieser Halbvers. In den hebräischen Variantensammlungen gibt es für ארץ keine Hinweise. Von den drei Vorkommen von מלחה im AT Jer 17,6; Ijob 39,6; Ps 107,34 steht nur in Jer 17,6 ארץ dem Wort מלחה voran und bildet mit ihm zusammen ein Satzglied. In Ps 107,34 kommen zwar ארץ und מלחה im selben Satz vor, vertreten aber unterschiedliche Satzglieder. Somit ist es nicht ungewöhnlich, daß מלחה allein ohne ארץ steht. Würde ארץ hier eingefügt, bildete es gemeinsam mit מלחה ebenfalls ein Satzglied. Die Betrachtung der Laute bringt kein entscheidendes Argument für oder gegen die Einfügung von ארץ. Da MT der wichtigste Textzeuge ist und im AT מלחה auch ohne ארץ überliefert ist, soll das Wort nicht eingefügt werden.

---

148 In den Ausgaben von Rahlfs 1979, und Ziegler 1982, sind die Verse asterisiert und wurden von Theodotion übernommen.

149 1780, 519.

150 van der Ploeg 1971, z. St.

151 de Lagarde 1873, z. St.

152 Biblia Sacra 1983, z. St.

153 1976, z. St.

154 Biblia Sacra 1983, z. St.

155 van der Ploeg 1971, z. St.

156 de Lagarde 1873, z. St.

157 Rignell 1982, z. St.

158 So nach Ziegler 1982, z. St.

Zu 39,8a) יְתוּר

Bei MT יְתוּר scheint es sich nach der Randmasora und der Konkordanz[159] um ein hapax legomenon zu handeln. Deshalb ist mit Fohrer[160] יָתוּר zu punktieren.

Zu 39,12b.c) יָשׁוּב־ זַרְעֶךָ וְגָרְנְךָ

Das Ketib von MT ישוב wird beibehalten, allerdings mit der Punktierung יָשׁוּב[161], denn auch dieses ergibt einen Sinn. Kennicott[162], Rossi[163] und Ginsburg[164] geben einige Manuskripte mit dem Qere ישיב an.

Der App. der BHS[165] macht den Vorschlag, vielleicht וְזַרְעֲךָ גָּרְנָה zu lesen, indem זרעך zu 12c hinzugezogen wird und ו anstatt vor גָרנה vor זרעך gesetzt wird. Allerdings gibt es dafür keine Textzeugen. In LXX[166], T[167], Syr[168] und V[169] ist es jeweils in getrennten Halbversen übersetzt. Deshalb soll MT beibehalten werden. Als mögliche Übersetzung ist vorläufig festzuhalten: 12b, „daß er zurückkehrt (mit) deiner Saat", 12c, „und (in) deiner Tenne sammelt" / „(auf) deinem Dreschplatz".

Zu 39,13b) (ganzer Vers)

Dieser Vers ist unklar. Fohrer[170] bemerkt, daß schon 1737 Schultens 20 Lösungsmöglichkeiten gesammelt hat. Bis heute sind sie um ein Vielfaches mehr geworden; ihnen geht selbst Fohrer nicht nach. Nach wie vor ist keine überzeugende Lösung in Sicht. Für viele erübrigt sich die Suche, indem der Vers mit dem ganzen Abschnitt 39,13–18 als Glosse ausge-

---

159 ES 514, 1224.

160 1963, 493, mit Hinweis auf Θ, T, V u. a. – Ebenso Mende 1990, 218.

161 Vgl. Fohrer 1963, 493; Ehrlich 1968, 334.

162 1780, 520.

163 1970, 135.

164 1926, z. St.

165 Im Anschluß an Fohrer 1963, 493.

166 Rahlfs 1979, und Ziegler 1982, z. St.

167 de Lagarde 1873, z. St.

168 Rignell 1982, z. St.

169 Biblia Sacra 1983, z. St.

170 1963, 514, Anm. 93.

schieden wird, zumal er in der LXX fehlt.[171] Deshalb soll an dieser Stelle auf eine textkritische Untersuchung verzichtet werden und, wo nötig, auf den MT-Text zurückgegriffen werden.

Zu 39,16a) הִקְשִׁיחַ

הִקְשִׁיחַ bietet die große Schwierigkeit, daß es anscheinend kein passendes Subjekt zu dieser Verbform 3.m.sg. gibt.[172] Während in den umgebenden Sätzen von dem Straußenweibchen die Rede ist, wäre es denkbar, daß dieser Satz plötzlich von dem Straußenmännchen handelt, ohne daß es genannt wird.[173] Fohrer[174] betrachtet -הִ als Schreibfehler und argumentiert mit Kennicott[175], der zwei Manuskripte mit der Schreibweise תקשיח nennt. Einige Überlieferungen umgingen das Problem, sich auf m. oder f. festlegen zu müssen: Versio antiqua[176] *obduruit*, V[177] *duratur*, Theodotion[178] ἀπεσκλήρυνεν, Syr[179] ܐܩܫܝܬ; in der LXX fehlt dieser Vers. T[180] überliefert שׁחנא mit der m.-Form. Im AT kommt die Wurzel קשח nur noch in Jes 63,17 vor und zwar in der von Fohrer u. a. für Ijob 39,16 vorgeschlagenen Schreibweise תַּקְשִׁיחַ. Ein Blick auf die Lautebene zeigt: Eine Paronomasie findet sich zwischen den Worten הִקְשִׁיחַ und וַתְּשַׁכַּח in 39,15a, wobei תקשיח durch ת noch harmonischer klänge. Weiterhin findet sich die Vokalfolge i – a in יְגִיעָהּ und בְּלִי־פָחַד. Insgesamt gesehen ist eine Verwechslung der Buchstaben von ה und ת wahrscheinlich, da sie graphisch sehr ähnlich sind. Die Verwechslung u. a. von ה und ת ist eine der häufigsten Ursachen von Schreibfehlern[181]. Wegen der

---

[171] Vgl. Ziegler 1982, z. St. Ein Beispiel für die Hilflosigkeit der Überlieferer ist die Vorgehensweise Theodotions: Die Wörter, mit denen er nichts anzufangen wußte wie נעלסה (13a), חסידה und ונצה, transkribierte er kurzerhand in νεελασα, ασιδα und νεσσα. – Im übrigen gab es „Transkriptionstexte", die den hebräischen Text mit griechischen Buchstaben wiedergaben. Franz Xaver Wutz versuchte 1937, den hebräischen Text wieder herzustellen. Vgl. dazu Würthwein 1988, 77f.

[172] Zu diesem Ergebnis kommt man bereits beim ersten unkritischen Blick auf den Text. Näheres dazu siehe die folgende Textuntersuchung.

[173] Von dieser Möglichkeit geht anscheinend Yehuda Feliks, in: BHH III, 1883 aus.

[174] 1963, 493 mit Beer u. a.

[175] 1780, 520.

[176] Sabatier 1976, z. St.

[177] Biblia Sacra 1983, z. St.

[178] Nach Field 1964, 74 z. St.

[179] Rignell 1982, z. St.

[180] de Lagarde 1873, z. St.

[181] Würthwein 1988, 119.

wahrscheinlichen Buchstabenverwechslung und der deutlicheren Paronomasie ist eine Konjektur in תקשיח vorzunehmen.

Zu 39,20a) הֲתַרְעִישֶׁנּוּ

Hier ist dem Vorschlag des App. der BHS zu folgen und -הֵ zu punktieren aus den gleichen Gründen wie in 38,12a.

Zu 39, 21a) יַחְפְּרוּ

Der App. der BHS liest mit LXX, V und Syr יחפוֹר. Ebenso 11Qtg[182]. T[183] verwendet מחפשין. Ginsburg[184] nennt für יחפוֹר drei Textzeugen. In der Randmasora ist zu diesem Wort nichts vermerkt. Wahrscheinlich handelt es sich um eine Vertauschung von ר und ו, die vielleicht beim Abschreiben von ו als Schlußbuchstabe in נחרו in 38,20b beeinflußt ist. Ein Blick auf die lautliche Struktur zeigt, daß ein o-Laut mit הוֹד und נַחְרוֹ (beide 38,20b) harmonieren würde. Wegen der einheitlichen Überlieferung der 3.sg., der plausiblen Verschreibungsmöglichkeit und des lautlichen Arguments ist MT in יחפוֹר zu emendieren.

Zu 39,22a) לפחד

Der App. der BHS weist darauf hin, daß einige wenige Manuskripte der Syr לפחת schreiben. Rossi[185] und Kennicott[186] führen sie in ihren Variantensammlungen auf. Aus inhaltlichen Gründen ist diese Schreibweise nicht abwegig. Andere Überlieferungen halten sich an MT, so T[187] דלוחא, LXX[188] βέλει und V[189] *pavorem*, so daß MT zu folgen ist, zumal auch das Thema des Schreckens schon in 39,20b einmal vorkommt und auch hier inhaltlich passen würde.[190]

---

[182] van der Ploeg 1971, z. St. Auch Fohrer 1963, 494; Ehrlich 1968, 336; Edel 1984, 154.

[183] de Lagarde 1873, z. St.

[184] 1926, z. St.

[185] 1970, z. St.

[186] 1780, 520.

[187] de Lagarde 1873, z. St.

[188] Ziegler 1982, z. St.

[189] Biblia Sacra 1983, z. St.

[190] Siehe unten S. 247–250.

Zu 39,30a) יְעַלְעוּ

Über die Verbform יְעַלְעוּ gibt es bisher keine Klarheit.[191] Meist wird angenommen, daß ein ל ausgefallen ist, so daß die Form eigentlich יְלַעְלְעוּ zu lesen wäre[192] und auf die unbekannte Wurzel עלע zurückgehen könnte. Ebenso wird in dem Zusammenhang auch לעע genannt[193]. Die Vermutung, daß das Wort „schlürfen" bedeuten könnte, legt sich auch durch T גמען nahe. יְעַלְעוּ ist verschieden überliefert worden: T גמען, LXX φύρονται; Versio antiqua *(ejus) volutantur*; V *lambent* und Syr ܠܚܟ. Kennicott[194], nennt die oben vorgeschlagene Schreibweise יעלעלו. Da die Überlieferung so unterschiedlich ist und auch bisher noch keine einwandfreie Erklärung zu MT gefunden worden ist, soll MT mit seinem „Fragezeichen" beibehalten werden.

Zusammenfassung

Nachfolgend sollen noch einmal im Überblick die vorgenommenen Konjekturen aufgelistet werden:

38,1a	מִן
38,11d	וּפֹה־
38,12a	הַ־
38,12b	יִדַּעְתָּ הַשַּׁחַר
39,8a	יָתוּר
39,12b	יָשׁוּב
39,16a	תַּקְשִׁיחַ
39,20a	הֲ־
39,21a	יַחְפּוֹר

Es zeigt sich, daß MT im wesentlichen, bis auf wenige Stellen bestätigt wird. Dieser Text, wenngleich er auch nicht genau in dieser Weise überliefert ist, stellt die Grundlage für die folgenden Untersuchungen dar.

---

[191] Vgl. Ritter 1993, 222 Anm. 23.

[192] App. BHS; Fohrer 1963, 494; Ges[17] 594; KBL 484.709; HAL III, 791.

[193] Ges[17], ebd.; HAL III, 791.

[194] 1780, 520.

I. TEIL
AUSDRUCKSSEITE DES TEXTES

Nachdem der im wesentlichen MT entsprechende Text konstituiert worden ist, soll nun kurz die Methode erläutert werden, nach welcher der Text zunächst hinsichtlich der Ausdruckseite untersucht wird. Zur Textbeschreibung auf der Ausdruckseite – ebenso wie auf der Inhaltseite – werden Methoden und Voraussetzungen der Sprachwissenschaft angewandt, um den Text in seiner Sprachlichkeit zu beschreiben. Auszugehen ist dabei von zwei Voraussetzungen: erstens vom synchronen Textverständnis und zweitens von der Unterscheidung einer formalen und einer inhaltlichen Seite der Sprache[1].

Die synchrone Textbetrachtung nimmt den zur Zeit der Masoreten um ca. 1000 nC schriftlich fixierten Text (MT) als einen auf einer zeitlich einheitlichen Sprachstufe entstandenen an. Dies ist methodisch notwendig, um die Struktur und den Stil des Textes angemessen beschreiben zu können und um nicht bei jedem einzelnen Phänomen eine Etappe der Sprachentwicklung vermuten zu müssen. Der Entscheidung, die Textuntersuchung vom synchronen Blickwinkel her zu unternehmen, kommt eine grundlegende Bedeutung zu. Die Kriterien, die auf eine zeitlich nacheinander entstandene Textgestalt (Diachronie) hinweisen und die Anlaß zu literarkritischen Untersuchungen geben wie Wiederholungen, Doppelungen, Spannungen, Widersprüche, werden unter anderem dahingehend beleuchtet,[2] ob sie in Stilistik und poetischer Konzeption zum Text gehören und somit literarkritische Kriterien sind. Die synchrone Analyse soll also den Textabschnitt auf Kohäsion bzw. Inkohäsion und Kohärenz bzw. Inkohärenz hin untersuchen.[3]

---

1 Vorreiter war Anfang dieses Jahrhunderts der französische Sprachwissenschaftler F. de Saussure, der die sogenannten Saussureschen Dichotomien entwickelte, wobei er neben der Unterscheidung von Inhalt und Form auch die von Synchronie und Diachronie einführte. Zur methodologischen Grundlegung in der alttestamentlichen Wissenschaft siehe Richter 1971, 27–35.

2 Eine diachrone Textbetrachtung ist die Voraussetzung der Literar- und Redaktionskritik, die häufig im Vordergrund exegetischer Arbeiten standen. Formale und inhaltliche Kriterien dienten oft nur als Stütze der literarkritischen und redaktionskritischen Arbeit. – Zu den Vorteilen der synchronen Analyse und ihrem Zusammenwirken mit der historisch-kritischen Arbeitsweise siehe Egger 1996, 21f, 75ff. Zur Diachronie siehe ebd. 159–194.

3 Utzschneider 1988, 15f, unterscheidet, mit Rückgriff auf de Beaugrande/Dressler 1981, zwischen Kohäsion, die er auf der Textoberfläche (hier Ausdrucksseite) definiert, und der Kohärenz, die er auf der Texttiefenstruktur (hier Inhaltseite) ansiedelt. Dieser Terminologie soll hier gefolgt werden.

Die zweite sprachwissenschaftliche Voraussetzung bedeutet, daß die synchrone Textbeschreibung auf zwei Ebenen vorgenommen wird: auf der Ausdrucks- und auf der Inhaltsebene, so daß sich eine Zweiteilung der Arbeit ergibt. Die formale Seite der Sprache soll hier Ausdrucksseite oder Ausdrucksebene genannt werden im Unterschied zur inhaltlichen Seite, die als Inhaltsseite[4] oder Inhaltsebene bezeichnet wird. Es gibt also die zwei Beschreibungsebenen der Ausdrucksseite und der Inhaltsseite, die nacheinander betrachtet und beschrieben werden. Die Trennung von Ausdruck und Inhalt ist eine methodische, die der Textanalyse dient. Letztlich gibt es nur den einen Text[5]. Notker Füglister[6] vergleicht das Verhältnis von Form und Inhalt mit der Leib-Seele-Beziehung, der Gehalt läßt sich nicht von der Gestalt trennen, das „Was" nicht vom „Wie" ablösen. Wolfgang Richter bemerkt zu dem Thema: „Inhalt und Form sind durch Strukturen miteinander verbunden, die sich aber auf den verschiedenen Ebenen anders darstellen können. Die Grenze von Form und Inhalt ist deshalb nicht ein für allemal festlegbar; sie muß vielmehr von Fall zu Fall am Text erarbeitet werden. Auch die Grenze der Formalisierbarkeit der Strukturen liegt nicht fest; sie erstreckt sich auf jeden Fall auch auf den Inhalt (Stoff, Semantik)"[7].

Da sich die Ausdrucksseite aus einer begrenzten Anzahl von Zeichenelementen aufbaut, soll der Einfachheit halber mit ihrer Beschreibung begonnen werden[8]. Als Zeichenelemente sind, abgesehen von Lauten und Buchstaben, Wörter, Wortverbindungen und Sätze. Diese verknüpfen sich nach bestimmten grammatischen Regeln miteinander. Aus dem Fundus unendlicher Verknüpfungsmöglichkeiten von grammatischen Erscheinungsformen ergibt sich dieser spezielle Text. Zunächst wird der Wortbestand und dessen Verteilung im Text anhand der verschiedenen Wortarten und Wortkombinationen überprüft und dargestellt.[9] Das gleiche geschieht dann auf der Satzebene anhand der Satzarten, der Reihung der Sätze und der Verbformationen. Schließlich werden auf der Textebene die Kohäsionsbildung durch Satzreihen, die Phorik

---

[4] Diese Terminologie scheint sich bewährt zu haben; siehe Bußmann 1990, 111. Auch Richter arbeitet mit dieser Terminologie, 1978, 10ff. – Ähnlich Utzschneider 1988, 15f, der von Oberfläche und Tiefenstruktur spricht.

[5] Hier geht es um geschriebene Sprache, die beiden Beschreibungsebenen sind aber auch bei gesprochener Sprache oder anderweitigen Kommunikationsmitteln anwendbar.

[6] 1965, 33.

[7] 1971, 32. – Die Beziehung zwischen Ausdruck- und Inhaltseite wird von Schulte-Sasse/Werner 1977, 132f am Beispiel eines Brecht-Gedichts veranschaulicht, wo „die gegenläufige Koppelung von Ausdrucks- und Inhaltsebene ... zu einer (gegenüber der auf der semantischen Ebene formulierten Botschaft) zusätzlichen Bedeutungsleistung dieses Textes" führt.

[8] Richter 1978, 11.

[9] Zum Beginn mit der Wortebene vgl. auch Seidl 1982, 84 mit Anm. 50 und Floß 1982, 88–91.

sowie weitere Textgliederungskomponenten beobachtet. Die Darstellung erfolgt zum Teil aufgrund statistischer Methoden, indem die grammatischen Erscheinungsformen aufgelistet und gezählt werden. Allerdings bezieht sich das Auflisten nur auf diesen Text; es werden keine anderen Vergleichstexte herangezogen[10], weil die Frage im Vordergrund steht, ob alle diese formalen Elemente einen einheitlichen (ästhetischen) Stil und somit Kohäsion des Textes bewirken.

1. *Wortebene*

Die Untersuchung beginnt mit der Wortebene.[11] Das statistische Verfahren kommt im Rahmen einer synchronen Textanalyse der Eigenart althebräischer Texte entgegen, da es in vielen Texten sogenannte Leitworte[12] gibt, die aufgrund ihrer häufigen Wiederholung bereits formal inhaltliche Schwerpunkte kenntlich machen. Insofern ist das Verfahren für die Wortebene der Ausdruckseite angemessen.[13] Die Untersuchung beginnt also mit der Darstellung lexikalischer Morpheme, weil – und hier ergibt sich bereits die oben angedeutete Grenzverwischung zwischen Form und Inhalt – sie den Blick auf den „kodifizierten Teilaspekt von Bedeutung"[14] lenken und in ihrer Aufzählung eine erste Aussage zum angestrebten Textverständnis zulassen und Leitwörter erkennen lassen. Die grammatischen Morpheme sind erst in einem späteren Untersuchungsschritt in kombinatorischer Hinsicht wichtig.

---

10 Dies wäre dann sinnvoll, wenn man Gemeinsamkeiten oder Unterschiede zwischen Texten von einem oder mehreren Autoren, einer oder verschiedener Epochen oder eines oder verschiedener Themen feststellen will. Vgl. dazu Pieper 1979, 23. – Statistisches Material, auch die Wortebene betreffend, die jedoch auch Elemente heranziehen, die sich in dieser Arbeit erst in der Komponentenanalyse befinden, gibt es bei Seidl 1982, 85.141.158.181.214.226 und Floß 1982, 101–120. – Zur Verteilung der Phänomene vgl. Muller 1972, 22f.

11 Zum Verhälnis von Wörtern und Morphemen vgl. Richter 1978, 14–17; zur Unschärfe des Terminus „Wort" vgl. bes. ebd. 16f, Anm. 38.

12 Für das Buch Rut hat das Dommershausen 1967 nachgewiesen. – Zu den Leitwörtern allgemein und näherhin zu den Psalmen vgl. Buber 1986, 3f sowie zum Buch Ijob ebd. 15–18.

13 Zu den Vorteilen einer quantitativen Stilanalyse anhand statistischer Verfahren vgl. Pieper 1979, 125f.

14 Bussmann 1990, 449. Nach Wehrle 1993, 24, Anm. 7 ist damit jedoch noch nicht eine Aussage über das Textthema getan.

1.1. Wortarten

Die Klassifizierung von Wortarten variiert, je nachdem, ob vom morphologischen, syntaktischen oder semantischen Blickwinkel aus vorgegangen wird.[15] Nach Wolfgang Richter[16] bestimmt sich im Hebräischen eine Wortart durch Verbindbarkeit mit grammatischen Morphemen, durch den Lexembau und vor allem durch syntaktische Merkmale.[17] Richter unterscheidet zwischen Funktionswörtern, deren Aufgabe die Gestaltung des Satzbaus ist, und Hauptwörtern, die grammatische Morpheme tragen und primäre Bedeutungsträger sind. Beide Gruppen sollen aufgelistet werden, um jeweils ihren quantitativen Anteil am Text erkennen zu können. Die Hauptwörter sind besonders interessant, um bereits erste Bedeutungsaussagen über den Text machen zu können, auch wenn sie zunächst nur eine lexikalische Grundlage haben. Diejenigen, die am häufigsten vorkommen, können Leitwortfunktion übernehmen.

1.1.1. Hauptwortarten

1.1.1.1 Substantive[18]

Im Textabschnitt Ijob 38,1 – 39,30 kommen ca. 246 Substantive vor. Folgende 26 Substantive werden zweimal verwendet:

אבן	38,6b.30a
אכל	38,41c 39,29a
בית	38,20b 39,6a
בקר	38,7vI.12a
דלת	38,8a.10b
יגיע	39,11c.16b
ילד	38,41b 39,3b
ים	38,8a.16a
כח	39,11b.21c
לבוש	38,9vI1.14b
מים	38,30a.34b
מלחמה	38,23 39,25c
מקום	38,12b.19b

---

[15] Bussmann 1990, 850f; vgl. Bergenholtz/Schaeder 1977, 11–16 und Richter 1978, 156 Anm. 530.

[16] 1978, 47.66.156–167.

[17] Ähnlich Bergenholtz/Schaeder 1977, 11f.15ff.

[18] Die hier aufgeführten Substantive werden, ähnlich wie im Lexikon, in ihrer Singular-Form aufgelistet. Die Vorkommen sollen nicht weiter dahingehend analysiert werden, ob es sich um Singular- oder Plural-, Maskulinum- oder Femininum-, st. abs. oder st. cs.- Formen handelt, oder ob sie ein ePP bei sich führen. Manches Weitere wird sich unten noch zeigen.

מרחק	39,25c.29b
סוס	39,18b.19a
עמק	39,10b.21a
עפר	38,38vI 39,14b
פנה	38,30b 39,22c
רים	39,9a.10a
רשׁעים	38,13a.15a
שׁופר	39,24c.25a
שׁער	38,17a.b
תהום	38,16b.30b
פחד	39,16b.22a
אצרות	38,22a.b
חיה	38,39b 39,15c[19].

Dreimal werden die acht nachfolgend aufgezählten Nomina verwendet:

אור	38,15a.19aR.24aR1
דרך	38,19a.24a.25b
יום	38,12a.21c.23
כנף	38,13vI 39,13a.26b
סלע	39,1a.28a.b
קול	38,25b.34a 39,24c
שׁמים	38,29bP.33a.37bP.
חכמה	38,36a.37a 39,17a

Viermal kommen die Substantive vor:

בן	38,7a.32bP 39,4a.16a und
בינה	38,4c.36b 39,17b.26a vor.

עת mit fünf Vorkommen (38,23.32a 39,1a.2b.18a) und ארץ mit acht Vorkommen (38,4aI.13vI.18a.24aR2.26vI.33b 39,14a.24a) erscheinen am häufigsten. Die übrigen ca. 150 Substantive, also mehr als die Hälfte aller verwendeten Substantive, werden nur einmal in diesem Textabschnitt genannt.[20] Ohne das vorwissenschaftliche, intuitive Inhaltswissen zu berücksichtigen, kann also festgestellt werden, daß der Text viele verschiedene Einzelheiten darstellt und möglicherweise weniger einen Handlungsablauf.[21] Daneben sind ebenso die besonders häufig vorkommenden Substantive ארץ und עת festzuhalten. Die Beobachtungen drängen

---

[19] Jeweils unterschiedliche inhaltliche Bedeutungen ergeben sich erst im Kontext.

[20] Sie sollen hier nicht aufgeführt werden, sondern erscheinen auf der Wortebene der Inhaltsebene im Zuge der Komponentenanalyse.

[21] Vgl. Pieper 1979, 54, die anhand verschiedener Textsorten und deren Satzlängen die Anzahl der verwendeten Nomina, Verben und Adjektive untersuchte. Abgesehen von der für das Deutsche möglicherweise typischen hohen Anzahl der Nomina scheinen allgemeine Gesetzestexte und Agenturberichte die höchste Zahl von Nomina zu verwenden.

dem Leser die Assoziation „Raum und Zeit" als die grundlegenden Prinzipien der Welt auf[22]. חכמה und בינה kommen mit ähnlicher Bedeutung[23] gemeinsam siebenmal vor. Insofern kann man „Kenntnis von Raum und Zeit" bereits als stichwortartige Bedeutungsschwerpunkte skizzieren.

1.1.1.2 Eigennamen

An Eigennamen[24] finden sich im Text:

יהוה	38,1a
איוב	38,1a
אלהים	38,7a
אלוה	39,17a

Drei verschiedene Eigennamen bezeichnen eine göttliche Person, der Name der menschlichen Person ist nur einmal genannt. Wie sich beide Personen – hier liegt ein zahlenmäßiger Schwerpunkt auf der göttlichen Person – zueinander verhalten, ist ebenfalls eine Frage, die im weiteren Verlauf der Untersuchung beantwortet werden soll.

1.1.1.3 Verben[25]

Nachfolgend werden alle Verben in einer Liste[26] mit ihrer Verbbasis, ihrer Stammesmodifikation, ihrer Konjugationsart und ihrer Person, Genus und Numerus aufgeführt:

---

[22] Grundlegende Prinzipien sind sie auch in dem Sinn, als es bis in unsere Zeit nicht gelungen ist, sie zu maximieren, sondern sie sind die Grenzen u. a. heutiger Ökonomie. Die Zeit betreffend vgl. Nikolaus Piper, Die Diktatur der Gegenwart, in: Die Zeit, vom 29. 12. 1995, 25. – Vgl. auch Brunner 1988, 327–360.

[23] Vgl. beide Lexeme unten in der Komponentenanalyse.

[24] Vgl. Richter 1978, 176f. Eigennamen ähneln in ihren Fügungsmöglichkeiten den Substantiven. Sie bezeichnen eher Personen und Orte, eine Bedeutung ist meistens nicht ausgesagt.

[25] Westermann 1977, 115f, der die Gottesrede unter dem Motiv des „Lob des Schöpfers" betrachtet, meint, daß dieses Lob „ursprüglich und eigentlich nach Verben, nicht nach Nomina aufgebaut" sei. Es gehe nicht um eine Aufzählung von Schöpfungswerken, sondern um ein Entfalten des Handelns Gottes.

[26] Die Liste wurde schon einmal veröffentlicht in: Ritter 1993, 217–222.

Ijob 38

1a[27])	ענה	וַיַּעַן	G PK-KF[28] (Narr)	3.m.sg.	
1b)	אמר	וַיֹּאמַר	G PK (Narr)	3.m.sg.	
2)	חשך	מַחְשִׁיךְ	H Ptz act	m.sg.	
3a)	אזר	אֱזָר־נָא	G Imp	m.sg.	
3b)	שאל	וְאֶשְׁאָלְךָ	G PK	1.sg.	+ Suff 2.m.sg.
3c)	ידע	וְהוֹדִיעֵנִי	H Imp	m.sg.	+ Suff 1.sg.
4a)	היה	הָיִיתָ	G SK	2.m.sg.	
4aI)	יסד	בְּיָסְדִי־	G Inf cs		+ Suff 1.sg.
4b)	נגד	הַגֵּד	H Imp	m.sg.	
4c)	ידע	יָדַעְתָּ	G SK	2.m.sg.	
5a)	שים	שָׂם־	G SK	3.m.sg.	
5b)	ידע	תֵדָע	G PK-LF	2.m.sg.	
5c)	נטה	נָטָה	G SK	3.m.sg.	
6a)	טבע	הָטְבָּעוּ	H pass SK	3.m.pl.	
6b)	ירה	יָרָה־	G SK	3.m.sg.	
7vI)	רנן	בְּרָן־	G Inf cs		
7a)	רוע	וַיָּרִיעוּ	H PK (Narr)	3.m.pl.	
8a)	סכך	וַיָּסֶךְ	H PK-KF (Narr)	3.m.sg.[29]	
8bI)	גיח	בְּגִיחוֹ	G Inf cs		+ Suff 3.m.sg.
8b)	יצא	יֵצֵא	G PK	3.m.sg.	
9vI1)	שים	בְּשׂוּמִי	G Inf cs		+ Suff 1.sg.
10a)	שבר	וָאֶשְׁבֹּר	G PK-KF (Narr)	1.sg.	
10b)	שים	וָאָשִׂים	G PK-KF(?) (Narr)	1.sg.	
11a)	אמר	וָאֹמַר	G PK-KF (Narr)	1.sg.	
11b)	בוא	תָבוֹא	G PK-LF	2.m.sg.	
11c)	יסף	תֹסִיף	H PK-LF	2.m.sg.	+ לא
11d)	שית	יָשִׁית	G PK-LF	3.m.sg.	
12a)	צוה	צִוִּיתָ	D SK	2.m.sg.	
12b)	ידע	יִדַּעְתָּ	D SK	2.m.sg.	
13vI)	אחז	לֶאֱחֹז	G Inf cs		
13a)	נער	וְיִנָּעֲרוּ	N PK	3.m.pl.	
14a)	הפך	תִּתְהַפֵּךְ	tD PK	3.f.sg.[30]	
14b)	יצב	וְיִתְיַצְּבוּ	tD PK	3.m.pl.	
15a)	מנע	וְיִמָּנַע	N PK	3.m.sg.	
15b)	(רום	רָמָה	G Ptz act	f.sg.)[31]	

---

27 Die Satzabgrenzungen und ihre Bezeichnungen richten sich nach Richters BH^t 1993, z. St.

28 Kurzform und Langform werden im folgenden nur nach den masoretischen Vorgaben entschieden.

29 ויסך identifizieren KBL, 657 und Edel 1984, 146 mit der Wurzel סכך. Rowold 1977, 74, Anm. 18 mit סוך/שׂוך. Ges^{17}, 538 meint, daß die סוך-Formen auch von סכך abgeleitet werden. Er führt „Hi 38,8" unter סוך auf.

30 Hier wäre es auch möglich, 2.m.pl. zu analysieren, aber das f. bezieht sich, wie auch in den folgenden VV, über ממנה auf הארץ. – Zu Phorik vgl. unten 3.2.

	שׂבר	תִּשָּׁבֵר	N PK	3.f.sg.	
16a)	בוא	הֲבָאתָ	G SK	2.m.sg.	+ הֲ
16b)	הלך	הִתְהַלָּכְתָּ	tD SK	2.m.sg.	
17a)	גלה	הֲנִגְלוּ	N SK	3.m.pl.	+ הֲ
17b)	ראה	תִּרְאֶה	G PK-LF	2.m.sg.	
18a)	בין	הִתְבֹּנַנְתָּ	tD SK	2.m.sg.	
18b)	נגד	הַגֵּד	H Imp	m.sg.	
18c)	ידע	יָדַעְתָּ	G SK	2.m.sg.	
19aR)	שׁכן	יִשְׁכָּן	G PK	3.m.sg.	
20a)	לקח	תִקָּחֶנּוּ	G PK	2.m.sg.	+ Suff 3.m.sg.
20b)	בין	תָבִין	G PK	2.m.sg.	
21a)	ידע	יָדַעְתָּ	G SK	2.m.sg.	
21b)	ילד	תִּוָּלֵד	N PK	2.m.sg.	
22a)	בוא	הֲבָאתָ	G SK	2.m.sg.	+ הֲ
22b)	ראה	תִּרְאֶה	G PK-LF	2.m.sg.	
23vR)	חשׂך	חָשַׂכְתִּי	G SK	1.sg.	
24aR1)	חלק	יֵחָלֶק	N PK	3.m.sg.	
24aR2)	פוץ	יָפֵץ	H PK-KF	3.m.sg.	
25a)	פלג	־פִלַּג	D SK	3.m.sg.	
26vI)	מטר	לְהַמְטִיר	H Inf cs		
27vI1)	שׂבע	לְהַשְׂבִּיעַ	H Inf cs		
27vI2)	צמח	וּלְהַצְמִיחַ	H Inf cs		
28b)	ילד	הוֹלִיד	H SK	3.m.sg.	
29a)	יצא	יָצָא	G SK	3.m.sg.	
29b)	ילד	יְלָדוֹ	G SK	3.m.sg.	+ Suff 3.m.sg.
30a)	חבא	יִתְחַבָּאוּ	tD PK	3.m.pl.	
30b)	לכד	יִתְלַכָּדוּ	tD PK	3.m.pl.	
31a)	קשׁר	הֲתְקַשֵּׁר	D PK	2.m.sg.	+ הֲ
31b)	פתח	תְּפַתֵּחַ	D PK	2.m.sg.	
32a)	יצא	הֲתֹצִיא	H PK-LF	2.m.sg.	+ הֲ
32b)	נחה	תַנְחֵם	H PK	2.m.sg.	+ Suff 3.m.pl.
33a)	ידע	הֲיָדַעְתָּ	G SK	2.m.sg.	+ הֲ
33b)	שׂים	תָּשִׂים	G PK-LF	2.m.sg.	
34a)	רום	הֲתָרִים	H PK-LF	2.m.sg.	+ הֲ
34b)	כסה	תְּכַסֶּךָּ	D PK	3.f.sg.	+ Suff 2.m.sg.
35a)	שׁלח	הַתְשַׁלַּח	G PK	2.m.sg.	+ הֲ
35b)	הלך	וְיֵלֵכוּ	G PK	3.m.pl.	
35c)	אמר	וְיֹאמְרוּ	G PK	3.m.pl.	
36a)	שׁית	־שָׁת	G SK	3.m.sg.	
36b)	נתן	נָתַן	G SK	3.m.sg.	
37a)	ספר	־יְסַפֵּר	D PK	3.m.sg.	
37b)	שׁכב	יַשְׁכִּיב	H PK-LF	3.m.sg.	
38vI)	יצק	בְּצֶקֶת	G Inf cs		
38a)	דבק	יְדֻבָּקוּ	D pass PK	3.m.pl.	

31 Nominal gebrauchtes Ptz.

39a)	צוד	הֲתָצוּד	G PK-LF	2.m.sg.	+ ־ה
39b)	מלא	תְּמַלֵּא	D PK	2.m.sg.	
40a)	שׁחח	יָשֹׁחוּ־	G PK	3.m.pl.	
40b)	ישׁב	יֵשְׁבוּ	G PK	3.m.pl.	
41a)	כון	יָכִין	H PK-LF	3.m.sg.	
41b)	שׁוע	יְשַׁוֵּעוּ	D PK	3.m.pl.	
41c)	תעה	יִתְעוּ	G PK	3.m.pl.	

Ijob 39

1a)	ידע	הֲיָדַעְתָּ	G SK	2.m.sg.	+ ־ה
1a)	ילד	לֶדֶת	G Inf. cs.		
1b)	חיל	חֹלֵל	D Inf. cs.		
1b)	שׁמר	תִּשְׁמֹר	G PK	2.m.sg.	
2a)	ספר	תִּסְפֹּר	G PK	2.m.sg.	
2aR)	מלא	תְּמַלֶּאנָה	D PK	3.f.pl.	
2b)	ידע	וְיָדַעְתָּ	G SK	2.m.sg.	
2b)	ילד	לִדְתָּנָה	G Inf cs		+ Suff 3.f.pl.
3a)	כרע	תִּכְרַעְנָה	G PK	3.f.pl.	
3b)	פלח	תְּפַלַּחְנָה	D PK	3.f.pl.	
3c)	שׁלח	תְּשַׁלַּחְנָה	D PK	3.f.pl.	
4a)	חלם	יַחְלְמוּ	G PK	3.m.pl.	
4b)	רבה	יִרְבּוּ	G PK	3.m.pl.	
4c)	יצא	יָצְאוּ	G SK	3.m.pl.	
4d)	שׁוב	שָׁבוּ־	G SK	3.m.pl.	+ לא
5a)	שׁלח	שִׁלַּח־	G SK	3.m.sg.	
5b)	פתח	פִּתֵּחַ	D SK	3.m.sg.	
6a)	שׂים	שַׂמְתִּי־	G SK	1.sg.	
7a)	שׂחק	יִשְׂחַק	G PK-LF	3.m.sg.	
7b)	(נגשׂ	נוֹגֵשׂ	G Ptz act	m.sg.)	
	שׁמע	יִשְׁמָע	G PK-LF	3.m.sg.	+ לא
8a)	תור	יְתוּר	G PK-LF	3.m.sg.	
8b)	דרשׁ	יִדְרוֹשׁ	G PK	3.m.sg.	
9a)	אבה	הֲיֹאבֶה	G PK-LF	3.m.sg.	+ ־ה
9aI)	עבד	עָבְדֶךָ	G Inf cs		+ Suff 2.m.sg.
9b)	לין	יָלִין־	G PK-LF	3.m.sg.	
10a)	קשׁר	הֲתִקְשָׁר־	G PK	2.m.sg.	+ ־ה
10b)	שׂדד	יְשַׂדֵּד	D PK	3.m.sg.	
11a)	בטח	הֲתִבְטַח־	G PK	2.m.sg.	+ ־ה
11c)	עזב	וְתַעֲזֹב	G PK	2.m.sg.	
12a)	אמן	הֲתַאֲמִין	H PK-LF	2.m.sg.	+ ־ה
12b)	שׁוב	יָשׁוּב־	G PK-LF	3.m.sg.	
12c)	אסף	יֶאֱסֹף	G PK	3.m.sg.	
13a)	עלס	נֶעֱלָסָה	N SK	3.f.sg.	
13b)[32]					

32 Zur ungeklärten Verbform vgl. oben Textkritik z. St.

14a)	עזב	תַּעֲזֹב	G PK	3.f.sg.	
14b)	חמם	תְּחַמֵּם	D PK	3.f.sg.	
15a)	שׁכח	וַתִּשְׁכַּח	G PK (Narr)	3.f.sg.	
15b)	זור	תְּזוּרֶהָ	G PK	3.f.sg.	+ Suff 3.f.sg.
15c)	דושׁ	תְּדוּשֶׁהָ	G PK	3.f.sg.	+ Suff 3.f.sg.
16a)	קשׁח	הִקְשִׁיחַ	H SK	3.m.sg.	
17a)	נשׁה	הִשָּׁהּ־	H SK	3.m.sg.	+ Suff 3.f.sg.
17b)	חלק	חָלַק־	G SK	3.m.sg.	+ לא
18a)	מרא	תַּמְרִיא	H PK-LF	3.f.sg.	
18b)	שׂצק	תִּשְׂחַק	G PK	3.f.sg.	
	(רכב	וּלְרֹכְבוֹ	G Ptz act	m.sg.)	
19a)	נתן	הֲתִתֵּן	G PK	2.m.sg.	+ ה־
19b)	לבשׁ	הֲתַלְבִּישׁ	H PK-LF	2.m.sg.	+ ה־
20a)	רעשׁ	הֲתַרְעִישֶׁנּוּ	H PK	2.m.sg.	+ Suff 3.m.sg. + ה־
21a)	חפר	יַחְפּוֹר	G PK	3.m.sg.	
21b)	שׂושׂ	וְיָשִׂישׂ	G PK-LF	3.m.sg.	
21c)	יצא	יֵצֵא	G PK-KF	3.m.sg.	
	קרא	לִקְרַאת־	G Inf cs		
22a)	שׂצק	יִשְׂחַק	G PK	3.m.sg.	
22b)	חתת	יֵחָת	N PK	3.m.sg.	+ לא
22c)	שׁוב	יָשׁוּב־	G PK-LF	3.m.sg.	+ לא
23)	רנה	תָּרְנֶה	G PK-LF	3.f.sg.[33]	
24a)	גמא	יְגַמֶּא־	D PK	3.m.sg.	
24b)	אמן	יַאֲמִין־	H PK-LF	3.m.sg.	+ לא
25a)	אמר	יֹאמַר	G PK	3.m.sg.	
25c)	רוח	יָרִיחַ	H PK-LF	3.m.sg.	
26a)	אבר	יַאֲבֶר־	H PK-KF	3.m.sg.	
26b)	פרשׂ	יִפְרֹשׂ	G PK	3.m.sg.	
27a)	גבה	יַגְבִּיהַּ	H PK-LF	3.m.sg.	
27b)	רום	יָרִים	H PK-LF	3.m.sg.	
28a)	שׁכן	יִשְׁכֹּן	G PK	3.m.sg.	
28b)	לין	וְיִתְלֹנָן	Hitpol.[34] PK	3.m.sg.	
29a)	חפר	חָפַר־	G SK	3.m.sg.	
29b)	נבט	יַבִּיטוּ	H PK	3.m.pl. (oder Dual?)	
30a)	עלע	יְעַלְעוּ[35]			
30bP)	(חלל	חֲלָלִים	G Ptz	m.pl.)[36]	

---

33 Dahood 1962, 74 bezweifelt die Richtigkeit der Punktierung und vermutet modus energicus von רנן wie Spr 1,20 und 8,30. Auch Ijob 17,16 siehe bei Dahood ebd. z. St.

34 So KBL, 481. Anders Edel 1984, 155.

35 Vgl. Textkritik z. St.

36 Nominal gebrauchtes Ptz. – Vgl. Barth 1967, 161f.

1.1.1.3.1 Verbbasen

Der Text Ijob 38,1–39,30 mit seinen 71 Versen beinhaltet insgesamt 153 Verbformen. 76 Verbbasen werden nur jeweils einmal verwendet, 27 wiederholen sich, zum Teil auch mehrmals. Im Textabschnitt gibt es also 103 verschiedene Verbbasen. Die 76 einmalig vorkommenden Verbbasen machen ungefähr die Hälfte aller 151 Verbformen aus. Daraus ergibt sich, daß dieser Textabschnitt der Gottesrede sehr viele verschiedene Verben benutzt. Bei den Substantiven gab es ein ähnliches Ergebnis, so daß dieser Text durch bunte Form- und Wortvielfalt geprägt ist.

Von den 27 mehrmals verwendeten Verbbasen kommt am häufigsten dic Basis ידע, nämlich neunmal vor (38,3c.4c.5b.12b.18c.21a.33a 39,1a. 2b). Fünfmal erscheinen die Basen יצא (38,8b.29a.32a 39,4c.21c) und שׂים (38,5a.9vI1.10b.33b 39,6a) vor, viermal die Basen אמר (38,1b.11a.35c 39,25a) und ילד (38,21b.28b.29b 39,2b) sowie dreimal die Basen שׂחק (39,7a.18b. 22a), שׁלח (38,35a 39,3c.5a), שׁוב (39,4d.12b.22c) und בוא (38,11b.16a.22a). אמן (39,12a.24b), בין (38,18a.20b), הלך (38,16b.35b), חלק (38,24aR1; 39,17b), חפר (39,21a.29a), לין (39,9b.28b), מלא (38,39b; 39,2aR), נגד (38,4b. 18b), נתן (38,36b; 39,19a), ספר (38,37a; 39,2a), עזב (39,11c.14a), פתח (38,31b; 39,5b), קשׁר (38,31a; 39,10a), ראה (38,17b.22b), שׁבר (38,10a.15b), שׁכן (38,19aR; 39,28a), רום (38,34a; 39,27b) und שׁית (38,11d.36a) werden je zweimal genannt.

1.1.1.3.2 Finite Verbformen

Von den insgesamt 153 Verbformen des Textabschnitts Ijob 38 und 39 finden sich 135 finite Formen, also konjugierte Verben und Imperative. Davon werden 36 als Verben der SK gebildet. Am häufigsten wird die SK im G-Stamm verwendet, nämlich 24mal. In den übrigen Stammesmodifikationen zeigt sie sich weniger häufig, nämlich viermal im D-Stamm, dreimal im H-Stamm, zweimal im tD- und zweimal im N-Stamm sowie einmal im H pass-Stamm.

Sehr viel häufiger, nämlich 95mal, erscheint die PK. Auch hier kommt der G-Stamm am häufigsten vor, und zwar 53mal. Der H-Stamm wird mit 19 Vorkommen am zweithäufigsten verwendet, der D-Stamm zwölfmal, der N-Stamm sechsmal, der tD-Stamm dreimal und die Stämme D pass und Hitpolel je einmal.[37]

---

[37] Innerhalb des G- und H-Stamms sowie bei allen Stämmen der zweiradikaligen Verben können nach Richter 1978, 99f, anhand der Vokalqualität des Themavokals an den suffixlosen Formen Langform (LF) und Kurzform (KF) unterschieden werden, was bei der vorangehenden Analyse berücksichtigt wurde. Demnach können in der Gottesrede im G-Stamm 15 Stellen und im H-Stamm zwölf Stellen der PK-LF gezählt werden. Die Anzahl der KF ist wesentlich geringer, nämlich fünf Stellen im G-Stamm und drei Stellen im H-Stamm. Es

Im Textabschnitt gibt es insgesamt nur vier Imperative, drei von ihnen im H-Stamm (38,3c.4b.18b) und einen im G-Stamm (38,3a). Somit treten die Imp gehäuft und nur am Anfang der Gottesrede auf.

1.1.1.3.3 Infinite Verbformen

Insgesamt werden in der Gottesrede 13 Infinitive und fünf Partizipien verwendet. Bei den Infinitiven handelt es sich in allen Fällen um eine Constructus-Form. Wie auch bei SK und PK werden die Infinitive am häufigsten im G-Stamm gebildet, nämlich neunmal (38,4aI.7vI.8bI.9vI1. 13vI.38vI 39,2b.9aI.21c). Seltener kommt der Inf im H-Stamm (dreimal) und im D-Stamm (39,1b) (einmal) vor. Bei den dreimaligen Vorkommen im H-Stamm ist auffällig, daß der Infinitiv jeweils in unmittelbar aufeinander folgenden Versen (38,26.27 [zweimal]) erscheint.

Die Inf treten also verdichtet, d. h. mehrmals hintereinander am Anfang des Textabschnitts zwischen 38,4 und 9, in der Mitte zwischen 38,26.27 und am Anfang von Kap. 39 V 1.2 auf; ansonsten gibt es sie nur vereinzelt (38,9.13.38 39,9.21).

Im Textabschnitt kommen fünf Partizipien vor, von denen eins verbal und im H-Stamm gebraucht wird, nämlich מחשיך (38,2) gleich zu Anfang des Textabschnitts. Die übrigen vier: רמה (38,15b), נוגש (39,7b), רכב (39,18b) und חללים (39,30bP) werden nominal und im G-Stamm verwendet. Sie alle treten vereinzelt im ganzen Text auf, und zwar dreimal in Kap. 39 und in Kap. 38 zweimal.

1.1.1.3.4 Verteilung der genannten Verbformen im Text

Die SK wird in Kap. 38 häufiger verwendet (23mal) als in Kap. 39 (zwölfmal). Umgekehrt erscheint die PK geringfügig häufiger in Kap. 39 (49mal) als in Kap. 38 (47mal).

Bis 38,11 tritt der G-Stamm verdichtet auf, siebenmal abgelöst durch den H-Stamm. Dann wird der G-Stamm seltener und wird häufiger von anderen Stammesmodifikationen abgewechselt. Ab 39,1 findet sich hingegen wieder eine häufigere Verwendung des G-Stammes. Dieser wird hier jedoch wesentlich seltener von anderen Stammesmodifikationen unterbrochen als in Kap. 38. Ab 39,24 begegnet der G-Stamm seltener; er wird durch andere Stammesmodifikationen ersetzt.

---

ist darauf hinzuweisen, daß es sich dabei um eine Erscheinung in der masoretischen Orthographie handelt, die nur noch in den oben genannten Fällen zu erkennen ist und zwar nur beim Aktionsverb. Ob es sich dabei schon um ein vormasoretisches Phänomen handelt, ist nicht gesichert (ebd.).

Insgesamt gesehen wird in Kap. 38 38mal der G-Stamm gebildet und in Kap. 39 39mal (sic!).[38] Weiterhin kommt in Kap. 38 zehnmal der H-Stamm vor, neunmal der D-Stamm, sechsmal der N-Stamm, fünfmal der tD-Stamm und je einmal der D pass- und H pass-Stamm. In Kap. 39 wird zwölfmal der H-Stamm, siebenmal der D-Stamm, zweimal der N-Stamm und einmal der Hitpolel-Stamm verwendet. Obwohl die Größenverhältnisse nicht auffallend unterschiedlich sind, zeigt sich doch, daß D- und H-Stamm in Kap. 39 häufiger vertreten sind als in Kap. 38, und daß tD-, D pass- und H pass-Stamm in Kap. 39 nicht vorkommen. Somit ergibt sich für Kap. 38 ein bunteres, vielfältigeres und für Kap. 39 eher ein einheitlicheres, harmonischeres Gepräge.

Inf und Ptz kommen über den ganzen Textabschnitt verteilt vor. Die Inf erscheinen besonders zu Beginn der Gottesrede im ersten Viertel von Kap. 38. Dort kommen sie gemeinsam mit den Imperativen vor. Ebendort tritt das einzige Ptz im H-Stamm zu Anfang des Textabschnitts auf. In Kap. 39 gibt es hingegen mehr Ptz als in Kap. 38.

Festzuhalten ist, daß die große Formenvielfalt in der Wortwahl sich auch in der Wahl der Stammesmodifikationen findet. Es ist zu vermuten, daß die formale Vielfalt zum inhaltlichen Programm des Textes gehört. In Kap. 38 ist sie ausgeprägter als in Kap. 39. Infinitive kommen jeweils zu Beginn von Kap. 38 und 39 gehäuft vor; auffällig ist das Hintereinander der Infinitive in 38,26.27. Außerdem wird nur ein einziges Partizip in verbaler Funktion verwendet und zwar im ersten Satz zu Beginn der Gottesrede. Wenn auch nicht ausschließlich, läßt sich doch ein formaler Schwerpunkt für den Beginn der Gottesrede notieren.

1.1.1.4 Pronomina

Pronomina zählen zu den Hauptwörtern, da sie, wie der Name schon sagt, Nomina ersetzen können und deiktische Funktion haben[39].

1.1.1.4.1 Selbständige Fragepronomina (Wortfragen)

Insgesamt gibt es 20 selbständige Fragepronomina bzw. Wortfragen[40] in diesem Textabschnitt.

---

[38] Die SK steht in Kap. 38 15mal im G-Stamm, dreimal im D-Stamm, zweimal im tD-Stamm und je einmal im N-, H- und H pass-Stamm. Dagegen wird in Kap. 39 die SK achtmal im G-Stamm, zweimal im H-Stamm und je einmal im D- und N-Stamm verwendet. – Die PK wird in Kap. 38 23mal nach dem G-Stamm, neunmal nach dem H-Stamm, fünfmal nach dem N-Stamm, sechsmal nach dem D-Stamm, dreimal nach dem tD-Stamm und einmal nach dem D pass-Stamm gebildet. In Kap. 39 kommt die PK 31mal im G-Stamm, zehnmal im H-Stamm, sechsmal im D-Stamm und einmal im N-Stamm vor.

[39] Richter 1978, 162f.177.

Am häufigsten wird das Fragewort מי, welches nach einer Person fragt, verwendet, nämlich 15mal. Einmal wird es (einen Nominalsatz einführend) in Verbindung mit dem Demonstrativpronomen זה gebraucht (38,2)[41]. Die übrigen 14 Vorkommen stehen vor Verben (38,5a.c.6b.25a. 28b.29a.b.36a.b.37a.b.41a 39,5a.b). Es zeigt sich, daß in fünf Versen[42] je zweimal מי vorkommen (38,5a.c.29a.b.36a.b.37a.b 39,5a.b). Außerdem kommt מי, bis auf zwei Vorkommen in 39,5, nur in Kap. 38 vor.

Die übrigen vorkommenden Wortfragen erscheinen nur in Kap. 38. So kommt dreimal אי־זה[43] in 38,19a.b.24a vor, auch hier zweimal innerhalb eines Verses. Dieses Fragewort fragt nach einem Ort. Ebenfalls nach einem Ort fragt איפה in 38,4a, welches vor einem Verb steht. Weiterhin erscheint das nach einem Gegenstand fragende מה in 38,6a, welches einem Substantiv voransteht.

Es bleibt als Ergebnis festzuhalten, daß von den insgesamt 20 selbständigen Fragepronomonina alle bis auf zwei in Kap. 38, also in der ersten Hälfte des Textabschnitts vorkommen und mit der dort festgestellten größeren stilistischen Variationsfülle einhergehen. Weiterhin wird das nach einer Person fragende מי mit Abstand am häufigsten verwendet, so daß wohl ein personaler Aspekt im Vordergrund stehen könnte.

1.1.1.4.2 Weitere Pronomina

Folgende weitere Pronomina finden sich im Textabschnitt: Demonstrativpronomen זה 38,2.19a.b.24a, Indefinitpronomen: כל־ 38,7a 39,8b, Relativpronomen: אשר־ 38,23vR 39,6a und ובאשר 39,30bP. Das Demonstrativpronomen זה kommt von allen dreien am häufigsten und nur in Kap. 38 vor, die Indefinit- und Relativpronomina sowohl in Kap. 38 als auch in 39.

---

40 Die Bezeichnung „Wortfrage" verwendet Jenni 1981, 86. – Nach Richter 1978, 191 und 1980, 179f handelt es sich dabei nicht um eine eigene Wortart; er betrachtet sie als funktionstragende Modalwörter.

41 Dabei handelt es sich um eine Wortkombination, die ebenfalls eigentlich unten unter dem gleichnamigen Punkt beschrieben werden müßte, aber der Übersichtlichkeit halber hier angeführt wird.

42 Mit „Vers" ist die traditionelle Verszählung gemeint. Die Unterteilung in a b c ergibt sich aus der eingangs oben dargelegten Satzabgrenzung.

43 Richter 1978, 179 bezeichnet es als Fragepronomen mit adjektivischem Gebrauch. – Auf der Satzebene zeigt sich, daß alle drei Vorkommen dieses Fragewortes einen Nominalsatz einführen.

1.1.2 Funktionswörter

Funktionswörter[44] haben weniger eine Bedeutungsfunktion als vielmehr eine Funktion für den Satzbau, für die Verbindung der Satzteile untereinander. Eine saubere Unterscheidung von den Hauptwörtern ist nicht immer vorzunehmen[45].

1.1.2.1 Negationen

Es kommen zwei Formen der Negation vor: לא und בלי[46]. Siebenmal erscheint לא in seiner Position direkt vor dem Verb (38,11c 39,4d.7b. 17b.22b.c.24b); zweimal vor einem Substantiv (38,26vIR1.vIR2) und einmal vor einer Präposition (39,16a). בלי steht seiner Natur gemäß nur vor Substantiven und kommt dreimal vor (38,2.41c 39,16b). Somit wird insgesamt 13mal eine Verneinung angeführt. אל und אין werden nicht verwendet[47]. Während in Kap. 38 nur vier Negationen auftreten, sind es in Kap. 39 acht. Das ist besonders auffällig, da Kap. 39 um elf Verse kürzer ist als Kap. 38. In 38,26 39,16(.17b).22 stehen mehrere Negationen dicht beieinander.

Als Ergebnis ist festzuhalten, daß in der zweiten Hälfte des Textabschnitts mehr Negationen vorkommen als in der ersten Hälfte und somit in Kap. 39 mit der geringeren Verwendung von unterschiedlichen Lexemen und grammatischen Formen einhergehen.

---

44 Die folgenden Aufzählungen erheben keinen Anspruch auf Vollständigkeit. Sie sollen lediglich einen ersten Überblick geben. Eine vollständige Auflistung ist im Rahmen dieser Arbeit nicht zu leisten.

45 Richter 1978, 162f.

46 Nach Richter 1978, 191 gehören beide zur Klasse der Modalwörter und zeichnen sich dadurch aus, daß sie vor einem Satzglied stehen können. Sowohl לא als auch בלי können mit anderen Wörtern bzw. Wortelementen verbunden werden; von dieser Möglichkeit wird hier an einigen Stellen Gebrauch gemacht: לא verbindet sich sechsmal mit ו (38,11c 39,4d.17b.22b.c.24b) und einmal mit der Präposition ל. Auch בלי verbindet sich (abgesehen von Maqqef-Verbindungen) einmal in 38,41c mit der Präposition ל. Diese verbundenen Negationen müßten eigentlich unter den Wortkombinationen aufgeführt werden. Um angesichts der großen Materialfülle die Übersichtlichkeit nicht zu gefährden, soll es hier unterbleiben.

47 אל steht vor einem Verb, welches die Form des Appells hat. אין als Nicht-Existenz-Ptk findet sich in NS, meist vor dem prädikativen Glied (Richter 1978, 191). Sowohl Appelle als auch NS gibt es in diesem Textabschnitt. Es ist also zu beachten, daß diese gerade nicht negiert sind.

1.1.2.2 Konjunktionen

Im Textabschnitt kommen folgende Konjunktionen vor: אם, כי und או. Da sie syntaktische Funktionen wahrnehmen, sollen sie ausführlicher bei der Untersuchung der Satzebene behandelt werden[48].

1.1.2.3 Präpositionen

In dem Textabschnitt werden eine Reihe von selbständigen und verbundenen Präpositionen verwendet:

1.1.2.3.1 Selbständige Präpositionen

את	38,1a
מן	38,1a
על	38,6a.26vI.32bP 39,9b.14b[49].27a.28b
אל	38,20a.22a.41b

Es zeigt sich, daß die Präposition על am häufigsten verwendet wird. Nur sie kommt neben Kap. 38 auch viermal in Kap. 39 vor, alle übrigen nur in Kap. 38.

1.1.2.3.2 Verbundene Präpositionen

Folgende proklitische Pronomina werden verwendet:

ב־	38,2.4aI.7vI.8a.bI.9vI1.11d.13vI.16b.26vIR2.32a.33b.37a.38vI.40a.b 39,4b.10a.11a.12a.17b.18a.21a.c
כ־	38,3a.14a.b.30a 39,18a.20a
מ־	38,8b.13a.15a.29a 39,22c.29a
ל־	38,9vI1.13vI.17a.23vR(zweimal).25a.b.26vI.27vI1.vI2.28a.34a.35c.38vI.39a.41a.c 39,4d[50].7a.14a.16a.b.17b.18 (zweimal).19a.21c.22a
על־	38,10a.24aR2 39,23
אל־	39,11c

Die verbundene Präposition ל־ wird mit 27 Vorkommen am häufigsten verwendet, gefolgt von ב־ mit 24 Vorkommen. Insgesamt kommen mit

---

48 Siehe unten Satzebene, S. 69f, vgl. S. 65f. Die Konjunktion אשר, die zugleich Relativpronomen ist, wurde schon oben im Zusammenhang mit den Hauptwörtern behandelt.

49 Proklitisches ו steht voran.

50 Form für להם.

25 in Kap. 39 deutlich weniger proklitische Präpositionen vor als in Kap. 38 mit 43 Vorkommen. Angesichts der Verteilung 17 zu 11 scheint nur die Präposition -לְ der Länge der jeweiligen Kap. angemessen verteilt zu sein.

1.1.2.4 Adverbien[51]

עַד	38,16a.18a
פֹּה	38,11d[52]
עַד־פֹּה	38,11b
אָז־	38,21b
בְּדֵי	39,25b
שָׁם	39,29a.30c[53]

Im Vergleich zu den Präpositionen kommen Adverbien selten vor. Das geringere Vorkommen in Kap. 39 ist der unterschiedlichen Länge der Kapitel angemessen.

1.1.2.5 Weitere Wörter

הִנֶּנּוּ 38,35d (Satzdeiktikon), הֶאָח 39,25b (Interjektion), נָא־ 38,3[54] und חָפְשִׁי 39,5[55] kommen ebenfalls im Textabschnitt vor.

1.2. Wortkombinationen[56]

1.2.1 Artikelverbindungen

Von den mehr als 200 verwendeten Substantiven werden nur sechs durch das proklitische Wortdeiktikon[57] -הַ determiniert:

---

51 Adverbien können, wenn sie ursprünglich von Substantiven abgeleitet sind, der Klasse der bedeutungstragenden Hauptwörter zugeschrieben werden. Eine etymologische Untersuchug soll hier jedoch unterbleiben.

52 Mit proklitischem ו verbunden.

53 In 39,29a ist שָׁם mit מִ־ verbunden.

54 Dieses Modalwort erscheint immer nach Imperativ, Jussiv oder Kohortativ. Hier folgt es dem Imperativ אֱזָר־.

55 Bei diesem Wort ist nicht ganz eindeutig, ob es sich um ein Adjektiv (so Davidson 1967, 271) handelt oder um ein Adverb.

56 Die Wortkombinationen, die die Konjunktion ו enthalten, sollen hier nicht berücksichtigt werden, sondern erst unten, S. 69 ff.

הסערה	38,1a
השחר	38,12b
הארץ	38,13vI
הדרך	38,19a.24a
הקרח	38,29a
השׂדה	39,15c.

Andere Wortarten werden nicht zu einer Artikelverbindung verknüpft. Bei הארץ (38,13vI) und השׂדה (39,15c) handelt es sich jeweils um das nomen rectum einer CsV, welche somit als ganze determiniert wird. Weiterhin ist auffällig, daß von den insgesamt drei דרך-Vorkommen zwei determiniert sind. Die geringe Verwendung ist nicht ungewöhnlich für poetische Texte. Der bestimmte Artikel ist eine jüngere sprachliche Erscheinung, die nur in Prosa regelmäßiger vorkommt[58]. Die Artikelverbindung deutet auf einzig Existierendes oder auf bereits Erwähntes hin[59]. Letzteres trifft innerhalb dieses Textabschnitts nur auf ארץ zu, welches zuvor in 38,4aI genannt wurde.[60]

1.2.2 Constructus-Verbindungen

Folgende CsV werden verwendet:

אבן פנתה	38,6b
כוכבי בקר	38,7vI
בני אלהים	38,7a
(ב[61])גאון גל	38,11d
(ב)כנפות הארץ	38,13vI
(כ)חמר חותם	38,14a
נבכי־ים	38,16a
(ב[ו])חקר תהום	38,16b
שׁערי־מות	38,17a
שׁערי צלמות	38,17b
רחבי־ארץ	38,18a
נתיבות בית	38,20b

---

57 Zur Terminologie siehe Richter 1978, 193. – Zur Begründung einer Artikelverbindung als Wörterverbindung siehe ders. 1979, 9–11.

58 Siehe Jenni 1981, 73.

59 Vgl. Richter 1979, 11.

60 Inwieweit ersteres bei den übrigen Artikelverbindungen, vor allem bei dem zweimal verwendeten הדרך relevant ist, zeigt sich unten auf der Textebene der Inhaltseite. Vgl. aber zuvor auch unten, S. 91f mit Anm. 35.

61 Die proklitische Präposition zeigt eine Präpositions-Verbindung (PV) an. Nach Richter 1979, 31, ist das zugehörige Substantiv jedoch frei für weitere Wörterverbindungen, so auch für die CsV.

מספר ימים	38,21c
אצרות שלג	38,22a
אצרות ברד	38,22b
(ל)עת־צר	38,23
(ל)יום קרב ומלחמה	38,23
(ל)חזיז קלות	38,25b
מצא דשא	38,27vI2
אזלי־טל	38,28b
כפר שמים	38,29bP
פני תהום	38,30b
מעדנות כימה	38,31a
משכות כסיל	38,31b
חקות שמים	38,33a
שפעת־מים	38,34b
נבלי שמים	38,37bP
חית כפירים	38,39b
עת[62] לדת	39,1a
יעלי־סלע	39,1a
חלל אילות	39,1b
עת לדת	39,2b
מסרות ערוד	39,5bP
(ל)המון קריה	39,7a
תשאות נוגש[63]	39,7b
(ב)תלם עבת	39,10a
כנף־רננים	39,13a
חית־השדה	39,15c
הוד נחר	39,20b
(ל)קראת־נשק[64]	39,21c
(מ)פני־חרב	39,22c
להב[65] חנית	39,23

62 Der Apparat der BHS deutet eine seiner Ansicht nach mögliche Dittographie von עת an, doch unter lautlichen Gesichtspunkten fügt sich עת durchaus harmonisch zu den e/ä und d/t Lauten der umgebenden Wörter הידעת und לדת ein. – Bei לדת (39,1) handelt es sich um ein Substantiv (HAW) oder um einen Inf cs (Davidson 1967, 413; Mandelkern-Konkordanz I, 479). Die unterschiedlichen Angaben der grammatischen Form lösen sich, wenn man beachtet, daß der Inf cs ein Substantiv vertreten kann. Im Rahmen einer Verbalnomen-Verbindung kann das Wort das nomen rectum einer CsV darstellen. Vgl. Richter 1979, 46f.

63 Das nomen rectum ist hier ein substantiviertes Ptz. Es kann, wie es hier der Fall ist, mit dem nomen regens die Funktion der CsV übernehmen. Es handelt sich also um eine Verbalnomen-Verbindung, die in eine CsV eingebunden ist. Vgl. Richter 1979, 46.

64 Nach KBL 851 ist לקראת als Inf cs anzusehen. In diesem Fall handelt es sich um eine Verbalnomen-Verbindung, die in eine CsV eingebunden ist. Richter 1979, 46. – Davidson 1967, 451, schließt aber auch ein Substantiv nicht aus.

קול שופר	39,24c
רעם שרים	39,25c
שן־סלע	39,28b

Im Textabschnitt kommen also 45 CsV vor. Das bedeutet, daß ca. ein Drittel aller vorkommenden Subst in eine CsV eingebunden sind.

1.2.3 Weitere Wörterverbindungen

Die beiden Wortverbindungen, die Appositionsverbindung השחר מקמו (38,12b) und die Annexionsverbindung מחשיך עצה (38,2)[66], erscheinen je nur einmal und beide im ersten Viertel des Textabschnitts. Die Annexionsverbindung findet sich im selben Vers 38,2 wie das einzige verbal verwendetete Partizip des Textabschnitts. Beide bilden einen formalen Schwerpunkt zu Anfang der Gottesrede. Die Appositionsverbindung erscheint gemeinsam mit dem Leitwort ידע in einem Satz[67].

1.2.4 Fragepartikel-Verbindungen

Im Textabschnitt gibt es vier Fragepartikel-Verbindungen, die mit dem Demonstrativpronomen זה kombiniert sind. Einmal מי זה (38,2) und dreimal אי־זה (38,19a.b.24a)[68]. Darüber hinaus gibt es 20 Satzfragen[69], die durch das proklitische Fragewort ־ה ausgedrückt werden. Zweimal erscheint es vor einem Substantiv (38,12a 39,26a), einmal vor dem Existenzpartikel יש und 17mal vor einem Verb (38,16a.17a.22a.31a.32.33a. 34a.35a.39a 39,1a.9a.10a.11a.12a.19a.b.20a). Außer in 39,19b erscheint es immer im ersten Satz (=a =Teilvers[70]) eines Verses. Weiterhin tritt ־ה elfmal in Kap. 38 und neunmal in Kap. 39 auf, so daß es ungefähr gleichmäßig auf beide Kap. verteilt ist, wenn man bedenkt, daß Kap. 39 um elf Verse kürzer ist als Kap. 38.

Während das selbständige Fragepronomen מי des öfteren zweimal innerhalb eines Verses verwendet wird, tritt die Fragepartikel-Verbindung

---

65 Es ist nicht ganz eindeutig, ob es sich hierbei wirklich um eine CsV handelt, da kein eindeutiges Morphem vorhanden ist. Es könnte sich auch um eine Aufzählung handeln, doch dann ist zu fragen, warum das dritte Substantiv כידון mit ו angeschlossen wird. Vgl. Edel 1984, 154 (Übersetzung).

66 Hier kann es sich nicht um eine CsV handeln, weil das Ptz ein verbal verwendetes ist. Vgl. Richter 1979, 23ff.

67 Zur Definition von „Satz" siehe S. 59, Anm. 7.

68 Näheres siehe unten, S. 91–93.

69 Zur Terminologie vgl. Jenni 1981, 86; vgl. dazu und zur Begründung als Wörterverbindung Richter 1979, 43.

70 Vgl. unten, S. 59, Anm. 7.

mit ־ה eher vereinzelt auf, wenn auch in den aufeinanderfolgenden VV 38,31.32.33.34.35 und 39,10.11.12. Insgesamt (also durch Fragepronomina und Wortfragen) werden also 40 Fragen ausgedrückt. Der Übersichtlichkeit halber sollen noch einmal die Textpassagen aufgeführt werden, die kein Fragewort enthalten: 38,7vI – 11d; 38,12b – 15b; 38,18a – c; 38,20a – 21c; 38,23v; 38,25b – 27vI2; 38,38vI – a; 38,39b – 40b; 38,41b – c; 39,1b – 4d; 39,6a – 8b; 39,12b – 18b; 39,21a – 25c; 39,26b – 30c. Es ist mithin festzuhalten, daß bedingt durch das Vorkommen von מי in Kap. 38, also in der ersten Hälfte des Textabschnitts, mehr Fragen verwendet werden als in Kap. 39.

1.3. Zusammenfassung

Die formal-statistische Analyse der Hauptwortarten mit ihren bedeutungstragenden Funktionen bringt folgende Eigentümlichkeiten des Textes zutage: Für Kap. 38, also die erste Hälfte des Textabschnitts, zeigt sich eine größere Variationsfülle der sprachlichen Elemente wie Konjugationsformen, Stammesmodifikationen, Imperative, Infinitive, Partizipien und eine häufigere Verwendung der selbständigen Fragepronomina, allen voran מי, als in der zweiten Hälfte des Textabschnitts, Kap. 39. Dies trägt zu einer verstärkten Aufmerksamkeitsanziehung des Hörers bzw. Lesers bei. Die zweite Hälfte des Textabschnitts bietet einen ruhigeren, einheitlicheren Stil, es gibt häufiger Negationen. Schon das erste vorwissenschaftliche Lesen zeigte eine den Leser fast erschlagende Fülle von dargestellten Phänomenen – und in der Tat werden von ca. 246 Substantiven 150 nur einmal erwähnt. Das Substantiv ארץ und das Verb ידע kommen am häufigsten vor und übernehmen Leitwortfunktionen, wie auch die nachfolgende Textuntersuchung bestätigen wird.[71] Die Wiederholungen der Substantive חכמה und בינה zeigen zusammen mit ידע den Bedeutungsschwerpunkt „Erkenntnis“[72]. Schon andernorts[73] zeigte sich, daß alle ידע-Vorkommen mit dem auf Ijob weisenden Morphem der 2.m.sg. verknüpft sind[74], so daß man schließen kann, daß das Erkenntnismotiv einerseits zu Ijob und andrerseits zu dem Leitwort ארץ Beziehungen besitzen dürfte.

---

71 Vgl. auch Buber 1986, 4, der darauf hinweist, daß die Leitworte über größere Textzusammenhänge ein inneres Band knüpfen.

72 Auf die große Bedeutung der Erkenntnis hat vor allen auch Lévêque 1970, 518.607–615 hingewiesen.

73 Vgl. Ritter 1993, 232f.

74 Somit legt sich eine Berechtigung des Titels „Kennst du die Welt?“ nahe, wenn man mit „Welt“ die Raum-Zeit-Dimension meint.

2. *Satzebene*

Nachfolgend soll die Satzebene als nächsthöhere Ebene über der Wortebene[1] untersucht werden. Ausgehend von Leonhard Bloomfield definiert John Lyons den Satz als „die größte Einheit der grammatischen Beschreibung".[2] Nach der strukturalistischen Sprachwissenschaft setzt sich der Satz aus Morphemen, Wörtern und Wortverbindungen zusammen; insofern wird oben der Beginn mit der Wortebene verständlich. Die Auswahl der Wortarten und die Kombination der einzelnen Satzelemente wie Wörter und Morpheme bestimmt die Art und Funktion des Satzes.

Wie auf der Wortebene wird auch hier in Ansätzen das statistische Verfahren angewandt, um Größenverhältnisse der Mengen der vorkommenden Satzfunktionen und ihre Verteilung über den Textabschnitt beurteilen zu können.

Verbunden mit der Art der Aufeinanderfolge von Sätzen, also Syndese und Asyndese, spielt im Hebräischen die Stellung des Verbs im Satz eine große Rolle[3] für die Bestimmung des Zeitaspekts, da die Form des Verbs allein keine eindeutige Auskunft darüber gibt. Eine plausible Aufeinanderfolge der Zeitaspekte kann, in Übereinstimmung mit der Inhaltsebene, ein Hinweis auf einen einheitlichen Text sein.

2.1. Satzarten

„Satzart"[4] ist hier die Oberbezeichnung für die verschiedenen Ausformungen und Funktionen der Sätze. Während die Unterscheidung in Verbal- und Nominalsatz eher formalen Charakter hat, geht die Unterscheidung in Aussage-, Aufforderungs-, Frage- und Verneinungssätze eher in die semantische Richtung[5]. Die abhängigen Sätze haben sowohl

---

[1] Vgl. Richter 1980, 3; Seidl 1982, 90.

[2] 1989, 176. Anders Weinrich 1977, 9, vgl. 143. – Beat Louis Müller 1985, 150. 183f, definiert: „Der Satz ist ein Zeichen, dessen signifiant durch seine komplexe Struktur genau einen illokutiven Anspruch vollständig signalisiert" und bezeichnet ihn als „Mikrokosmos des Sprachsystems".

[3] Bartelmus 1994, 195-200 im Anschluß an H. Weinrich (Tempus. Besprochene und erzählte Welt, Stuttgart ²1971) sieht darin auch ein Hilfsmittel zur Qualifizierung eines Textes als Rede oder Erzählung.

[4] Zu „Satzart" vgl. Richter 1980, 10f.25.37f u. ö. – Eine Differenzierung von Satzart und Satzmodus soll hier nicht vorgenommen werden.

[5] Lyons 1989, 181f und Bußmann 1990, 664 erwähnen, daß für die vier semantischen Kategorien Aussage-, Frage-, Aufforderungs-, Wunsch- und Akklamationssatz in den traditionellen Grammatiken die Bezeichnung „Satztypen" üblich war. Vgl. auch Lyons 1989, 451f. – Die Sätze mit den Verneinungen gehören nicht zu diesen Kategorien, sollen aber dennoch an dieser Stelle der Satzebene Erwähnung finden, weil sie einerseits aufgrund formaler Zeichen

formale, satzfunktionale (z. B. Hauptsatz, Nebensatz bzw. Art des Nebensatzes) als auch semantische Kriterien (z. B. Temporalsätze, die ein Zeitverhältnis ausdrücken).

2.1.1 Verbalsätze

Verbalsätze (VS) sind Sätze, in denen ein konjugiertes Verb enthalten ist, gleichgültig, welche weiteren Wörter noch vorhanden sind und an welchen Positionen sie vorkommen. Dazu zählen Imp und Verben der PK und SK[6]. Im Textabschnitt Ijob 38,1 – 39,30 gibt es insgesamt 173 Sätze[7]. Davon sind 135 als Verbalsätze nach den oben genannten Kriterien zu bewerten. Der Textabschnitt besteht also fast durchgängig aus Verbalsätzen, nur ab und zu sind einzelne nicht-verbale Sätze eingestreut[8]. In 38,9vI1 bis vI2, 38,25b bis 28a und 39bP bis c handelt es sich um längere Passagen mit mehr als einem nicht-verbalen Satz.

2.1.2 Nominalsätze

Im Gegensatz zu den Verbalsätzen sind Nominalsätze[9] (NS) Sätze ohne ein konjugiertes Verb, aber mit Trägern nominaler Morpheme, zu denen auch Infinitive gehören. Da noch eine allgemeine Untersuchung der hebräischen Nominalsätze aussteht[10], sollen hier neben den selbständigen Nominalsätzen der Klassifikation, Existenz und Identifikation[11] auch die abhängigen Sätze aufgeführt werden, die einen Infinitiv beinhalten.

---

als Verneinungen erkannt werden, und andererseits die Negation auf die Aussage des Satzes wirkt.

6 Richter 1980, 11.

7 Die Satzabgrenzungen stützen sich auf Richter BH^t, 1993.- Im Unterschied zu den 173 Sätzen gibt es 71 Verse nach den herkömmlichen Verseinteilungen. Mit „Satz" sind die Versteile gemeint, die durch die Satzabgrenzungen entstanden sind. Bei den folgenden Zahlenangaben wurde 39,13b als unklarer Satz nicht mitgezählt.

8 38,2.4aI.7vI.8bI.13vI.19a.21c.24a.29bP.32bP.37bP.38vI 39,5bP.6b [gilt als Verbalsatz, weil das Verb zwar getilgt, aber vorausgesetzt ist]. 9aI.11b.16b.20b.24c.

9 Zur Definition siehe Richter 1980, 12. – Zur Charakterisierung siehe Bartelmus 1982, 100 und 1994, 44-46.

10 Vgl. Wehrle 1987, 67 Anm. 17. – Richter 1980, 12 unterscheidet jedoch zwischen Nominalsätzen einerseits und solchen, die ein Adjektiv, Verbaladjektiv oder Partizip beinhalten und somit eine große Nähe zum Verbalsatz haben.

11 Diese verschiedenen Nominalsatzarten geben ebenfalls schon semantische Kategorien an, ähnlich den oben erwähnten traditionellen Satztypen. – Neben den drei vorkommenden Nominalsatzarten gibt es auch noch den NS der Qualifikation. Vgl. Bartelmus 1994, 45.

Besonders auffällig ist 38,2, eine Wortreihe ohne finites Verb. Dessen Funktion übernimmt ein verbal verwendetes Partizip. Der erste Teil, bestehend aus Frage- und Demonstrativpronomen ist ein Nominalsatz der Identifikation, der übrige Teil des Satzes setzt sich aus Annexions- und Präpositionalverbindung zusammen. Da diese Konstellation nur einmal im Text vorkommt, liegt in formaler Hinsicht ein besonderes Gewicht auf 38,2.[12]

Darüber hinaus sind 38,21c 39,11b.20b als Nominalsätze der Klassifikation zu charakterisieren, 38,28a 39,24c[13] und 39,30c als Nominalsätze der Existenz sowie 38,19a.b.24a neben 38,2 als Nominalsätze der Identifikation[14]. Außer bei letzteren, den Nominalsätzen der Identifikation kommen die übrigen Satzarten auch in Kap. 39 vor. Außer in 38,19a.b finden sich die Nominalsätze weit voneinander im Textabschnitt verstreut.

---

12 38,2 wird hier unter den NS aufgeführt, obwohl genaugenommen nur ein Teil von 38,2 NS ist. Ein Problem stellt sich mit der Frage, ob oder inwieweit ein verbal verwendetes Partizip Teil eines VS oder NS ist (Richter 1980, 12 spricht sich für eine Unterscheidung der NS aus: NS, NS-Adj/ VAdj/Ptz). Da kein konjugiertes Verb vorliegt, dürfte auch nicht von einem VS gesprochen werden.
Syntaktische Beschreibung von 38,2:

FrPron+DPron	+	Ptz+Sub	+	Präp+Sub+Neg+Sub
↓		↓		↓
NS Identifikation	+	AnnV	+	PV

13 39,24c ist dann als NS der Existenz einzuordnen, wenn man das erste, also prädikative Glied als fehlend betrachtet und קול שופר als CsV als zweites Glied des NS. Allerdings könnte das Maqqef dagegen sprechen. – Vgl. auch Schriftwerke, zur Stelle, wo Martin Buber קול verbal übersetzt.

14 Beim NS der Identifikation handelt es sich um zwei determinierte Nominalgruppen. 38,19a.b.24a besteht die Determination im Demonstrativpronomen זה und dem Artikel ־ה. In 38,2 ist vorausgesetzt, daß die Annexionsverbindung mit der Präpositionalverbindung als determiniert gilt. – Drei Sätze sind nicht eindeutig als Verbal- oder Nominalsatz zu charakterisieren und fallen bei den Zählungen heraus: 38,25b und 39,6b haben eine ähnliche Struktur: beide werden mit ו eingeleitet und es fehlt das Verb, welches getilgt ist. In beiden Fällen könnte das Verb des vorangehenden Satzes (38,25a und 39,6a) auch hier eingesetzt werden. Insofern ist es unklar, ob 38,25b und 39,6b als NS bezeichnet werden können, oder ob es sich bei ihnen um Erweiterungen der vorangehenden VS handelt. – 39,16b ist zweiteilig. Der zweite Teil: בלי־פחד ist entweder als ein zweiter NS oder mit Martin Buber als Ausruf zu bewerten. Der erste Teil wäre dann ein NS des, nach Bartelmus (1982, 100), vierten Typs, also hier präpositionale Näherbestimmung und Existenzaussage.

Als Träger von nominalen grammatischen Morphemen finden sich auch Sätze mit Infinitiven im Textabschnitt[15]. Fast alle Vorkommen dieser Art[16] erscheinen auffälligerweise ausschließlich in Kap. 38, vier beginnen mit einer Präpositionalverbindung mit ל (38,13vI.26vI.27vI1.vI2) und fünf mit einer Präpositionalverbindung mit ב (38,4aI.7vI.8bI.9vI1.38vI). Einige folgen dicht nacheinander. In 39,9aI handelt es sich um einen einpoligen NS, dessen erste Stelle getilgt ist. Wie unten noch deutlich wird, handelt es sich bei diesen „Infinitivsätzen" um abhängige Sätze, die eine Umstandsbestimmung darstellen.[17] Wie alle NS haben auch sie den Zeitaspekt der Gleichzeitigkeit. In 38,7.8.9. und 26.27 treten sie dicht beieinander im Text auf, ansonsten verstreut.

In 38,35d und 39,25b werden die Ausrufe הננו und האח verwendet, die als einpolige Nominalsätze in beiden Fällen mit der Funktion des Appells verknüpft sind.[18] Sie erscheinen in je einem Kapitel weit voneinander entfernt.

Die geringere Zahl der NS gegenüber der größeren Zahl der VS bzw. die jeweilige Verteilung entspricht ungefähr dem sonst üblichen Verhältnis in der althebräischen Sprache, zumal ein Text mit einer größeren Anzahl von Nominalsätzen statisch und leblos wirken würde. Besondere Aufmerksamkeit verdient die außergewöhnliche grammatische Struktur des Nominalsatzes von 38,2.

2.1.3 Aussagesätze

In Kap. 38 finden sich 25 selbständige Aussagesätze[19], in Kap. 39 sind es 45[20]. Somit gibt es im Textabschnitt insgesamt 70 Aussagesätze, wovon

---

15 Richter 1980, 12.69.71. – Anders Bartelmus 1982, 98, der schreibt: „findet sich an einer Wurzel ein Prä- oder Afformativ mit Subjektsfunktion ..., spricht man von einem VS, fehlt ein solches Element, liegt ein NS vor".

16 38,4aI.7vI.8bI.9vI1.vI2 (Infinitiv getilgt). 13vI.26vI.vIR1 (asyn Relativsatz). vIR2 (asyn Relativsatz). 27vI1.vI2.38vI und 39,9aI. – Meyer III, 6.59.

17 Da die Infinitive dabei Funktionen des Verbs übernehmen, ist zu fragen, ob diese Sätze nicht ebenfalls eine Differenzierung der Nominalsätze erfordern und nicht nur, wenn ein Adjektiv oder Partizip vorkommt, wie Richter 1980, 12, vorschlägt. – Bartelmus 1994, 46, weist darauf hin, daß NS, deren Funktion durch eine Präposition bestimmt wird, eigentlich als NS der Existenz anzusehen sind.

18 Richter 1980, 23.45.

19 38,1a.b.3b.7a.8a.b.10a.b.11a.12b.13a.14a.b.15a.b.18a.21a.c.30a.b.40b.41c. Weiterhin sind 11b.c.d hier einzuordnen, weil diese Sätze formal eine Aussage darstellen, obwohl sie die Funktion eines Gebots (Injunktiv) haben. Richter 1980, 48. weist darauf hin, daß Appell und Kundgabe mit den Mitteln der Darstellung ausgedrückt werden können.

20 2a.b.3a.b.c.4a.b.c.d.7a.b.8a.b.11c.12c.13a.14a.b.15a.c.16a.b.17b.18a.b.20b.21a.b.c.22a.b.c.23.24a.b.c. 25a.c.26b.28a.b.29a.b.30a.c.

sich in Kap. 39 also wesentlich mehr befinden. Die unterschiedliche Verteilung der Aussagesätze in Kap. 38 und 39 ergänzt die Beobachtungen in der ersten Texthälfte, daß nämlich die größere Anzahl der verschiedenen sprachlichen Stilmittel auf der Wortebene mit derjengen auf der Satzebene übereinstimmen. Die häufigere Verwendung der Aussagesätze in Kap. 39 entspricht ebenfalls dem ruhigeren, gleichmäßigeren Stil der zweiten Texthälfte.

2.1.4 Aufforderungen

Bereits bei der Untersuchung der Wortebene ließen sich vier Imperative feststellen, die sich alle in der ersten Hälfte des Kap. 38 befinden[21]. Auf der Satzebene charakterisieren diese vier Imperative nun die Sätze, in die sie eingebunden sind, als Aufforderungssätze. Die Konzentration der Aufforderungen im ersten Viertel des Textabschnitts ist festzuhalten.

2.1.5 Fragen

Insgesamt kommen im Textabschnitt 40 Fragesätze vor.[22] Die meisten, nämlich 29, erscheinen in Kap. 38; elf in Kap. 39[23]. Somit gibt es in Kap. 38 mehr Frage- als Aussagesätze, hingegen in Kap. 39 mehr Aussagesätze.

Elfmal werden diese Fragesätze durch einen nachfolgenden syndetisch angeschlossenen Satz weitergeführt. Diese Sätze haben die Besonderheit, daß sie formal nicht durch Fragewörter oder Fragepartikel-Verbindungen als Fragen gekennzeichnet sind und somit als Aussagesätze erscheinen. Dennoch schließen sie sich durch Syndese eng an den vorangehenden Fragesatz an. Die Syndese wird durch die Konjunktionen ו und או hergestellt[24]. Diese elf Vorkommen befinden sich alle in Kap. 38, so daß

---

21 38,3a.c.4b.18b. – Vgl. unten 2.4 Verbformationen und oben Anm. 19, wo darauf hingewiesen wurde, daß 11b.c.d als Injunktive funktionieren in Form von Aussagesätzen.

22 Lévêque 1994, 210 formuliert ungenau, wenn er schreibt: „A la question rhétorique 'mi?', quatorze fois posées". Es gibt zwar 40 Fragesätze, aber die Wortfrage „mi" wird nur 15mal verwendet. Vgl. unten Anm. 27.

23 38,2.4a.5a.c.6a.b.12a.16a.17a.19a.b.22a.24a.25a.28a.b.29a.b.31a.32a.33a.34a. 35a.36a.b.37a.b.39a.41a 39,1a.5a.b.9a.10a.11a.12a.19a.b.20a.26a. Vgl. Wortebene: 1.1.1.4.1 Selbständige Fragepronomina (S. 49f) und 1.2.5 Fragepartikel-Verbindung (S. 56f). – 38,18a wird von Buber, Schriftwerke, und EÜ als Frage übersetzt. Nach Edel 1984, 147 wurde das ה-Interrogativum wegen Doppel-ה vermieden. Er bezieht sich auf Ewald 1870, § 324 b.

24 ו wird in 38,16b.17b.22b.25b.32bP (mit folgendem b-Satz) .34b.35b.39b verwendet. Auch 35c gehört dazu, denn die Syndese wird durch ein zweites ו fortgeführt. – או wird in 38,31b verwendet. Die Frage von 38,37b wird über die Präpositions-Verbindung in 38vI bis 38a weitergeführt.

sie zu den 29 eindeutig als Fragen zu charakterisierenden Sätzen hinzugezählt werden können – allerdings unter der Voraussetzung, daß der Doppelcharakter von Aussage und Frage bei diesen elf Sätzen mitgedacht wird.

In 39,1b scheint die Frage von 39,1a asyndetisch fortgesetzt zu werden. Als formale Mittel deuten die Verwendung der 2.m.sg. und die unveränderte Zeitlage der Gegenwart auf einen Zusammenhang beider Verse hin. Auch hier ist der Doppelcharakter des Satzes als Frage und Aussage festzuhalten[25]. Insgesamt gesehen verstärken diese elf Vorkommen die Erkenntnis, daß Kap. 38 deutlich mehr von Fragen geprägt ist als Kap. 39.

In vier Fällen folgt die Konjunktion אם auf eine vorangehende Fragepartikel-Verbindung und zeigt so den zweiten Teil einer Doppelfrage an[26]. Drei Doppelfragen erscheinen in Kap. 39, eine in Kap. 38. In 39,9.10 begegnen sie in zwei aufeinanderfolgenden Versen. Es ergibt sich durch die Doppelfrage eine Abhängigkeit zum ersten Teil des Verses.

Die *Wortfrage* מי stellt (natürlicherweise) bei allen 15 Vorkommen[27] das Subjekt dar. 14mal ist es als Morphem der 3.m.sg. an den zugehörigen Verbformen gekennzeichnet. Die Verbformen bilden, bis auf zwei Ausnahmen[28], die SK. Einmal steht מי in einem Nominalsatz[29], der in seiner Fortführung ein Partizip mit dem Morphem m.sg. verwendet.

Von den *übrigen* durch *Wortfragen* eingeleiteten Fragesätzen ist nur durch einen Fragesatz (38,4a, eingeleitet durch איפה) das Subjekt durch das Morphem der 2.m.sg. auf Ijob bezogen. Die drei mit אי־זה eingeleiteten Fragesätze[30] lassen als Nominalsätze jeweils eine determinierte Ortsbestimmung folgen.

Von den 20 durch proklitisches ה־ gebildeten *Satzfragen* werden ebenfalls 19 zu einem Verbalsatz verbunden[31], einer zu einem Nominalsatz[32].

---

[25] Die Reihe der asyndetischen Sätze zieht sich weiter bis 2aR, wird in 2b durch einen syndetischen Satz unterbrochen und geht bis 4c weiter. Es wäre zu fragen, ob sich nicht der Fragecharakter von 39,1a sogar bis 2aR oder 4d weiterzieht. Darauf kann keine eindeutige Antwort gegeben werden; vielleicht ist die Doppelfunktion dieser Sätze bewußt gesetzt worden.

[26] 38,33b 39,9b.10b. Vgl. Gesenius-Kautzsch, 497 §150 h und Richter 1980, 194. 39,27a folgt nicht direkt auf eine Fragepartikel-Verbindung, sondern dort ist in 26b ein asyndetischen Satz zwischengeschoben. 39,27a kann also als Frage aufgefaßt werden (evtl. auch als abhängiger Temporalsatz). Vgl. Meyer III, 108f zur Konjunktion אם.

[27] 38,5a.c.6b.25a.28b.29a.b.36a.b.37a.b.41a 39,5a.b.

[28] Die PK in 38,37b.41a.

[29] 38,2.

[30] 38,19a.b.24a.

[31] 38,12a.16a.17a.22a.31a.32a.33a.34a.35a.39a
39,1a.9a.10a.11a.12a.19a.b.20a.26a.

[32] 38,28a.

16mal besitzt das Verb das subjektbezogene Morphem der 2.m.sg.[33], welche alle auf Ijob verweisen. Die übrigen drei in diesem Zusammenhang vorkommenden Subjekte sind: שׁערי־מות (38,17a), רים (39,9a) und נץ (39,26a). Allerdings ist auffallend, daß in diesen drei Sätzen das Suffix ך- als Morphem für die die 2.m.sg. auftritt, so daß letztlich auch hier auf Ijob verwiesen wird.

Sowohl bei Wort- als auch bei Satzfragen ist durchgehend m. sg. anzutreffen, sei es mit der auf Ijob bezogenen 2. Person, sei es auf mit der auf מי bezogenen 3. Person. M. sg. ist also ein alle Fragen prägendes Phänomen. Letztlich richten sich auch die Wortfragen mit מי an Ijob.

2.1.6 Sätze mit Verneinungen

Schon bei der Untersuchung der Wortebene wurde dargestellt, daß siebenmal לא vor einem Verb, zweimal vor einem Substantiv, einmal vor einer Präposition und בלי dreimal vor einem Substantiv vorkommen. In Kap. 39 werden mehr Verneinungen verwendet als in Kap. 38, was mit den dort häufigeren Aussagesätzen einhergeht. לא befindet sich vor folgenden Verbformen (ihre zugehörigen Morpheme werden mit Bezugswort angegeben):

38,11c	תסיף	2.m.sg.	(ים)
39,4d	שׁבו	3.m.pl.	(בניהם)
39,7b	ישׁמע	3.m.sg.	(ערוד)
39,17b	חלק־	3.m.sg.	(אלוה)
39,22b	יחת	3.m.sg.	(סוס)
39,22c	ישׁוב	3.m.sg.	(סוס)
39,24b	יאמין	3.m.sg.	(סוס)

Es zeigt sich, daß nur je einmal ein Verb mit der 2.m.sg. und eins mit der 3.m.pl. durch לא verneint werden, aber fünfmal Verben mit dem subjektanzeigenden Morphem der 3.m.sg. Drei davon haben סוס zum Bezugswort. Weiterhin werden Tätigkeiten der „Personen" ים, בניהם, ערוד und אלוה durch לא negiert; zweimal die Verbbasis שׁוב. Ausgenommen 39,17b können diese Belege, die zwar zutreffende, aber doch negierte Aussagen machen, auch exemplarisch für die Eigenwilligkeit der Natur stehen. Dies ist besonders eindrucksvoll durch die dreifache Verwendung beim Pferd.

Auffällig ist die dicht aufeinanderfolgende Verneinung durch לא vor menschlichen Substantiven in den jeweils verblosen Relativsätzen 38,26vIR1 und 2. Die Substantive zeigen dabei das Subjekt an. Diese Art der beiden Negationen kann als stilistisches Mittel zur Betonung des Aussageinhalts, die Abwesenheit der Menschen in der Wüste, angesehen werden. Einmal kommt in 39,16a לא mit proklitischer Präposition ל so-

---

[33] 38,12a.16a.22a.31a.32a.33a.34a.35a.39a. 39,1a.10a.11a.12a.19a.b.20a.

wie folgender Präposition ל mit dem Suffix der 3.f.sg. (welches sich auf רננים bezieht) vor. Das handelnde Subjekt befindet sich als Morphem der 3.f.sg. am Verb תקשיח. ללא־לה bildet somit eine Alliteration.

Der Vers 39,16 ist auch deshalb interessant, weil neben בלי לא (hier vor dem Substantiv פחד) als zweite Negation verwendet wird, wie in 38,2 innerhalb eines Nominalsatzes.[34] An dieser Stelle dient diese doppelte Verneinung als Stilmittel zum Ausdruck der Sorglosigkeit der Straußenhenne. In 38,2 steht בלי vor דעת in exponierter Stelle am Redeanfang. In 38,41c negiert בלי das Substantiv אכל in einem Verbalsatz.

2.1.7 Abhängige Sätze

Abhängige Sätze hängen, wie der Name schon andeutet, von übergeordneten Sätzen ab. Sie sind einem Hauptsatz, d. h. einem selbständigen Satz, zugeordnet.[35]

2.1.7.1 Objektsätze

Im Textabschnitt befinden sich vier Objektsätze[36] und zwar alle in Kap. 39 in der ersten Hälfte. Sie stehen als direktes Objekt bei Verben des Sagens, Wahrnehmens und Empfindens und zwar bei den Verben אבה (39,9a), בטח (39,11a), אמן (39,12a) und שׁכח (39,15a). Festzuhalten ist, daß die ersten drei Belege im Zusammenhang mit dem Wildstier vorkommen, der vierte Beleg im Zusammenhang mit der Straußenhenne.

2.1.7.2 Relativsätze

Es finden sich neun Relativ- oder Attributsätze im Textabschnitt[37], sechs in Kap. 38 und drei in Kap. 39. Besonders die Vorkommen in 38,23.24.26 stehen nah beisammen. Bis 38,19, von 38,27 bis zum Ende des Kap. 38 und ab 39,7 werden keine Relativsätze im Textabschnitt verwendet.

---

34 Siehe oben, S. 59f mit Anm. 14. Im vorangehenden Satz 39,16a kommt die schon behandelte Negation ללא לה vor mit Bezug zu רננים.

35 Johannes Erben 1984, 18 bezeichnet Parataxe und Hypotaxe als „Hauptsatzarten der syn-taxis". – Vgl. auch Lyons 1989, 181f.

36 39,9aI.11b.12b.15b. Vgl. Meyer III, 93-95 und Richter 1980, 41f (zweites Syntagma). – Vielleicht könnte 39,11b auch als Kausalsatz betrachtet werden.

37 38,19aR.23vR.24aR1.aR2.26vIR1.vIR2 39,2aR.6a.b. Das Bezugswort der Konjunktion אשׁר in 39,6a ist ערוד in 39,5bP. 39,6b ist ebenfalls als Relativsatz zu charakterisieren, denn Konjunktion und Verb sind hier getilgt, können aber von 6a her eingesetzt werden.

2.1.7.3 Finalsätze

Es gibt vier Finalsätze im Textabschnitt, die nur in Kap. 38 und nur als präpositionale Infinitivkonstruktionen erscheinen. In 26vI.27vI1.vI2 stehen drei Finalsätze dicht beieinander, was besonders auffällig ist.

2.1.7.4 Konsekutivsätze

Vier Sätze sind als Konsekutivsätze zu charakterisieren: 38,5b.20a.b und 39,27b. In 38,20a.b folgen zwei Konsekutivsätze direkt aufeinander, die übrigen stehen zu Anfang und zu Ende des Textabschnitts.

2.1.7.5 Kausalsätze

Es werden nur zwei Kausalsätze in 38,21b und 39,17a verwendet. Sie stehen vereinzelt in beiden Kapiteln.

2.1.7.6 Konditionalsätze

Ebenso gibt es nur zwei Konditionalsätze im Textabschnitt, nämlich in 38,4c und 38,18c. Es fällt auf, daß sie in beiden Fällen auf die Aufforderung הגד im Vordersatz folgen und daß die Konditionalsätze aus der Konjunktion אם und der Verbform ידעת gebildet sind. Die dritte Satzposition ist jeweils unterschiedlich. Diese Besonderheit der Konditionalsätze ist festzuhalten.

2.1.7.7 Temporalsätze

Am zweithäufigsten von den abhängigen Sätzen werden Temporalsätze verwendet, nämlich achtmal[38]. Auch sie erscheinen nur in Kap. 38 und zwar gehäuft zu Anfang und am Ende des Kapitels. Außer in 38,40a.41b werden die Temporalsätze durch präpositionale Infinitivkonstruktionen gebildet.

---

[38] 38,4aI.7vI.8bI.9vI(vI2).38vI.40a.41b. – 38,9vI2 schließt sich durch ו syndetisch an 9vI1 an. Das Prädikat ist getilgt, bzw. von 9vI1 auch in vI2 einsetzbar. Deshalb ist auch 38,9vI2 als Temporalsatz zu bewerten.

2.1.8 Pendenskonstruktionen

Im Text werden sechs Pendenskonstruktionen verwendet[39], vier in Kap. 38 und zwei in Kap. 39. Sie stehen eher vereinzelt im ganzen Text. Walter Groß definiert sie folgendermaßen: „Ich verstehe unter *Pendentia* Wortgruppen, nominale oder pronominale Elemente, die im folgenden Satz syntaktisch oder zumindest semantisch die Rolle eines Syntagmas oder des Teils eines Syntagmas spielen, von diesem Satz aber isoliert sind, insofern in diesem Satz eine pronominale Kopie von ihnen vorhanden und/oder zu Beginn dieses folgenden Satzes durch ẇ=/wa=, Konjunktion, Fragepronomen oder Satzdeiktikon eine Satzgrenze angezeigt ist."[40] Da es sich also bei den Pendentia, wenn (auch) nicht um Sätze, so doch um syntaktisch relevante Satzteile handelt, sollen sie hier auf der Satzebene im Anschluß an die abhängigen Sätze untersucht werden.

Die Pendenskonstruktionen in 38,29bP.37bP und 39,5bP haben die Gemeinsamkeit, daß sie als CsV das direkte Objekt darstellen und vor dem Fragepronomen מי stehen. Nur in 38,29b wird das Pendens pronominal wieder aufgenommen, in 38,37b und 39,5b findet keine Aufnahme statt. In allen Fällen steht das Fragepronomen מי an erster Position des zugehörigen Satzes, so daß ihm mindestens genausoviel Betonung und Hervorhebung zukommt wie der Pendenskonstruktion selbst[41].

Bei 38,19bP handelt es sich um eine Pendenskonstruktion, die als nomen rectum im asyndetisch anschließenden NS aufgenommen wird[42]; dieser NS ist ebenfalls als Frage gestaltet.

Die Pendenskonstruktion in 38,32 ist als direktes Objekt zu betrachten, welches den zugehörigen asyndetischen Satz syntaktisch vervollständigt[43]. Hier, wie auch in 38,19bP, dient die Pendenskonstruktion durch die Umkehrung bzw. Veränderung der Syntagmenfolge der Hervorhebung bzw. der Erhaltung des Rezipienteninteresses.

In 39,30 handelt es sich um eine Ortsangabe als (markierte) Pendenskonstruktion und deren pronominale bzw. adverbielle Aufnahme[44].

Die pendierenden Wendungen sind also:

חשך	38,19bP[45]
וכפר שמים	38,29bP
ועיש על־בניה	38,32bP[46]
ונבלי־שמים	38,37bP
מסרות ערוד	39,5bP
ובאשר חללים	39,30bP

---

[39] 38,19bP.29bP.32bP.37bP 39,5bP.30bP.

[40] 1987, 2.

[41] Ebd. 31f.190f.

[42] Ebd. 155f.

[43] Ebd. 20f.

[44] Ebd. 78f. (Funktion ebd. 80).

[45] Vgl. dazu König 1929, 404: „Voranstellung des Nominativus abs."

[46] Ebd. 406f notiert für diese Stelle eine „Betonung".

In den drei schon erwähnten CsV kommt zweimal das Wort שמים als nomen rectum vor. In vier der sechs Pendens-Vorkommen ist der zugehörige Satz als Frage gestaltet[47]. Bei 38,32bP besitzt der zugehörige Satz ein Verb mit dem Morphem der 2.m.sg. Somit wird hier, wie auch in den zugehörigen Sätzen 38,29bP.37bP 39,5b, wo sich das nach einer Person fragende מי an erster Satzposition befindet, auf eine Person hingewiesen. In 38,19b (durch אי) und 39,30c (durch באשר) geht es um Örtlichkeiten. Die Fragen, der personale Bezug zur 2.m.sg., also zu Ijob, und das Wort שמים scheinen also bei den Pendenskonstruktionen eine besondere Rolle zu spielen.

2.1.9 Unklarheiten bei 39,14a

Wegen des unklaren Satzes 39,13b und der nicht eindeutig feststellbaren Zeitlage von 14a[48] sowie den Schwierigkeiten, die die umgebenden Verse bereiten, ist 39,14b ebenfalls nicht eindeutig als abhängiger oder selbständiger Satz einzuordnen. Das כי in Satzanfangstellung spricht für einen abhängigen Satz; allerdings ist der zugehörige Hauptsatz nicht festzustellen. Vielleicht ist כי auch als beteuernd aufzufassen.

2.1.10 Ausrufe

Es gibt insgesamt zwei Ausrufe im Textabschnitt: הננו in 38,35d und האח 39,25b. Sie stehen weit voneinander entfernt jeweils im Zusammenhang einer direkten Rede, deren Subjekt die Blitze bzw. das Pferd ist.

2.2 Bemerkungen zu Inkongruenzen

Kongruenz ist die grammatische „Übereinstimmung zwischen zwei oder mehreren Satzelementen hinsichtlich ihrer morpho-syntaktischen Kategorien (Kasus, Person, Numerus, Genus)."[49]

Bei der vorangegangenen Untersuchung haben sich innerhalb einiger Sätze Inkongruenzen gezeigt, für die sich nach Jaakov Levi[50] folgende Erklärungen bieten. Die Kongruenzen jedes einzelnen Satzes werden nicht im einzelnen aufgeführt, sondern als bestehend vorausgesetzt.

---

[47] 38,19bP.29bP.37bP 39,5bP.

[48] Siehe Näheres dazu bei den Ausführungen zu den Verbformationen, S. 72ff.

[49] Bußmann 1990, 404. Vgl. Lyons 1989, 242ff. Zur Kongurenz im Hebräischen siehe Richter 1980, 14f.

[50] 1987.

38,21c: ומספר = sg., רבים = pl. Diese ist durch die Quantitätsbezeichnung מספר zu erklären, denn Quantitätsbezeichnungen können, im st. cs. stehend, „entweder mit Sing. oder mit Plur. weitergeführt werden."[51]

38,32a: בעתו = sg., מזרות = pl. „Eine der Funktionen des [Singular-]Suffixes ist distributiv, d. h. das rückbezügliche Pronomen bezieht sich auf jede Komponente des im Plur. stehenden Ausdrucks."[52] Auch wenn מזרות hapax legomenon ist, ist das Wort möglicherweise ein Gattungsbegriff, der Inkongruenz bewirken kann. Inkongruenz bei Gattungsbegriffen ist charakteristisch für Psalmen, Sprüche und Ijob.[53]

39,29a.b: יביטו mit dem Morphem m.pl., für das eigentlich f.pl. zu erwarten gewesen wäre durch עיניו. Levi vermutet, daß durch Einflüße der gesprochenen Sprache f.pl. u. a. an yiqtol-Formen durch m.pl. verdrängt worden ist.[54]

Zusammenfassend ist festzustellend, daß es für die Inkongruenzen in Ijob 38 und 39 Erklärungen gibt, die eine über die synchrone Textuntersuchung hinausgehende diachrone, literarkritische Untersuchungen nicht zwingend für erforderlich erscheinen lassen.

2.3. Verhältnis zum vorhergehenden Satz

2.3.1 Syndetische Satzreihen

Im folgenden sollen formale syntaktische Elemente gezeigt werden, die bereits aufgrund ihrer Funktion kohäsionsbildend sind.

2.3.1.1 – durch Konjunktionen

Als Konjunktion vor Sätzen kann ו neben seiner Funktion als Satzweiser auch gleichordnende, über- und unterordnende Funktionen haben.[55] Von 173 Sätzen der ersten Gottesrede werden 53 durch ו aneinandergereiht. Davon entfallen 20 auf Kap. 39[56] und 33 Sätze auf Kap. 38[57]. Somit

---

51 Ebd. 21f mit Anm. 20.

52 Ebd. 34.37 mit Anm. 12.

53 Ebd. 185.198f. Neben diesem Vers 38,32 bringt Levi 1987, 197f zahlreiche Beispiele.

54 Ebd. 154.157.

55 Vgl. Richter 1978, 186.

56 39,2b.4d.5bP.6b.8b.11c.12c.14b.15a.c.17b.21b.22b.c.24b.25c.27b.28b.30a.bP.

57 38,1a.b.3b.c.7a.8a.9vI2.10a.b.11a.c.d.13a.14b.15a.b.16b.17b.19bP.20b.21c. 22b.25b.27vI2.29bP.30b. 32bP.34b.35b.c.37bP.38a.39b.

sieht es auf den ersten Blick so aus, als sei Kap. 38 durch eine höhere syndetische Dichte charakterisiert.

Weiterhin wird fünfmal die distributive Konjunktion או verwendet und zwar nur in Kap. 38, dort in 5c.6b verhältnismäßig dicht beieinander, ebenso in 28b.31b.36b. In der Textpassage zwischen 38,7 bis 27 wird sie nicht verwendet.

Außerdem gibt es drei verschiedene unterordnende Konjunktionen: אם kommt eher vereinzelt im ganzen Textabschnitt vor, allerdings häufiger in Kap. 39 (9b.10b.13b.27a) als in Kap. 38 (4c.18c.33b). Neben ihrer unterordnenden Funktion kann אם auch, wie schon erwähnt, den zweiten Teil einer Doppelfrage einleiten[58]. Von den genannten ist das bei vier Belegen (38,33b 39,9b.10b.27a) der Fall.

כי kommt, wie אם, elfmal vor, und zwar in Kap. 39 häufiger (39,11b. 12b.14a.15b.17a.24c) als in Kap. 38 (5b.20a.21b.40a.41b). In Kap. 39 erscheint כי bes. im zweiten Drittel; in Kap. 38 stehen die Vorkommen 20a. 21b und 40a.41b nicht weit voneinander entfernt.

Die ebenfalls unterordnende Konjunktion אשר, die einen Relativsatz einleitet, begegnet nur zweimal, in 38,23vR und 39,6a.

2.3.1.2 – durch Präpositionen

Präpositionen können am Satzanfang stehen und eine ähnliche Funktion wie Konjunktionen haben. Zusammen mit einem Inf cs können sie abhängige Adverbialsätze vertreten[59] und tragen so zur Kohäsion bei. In diesem Textabschnitt kommen acht derartige Präpositionalverbindungen vor[60], die alle in Kap. 38 zu finden sind[61]. Alle haben die Funktion einer Umstandsbestimmung (Circumstant [C]), genauer gesagt handelt es sich sechsmal um ein C der Zeit [38,4aI.7vI.8bI.9vI1.38vI] und dreimal um ein C des Zwecks bzw. der Folge [38, 13vI.26vI.27vI1].

Es kommen auch proklitische Präpositionen an erster Satzposition vor, die nicht einen Inf. cs. einleiten, sondern mit anderen Wörtern verbun-

---

58 Gesenius-Kautzsch, 497 § 150 h.

59 Adverbialsätze sind nach dieser Terminologie die genannten abhängigen Sätze; vgl oben, S. 65f. – Vgl. Richter 1978, 184 und, ders. 1980, 197f.

60 38,4aI.7vI.8bI.9vI1.13vI.26vI.27vI1.38vI. 13vI.26vI.27vI1 werden mit enklitischem ל eingeführt, die übrigen mit enklitischem ב. In 38,9vI2 ist bei der Satzabgrenzung ein I für den Infinitiv verzeichnet, der im Satz gar nicht verwendet wird. Es handelt sich um eine Tilgung. Der Inf von 9vI1 בשומי kann auch hier eingesetzt werden. Zu 38,26: מדבר ist eine asyndetische Fortführung von 26vI. 26vIR1 und vIR2 sind relativische Fortführungen von 26vI, die ebenfalls keinen Inf beinhalten. – Vgl. oben, S. 59ff, die Ausführungen zu den Nominalsätzen.

61 Der einpolige Nominalsatz in 39,9aI, bestehend aus einem Infinitiv, wird nicht durch eine Präposition eingeführt und ist somit asyndetisch angeschlossen.

den sind[62]: Bei diesen Präpositionen in Satzerstposition ist die syndetische Funktion allerdings nur bei 39,23.29a. festzustellen, und zwar deshalb, weil die Präpositionen -על und -מ mit Wörtern bzw. Wortelementen verbunden sind, die ihrerseits kohäsiven Charakter haben. Dieser besteht in der deiktischen Funktion von שם[63] und der phorischen Funktion des ePP יו-.

2.3.1.3 – durch Adverbien

Die Adverbien עד־פה (38,11b) und בדי (39,25a) haben ebenfalls Satzerstposition. פה, in seiner Zusammensetzung zu עד־פה, kommt, ähnlich wie שם, durch seine deiktische Funktion[64] ein kontexthafter Charakter zu, so daß 38,11b als syndetische Satzfortführung betrachtet werden muß. Bei בדי (39,25a) ist das nicht der Fall, weil die deiktische Funktion fehlt.

2.3.2 Asyndetische Satzreihen

Nachdem nun die Elemente dargestellt worden sind, die eine syndetische Satzreihe in diesem Textabschnitt bewirken, müssen nun alle übrigen Satzerstpositionen als asyndetische Reihung verstanden werden. Dabei handelt es sich um Wort- und Satzfragen, Imperative, Präpositionalgruppen, Adverbien, Verben, Substantive und Ausrufe. Sie sollen hier nicht mehr im einzelnen dargestellt werden[65]. Es sind insgesamt 83 Sätze. Sie entsprechen zahlenmäßig ungefähr den 90 syndetisch aneinandergereihten Sätzen.

Es bleibt also festzuhalten, daß ungefähr die Hälfte der verwendeten Sätze dieses Textes syndetisch und die andere Hälfte asyndetisch aneinandergereiht sind. Die große Zahl der asyndetischen Reihungen ist auffällig, auch wenn es sich um einen poetischen Text handelt[66]. Kap. 38 und 39 haben in etwa die gleiche Anzahl asyndetischer Satzreihungen (Kap. 38: 43; Kap. 39: 40). Ein größerer Unterschied findet sich in den

---

62 -מ (38,8b.29a. 39,29a), -כ (38,30a 39,18a), -ל (39,16b.29b) und -ב (39,21c.24a). עליו (39,23) führt ein ePP mit sich.

63 Die Einordnung von 39,23.29a als syndetische Satzanschlüsse durch den Kontextbezug der Wörter עליו und משם ist auch ein Vorgriff auf die Textebene und die Inhaltsseite.

64 Vgl. Richter 1978, 181.

65 38,2.3a.4a.b.5a.6a.8b.12a.b.14a.16a.17a.18a.b.19a.aR (so auch König 1929, 404). b.21a.22a.24a.aR1.aR2.25a.26vIR1.vIR2.28a.29a.b.30a.31a.32a.b.33a.34a.35a.d. 36a.37a.b.39a.40b.41a.c 39,1a.b.2a.aR.3a.b.c.4a.b.c.5a.b.7a.b.8a.9a.aI.10a.11a. 12a.13a.16a.b.18a.b.19a.b. 20a.b.21a.c.22a.24a.25a.b.26a.b.28a. 29b.30c.

66 Bartelmus 1994, 200 weist darauf hin, daß Asyndese in poetischen Texten ein Stilmuster für die Rede ist.

syndetischen Satzreihungen (Kap. 38: 57; Kap. 39: 33). In Anbetracht der Tatsache, daß Kap. 39 kürzer ist, überwiegen dort die asyndetischen Satzreihungen. Eine weitere Beurteilung der Satzreihung hat Auswirkungen auf den Text als ganzen und soll deshalb erst bei der nachfolgenden Betrachtung der Textebene[67] vorgenommen werden.

2.4. Verbformationen[68]

Nachfolgend sollen die Verbformationen des jeweiligen Verbalsatzes, also die Stellung des Verbs im Satz und die damit ausgedrückten Zeitlageverhältnisse des Textabschnitts Ijob 38,1 – 39,30 beschrieben werden.[69] Da Syndese und Asyndese zusammen mit der jeweiligen Form des Verbs zur Bestimmung des Zeitaspekts im Hebräischen eine wesentliche Rolle spielen, die Zeitlage also auch eine Dimension des Satzes ist, sollen die Verbformationen im Anschluß an die Satzreihen an dieser Stelle der Satzebene untersucht werden. Während abschließende Ergebnisse erst durch die Untersuchung der Inhaltsebene zu finden sind, ist diese Untersuchung der Zeitlageverhältnisse im Hinblick auf das, was einen Text ausmacht, bereits jetzt von Bedeutung, weil sie Rückschlüsse auf die einheitliche Situation der kommunikativen Handlung zuläßt, die immer auch etwas mit dem zeitlichen Ablauf zu tun hat. In der nachfolgenden Darstellung werden deshalb Übergriffe auf die Inhaltsebene nicht zu vermeiden sein.

Kap. 38

Der Textabschnitt beginnt in 38,1a mit einer wayyiqtol-KF-Formation, die gemeinsam mit der in 1b ebenfalls folgenden wayyiqtol-Form einen Progreß in der Vergangenheit herstellt und einen Erzählfaden – hier den Duktus der verschiedenen Redebeiträge im Buch Ijob – wieder aufnimmt[70].

---

[67] Vgl. unten die Untersuchungen der Textebene: 3.1 Kohäsionsbildung durch Satzreihen, S. 83f.

[68] Die nachfolgende Untersuchung stützt sich vornehmlich auf Terminologie und Definitionen von Irsigler 1981, 159ff und Groß 1982, 28-78.

[69] Rowold 1977, 51, Anm. 4 unterscheidet zwischen „completed activity", „imperfect sense" und „ongoing sense" und meint anschließend: „The texts make no obvious attempt to distinguish between those aspects or to arrange them chronologically. The tenses seem to float freely among them." Daß seine Einschätzung viel zu ungenau ist, zeigt sich nachfolgend.

[70] Vgl. die übrigen Redeeinleitungen des Ijobbuches neben Kap. 1 und 2 3,1f 4,1 6,1 8,1 9,1 11,1 12,1 15,1 16,1 18,1 19,1 20,1 21,1 22,1

Vers 2 beinhaltet eine x-qotel-Form als Frage. Dies ist der erste Satz der direkten Rede Gottes an Ijob. Die Formation drückt durch die direkte Rede einen gleichzeitigen, zur Situation des Sprechers gegenwärtigen Sachverhalt aus. Auf diese Gegenwart der Sprechsituation wird durch nachfolgende gegenwärtige Zeitstufen immer wieder Bezug genommen.

In 38,3a folgt eine qtol-Form mit auffordernder Funktion, die entweder die Gegenwart oder nachzeitig zur Gegenwart die Zukunft betrifft, nicht jedoch die Vergangenheit[71]. 3b wird von einer w-yiqtol-Form fortgeführt. Letzere schließt sich als Progreß an die vorangehende an Ijob gerichtete Frage und Aufforderung an[72] und stellt als Absichtserklärung des Sprechers einen individuellen Sachverhalt der Zukunft dar. In 38,3c folgt eine weitere durch w-qtol ausgedrückte Aufforderung an Ijob. Die w-yiqtol-Form in 3b wird also von zwei qtol-Formen umrahmt, die für die Gegenwart zur Sprechsituation stehen.

In 38,4a schließt sich eine als Frage formulierte x-qatal-Form an, die die einfache Vergangenheit ausdrückt; die sich anschließende Präpositionalverbindung ist gleichzeitig zum vorangehenden Satz, steht also auch für die Vergangenheit. Im Textabschnitt wird hier erstmals die Vergangenheit verwendet und in der Präpositionalverbindung dieser vergangene Zeitpunkt definiert: als Gott die Welt gründete. In 4b gibt es eine weitere qtol-Form mit auffordernder Funktion für die Gegenwart der Sprechsituation; in 4c schließt sich eine x-qatal-Verbformation der geistigen Wahrnehmung[73] an, die somit für die Gegenwart steht[74]. Da das x für eine Konjunktion steht und deshalb eine Abhängigkeit zu 4b festzustellen ist, befindet sich die qtol-Form von 4b ebenfalls auf der Zeitstufe der Gegenwart der Sprechsituation.[75]

Die einfache Vergangenheit, also der Zeitpunkt der Gründung der Erde, wird mit dem x-qatal-Fragesatz in 5a weitergeführt, jedoch in 5b durch eine x-yiqtol-LF-Form abgelöst, die nachzeitig zum vorangehenden Satz 5a steht und vom Relationspunkt des Sprechers aus betrachtet die Gegenwart darstellt. Die Zeitlage der einfachen Vergangenheit von 5a, noch immer den Gründungszeitpunkt betreffend, wird in 5c bis 6b durch weitere x-qatal-Formen, ebenfalls als Frage, aufgenommen und fortgeführt. Die Präpositionalverbindung in 7vI deutet Gleichzeitigkeit zum vorangehenden Satz 6b an und führt somit die Zeitstufe der einfa-

---

23,1 25,1 26,1 27,1 29,1 32,1-6 34,1 35,1 36,1. Insofern scheint sich 38,1 in die Reihe der verschiedenen Redeeinleitungen einzugliedern.

71 Imperative beziehen sich immer auf eine konkrete Sprechsituation.

72 Ähnlich Bobzin 1974, 473, z. St.

73 Vgl. unten die Komponentenanalyse der Inhaltsbeschreibung, S. 100ff.

74 Irsigler 1981, 161.

75 Rowold 1977, 51, Anm. 4 belegt 38,4 unterschiedslos mit dem Urteil „completed activity", ohne zu sehen, daß 4a und aI auf Vergangenheit, 4a und c auf Gegenwart hinweisen.

chen Vergangenheit weiter[76]; ebenso fungiert die wayyiqtol-KF-Form in 7a, die einen Vergangenheitsprogreß darstellt[77], der sich auf eine andauernde Handlung, hier den Jubel der Gottessöhne anläßlich der Erdgründung, bezieht.

Die Bestimmung der Zeitlageverhältnisse von 38,8a bis 9vI2 stützt sich besonders auf 8a, denn 8bI.b.9vI1.v2 hängen syntaktisch von 8a ab, und stehen somit auch auf der gleichen Zeitstufe. Da keine Konjektur vorgenommen wird, ist מי aus 38,6b als Subjekt von 8a anzunehmen[78]. Die wayyiqtol-KF (38,7a) knüpft an die x-qatal Form (38,6b) mit der Zeitlage der einfachen Vergangenheit an und führt sie als Narrativ, also in der Erzählvergangenheit, weiter. Für eine Authenzität dieser Verbformation – und mithin von MT – spricht auch deren Beibehaltung in 10a.b.11a.

10a.b.11a bestehen also jeweils ebenfalls aus wayyiqtol-KF-Formationen[79] und haben die Funktion einer Aussage im Vergangenheitsprogreß, die sich hier auf die in der Vergangenheit stattfindende Abgrenzung des Meeres bezieht. In 11b.c.d werden dann (w-)x-yiqtol-Langformen angeführt; es handelt sich um eine in der Vergangenheit stattfindende Rede Gottes an das Meer mit dem Injunktiv für dringenden Wunsch.

In 12a wird die zuletzt in 4b verwendetet x-qatal-Formation, hier wie dort als Frage, wieder aufgenommen für die einfache Vergangenheit. Während oben diese Vergangenheit für den Zeitpunkt der Erdgründung galt, geht es hier um Ijobs Vergangenheit (מימיך) – eine Verknüpfung beider Vergangenheiten auf stilistischem Wege. Mit 12b folgt asyndetisch eine qatal-x-Form, welche eigentlich einen Neuansatz bezeichnet, der hier aber in der Kombination mit ידע die Funktion der Betonung hat, denn das Verb der geistigen Wahrnehmung ist als Gegenwart zur Sprechsituation gemeint[80], d. h. Gott will jetzt Auskunft von Ijob haben.

Die Verse 13 bis 15 haben verschiedenste, meist literarkritisch begründete Meinungen in der Exegese hervorgerufen[81]. 13vI ist mit seiner qtul-Form (Präpositionalverbindung mit Inf. cs.) vom vorangehenden qatal-x-Satz mit Verb der geistigen Wahrnehmung und mithin Gegenwart syn-

---

76 Nach Bobzin 1974, 474, z. St. bekommt der Infinitiv seine Vergangenheitsbedeutung durch die in 7a folgende Verbform.

77 Vgl. Groß 1976, 159-162.

78 Mit der Vulgata verbessern jüngere Exegeten wie auch Bobzin 1974, 474f ויסך in מי סך. Dann wäre 8a als x-qatal und im Anschluß an 6b als einfache Vergangenheit zu bewerten. Oben, bei der Textkritik wurde diese Möglichkeit ausgeschlagen und MT als lectio difficilior der Vorzug gegeben. Bei der Untersuchung der Textebene der Inhaltsseite wird sich dies bestätigen.

79 Bei 10b ist die KF nicht ganz eindeutig.

80 Vgl. Irsigler 1981, 161.

81 Bobzin 1974, 476f, z. St. hält nur 13vI und 14a für ursprünglich; Budde ^{2}1913, 250 versetzt die Verse 13-18 hinter 39,30 ans Ende der ersten Gottesrede; Weiser 1968, 248 kommentiert: „textlich und formal nicht ohne Schwierigkeiten"; Pope 1965, 260 „This line as it stands is a jumble of words"; H. Groß 1986, 136, „Sinn des Verses unklar". Die Reihe ließe sich noch fortsetzen.

taktisch abhängig und steht zu ihm in einem Verhältnis der Gleichzeitigkeit. Das bedeutet, daß das Fassen an den Enden der Erde und Abschütteln der Sünder von ihr nicht (nur) für den vergangenen Gründungszeitpunkt gilt, sondern bis zur Gegenwart der Sprechsituation fortdauert.[82] Folgende Verbformationen erscheinen der Reihenfolge nach unabhängig von literarkritischen Überlegungen: 13vI: qtul; 13a: w-yiqtol; 14a: yiqtol; 14b: w-yiqtol; 15a: w-yiqtol; 15b: w-x-yiqtol

13a schließt sich, obwohl es kein abhängiger Satz ist, durch die Phorik zwischen ארץ und dem Morphem f.sg. als Weiterführung an den in 13vI eingeleiteten Progreß der Vergangenheit Ijobs in die Gegenwart an und zeigt Gleichzeitigkeit oder Nachzeitigkeit zu 13vI und mithin zu 12a.b an. Das bedeutet, daß das Fassen an den Enden der Erde und das Abschütteln der Sünder in einem zeitlichen Handlungsablauf zu sehen sind, der mit der Gegenwart der Sprechsituation in Verbindung steht. Diese Zeitstufe setzt sich über 14a bis 15b fort. Aus der Sicht der Zeitaspekte sind an dieser Textpassage literarkritische Unebenheiten nicht festzustellen.

Der Fragesatz 16a beinhaltet eine qatal-x-Form[83] und bezeichnet, die Zeitstufe und die Frage von 12a aufnehmend, erneut die einfache Vergangenheit. Die nähere Bezeichnung der Vergangenheit (מימיך), also Ijobs Lebenszeit, gilt weiterhin. W-x-qatal in 16b unterbricht die vorausgehende Verbformation und stellt einen formalen Chiasmus her, indem die Präpositionalverbindung hier am Satzanfang steht. Die Zeitstufe ist jedoch dieselbe wie 16a.

Ebenfalls einfache Vergangenheit wird durch den Fragesatz mit der qatal-x-Formation in 17a ausgedrückt. Die Formation in 17b w-x-yiqtol-LF würde qatal erwarten lassen, da sie an 16b anknüpft. In dieser Form drückt sie Gleichzeitigkeit zu 17a, also individuellen Sachverhalt der Vergangenheit aus, betrifft also Ijob bzw. sein Erkenntnisvermögen.

Die qatal-x-Formation von 18a deutet die Zeitstufe der Gegenwart an, da בין wie ידע, als Verb der geistigen Wahrnehmung zu bewerten ist[84]. In 18b wird qtol mit auffordernder Funktion verwendet, so daß die Zeitstufe ebenfalls als gegenwärtig, und zwar (durch qtol) zur Sprechsituation, zu betrachten ist. Sie bleibt auch in 18c erhalten, wo es sich um

---

82 Vgl. unten, S. 174ff, im Zusammenhang mit der Isotopie (+ die Erde am Morgen).

83 Die proklitische Fragepartikel ־ה wird hier nicht als selbständiges syntaktisches Element betrachet, insofern auch nicht mit x bezeichnet, sondern als eng mit der Verbform verbunden. Deshalb ist diese Formation als qatal-x zu bezeichnen. Vgl. ebenso unten zu 38,17a.22a.28a.31a.32a.33a.34a.35a.39a 39,1a.9a.10a.11a.12a.19a.b.20a.26a.

84 Edel 1984, 147 ist der Ansicht, daß die Fragepartikel ־ה ausgelassen wurde, um zwei aufeinanderfolgende ה zu vermeiden. Eigentlich handele es sich hier um einen Fragesatz. Dieser Meinung soll hier nicht gefolgt werden, weil dieser Satz möglicherweise bewußt eine Aussage ausdrücken will.

die x-qatal-Formation mit ידע, einem Verb der geistigen Wahrnehmung, handelt.

19a bis b besteht aus zwei Nominalsätzen, einer Pendenskonstruktion und nur der Relativsatz als Verbalsatz hat ein Verb der Formation yiqtol-x, die einen unabgeschlossenen Sachverhalt darstellt. Die Dauerhaftigkeit des Wohnorts des Lichts läßt Gegenwartsbezug erwarten, der insgesamt in 19a bis b schon seit 18a vorherrscht.

Die x-yiqtol-Formation von 20a bezeichnet einen unabgeschlossenen Sachverhalt, wobei erst durch die Konjunktion und, wie oben festgestellt, durch die Tatsache, daß 20a als Konsekutivsatz von Vers 18 abhängig ist, eindeutig wird, daß er weiterhin als gleichzeitig zum Gegenwartspunkt des Sprechers anzusehen ist. 20b schließt sich durch וכי an 20a an, so daß die Zeitstufe gleichzeitig zu der von 20a steht und ebenfalls einen unabgeschlossenen Sachverhalt in der Gegenwart darstellt. Wie sich unten noch zeigen wird, hängen V 19 und 20 auch inhaltlich durch die Thematik der Dunkelheit zusammen.

In 21a wechselt die Verbform zu qatal, aber durch ein Verb der geistigen Wahrnehmung bleibt weiterhin Gegenwart bestehen; erst in 21b kommt durch x-yiqtol nach einer längeren Passage wieder Vergangenheit vor. Diese wird auch eindeutig durch das Adverb אז definiert. Die Vergangenheit in 21b ist besonders auffällig wegen der in 21a und c umgebenden Gegenwart. Der Vers setzt die Erdgründungsvergangenheit und Ijobs Geburtszeit zueinander in Beziehung. Bei 21c handelt es sich um einen Nominalsatz der Klassifikation, dessen Zeitstufe neutral ist, da ein Zustand dargestellt wird[85]. Obwohl der vorangehende wie der folgende Satz (22a) Vergangenheit ausdrückt, muß 21c (mit Vorgriff auf die Inhaltsebene: die Zahl der Lebenstage kann nur von der Gegenwart her beurteilt werden) als (zeitliche) Fortführung der Gegenwart in 21a festgestellt werden.

Die Frage 22a drückt mit ihrer qatal-x-Formation, wie bereits gesagt, Vergangenheit aus, ebenso ist es in 22b mit der w-x-yiqtol-LF-Form[86], welche Gleichzeitigkeit zum vorangehenden Satz anzeigt sowie in 23vR mit x-qatal. Die Verse 22 und 23 bilden also eine Passage mit Vergangenheit, die nicht unterbrochen wird.

In 24a zeigt sich der gleiche Nominalsatz wie in 19a – mithin auch Gegenwart. Dem schließen sich in 24aR1 yiqtol-x und in 24aR2 yiqtol-KF-x an. Beide Relativsätze drücken einen unabgeschlossenen Sachverhalt in der Gegenwart aus, d. h. in diesem Fall, daß der Gang des Lichts und das Aufpeitschen des Ostwinds auf die Erde keine einmaligen Ereignisse, sondern immer wiederholbare, auch in Zukunft mögliche Vorgänge sind.

Der Fragesatz von 25a mit seiner x-qatal-Formation steht für die einfache Vergangenheit. Während seit 38,12 sich die Vergangenheit auf Ijobs

---

[85] Vgl. Meyer III, 9.

[86] Vgl. 38,16a und 17b, wo die Verben בוא und ראה in der gleichen Verbformation wie hier verwendet werden.

Lebenszeit bezog – die qatal-Formationen standen dort immer in einem syntaktischen Zusammenhang mit den Satzfragen (...־ה) – könnte sich nun die qatal-Formation mit dem vorangehenden Fragepronomen מי wieder auf die noch weiter zurückliegende Zeit der Erdgründung beziehen, wie es auch vor allem in 38,5 und 6 der Fall war, wo ebenfalls die Wortfrage מי voranstand. In den folgenden Sätzen 25b bis 27vI2 wird keine Verbformation mehr verwendet: In 25b ist das Verb getilgt, d. h. פלג aus 25a könnte auch hier eingesetzt werden. Durch die vorangehende Konjunktion ו ergibt sich somit eine Fortführung der Zeitstufe der Vergangenheit von 25a. Die gehäuft auftretenden Infinitivkonstruktionen in 26vI.27vI1.vI2 bilden drei von vier im Textabschnitt vorkommenden Finalsätze. Auch die aphrastischen Ergänzungen 26vIR1.vI.vIR2 sind formal sehr auffällig. Alle hängen syntaktisch als abhängige Sätze von 25a.b ab. Auffällig ist auch die zweimalige Verwendung der Negation לא und die Asyndese von מדבר, um die sich die übrigen Sätze geradezu konzentrisch ordnen. Ob die Abhängigkeit der Verse 26 und 27 von 25 auch für die Zeitlage gilt, ist möglicherweise gewollt uneindeutig gelassen, denn Nominalsätze und Infinitivkonstruktionen setzen gerade eben keine oder nur indirekte zeitliche Sachverhalte. Jedoch zeigt die Tatsache der Finalsätze, daß sie zeitlich nicht rückwärts, sondern eher vorwärts ausgerichtet sind.

Durch den Nominalsatz 28a herrscht ebenfalls eher eine Zustandsbeschreibung als eine Zeitaussage vor, denn die Vaterschaft (hier für den Regen) ist ein dauerhafter Zustand, während Geburt (hier der Tautropfen) ein zeitlich abgeschlossenes Ereignis darstellt, hier als Vergangenheit durch x-qatal verdeutlicht.

Weitere abgeschlossene Ereignisse aus der Geburtsthematik von Eis und Reif finden sich auch nachfolgend in 29a.b(P), welche ebenfalls durch x-qatal gestaltet sind.

Auch in 28b bis 29b findet sich die Kombination mit dem Fragepronomen מי und der Verbformation x-qatal, und es legt sich die Frage nahe, ob die Kombination an die Urvergangenheit – oder besser gesagt an die Zeit der Erdgründung – erinnern will wie zu Beginn der Rede. x-qatal erscheint nicht ausschließlich mit מי und מי nicht ausschließlich mit x-qatal im Textabschnitt, sondern z. B. in 37a mit x-yiqtol.

Mit 30a werden die Verbformationen x-yiqtol, w-x-yiqtol und yiqtol (in 32a – LF) verwendet und bis 32b beibehalten, so daß also ab 30a die Zeitlage zur Gegenwart wechselt.

Auch in 33a wird diese Gegenwart beibehalten, wenn auch mit einer qatal-x-Formation eines Verbs der geistigen Wahrnehmung. Anhand von yiqtol-Formen zieht sich die Gegenwart als genereller iterativer Sachverhalt[87] bis 35d, wobei in 33b x-yiqtol-LF Gleichzeitigkeit zum übergeordneten Satz 38,33a und somit ebenfalls Gegenwart anzeigt. Weiter bezeichnen yiqtol-LF (34a), w-x-yiqtol (34b), yiqtol-x (35a), w-yiqtol (35b.c)

---

87 Vgl. Bartelmus 1994, 204.

Progreß der oben genannten Gegenwart, der mit dem Ausruf von 35d abschließt. Somit gibt es zwischen den Versen 30 bis 35 mit den Themen obere und untere Wasser, Gestirne, Zeiten und Gewitter durchgehend mit verschiedenen Verbformationen Gegenwart.

In 36a.b wird diese jedoch zweimal mit x-qatal unterbrochen für einen abgeschlossenen Sachverhalt der Vergangenheit[88], wo es um die Frage nach der Herkunft der Weisheit in טחות und שׂכוי und vielleicht um die Erinnerung an die Zeit der Erdgründung geht.

Anschließend, mit 37a, wechselt die Zeitlage wieder zur Gegenwart, was sich in verschiedenen yiqtol-Formationen ausdrückt: x-yiqtol (37a), x-yiqtol-LF (37b) – der Infinitivsatz 38vI als abhängiger Nominalsatz steht auch hier gleichzeitig und somit „gegenwärtig" zu 37b – w-x-yiqtol (38a) als syndetische Weiterführung des Infinitivsatzes mit Gleichzeitigkeit, yiqtol-LF (39a), w-x-yiqtol (39b), x-yiqtol in 40a als abhängiger Nebensatz und somit als Weiterführung der Zeitstufe von 39b, yiqtol (40b) und x-yiqtol-LF (41a). Die Formationen von 40a.b und 41b.c sind chiastisch gestaltet und formieren sich um die x-yiqtol-LF im Fragesatz von 41a. Die Reihe der unterschiedlichen yiqtol-Formationen für die Gegenwart endet also in 41c mit dem Ende von Kap. 38 und stellt, wie schon oben in den Versen 30 bis 35 mit den Versen 37 bis 41 eine ebenfalls lange Gegenwartspassage dar, hier im Zusammenhang genereller, iterativer Sachverhalte wie Wolken, Lehm, Löwe und Rabe.

Kap. 39

In 39,1 wird die Zeitlage der Gegenwart fortgesetzt, in 1a mit der qatal-x-Formation eines Verbs der geistigen Wahrnehmung ausgedrückt und nachfolgend wie oben mit verschiedenen yiqtol-Formationen: x-yiqtol (1b) und yiqtol (2a.aR). Sie drücken wiederum einen generellen, iterativen Sachverhalt aus, nämlich die Schwangerschaftsmonate der Damhirschkühe.

In 2b wird die yiqtol-Reihe durch w-qatal-x unterbrochen, um einen Progreß der vorgenannten Gegenwart, der ebenfalls generellen Sachverhalt,[89] nämlich Ijobs Wissen um die Geburtszeit beinhaltet, zu verdeutlichen, um dann in 3a die Reihe der verschiedenen yiqtol-Formationen für den generellen Sachverhalt in der Gegenwart, nämlich Geburt und Aufwachsen der jungen Damhirsche, bis 4b fortzusetzen. In 4c wird unverständlicherweise qatal verwendet; unverständlich, weil diese Formation hier schwerlich Gegenwart ausdrücken kann[90]. In 4d erscheint w-x-qatal, welches die Textpassage der Gegenwart abschließt.

---

88 Auf diese beiden SK im Verhältnis zu den umgebenden PK weist auch H.-P. Müller 1988 b, 216, Anm. 31 hin.

89 Vgl. Irsigler 1981, 160.

90 Vgl. Bobzin 1974, 487 z. St., der ebenfalls auf diese Problematik hinweist.

Mit 5a wechselt die Zeitlage durch x-qatal nach längerer Gegenwartspassage wieder zur Vergangenheit und bleibt mit dieser Verbformation (außer 5bP und 6b, wo es keine Verben gibt) bis 6b bestehen. 6a als relativische Fortführung von 5b bezeichnet hier sogar Vorzeitigkeit zur vorangehenden einfachen Vergangenheit, der sich 6b durch Syndese und das getilgte Verb anschließt. In 5a und b begegnet wieder die Kombination מי mit qatal. Wenn mit dem Wildesel hier nicht ein spezielles Einzeltier gemeint ist, könnte die Verbformation, auch durch die Vorzeitigkeit von 6a, vielleicht an die Erdgründungszeit erinnern, als Gott dem Wildesel bei seinem Gründungshandeln die Wüste als Haus setzte.

Mit 7a wechselt die Zeitlage wiederum zur Gegenwart und bleibt bis 12c über den Themenbereich des Wildstiers hinaus erhalten. Sie zeigt sich durch verschiedene yiqtol-Formationen, die für Gegenwart oder Gleichzeitigkeit zur vorangegangenen Gegenwart stehen. 7a.b und 8a.b sind insofern formal parallelisiert, als in den a-Sätzen sich das Verb an erster Position und in den b-Sätzen an letzter Position befindet.[91]

Die Verse 9 bis 12, die den Themenbereich des Wildstiers umfassen, verwenden durchwegs (x-)yiqtol-Verbformationen, ausgenommen die Nominalsätze 9aI und 11b, kombiniert mit Satzfragen. Auch hier wirkt die Gegenwart generalisierend.

In 13a wird die Formation x-qatal verwendet. Da der Satz 13b unklar ist, soll für 13a auch auf eine Zeitlagenbestimmung verzichtet werden. Das gleiche gilt für den abhängigen Satz 14a, der Gleichzeitigkeit zu 13b angezeigt. Da 14b durch die w-x-yiqtol-Formation Gegenwart ausdrückt und sich durch ו syndetisch an 14a anschließt, ist für 14a und mithin 13b vielleicht auch Gegenwart zu vermuten, aber nicht eindeutig festzustellen[92]. Es bestünde wie auch oben eine längere Passage mit Gegenwart und generellem, iterativem Sachverhalt. Ebenso schwer einzuordnen sind: 15a mit der unvermuteten[93] wayyiqtol-Form (für die Gegenwart ?), 15b mit der x-yiqtol- und 15c mit der w-x-yiqtol-Form. Die beiden letzteren Formen könnten vielleicht auch Nachzeitigkeit ausdrücken[94].

In 16a wird qatal-x für einen Neuansatz verwendet. קשׁח als Affektverb bewirkt für diese Verbformation Gegenwart. Die Nominalsätze in 16b sind als zeitlich neutral bzw. als gleichzeitig zum Vordersatz aufzufassen.

Die Sätze 17a mit x-qatal und 17b mit w-x-qatal sind als abgeschlossen und vorzeitig zum Gegenwartspunkt des Sprechers zu betrachten. Da Vers 18 die Gegenwart von Vers 16 weiterführt, handelt es sich hier um einen kurzen „Vergangenheitseinschub", der schon öfter im Zusammen-

---

[91] Vgl. unten, S. 129ff.

[92] Groß 1976, 158 nimmt ebenfalls für 13ff erst gar keine Analyse vor.

[93] Ähnlich äußert sich auch Bobzin 1974, 490.

[94] Bei einer Übersetzung ins Deutsche würde man vielleicht den Konjunktiv verwenden.

hang mit der Erkenntnisthematik auftaucht[95] und nicht zwingend, wie Keel[96] meint, „aus formalen Gründen" um eine Glosse. Für die Textpassage über die Straußenhenne kann also trotz unklarem Vers 13 und „Vergangenheitseinschub" in Vers 17 im großen und ganzen Gegenwart zur Sprechsituation verzeichnet werden. Vers 13 steht als „genereller iterativer Sachverhalt" in zeitlicher Hinsicht wohl im Duktus von Wildesel und Wildstier, aber auch zum Pferd, wie sich nachfolgend noch zeigen wird, denn von 18a bis 28b wird eine lange Reihe verschiedener yiqtol-Formationen verwendet, die durchweg die Zeitstufe der Gegenwart darstellen[97] mit ihren verschiedenen Nuancen: sei es durch (x-)yiqtol(-LF)[98], w-x-yiqtol[99] bzw. wayyiqtol[100] oder durch einen NS bewirkte Gleichzeitigkeit zum Vordersatz.[101] Die lange „Gegenwartsreihe" betrifft also auch Straußin, Pferd und beide Raubvögel, geht also weiter über thematische Grenzen hinweg.

Die x-qatal-Formation in 29a ergibt zusammen mit der vorangehenden wayyiqtol-Formation in 28b als geprägte Wendung einen relativen Neuansatz[102], der der besonderen Nahrung des Geiers einen gewissen Nachdruck verleiht. 29b und 30a führen mit weiteren (w-)x-yiqtol-Formationen die Gegenwart fort. Die Nominalsätze 30bP und c, die eigentlich zeitlich neutral sind, schließen sich mit ובאשׁר relativisch an 30a und dessen Gegenwartsstufe an.

2.5. Zusammenfassung

Aus der Fülle der beobachteten Phänomene soll Folgendes zusammenfassend hervorgehoben werden: Gleich zu Beginn der Gottesrede fällt 38,2 mit seiner ungewöhnlichen syntaktischen Struktur aus dem Rahmen[103], da Elemente wie AnnV und Nominalsätze, aber auch Negation und Partizip verwendet werden, die sonst im Textabschnitt nicht mehr oder nur selten vorkommen. Das Phänomen, daß im ersten Teil der Rede überhaupt größere Variationsfülle vorliegt als in Kap. 39, trifft wie auf der Wortebene auch hier auf der Satzebene hinsichtlich der Aufforderungen, der Fragesätze, Relativsätze, Finalsätze, Konsekutivsätze, Kon-

---

95 Vgl. 38,12b.17b.36a.b 39,2b.

96 1978, 84.

97 Auch Bobzin 1974, 491-494, spricht bei 18a.19a.b.20a.21a.b.24a.25a.c.26a.27b.28b von „Mare" in frequentiv-genereller Funktion.

98 39,18a.b.19a.b.20a.21a.c.22a.23.24a.25a.26a.b.28a.29a.

99 39,22b.c.24b.25c.27b.30a.

100 39,21b.28b.

101 39,30bP.c.

102 Vgl. Bartelmus 1994, 207.

103 Vgl. oben Anm. 12.

ditionalsätze und vor allem der Temporalsätze und Pendenskonstruktionen zu. Der ruhiger fließende Stil von Kap. 39 ist auf dieser Untersuchungsebene durch die größere Zahl der Aussagesätze, Verneinungen und Objektsätze sowie mittels der durchgängigen Verwendung der Gegenwartszeitstufe gegeben.

Weiterhin zeichnet sich dieser Textabschnitt der Rede Gottes an Ijob zunächst durch einen steten Wechsel zwischen der Gegenwart der Sprechsituation und der Rückschau in die Vergangenheit aus. Die Abschnittslängen der jeweiligen Zeitstufen schwanken allerdings beträchlich. Besonders bis 38,5 wechselt die Zeitstufe fast mit jedem Satz. Dem entspricht die häufige Verwendung der Temporalsätze am Anfang.

Es konnten zwei verschiedene Vergangenheitsstufen festgestellt werden: die Vergangenheit der Erdgründungszeit und die Vergangenheit, die Ijobs bisherige Lebensspanne umfaßt. Bei der Erdgründungszeit findet sich häufig die Kombination von מי und x-qatal, bei Ijobs Lebenszeit gelegentlich ־ה mit (x-)qatal. In 38,21 werden dann beide Zeiten zueinander in Beziehung gesetzt und nachfolgend nicht mehr auseinandergehalten, sondern in einer Vergangenheitsstufe fortgeführt.

Bei der Gegenwart gab es nur gelegentlich Hinweise auf im Verhältnis zu ihr nachzeitige, d. h. zukünftige Sachverhalte und zwar nicht durch Verbformen, sondern durch Nominalsätze in den Versen 38,26 und 27, die die Fruchtbarkeit der Wüste ohne Nutzen für den Menschen darstellen. In den meisten Fällen bezieht sich die Gegenwart auf die Sprechsituation selbst oder bildet den Endpunkt eines aus der Vergangenheit herkommenden Progresses – übrigens eine ähnliche Blickrichtung, die Ijob bei seinen Klagen innehat. Während jedoch Ijob bei seiner Geburt beginnt, beginnt Gottes Argumentation viel früher. Die Gegenwart ist häufiger vertreten als die Vergangenheit. Vor allem ab der Behandlung der Tiere, also ab 38,39 wird die zumeist generelle Gegenwart weitgehend durchgehalten.

Abgesehen von dem unklaren Vers 39,13 zeigt die Untersuchung der Verbformationen, daß der Textabschnitt in zeitlicher Hinsicht homogen ist, d. h. die Sprechsituation zwischen Gott und Ijob wird als Gegenwart im ganzen Textabschnitt immer wieder aufgenommen. Sie und die Rückschau in die Vergangenheiten vor allem im ersten Drittel des Textabschnitts sind situationsgemäß eingestreut. Die Themenwechsel, also der Übergang der Darstellung der Naturphänomene zu den Tieren, der Übergang von einem Tier zum anderen – auch bei der umstrittenen Straußenhenne – bewirken keinen Wechsel der Zeitstufe. Im Gegenteil wird sie deutlich beibehalten.

Während die bisherige Darstellung der grammatischen Phänomene vielleicht mit Ausnahme der Wortkombinationen nur eine punktuelle Sichtweise ermöglichte, die anhand quantitativ-statistischer Methoden systematisiert wurde, konnten nun bei der Betrachtung der Verbformationen größere Textpassagen in den Blick genommen werden. Sie ermöglichen die Feststellung, daß die Zeitaspekte keinen Hinweis auf Brüchigkeit oder Uneinheitlichkeit liefern und den Eindruck einer in sich logischen Sprechsituation[104] vermitteln, die von der Vergangenheit ausgehend die Gegenwart in ihrem generellen Sosein thematisiert.

---

104 Vgl. Vermeer 1972, 230f. Vgl. auch Weinrich 1993, 17: „Texte sind sinnvolle Verknüpfungen sprachlicher Zeichen in zeitlich-linearer Abfolge." Heinemann/Viehweger 1991, 35: „Einheitlichkeit des temporalen Aufbaus, das Aufeinanderbezogensein der zeitlichen Einordnung der einem Text zugrundeliegenden Sachverhalte." Kayser 1987, 183f meint, daß zur „Geschlossenheit der Szene" ein klares zeitliches Nacheinander gehört „innerhalb der Szene, die sozusagen von zeitlich gleichem Gefälle ist, und zwar einem der objektiven Zeit angenäherten Gefälle".

3. *Textebene*

„Eine sprachliche Äußerung erweist sich dadurch als Text, daß die Teile der sprachlichen Äußerung aufeinander verweisen und sich nur aus dem Zusammenhang erklären lassen."[1] Auf der Ausdrucksebene bedeutet das, daß nach formalen Textverweisen Ausschau zu halten ist. Im nun folgenden Untersuchungsschritt soll also der Textabschnitt Ijob 38,1–39,30 auf seine formalen satzübergreifenden Verflechtungselemente hin betrachtet werden. Damit können, wie schon bei den Zeitaspekten, Aussagen über umfangreichere Textpassagen gemacht werden. Eine besondere Rolle spielen u. a. die Art und Weise der Satzverknüpfung, die Verweisstrecken der Pronomina sowie Wiederholungen. Weiterhin sind Textbegrenzungs- und Textgliederungsmerkmale zu bestimmen. Somit zeigen sich formale Textkonstituenten, die weitere Kriterien für oder gegen die Kohäsivität des Textes liefern. Daß damit allerdings die Kohäsivität des Textes noch keineswegs hinreichend untersucht ist, betont ausdrücklich Schicklberger[2], denn sie ist „zu wesentlichen Teilen von semantischen Faktoren abhängig." Diese werden erst bei der Darstellung der Textebene der Inhaltsseite untersucht, wo dann auch konkretere Urteile möglich sind.

3.1. Kohäsionsbildung durch Satzreihen

Bereits auf der Satzebene wurden syndetische und asyndetische Satzreihungen betrachtet. Ohne im einzelnen nochmals auf die Funktionen der Konjunktionen einzugehen, sollen die dortigen Ergebnisse nun im Hinblick auf den Text betrachtet werden.

Die abwechselnde Verwendung von oft zwei aufeinanderfolgenden syndetischen und asyndetischen Sätzen, machen den Großteil des Textabschnitts aus. Davon weicht der Anfang des Textabschnitts mit größeren Unregelmäßigkeiten ab. Längere Passagen mit asyndetischen Reihungen finden sich in 38,24a–25.26vIR1–vIR2; 39,1a–2aR.3a–4c und 39,18a–21a.c–22a – also besonders in Kap. 39 –, mit syndetischen Reihungen in 38,6b–8bI.9vI1–11d und 39,13b–15c. Längere Passagen syndetischer Reihungen sind also seltener als die der asyndetischen[3].

---

[1] Egger 1987, 29.

[2] 1978, 75.

[3] Im einzelnen sieht die Verteilung der syndetischen und asyndetischen Sätze folgendermaßen aus: Während die ersten zwei Sätze, 38,1a.b, syndetisch sind, sind in 38,2 und den Versen 3.4.5.6, bei letzteren jeweils die a-Sätze, asyndetisch. Die auf die a-Sätze folgenden Sätze schließen sich syndetisch an. Von 38,6b und 8bI gibt es eine durchgehende syndetische Reihung. Auf den asyndetischen Satz 8b folgt wiederum eine durchgehende syndetische Reihung bis 11d. Nach den zwei asyndetischen Sätzen 12a.b folgen die zwei syndetischen

Asyndese ist nur in Ausnahmefällen, d. h. in erzählenden Texten ein Hinweis auf Textverderbnis. Da es sich hier um einen poetischen Text in Form einer Rede handelt, ist Asyndese ein Stilmittel[4], welches kohäsive Funktionen erfüllt. Besonders deutlich wird das für die oben erwähnte vorwiegend asyndetische Reihung in 39,1–4 nach einer zuvor plazierten Frage. In den meist kurzen asyndetischen Sätzen werden Aussagen gemacht über die Geburt und das Aufwachsen der Damhirschjungen, die inhaltlich logisch aufeinanderfolgen. Gerade durch die Asyndese dieser Sätze wird der aneinanderreihende Charakter unterstrichen. Während das für direkt aufeinanderfolgende Reihungen erwartet wird, zeigt es sich auch für die abwechselnde Verwendung von syndetischen und asyndetischen Satzreihungen: In 38,3–6 ist jeweils der a-Vers asyndetisch, weitere sind syndetisch angeschlossen bei einem inhaltlichen Zusammenhang der Bautätigkeiten. Eine Regelmäßigkeit der Abwechslung zeigt sich auch im Zusammenhang mit den Raubvögeln und den letzten Versen vom Kriegspferd in 39,24d–30c durch die Satzanfänge asyndetisch – asyndetisch, syndetisch – syndetisch. Weder die häufige abwechselnde Verwendung von syndetisch und asyndetisch angeschlossenen Sätzen noch durchgehende Reihen der asyndetischen und syndetischen Satzverbindung bieten also für sich betrachtet Kriterien, die gegen die Textkohäsion sprechen.

Sätze 13vI.a und nach einem asyndetischen in 14a drei syndetische Sätze bis 15b. Die asyndetischen Sätze 16a und 17a werden in ihren b-Teilen jeweils syndetisch angeschlossen. In Vers 18 sind die a- und b-Sätze asyndetisch und im c-Satz folgt ein syndetischer Anschluß. Vers 19 ist außer bP, der Pendenskonstruktion, asyndetisch. Von 20a bis 23vR stellt sich die Verteilung folgendermaßen dar: Auf zwei syndetische folgt ein asyndetischer Satz. 24a bis 26vIR2 sind durchgängig asyndetisch bis auf die direkt aufeinander folgenden Sätze 25b.26vI. Bis zum Ende des Kap. 38 wechseln asyndetische und syndetische Sätze einander ab, indem nicht mehr als zwei gleiche hintereinanderstehen. Mit dem 39. Kapitel ändert sich das, da von 1a bis 4c zehn asyndetische Sätze aufeinanderfolgen, nur einmal in 2b von einem syndetischen Satz unterbrochen. Von 4d bis 5b wechseln asyndetische und syndetische Sätze einander ab, in 6a.b folgen zwei syndetische Sätze aufeinander, in 7a bis 8a drei asyndetische. Von 8b bis 13a ist die Verteilung ähnlich wie von 38,27vI bis 41c, nämlich abwechselnde Formen mit nicht mehr als zwei aufeinanderfolgenden gleichen Vorkommen. Von 13b bis 15c findet sich durchgängig syndetische Reihung, es folgen je zwei asyndetische und syndetische Sätze und von 18a bis 22a gibt es durchgängig asyndetische Reihung mit einer Unterbrechung durch einen syndetischen Satz in 21b. Während 22b bis 23 drei syndetische Sätze aufweist, besteht der Rest des Kap. 39, also 24a bis 30c, wieder aus abwechselnd syndetischen und asyndetischen Sätzen, überwiegend aus je zwei (asyndetisch asyndetisch; syndetisch syndetisch).

4 Vgl. nochmals Bartelmus 1994, 200.

3.2. Phorik[5]

3.2.1 Anaphorik durch Pronomina

Personalsuffixe und pronominale Morpheme an Verben und Substantiven verweisen auf ein bereits genanntes Bezugswort zurück, welches in aller Regel ein nominales Wort oder ein Eigenname ist. Eine lückenlos zurückverfolgbare Verweisstrecke stellt ein Kriterium für Kohäsion dar[6]. Nachfolgend sollen derartige satzübergreifende Verweisstrecken innerhalb dieses Textabschnitts beschrieben werden.

Zu Beginn des Textabschnitts in 38,1a werden zwei Eigennamen genannt, יהוה und איוב, wobei יהוה das Subjekt des Satzes darstellt und mit dem Morphem der 3.m.sg. am Verb kongruiert. איוב, verbunden mit der Partikel את־, ist indirektes Objekt. In 38,1b wird das Subjekt durch das Morphem der 3.m.sg. mit ויאמר erneut aufgegriffen und bewirkt einen formelhaften Wechsel zur direkten Rede. Nachfolgend werden Verweisstrecken der 1. sg., 2. und 3.m.sg., 3.f.sg. sowie der 3.m. und f.pl. dargestellt. Verweisstrecken zu den Personen 2.f.sg., 2.m. und f.pl. sowie der 1.pl.[7] gibt es nicht.

3.2.1.1 Verweise auf Ijob

איוב ist, bis auf die Ausnahmen in 38,11b–d, das einzige Bezugswort der 2.m.sg. Die sich auf איוב zurückbeziehende Verweiskette findet sich passagenweise in mehr oder weniger direkt aufeinanderfolgenden Sätzen und über den ganzen Textabschnitt verstreut[8]. Die zweite Person

---

5 Utzschneider 1988, 185f versteht unter Phorik „den Inbegriff aller jener Verweissysteme, durch die Textteile – vorwiegend im mikrotextuellen Bereich (von Satz zu Satz) miteinander verknüpft werden."

6 Vgl. Richter 1971, 59.68. Zu Anaphorik und Kataphorik allgemein siehe auch Weinrich 1993, 21. Zu Pronominalisierungsketten siehe Heinemann/Viehweger 1991, 29f.

7 Zwar gibt es keine Verweisstrecke der 1.pl., aber das Morphem wird in 38,35d am Satzdeiktikon הננו verwendet. Nach einem Wechsel von der Beschreibung zur direkten Rede wechselt das Subjekt, aber nicht die Person. Es steht die 1.sg. und schließt sich an die vorangegangene Verweisstrecke der 3.m.pl. an, die nachfolgend beschrieben wird.

8 Im einzelnen sieht das folgendermaßen aus: In 38,3a wird die 2.m.sg. als Possessivsuffix an dem Substantiv חלץ verwendet, in 3b als Personalsuffix an der Verbform ואשאלך. In ihren verschiedenen Ausformungen findet sich das Pronomen der 2.m.sg. in den dicht aufeinanderfolgenden Sätzen 4a.c.5b. Durch die ab 38,2 begonnene Rede und die in 38,1a dargestellten Personen als an der Redesituation Beteiligte bezieht sich diese Verweiskette des Pronomens der 2.m.sg. auf das idO von 38,1a, auf איוב. Den unterbrechenden Wechsel der 3.m.sg. in die 2.m.sg. in 38,11b.c.d verursacht die direkte Rede Gottes an

entspricht der Anrede an Ijob. Die Durchgängigkeit im ganzen Textabschnitt stellt einen einheitlichen Situationszusammenhang her.

3.2.1.2 Verweise auf יהוה

In Anbetracht der bereits erwähnten Redesituation beziehen sich neun pronominale Morpheme der 1.sg. auf יהוה, den Sprecher, der in 38,1a.b, der erzählenden Situationseinführung, vorgestellt wird. Zwei Passagen gehäufter Vorkommen pronominaler Morpheme der 1.sg. finden sich im ersten Viertel des Kap. 38[9]. Im übrigen Textabschnitt gibt es ansonsten nur zwei vereinzelt vorkommende Aufnahmen der 1.sg[10]. Alle Verweise der 1.sg. beziehen sich auf יהוה; auch hier gibt es keine weiteren Bezugsworte. In 38,1b, in eben jener Situationseinführung wird auf יהוה mit dem Morphem der 3.m.sg. verwiesen. Außerdem finden sich alle Verweise auf יהוה bis auf einen in Kap. 38.[11]

3.2.1.3 Verweisstrecken der 3.f.sg.

Pronominale Morpheme der 3.f.sg. finden sich in 38,5a.c.6a.b. Sie weisen zurück auf das Substantiv ארץ in 38,4aI, wo es um die Erdgründung geht. In 38,13a und 14a gibt es eine weitere Reihe mit pronominalen Verweisen der 3.f.sg., die auf das in 38,13vI zum zweiten Mal genannte Substantiv (ה)ארץ im Zusammenhang mit der morgendlichen Wand-

---

das Meer. Bezugswort ist in beiden Fällen ים. (Vgl. unten zur 3.m.sg.) Die auf Ijob deutende Verweiskette wird in den aufeinanderfolgenden Sätzen in 12a.b fortgeführt und dann erneut in der Reihe 16a.b.17a.b.18a.c wieder aufgenommen. Ebenfalls ohne den Namen איוב zu nennen, findet sich eine weitere Reihe mit sieben Aufnahmen der 2.m.sg. in sieben direkt aufeinanderfolgenden Sätzen 20a bis 22b und ebenfalls eine weitere in 31a bis 35c. Ausgenommen sind die Sätze 32bP und 35b, in denen sich keine pronominale Aufnahme findet. Gegen Ende des Kap. 38 wird die 2.m.sg. noch einmal in 39a.b aufgenommen. – In Kap. 39 wird in Fortsetzung von Kap. 38, ebenfalls ohne erneute Nennung des Namens איוב die Verweiskette in den aufeinanderfolgenden Sätzen 1a.b.2a.b, ausgenommen 39,2aR, fortgeführt. Nach einer längeren Passage ohne Wiederaufnahme wird sie fortgeführt in den aufeinanderfolgenden Sätzen 9aI bis 12c (mit Ausnahme von 11b). In 19a.b.20a findet sich dreimalige aufeinanderfolgende Aufnahme und gegen Ende des Kap. 39 noch einmal zweimalige in 26a.27a (hier nicht in direkt aufeinanderfolgenden Sätzen).

9 38,3b.c.4aI und 38,9vI1.10a.b.11a.

10 38,23vR 39,6a.

11 Reiser 1991, 184 meint, da Gott nur fünfmal ausschließlich in Nebensätzen von sich selbst spreche, mache er sich klein, damit der Mensch nicht erschrecke.

lung der Erde verweisen. Ein drittes Mal wird ארץ in 18a für die umfassende Weite der Erde verwendet und findet im Suffix der 3.f.sg. in 18c pronominale Aufnahme.

Von 39,13a bis 18b erstreckt sich eine durchgehende Reihe mit zwölf satzübergreifenden, pronominalen Verweisen der 3.f.sg. für das Bezugswort רננים[12]. Gemeinsam mit den Satzkongruenzen durch die 3.f.sg. bekommt der Abschnitt eine besonders dichte Prägung.

In Kap. 38 beziehen sich die satz- und versübergreifenden pronominalen Verweise der 3.f.sg. nur auf das Substantiv ארץ. In Kap. 39 ist das Bezugswort der einzigen versübergreifenden Verweisstrecke der 3.f.sg. רננים, in die die kürzere Verweisstrecke mit dem Hinweis auf die Eier der Straußenhenne über den Objektsatz in 39,15b eingeschlossen ist.

3.2.1.4 Verweisstrecken der 3.m.pl.

Neben Kongruenzen, die nur für den einen jeweiligen Satz relevant sind, in dem sie vorkommen[13], wird satzübergreifend je zweimal auf die Substantive ברקים (38,35a)[14] und כפירים (38,39b)[15] zurückverwiesen, einmal in 38,41c auf das Substantiv ילדו (38,41b) und dreimal[16] in 39,4b.c auf das Substantiv בניהם (39,4a).

Diese Verweisstrecken sind, verglichen mit der von רננים, eher kurz, d. h. sie reichen über maximal vier Sätze, und finden sich nur zu Ende von Kap. 38 und zu Beginn von Kap. 39. Außer den Blitzen handelt es sich bei diesen Bezugswörtern fast durchwegs um Jungtiere.

---

12 In 39,14a.b.15a.b.16a.b.17a.b.18a.b (wahrscheinlich finden sich auch Verweise in 39,13b, aber wegen der Unklarheiten dieses Verses sollen sie hier nicht berücksichtigt werden). Weiterhin zeigen sich pronominale Verweise durch die Suffixe der 3.f.sg. an den Verbformen תזורה (39,15b) und תדושה (39,15c) zu ihrem gemeinsamen Bezugswort ביצה (= feminines Wort mit m.pl.-Formen im st. cs. und mit Suff 3.f.sg. für die Straußenhenne [vgl. dazu Mende 1990, 219 mit Bezug auf Gesenius-Kautzsch § 135 p zur Umschreibung des Plurals von Sachen durch 3.f.sg.]) – In drei Sätzen finden sich Verweise der 3.f.sg., die aber nur für die jeweiligen Sätze selbst relevant sind, d. h. es handelt sich um die Kongruenz zwischen Subjekt und Prädikat, und zwar in 39,13a (כנף – נעלסה). 15b (רגל – תזורה) und c (חית – תדושה). Derartige Kongruenzen finden sich auch in 38,15b (וצרות – תשבר). 34b (ישפעת־מים – תכסך) und 39,23 (אשפה – תרנה).

13 So in 38,6a.7a.13a.15a.17a.30a.b.38a.41b 39,4a.29b.30a.

14 38,35b.c. – Durch den Wechsel zur direkten Rede schließt sich indirekt auch הננו an diese Verweisstrecke an.

15 38,40a.b.

16 Viermal inkl. die Kongruenz innerhalb des Satzes in 39,4a.

3.2.1.5 Verweisstrecke der 3.f.pl.

Von der 3.f.pl. gibt es nur eine Verweisstrecke im ganzen Textabschnitt und zwar zu Beginn des Kap. 39. Es finden sich sechs pronominale Aufnahmen[17], die als Bezugswort אילות in 39,1b haben[18].

3.2.1.6 Verweisstrecken der 3.m.sg.

Zuletzt bleiben noch die pronominalen Aufnahmen der 3.m.sg. zu untersuchen. Neben den nur auf den jeweiligen Satz bezogenen Kongruenzen der 3.m.sg.[19] zeigen sich folgende transphrastischen pronominalen Verweisstrecken: Auf die Person יהוה in 38,1a bezieht sich die Personalform des Verbs in 38,1b; acht Verweise in 38,8bI.b.9vI1.vI2.10a vertreten das in 8a genannte Substantiv ים. Bedingt durch den Wechsel zur wörtlichen Rede Gottes an das Meer in 11a.b.d wird diese Verweisstrecke durch die Pronominalformen der 2.m.sg. zu Ende geführt. Vier Pronominalformen der 3.m.sg. in 38,19b.20a[20].b weisen zurück auf חשך in 19bP. Die Präposition בו mit dem Pronomen der 3.m.sg. in 38,26vIR2 bezieht sich als einmalige Aufnahme auf מדבר in 26vI. Ebenfalls weitere einmalige Aufnahmen finden sich im Satz 29b, der der Pendenskonstruktion 29bP mit dem Bezugswort כפר שמים zugehörig ist, und in 38,33a.b, wo das plurale tantum שמים als Singular durch das Possessivsuffix an משטר wieder aufgenommen wird. Zu ערב in 38,41a findet sich neben dem possessiven Verweis im selben Satz ein ebensolcher im folgenden Satz 41b.

Eine längere Strecke mit sechs Verweisen[21] findet sich in 39,6a.7a.b.8a[zweimal].b, die sich auf ערוד in 5bP beziehen. In 39,9b gibt es einen Verweis auf das Substantiv רים. Dieses Bezugswort wird in 10a ein zweites Mal genannt und nachfolgend finden sich acht pronominale Aufnahmen durchgehend von 10a bis 12c.

Die bisher längste Verweisstrecke, nach derjenigen Ijobs, mit 14 pronominalen Aufnahmen findet sich in 39,19a bis 25c und hat als Bezugs-

---

17 In 2aR.b.3a.b[zweimal].c.

18 Inwiefern möglicherweise in 3c.4a.d die Verweisstrecke weiter fortgeführt wird über Maskulium-Suffixe, vgl. unten, S. 90.

19 38,2.5a.c.6b.12b.15a.19aR.24aR1.aR2.25a.28b.29a.b. 36a.b.37a.b.41a 39,5a.b.8a.9a.17a.18b.26a.27a.b (38,29b 39,8a.17a.26a.27a.b sind auch transphrastisch). – Von diesen sind 38,2.5a.c.6b.25a.28b.29a.b.36a.b.37a.b.41a 39,5a.b, also mehr als die Hälfte mit dem nach einer Person fragenden Fragewort מי und einem Verb mit eben dem Morphem der 3.m.sg. verbunden. Vgl. oben, S. 50.

20 תקחנו hat, nach Davidson 1967, 773, Suffix 3.m.sg.

21 מרעהו ist mit Suffix als 3.m.sg. zu lesen. Vgl. Davidson 516 und die Randmasora der BHS.

wort סוס in 19a[22]. Eine einmalige, satzübergreifende Aufnahme des Gottesnamens אלוה erscheint in 39,17a.b; in 26a.b mit dem Bezugswort נץ. Von 27a bis 30c[23] zieht sich eine aus sieben pronominalen Aufnahmen bestehende Verweisstrecke mit dem Bezugswort נשר.

Eine Tabelle soll die Anzahl und Verteilung der Bezugswörter noch einmal verdeutlichen:

Bezugswort	Anzahl der Aufnahmen	Person
איוב	53	2.m.sg.
יהוה	10	1.sg.[24]
ארץ	4+2	3.f.sg.
רננים	12	3.f.sg.[25]
ברקים	3	3.m.pl.
כפירים	2	3.m.pl.
ילדו	1	3.m.pl.
בניהם	3	3.m.pl.
אילות	6	3.f.pl.
ים	5[26]	3.m.sg.
חשך	4	3.m.sg.
מדבר	1	3.m.sg.
כפר שמים	1	3.m.sg.
ערב	1	3.m.sg.
ערוד	6	3.m.sg.
רים	1+8	3.m.sg.
אלוה	1	3.m.sg.
סוס	14	3.m.sg.
נץ	1	3.m.sg.
נשר	7	3.m.sg.

Vor allem für Kap. 39 werden die abschnittsweise wechselnden phorischen Verbindungslinien deutlich.

---

22 Genauer gesagt wird in den Sätzen 19b.20a.b.21a.b.c.22a.b.c.23.24a.b.25a.c auf das Bezugswort verwiesen. Dieses, סוס, wurde bereits im vorangehenden Satz 18b genannt. So ist zu fragen, warum nicht bereits in 19a ein Pronomen verwendet wird.

23 27a.b.28a.b.29a.30a.c.

24 Inkl. einmal 3.m.sg.

25 Inkl. zweimal auf ביצה.

26 Wenn man die drei Vorkommen in der direkten Rede in der 2.m.sg. hinzuzählt, sind es acht Aufnahmen.

3.2.1.7 Unklarheiten

a) In 38,8a wird durch die Verbform ויסך implizit die 3.m.sg. als Subjekt angezeigt, für die es kein klar feststellbares Bezugswort gibt. Das Subjekt ים als m.sg. im selben Satz ist nicht möglich, da es indirektes Objekt ist. Eine zweite Möglichkeit bietet vielleicht auch das vorangehende nomen rectum אלהים der CsV in 7a, welches als plurale tantum im sg. hier wieder aufgegriffen würde. Gut denkbar, aber in recht großer Entfernung, weil 7vI und a dazwischen stehen, wäre das Fragepronomen מי in 6b; es ist im dortigen Satz ebenfalls Subjekt und wäre auch mit den Kennzeichen m.sg. kompatibel.

b) In 38,14b wird die unklare Verbform ויתיצבו verwendet, für die es schon mehrere Lösungsversuche gegeben hat[27]. Allen gemeinsam ist die Streichung der Endung ־ו, die weder possessiv noch das Subjekt aufnehmend gedeutet werden kann. Durch die Konjekturen wird meistens auf das Morphem der 3.f.sg. geschlossen und so die Verweiskette von הארץ (13vI) fortgeführt. Die ganze umgebende Textpassage ist schwierig zu verstehen[28]. Es wäre denkbar, כנפות in 38,13vI als Bezugswort zu dieser Verbform anzunehmen. Die Flügel werden mit einem Kleid verglichen, welches den Sündern das Licht vorenthält. Die Verbform תתהפך (14a) bezieht sich dessen ungeachtet, wie oben dargestellt, auf הארץ.

c) In 39,3c חבליהם[29], 4a בניהם und 4d למו ist die Geschlechtsform unklar. Alle drei Formen haben ein m-Suffix, obwohl f zu erwarten wäre. Ein maskulines Bezugswort findet sich nicht. Die für חבליהם von Gesenius-Kautzsch postulierte Abschwächung der Geschlechter müßte also auch für בניהם und למו[30] gelten.

3.2.2 Kataphorische Bezüge

Kataphorische, d.h. nach vorn bzw. nach unten verweisende Bezüge werden u. a. durch Fragen und Imperative hervorgerufen und können ebenfalls Kriterien für die Kohäsion eines Textes darstellen. Sie stellen Elemente einer Kommunikationssituation zwischen wenigstens zwei Personen dar, die vom Angesprochenen eine Reaktion erwarten lassen. Die Vorkommen der Fragen und Imperative wurden bereits oben beschrieben.

---

27 Siehe Textkritik z. St.

28 Siehe z. B. die von H. Richter 1958, 12–14 vorgeschlagene Umstellung der Verse: 19–20.22–23.18.21. Andere Autoren scheiden die Verse als Glossen aus (siehe oben, S. 16f, Anm. 17).

29 Vgl. auch Textkritik z. St.

30 Für למו kann auch להם stehen. Vgl. KBL, 483; Davidson 1967, 14.

Ebenso wie die vier Imperative befinden sich die 40 Fragen überwiegend in Kap. 38, in der ersten Hälfte des Textabschnitts. Die Fragen kommen oft passagenweise hintereinander vor, ohne daß eine Reaktion des Adressaten Ijobs abgewartet wird. Das gleiche gilt für die Imperative. Beide stellen hier nicht deshalb köhäsive Funktionen dar, weil sie auf nachfolgende Reaktionen hinweisen, sondern weil sie in so großer Zahl als Wiederholungen aufeinanderfolgend verwendet werden.

3.3. Weitere Textverflechtungskomponenten

Demonstrativpronomen, Artikel und Wiederholungen können in einem Text kohäsiv wirken und zwar anaphorisch, kataphorisch oder deiktisch. Sie wurden auf der Wortebene bereits aufgeführt.

Das viermalige Auftreten des *Demonstrativpronomens* זה (in 38,2 mit deiktischer, in 38,19a.b.24a mit kataphorischer Funktion) zeigt unterschiedliche textverflechtende Funktionen. Außer 38,2 sind alle mit der Wortfrage אי verbunden. In 38,2 bewirkt das Demonstrativpronomen in der Kombination מי זה eine Funktionsverschiebung von der Frage zum Ausruf und wirkt deiktisch nur auf eben denselben Satz.[31] Bei der Kombination אי־זה in 38,19a und 24a findet eine Verstärkung[32] der Frage statt, die mit den folgenden asyndetischen Relativsätzen (19aR.24aR1. aR2) und der Pendenskonstruktion (19bP) kataphorisch wirkt. Diese mehr oder weniger identischen Sätze wirken auch durch ihr wiederholtes Auftreten kohäsiv.[33]

Eine kohäsive Funktion der sechs im Textabschnitt verwendeten *Artikel* ist schwer festzustellen, da in poetischen Texten andere Regeln gelten als in erzählenden Texten.[34] Nach den Regeln für erzählende Texte wäre nur für הארץ in 38,13vI eine kohäsive Funktion feststellen, indem es auf das in 38,4aI erstmals genannte ארץ zurückverweist. Im weiteren Textverlauf wird ארץ in 38,18a.24aR2.26vI.33b 39,14a.24a jeweils indeterminiert verwendet, so daß die häufige Wiederholung von ארץ an sich kohäsiv wirkt, zumal diesem Wort nach den oben vorgenommenen Untersuchungen der Wortebene Leitwortfunktion zukommt.[35]

---

31 Richter 1980, 181 vermerkt dieses Phänomen nur für מה und die Satzfrage ־ה.

32 KBL 34f.

33 Einige Autoren ziehen daraus den gegenteiligen Schluß. Vgl. dazu die Anmerkungen unten, S. 190f mit Anm. 234 und 235.

34 Vgl. Richter 1979, 9, Anm. 11 und die dort angegebene Literatur.

35 Zur allgemeinen Bedeutung von Artikeln im Textganzen siehe Heinemann/ Viehweger 1991, 30f. – Daß Artikel in diesem Text keine Hinweise auf Kohäsion bieten, zeigt sich auch daran, daß z. B. סערה in der vorangehenden, näheren Umgebung des Textabschnitts nicht vorkommt (nur in Ijob 9,17 und anschließend in 40,6) und 38,1 hier eine Situationseinführung ist. Möglicher-

Wiederholungen von Wörtern, Wortverbindungen und Sätzen oder Textpassagen zur Paraphrasierung können im Sinne einer Wiederaufnahme ein Kriterium für Kohäsion darstellen[36]. Da es sich bei dieser Untersuchungsebene um die Ausdruckseite handelt, werden zunächst nur die offensichtlichen, also die lexikalischen Wiederholungen aufgeführt. Weitere Arten der Wiederholung wie z. B. semantische Merkmale, parallelismus membrorum, Isotopien[37] finden sich erst bei der Inhaltsbeschreibung. Wie oben auf der Wortebene bereits festgestellt wurde, werden vom Wortbestand der Substantive und Verbbasen über die Hälfte nur einmal verwendet, weniger als die Hälfte kommen wiederholt vor.

Die Auflistung der vorkommenden Substantive und Verbbasen in der Reihenfolge ihres erstmaligen Auftretens[38] zeigt die Orte der jeweiligen Vorkommen, und es ergibt sich, daß sich bei den zweimalig vorkommenden Substantive und Verbbasen, die bis ca. 38,20[39] erstmalig genannt werden, die zweite Nennung in Kap. 38 findet. Erstnennungen nach 38,20 führen eine Zweitnennung in Kap. 39 nach sich. Somit zeigt sich eine sukzessive Wiederaufnahme von bereits genannten Lexemen, die auf eine Fortentwicklung der Textaussagen schließen läßt.

Bei den mehr als zweimal wiederholten Substantiven und Verbbasen läßt sich eher eine Aussage statistischer Art treffen, so, daß die Verbbasis בוא dreimal nur in Kap. 38, שׁוב und שׂחק jeweils dreimal nur in Kap. 39 erscheinen. Bei den dreimal vorkommenden Substantiven tauchen יום, אור, דרך und שׁמים nur in Kap. 38 und סלע nur in Kap. 39 auf. Die übrigen mehrmalig genannten Substantive und Verbbasen kommen in beiden Kap. vor, so daß dies einerseits auf eine innere Verflechtung des Textabschnitts in beiden Kapiteln schließen läßt, andrerseits die Nennungen teilweise in so großen Abständen erfolgen, daß auch zufällige Wiederholungen denkbar wären. Ob die Wörter in verschiedenen Sinnzusammenhängen stehen oder nicht und ob sie zur Textpassage passen, kann erst bei der Inhaltsbeschreibung festgestellt werden[40]. In diesem

---

weise wird סערה beim Rezipienten durch Ijob 9,17 als bekannt vorausgesetzt; es hat aber für diesen Textabschnitt keine kataphorische Funktion. השׁחר (38,12b) ist aufgrund textkritischer Überlegungen zustandegekommen, erscheint, ebenfalls wie הקרח (38,29, sonst 6,16 37,10), nur einmal determiniert im Textabschnitt und wurde vorher in Ijobs erster Rede 3,9 erwähnt. Bei הדרך (דרך erscheint 31mal in Ijob, zuletzt 31,4 34,27) ist es ähnlich wie bei הארץ, da die ersten beiden Vorkommen (38,19a.24a) determiniert, das dritte (38,25b) jedoch indeterminiert erscheint. – Vgl. auch oben, S. 54, Anm. 60.

36 Vgl. Schicklberger 1978, 76f und Heinemann/Viehweger 1991, 35.38.

37 Vgl. Bußmann 1990, 640.

38 Siehe oben, S. 40f. 47.

39 Ausnahme bei מים in 38,30a.

40 Zu diesem Problem siehe Brinker 1988, 41: „Die grammatische Verknüpfungsstruktur, insbesondere die Wiederaufnahmestruktur fungiert vielmehr als Trägerstruktur für die thematischen Zusammenhänge des Textes, d. h. sie verweist auf eine andere (‚tiefere‘) Schicht ...“

Zusammenhang sind noch einmal die schon oben genannten wiederkehrenden Phänomene des Textabschnitts zu nennen: Die am häufigsten genannten Lexeme ארץ und ידע, bei allen ידע-Vorkommen die Kombination mit dem Morphem der 2. m. sg., und die häufigen Fragen, vor allem מי in Kombination mit dem Morphem der 3. m. sg. und das ähnlich häufige Auftreten der Satzfragen ה־ kombiniert mit der 2. m. sg. Diese Wiederholungen wirken ebenfalls kohäsiv.

In 38,19a und 24a wird zweimal der Satz אי־זה הדרך verwendet[41]. Es handelt sich um eine einmalige Satzwiederholung. In 38,19b wird als parallelismus membrorum אי־זה מקמו variiert. Ob und inwieweit es sich bei der Satzwiederholung um ein Mittel der Textverflechtung handelt, soll erst unten im zweiten Teil der Arbeit entschieden werden.

3.4 Textaufbau

3.4.1 Textabschnittsbeginn

38,1 bietet in Prosa eine Situationseinführung als Vorstellung der beteiligten Personen und des Ortes, hier für einen poetischen Text mit folgenden formalen Merkmalen: Verwendung des Konsekutivtempus wayyiqtol und Determination der Ortsbestimmung. Der Satz läßt damit eine Einordnung in einen größeren Zusammenhang vermuten. Dennoch ist die Textabgrenzung für die vorliegende Untersuchung schlüssig[42].

3.4.2 Textgliederung

ויאמר (38,1b) als Konsekutivtempus ist Anfangssignal der folgenden direkten Rede. Zusammen mit den Redeeinleitungen ואמר (38,11a), ויאמרו (38,35c), יאמר (39,25a), also der viermaligen Verwendung der Verbbasis אמר, wirkt es textgliedernd. Insofern werden innerhalb der Kommunikationssituation Gott – Ijob auch andere Kommunikationsbereiche (Gott – Meer, Gott – Blitze, Mensch – Pferd) bezeichnet.

Weiterhin sind die wiederholt auftretenden Fragen als textgliedernd zu betrachten. Neben ihren oben gezeigten formalen Ähnlichkeiten und ihren

---

41 Richter 1971, 51–55, stellt Kriterien für literarkritische Doppelungen auf, wonach Wiederholungen eines Satzes bei verschiedenem Kontext auch zur Fortführung des Textes und dessen Gliederung dienen können (54).

42 Vgl. oben, S. 20 und S. 72f. mit Anm. 70 mit den übrigen Redeeinleitungen des Ijobbuches.

kataphorischen Funktionen unterbrechen sie die teilweise darstellende Sprache.

Auch die vier Imperative im ersten Viertel von Kap. 38 haben wie die Fragen kataphorische, unterbrechende und anredende Funktion.

Sowohl die Fragen als auch die Imperative wenden sich an die 2.m.sg. – in diesem Fall an Ijob. Die Konzentration der Imperative am Anfang sowie die Plazierung der Fragen oft an neuen thematischen Abschnitten gliedern den Textbereich.

3.4.3 Textabschnittsende

Mit 39,30c endet dieser Teil der Rede Gottes. Der folgende Vers 40,1 ist eine erneute in Prosa gehaltene Redeeinleitung, die – bis auf das Fehlen von מן הסערה – mit 38,1 identisch ist und als formales Ende des zu untersuchenden Textabschnitts angenommen wurde. In 39,26a ist die letzte Frage des Textabschnitts mit kataphorischer Funktion. Alle folgenden Textverflechtungselemente, z. B. auch die beiden Adverbien משׁם (29a) und שׁם (30c), haben anaphorische Wirkungen. Aus diesen formalen Gründen ist es gerechtfertigt, 39,30c als Ende des Textabschnitts anzunehmen.

3.5. Zusammenfassung

Im Textabschnitt gibt es eine Vielzahl von Textverflechtungselementen: So findet sich eine ungefähr gleich hohe Anzahl von syndetischen (89) und asyndetischen (84) Satzreihungen. Beide Arten haben textverflechtende Wirkungen. Sie wechseln einander oft ab oder formieren sich zu aufeinanderfolgenden langen Reihen. Ein Teil der asyndetischen Satzanschlüsse ergibt sich durch die Verwendung der Fragepronomina oder Imperative am Satzanfang. Da diese kataphorisch und zugleich textgliedernd wirken, muß auch ihnen kohäsive Funktion zugesprochen werden.

Wichtige kohäsive Kriterien stellen die anaphorischen Verweistrecken der Pronomina dar: Die mit großem Abstand längste Verweistrecke mit 53 Aufnahmen bezieht sich anhand der 2.m.sg. auf Ijob. Sie führt über den ganzen Textabschnitt von 38,3a bis 39,27a. Ebenfalls über einen größeren Teil des Textabschnitts verteilt von 38,3b bis 39,6a, aber mit größeren Zwischenabständen und besonders auf das erste Viertel von Kap. 38 konzentriert mit nur zehn Aufnahmen gibt es die auf Jahwe sich zurückrichtende Verweisstrecke. Ijobs und Jahwes Linien laufen also parallel durch den ganzen Textabschnitt, was auf eine durchgehende Gesprächssituation schließen läßt und eben mit den häufigen Anreden an Ijob einhergeht. Alle übrigen anaphorischen Verweistrecken reichen nur über wenige Verse, so daß ihre kohäsiven Funktionen Teilabschnitte verknüpfen. Große anaphorische Abschnitte bilden סוס mit 14 Aufnahmen und

רננים mit zwölf Aufnahmen[43]. Mit Ausnahme der Linien Ijobs und Jahwes überschneiden sich die Verweisungslinien nicht, sondern erscheinen nacheinander – ein Hinweis auf thematische Unterabschnitte in der Rede.[44] Darüber hinaus sind die Linien weiterer Bezugswörter in Kap. 38 nicht so lang wie in Kap. 39.

Wiederholungen von Substantiven und Verbbasen, Wortkombinationen und Sätzen sowie die Fragen ziehen sich durch den ganzen Text und zeigen „textoberflächlich" Verflechtungsfunktionen, besonders dann, wenn sie in beiden Kapiteln vorkommen. Möglicherweise haben auch die vielen einmalig vorkommenden Wörter kohäsive Wirkungen.

Abgesehen von den unklaren Stellen 38,8a; 38,14 und 39,13b erscheint der Textabschnitt also einerseits als eine in sich abgeschlossene Einheit durch klare Textanfangs- und Endpunkte und die durchgehende Redesituation Gott – Ijob und andrerseits als in sich untergliedert durch Fragen und Verweisungslinien über bestimmte Teilbereiche hinweg.

---

[43] Es ist auffällig, daß in diesem Verweisungsabschnitt auch drei Satzkongruenzen vorkommen mit dem Morphem der 3.f.sg., so daß es sehr häufig in diesem Abschnitt verwendet wird und ihn geradezu prägt.

[44] Vgl. auch die Tabelle der Isotopien im Anhang.

4. Ausdrucksseite des Textes – Zusammenfassung

Die vorangehende synchrone Textbeschreibung zeigte auf der Ebene der Ausdruckseite folgende formale Kriterien, die den Textabschnitt Ijob 38 und 39 charakterisieren:

Der Abschnitt wird zu Beginn begrenzt durch eine Situationseinführung, die einen Sprecher, einen Adressaten und eine Ortsangabe nennt. Dann folgt eine durchgehend direkte Rede Gottes an Ijob, die mit einer erneuten in Prosa verfaßten Situationseinführung endet.

Diese direkte Rede Gottes an Ijob zeichnet sich durch eine große Menge von Substantiven aus, die zunächst den Eindruck einer verwirrenden Vielheit von Einzelphänomenen hinterläßt. Von allen vorkommenden Substantiven zeigten sich mehr als die Hälfte als nur einmal verwendet; bei den Verben sind es knapp die Hälfte. Sowohl die vielen einmal verwendeten als auch die sich wiederholenden Wörter ergeben kohäsive Funktionen im Text: die einmaligen, weil sie, wie noch auf der Inhaltsseite weiter zu zeigen sein wird, zum inhaltlichen Programm der Fülle der göttlichen Schöpfung im Sinn von Ps 104,24 gehören: „Herr, wie zahlreich sind deine Werke! Mit Weisheit hast du sie alle gemacht, die Erde ist voll von deinen Geschöpfen". Diesem Programm sind ebenso die sich wiederholenden Wörter zugehörig, allen voran das Substantiv ארץ mit acht und das Verb ידע mit neun als den häufigsten Vorkommen,weil sie als Leitworte eine Art Textthema andeuten. Man kann also schon jetzt sagen, daß es um die Erkenntnis der Welt und ihrer vielen Phänomene geht.

Den Zusammenhalt des Textes bewirken weiterhin einerseits die einheitlich durchgehende Sprechsituation der direkten Rede und die durchgehend vorkommenden formalen Elemente. Neben wiederkehrenden Wörtern tragen die syndetischen wie die asyndetischen Satzanschlüsse sowie vor allem die sich wiederholenden Fragen an Ijob verbunden mit dem im ganzen Text vorkommenden Morphem der 2.m.sg. dazu bei. Letzteres dient als pronominaler Verweis auf Ijob und bildet einen der stärksten köhäsiven Faktoren des Textes.

Andrerseits bewirken aber auch eine Vielheit einzelner grammatischer Phänomene den Zusammenhalt des Textes, indem sie zur stilistischen Textstrukturierung und Akzentuierung eingesetzt werden. Besonders im ersten Vers der Gottesrede 38,2 sind es Frage, Nominalsatz der Identifikation, Annexionsverbindung, Negation, Partizip, um nur einige herauszugreifen, aber auch im Kapitel 38 und hier besonders in der ersten Hälfte häufen sich für den Textabschnitt seltene grammatische Erscheinungen: vier Imperative, verschiedene Stammesmodifikationen sowie die meisten Fragen des Textabschnitts und fast alle Infinitive und Determinationen. Die mit Fragen und Imperativen verbundenen häufigen Anreden an den Adressaten Ijob scheinen somit besonders zu Textanfang die Aufmerksamkeit des Hörer/Lesers erzwingen zu wollen. In der direkten Rede werden aus der Gegenwart des Sprechers die Zeitaspekte geprägt. Meistens, vor allem im zweiten Teil (Kap. 39) wird diese Gegenwart als Darstellung verwendet. Zu Beginn der Rede wird jedoch einhergehend mit vier Temporalsätzen auf zwei verschiedene Vergangenheitsebenen zurückgeschaut: auf die Zeit der Erdgründung und auf Ijobs Lebensvergangenheit. In diesem Textbereich finden sich die meisten Vorkommen von ידע, so daß die Erkenntnis der Welt vermutlich entscheidend auch etwas mit der Kenntnis ihrer Vergangenheit bzw. ihrer Entstehung zu tun hat. Auch die meisten pronominalen Rückverweise der 1.sg. auf Jahwe gibt es in diesem Textbereich – möglicherweise ein Kriterium für Jahwes Einfluß auf und in vergangenen Zeiten. 38,21 zeigt einen gewissen Höhepunkt, weil an dieser Stelle die Erdgründungsvergangenheit und Ijobs Lebensvergangenheit zueinander in Beziehung gesetzt werden und fortan nur noch eine Vergangenheitszeitlage verwendet wird.

Ein nachzeitiger Blickwinkel aus der Gegenwartsperspektive des Sprechers wird nur indirekt z. B. durch finale Nominalsätze, nicht durch Verbformationen angeführt, so in 38,26f, wo es um die für den Menschen nutzlose Fruchtbarkeit der Wüste geht.

Sehr deutliche Textstrukturierungselemente stellen die pronominalen Verweislinien des Textes dar: Die auf Ijob zurückverweisende pronominale Verweislinie ist die längste und dichteste. Diejenige, die auf Jahwe zurückverweist, ist fast ebenso lang, da auch sie in die zweite exthälfte hineinreicht, aber durch weniger Aufnahmen auch weniger dicht. bis in die zweite Texthälfte hinein. Alle übrigen Verweislinien enden nach kürzeren Textpassagen und werden durch neue abgelöst. Sie untergliedern den Text in inhaltliche Sinnabschnitte.

Im übrigen herrschen in der zweiten Textabschnittshälfte, die besonders von den Tieren geprägt ist, die Aussagesätze, mehr Negationen, eine regelmäßigere Verwendung der Gegenwart und (abgesehen von Ijobs und Jahwes Aufnahmen) klarer abgegrenzte pronominale Verweislinien vor, so daß der Text eher beschreibenden Charakter gewinnt. Beide Textteile mit ihren unterschiedlichen Charakteren ergänzen jedoch einander: Der drängende, Ijob anredende Stil zu Anfang und der zweite beschreibende Teil lassen wichtige Inhalte erahnen. Die inhaltliche Ausgestaltung der Gottesrede wird im folgenden Teil dieser Arbeit beschrieben werden.

II. TEIL
INHALTSSEITE DES TEXTES

Bemerkungen zur Methode

Die Inhaltsbeschreibung im folgenden soll das umfassen, was in der Sprachwissenschaft als Semantik bezeichnet wurde und wird.[1] Wilhelm Egger[2] definiert sie als „Lehre von der Bedeutung sprachlicher Zeichen und Zeichenfolgen, also der Beziehungen zwischen Zeichengestalt und Zeichengehalt bei Wörtern, Sätzen und Texten. Die semantische Analyse eines Textes sucht eine Antwort auf die Frage, was ein Text sagen will, und was mit bestimmten Ausdrücken und Sätzen gemeint ist, die in einem Text verwendet werden." Daß das Wort „Bedeutung" nicht immer im selben Sinn verwendet wird, zeigt die Tatsache, daß im Jahr 1923 C. K. Odgen und I. A. Richards 22 Definitionen von „Bedeutung" zusammenstellten[3].

In der Semantik gibt es eine große Anzahl von theoretischen Ansätzen[4], wobei Josef Wehrle[5] die zwei großen Strömungen der Wort- und Textsemantik unterscheidet. Ausgehend vom Wort als Zeichen für etwas Außersprachliches bemüht sich die Wortsemantik um den Bedeutungsumfang eines Wortes als Einzelphänomen.[6] Die Textsemantik geht hingegen davon aus, daß die Einzelwörter „in ihrer Eigenschaft als Textkonstituenten lediglich Anweisungen (Instruktionen) an Kommunikationspartner enthalten".[7] Es geht also um die Bedeutung, die sie in einem Text im Hinblick auf das Textthema haben. Diese Textkonstituenten können sich „auf bestimmte, den Texten zugrunde liegende semantische

---

1 Vgl. Bußmann 1990, 672ff, dort weitere Literatur; Lyons 1983, 128–164; Wehrle 1987, 195–198.204–210.

2 1996, 93.

3 Egger 1996, 92, Anm. 1; Zur Bedeutung siehe auch: Bußmann 1990, 123ff; Knobloch 1986, 255–265; Pelz 1982, 172–175.

4 Blanke 1973 bietet eine Übersicht. Titzmann 1989, 91.93 weist darauf hin, daß es „keine wirklich befriedigende Semantiktheorie" gibt. Als Interpretationsregel gibt er an: „Die ‚Text'-Analyse sucht diejenigen Kategorien, die als relevante semantische Terme des je individuellen ‚Textes' oder ‚Text'-Corpus fungieren."

5 1987, 198–203.

6 Nach der Definition von Benjamin Kedar 1981, 61, ist die lexikalische Bedeutung „der allgemeine, nicht akkurat bestimmbare feste Sprachinhalt des Wortes; zustandegekommen (...) als Mittelwert der bisherigen Verwendungen." Sie ist „von jedem sprachlichen wie situativen Kontext" unabhängig (ebd. 70) und legt „nur das genau fest, was auf jeden Fall in den Wortbereich fällt und was auf keinen Fall in ihn fallen kann, sie läßt aber einen beträchtlichen Spielraum für Grenzfälle" (ebd. 72).

7 Wehrle 1987, 200.

Orientierungsebenen (Isotopieebenen)" beziehen.[8] Wie semantische Orientierungsebenen aussehen können in einem Text, der, wie die bisherige Untersuchung zeigte, neben durchgängigen formalen Elementen wie Leitwörtern und Ijobanreden auch viele Einzelphänomene darstellt, soll die nachfolgende Untersuchung mit Hilfe dieser Methode klären.

Während auf der Ausdrucksebene von einer begrenzten Zeichenanzahl, dem sichtbaren, abgeschlossenen Text ausgegangen werden konnte, ist das auf dieser Ebene nicht mehr der Fall. Die Inhaltsfindung ist nicht auf ein ihm entsprechendes formales Ausdruckzeichen beschränkt, sondern ergibt sich erst durch eine Kombination von gemeinsamen kleinsten Komponenten, die über den Satz bis zum Text hinaufreichen.

Unter Beibehaltung der Wort-, Satz- und Textebene wird zunächst auf der Wortebene die Komponenten- oder Merkmalanalyse vorgenommen, sodann werden auf der Satzebene Merkmalkombinationen der Subjekte und Prädikate und weiterer Satzglieder untersucht und im Bereich der Verse die parallelismi membrorum bestimmt. Auf der Textebene wird dann versucht, satzübergreifende, textbildende Isotopien- (oder Sinnebenen) zu ermitteln und anhand alttestamentlicher, aber vor allem innerhalb des Ijobbuches vorhandener Kontexte zu interpretieren.

1. Wortebene

Bei der Ausdruckbeschreibung wurde festgestellt, daß im Textabschnitt ca. 188 verschiedene Substantive und 104 verschiedene Verbbasen verwendet werden. An ihnen als den Hauptwortarten soll die Komponentenanalyse vorgenommen werden. Die anderen Wortarten werden wegen ihres meist großen Bedeutungsumfangs und geringerer Spezifizierung nicht berücksichtigt. Obwohl die Komponentenanalyse beim Einzelwort beginnt, ist sie die Grundlage, auf der die folgenden umfassenderen Untersuchungsebenen des Satzes und des Textes aufbauen. Neben der Darstellung sollen auf der Wortebene auch quantitative Schwerpunkte der einzelnen Komponenten und ihre Verteilung im Text Beachtung finden.

1.1 Komponentenanalyse

Die Komponentenanalyse ist erstmals 1943 von J. Hjelmslev[9] angewandt worden, der, ähnlich der Zerlegung in kleinere sprachliche Einheiten auf der Ausdruckseite (z.B. Phoneme), die Inhaltseite in kleinere Einheiten,

---

8 Ebd.

9 Omkring sprogteoriens grundlaeggelse, Kopenhagen 1943; deutsch: Prolegomena zu einer Sprachtheorie, München 1974.

Inhaltskomponenten zerlegte. Mit seiner „Sémantique structurale"[10] hat A. J. Greimas die Auffindung der kleineren Einheiten, er nennt sie „Seme", verfeinert, indem er von der Relation ausging, in der ein Lexem zu einem anderen steht. So kam er auf Gegensätze und Gemeinsamkeiten, die die Abstraktion erleichterten. Ein Lexem ist isoliert gesehen mehrdeutig und vereindeutigt (monosemiert) sich durch seine Einbindung in einen Satz oder Text.[11]

Der Auffindung der kleinen Inhaltsteilchen soll die Komponentenanalyse dienen, um eine methodische Grundlage für die Inhaltsfindung auf der Textebene zu besitzen. Die Bezeichnung der Inhaltskomponenten „schwankt zwischen Sem, Semen, Semien; heute hat sich – neben *semantisches Merkmal,* engl. *semantic marker,* frz. *trait sémantiquement pertinent – Sem* durchgesetzt."[12] Hier wird vorwiegend mit den Termini „Komponente" oder um die Zugehörigkeit zur Untersuchungsebene der Inhaltsbeschreibung zu verdeutlichen, „Inhaltskomponente" gearbeitet.

Bei der Auffindung der Inhaltskomponenten gibt es einige Schwierigkeiten, denn „die intuitive Kenntnis der semantischen Zusammenhänge" wird vorausgesetzt und ist „zugleich Erkenntnisziel der semantischen Analyse",[13] ebenso die Schwierigkeit detaillierter Beschreibungsnotwendigkeiten für transitive Verben und die metasprachlichen erkenntnistheoretischen Probleme. Dem Vorwurf, das Verfahren sei zu intuitiv und unverbindlich, ist entgegenzuhalten, daß die Komponentenanalyse nachvollziehbar und systematisch und konsistent anwendbar ist, und vor allem, daß sie Ergebnisse bringt.[14]

Ausgangspunkt ist das einzelne Wort. Die betreffenden Wörter sollen mit semantischen Merkmalen belegt werden oder anders gesagt, es sollen die einzelnen semasiologischen (Teilchen) Komponenten analysiert werden. Jedes Wort hat theoretisch eine „unbegrenzte Zahl von Inhalts-Entitäten"[15], die mit einer begrenzten Anzahl von universellen „Inhalts-Figuren"[16] beschrieben werden. So lassen sich Gruppen von Wörtern erstellen, „deren Seme eine gemeinsame Durchschnittsmenge haben"[17]. Die Komponentenanalyse stellt somit paradigmatische Relationen von

---

[10] 1966, deutsch: Strukturale Semantik 1971

[11] Vgl. Schulte-Sasse/Werner 1977, 63–68.

[12] Pelz 1982, 183.

[13] Vgl. Bußmann 1990, 399; Kedar 1981, 187–189; Wehrle 1987, 197f: „Darüber hinaus werden zur Kennzeichnung von ‚Bedeutungen' meist ad hoc gefundene Merkmale benützt, die nicht dem Anspruch der allgemeinen Anwendbarkeit genügen, sondern die nur dazu geeignet sind, die Lexeme einer bestimmten Gruppe – wie eines Wortfeldes – gegeneinander abzugrenzen."

[14] Schulte-Sasse/Werner 1977, 71.

[15] Eco 1991, 136 mit Hinweis auf Hjelmslev.

[16] Eco 1991, 136f.

[17] Pelz 1982, 184.

Wörtern dar insofern, als Wörter mit ähnlichen semantischen Merkmalen im Kontext auch u. U. einander ersetzen können[18].

Die nachfolgende Komponentenanalyse nennt nur einige wichtige inhaltliche Komponenten, da es in der Praxis nicht möglich ist, die unendliche Zahl der inhaltlichen Komponenten eines Substantivs darzustellen.[19]

1.1.1 Substantive

Die Belegung der Substantive mit Inhaltskomponenten beginnt für diesem Textabschnitt mit dem Gegensatzpaar konkret-abstrakt.[20] Während die Abstrakta sich direkt in (+ Örtlichkeiten, + Geräusche, + Aggression, + Macht und + Gefühlsbewegungen) unterteilen, bei einigen Lexemen auch miteinander kombiniert, erfahren die Konkreta andere Unterteilungen anhand weiterer Gegensatzpaare, so zunächst (+ zählbar – + unzählbar). (+ Unzählbar) setzt sich in der Linie (+ unbelebte Naturphänomene)[21], (+ pflanzlich) fort. (+ Zählbar) läßt die gegensätzlichen Merkmale (+ unbelebte Naturphänomene) und (+ Lebewesen) folgen. Die Merkmale (+ Lebewesen) unterteilen sich weiter in (+ tierisch) und (+ menschlich). Die (+ tierischen Lebewesen) spezifizieren sich in (+ junge tierische Lebewesen). Bei den (+ menschlichen Lebewesen) gibt es die Unterscheidung in (+ unbenannte) und (+ benannte menschliche Lebewesen), wobei Ijob (38,1) das einzige menschliche Lebewesen mit Eigennamen in diesem Textabschnitt ist.[22] Jahwe als „göttliches Lebewesen" besitzt mehrere Eigennamen (יהוה [38,1a], אלהים [38,7a], אל [38,41b], אלוה [39,17a]). Die folgende Liste geht von den Grundmerkmalen aus und ordnet ihnen

---

18 Kedar 1981, 44.46.

19 Rechenmacher 1994, 162–176, zeigt die Bedeutung der nominalen Bauformen für die semantischen Merkmale. – Zu den Schwierigkeiten einer Merkmalsemantik siehe Bickmann 1978, 147–150. Er weist darauf hin, „daß Synonymie eine Kennzeichnung für eine spezielle Verwendungsweise sprachlicher Ausdrücke darstellt, die für jeden Fall einzeln nachzuweisen ist ... Eine universelle Lösung des Synonymieproblems ist nicht möglich." Weitere kritische Einwände macht Rechenmacher 1994, 135f, Anm. 386 und 387.

20 Wehrle 1987, 197 mit Anm. 8, nennt abstrakt – konkret, belebt – unbelebt, menschlich – nicht menschlich, zählbar – nicht zählbar die Grundmerkmale der Semantik. Darüber hinaus gefundenen gebühre nicht der „Anspruch der allgemeinen Anwendbarkeit".

21 Über die Klassifizierung der Pflanzen als „unbelebte Naturphänomene" ließe sich sicher streiten. Ein Anthroposoph würde sie unter die Lebewesen subsumieren. Ebenso würde (von seiten fernöstlicher Religionen) bestritten werden können, daß Gott als (personales) Lebewesen zu bezeichnen ist.

22 Rechenmacher 1994, 169, weist daraufhin, daß Substantive des nominalen Bautyps qattāl qualifizierende Personenbezeichnungen darstellen, und [hum, qual], also [+ menschliche] und [+ qualitative] Inhaltskomponenten haben und sich wahrscheinlich ursprünglich aus Adjektiven entwickelt haben.

die spezielleren Merkmale unter. Ihnen werden jeweils die Substantive zugeteilt.

Konkreta

zählbar, Artefakte:

קן	38,5c
אדן	38,6a
דלת	38,8a.10b
לבוש	38,9vI1.14b
חתלה	38,9vI2
בריח	38,10b
חותם	38,14a
שׁער	38,17a.b
משׁטר	38,33b
נבל	38,37bP
אבוס	39,9b
תלם	39,10a
עבת	39,10a
גרן	39,12c
נשׁק	39,21c
חרב	39,22c
כידון	39,23
חנית	39,23
אשׁפה	39,23
שׁופר	39,24c.25a

zählbar, Artefakte / Aggression[23]

מעדנת	38,31a (?) (substantivierte Tätigkeit?)
מוסרה	39,5bP (?)

Naturphänomene, unbelebt, zählbar

אבן	38,6b.30a
גל	38,11d
חזיז	38,25b
אזל	38,28b
ברק	38,35a
רגב	38,38a

[23] An dieser Stelle zeigt sich noch nicht eindeutig die Angemessenheit dieser Klassifizierungen. Der Schrägstrich / bedeutet hier und nachfolgend ein Entweder-Oder.

Naturphänomene, unbelebt, zählbar, Örtlichkeit

סלע	39,1a.28a.b
הר	39,8a
עמק	39,10b.21a

Naturphänomene, unbelebt, zählbar, Gestirne

כוכב	38,7vI
כימה	38,31a
כסיל	38,31b
מזרות	38,32b
עיש	38,32bP[24]

Naturphänomen, unbelebt, zählbar, Fortpflanzung[25]

בציה	39,14a

Naturphänomen, unbelebt, zählbar, von Tieren gemacht, Behausung

קן	39,27b

Naturphänomene, unbelebt, zählbar, richtungsweisende Örtlichkeiten

דרך	38,19a.24a.25b
נתיבה	38,20b
תעלה	38,25a

Naturphänomene, unbelebt, zählbar, Behausungen

מענה	38,40a
סכה	38,40b
משכן	39,6b

Naturphänomene, unbelebt, zählbar, Behausung / Artefakt, Örtlichkeiten

בית	38,20b 39,6a
אצרות	38,22a.b
קריה	39,7a

Naturphänomene, unbelebt, zählbar, Körperteile von Lebewesen

חלץ	38,3a
רחם	38,8b
זרוע	38,15b
בטן	38,29a
רגל	39,15b
צואר	39,19b
עין	39,29b
שׁן	39,28b

[24] Es wären auch die konträren Inhaltskomponenten (+ tierisches Lebewesen) möglich.

[25] Hier wäre auch die Komponente (+ Nahrung) möglich.

Naturphänomen, unbelebt, zählbar, Körperteil eines Lebewesens / Örtlichkeit / Abstrakt

פנים	38,30b 39,22c

Naturphänomene, unbelebt, zählbar, Körperteil von tierischen Lebewesen

אברה	39,13b
רעמה	39,19b

Naturphänomen, unbelebt, zählbar, Körperteil eines tierischen Lebewesen / Örtlichkeit

כנף	38,13vI 39,13a.26b

Naturphänomene, unbelebt, zählbar / Aggression (?) / Abstrakt (?)

מושׁכות	38,31b

Naturphänomene, unbelebt (zählbar?)

ענן	38,9vI1
טל	38,28b
שׂחק	38,37a
להב	39,23

Naturphänomene, unbelebt, unzählbar

סערה	38,1a
ארץ	38,4aI.13vI.18a.24aR2.26vI.33b 39,14a.24a
ים	38,8a.16a
ערפל	38,9vI2
שׁחר	38,12b
חמר	38,14a
אור	38,15a.19aR.24aR1
תהום	38,16b.30b
מות	38,17a
צלמות	38,17b
חשׁך	38,19bP[26]
שׁלג	38,22a
ברד	38,22b
שׁטף	38,25a

[26] Vgl. Rechenmacher 1994, 356f zu חשׁך Qualität und Dimension. Eine Differenzierung der Qualität in plus oder minus ist für diesen Text Ijob 38f nicht sinnvoll vorzunehmen, da das Naturphänomen gerade nicht bewertet werden soll und – wie sich zeigen wird – vom Menschen gar nicht bewertet werden kann, zumindest nicht die Welt an sich und alles, was nicht direkt ihn betrifft. Auch im Hinblick auf den Verskontext 38,19 wäre eine Qualitätsunterscheidung nicht angemessen. Anders verhält es sich in 38,2. Dort ist eine Wertung beabsichtigt, und zwar der Vorwurf mangelnden Urteilsvermögens gegenüber Ijob.

מטר	38,28a
קרח	38,29a
כפר	38,29bP
שמים	38,29bP.33a.37bP.
מים	38,30a.34b
עב	38,34a
מוצק	38,38vI
עפר	38,38vI 39,14b

Naturphänomen, unbelebt, unzählbar, Körperteil eines Lebewesens

דם	39,30

Naturphänomen, unzählbar / (zählbar?), (Nahrungsmittel?[27]) Fortpflanzung

זרע	39,12b

Naturphänomene, unbelebt, unzählbar, Örtlichkeiten

פנה	38,6b
מקום	38,12b.19b
נבך	38,16a
גבול	38,20a
קדים	38,24aR2
מצא	38,27vI2
ארב	38,40b
מרום	39,18a
תימן	39,26b
מצודה	39,28b

Naturphänomene, unbelebt, unzählbar, Örtlichkeiten als Landschaften

מדבר	38,26vI
שאה	38,27vI1
משאה	38,27vI1
בר	39,4b
ערבה	39,6a
מלחה	39,6b
שדה	39,15c

Naturphänomene, unbelebt, unzählbar, Nahrungsmittel

ציד	38,41a
אכל	38,41c 39,29a

Naturphänomen, unbelebt (unzählbar?), Nahrungsmittel / Örtlichkeit

מרעה	39,8a

---

27 Diese Inhaltskomponente ist nur dann angemessen, wenn man das Wort kontextuell im Sinn von Samen für nahrungshervorbringende Pflanzen (und Tiere) versteht.

Lebewesen
אב 38,28a

Lebewesen, menschlich
גבר 38,3a
רשׁעים 38,13a.15a
אישׁ 38,26vIR1
אדם 38,26vIR2
שׂר 39,25c

Lebewesen, tierische
טחות 38,36a
שׂכוי 38,36b
לביא 38,39a
ערב 38,41a
יעל 39,1a
אילה 39,1b
פרא 39,5a
ערוד 39,5bP
רים 39,9a.10a
רננים 39,13a
חסידה 39,13b
חית (1) 39,15c[28]
סוס 39,18b.19a
ארבה 39,20a
נץ 39,26a
נשׁר 39,27a

Lebewesen, junge
בן 38,7a.32bP 39,4a.16a
ילד 38,41b 39,3b

Lebewesen, junge, tierische
כפיר 38,39b
אפרח 39,30

Lebewesen, pflanzliche, unzählbar
דשׁא 38,27vI2
ירוק 39,8b[29]

Als zweite, nicht ganz so große Gruppe wie die Konkreta folgt nun die Gruppe der Abstrakta mit ihren Untergruppen:

---

28 Vgl. unten Anm. 31

29 Vgl. Rechenmacher 1994, 186f, der bei Nominalformen des Bautyps qatul u. a. auf das Sem [color] hinweist. In diesem Fall ist es [+ grün].

Abstrakta

עצה	38,2	
דעת	38,2	
בינה	38,4c.36b	39,17b.26a
חק	38,10a[30]	
חקר	38,16b	
כל	38,18c	
מספר	38,21c	
חקה	38,33a	
שפעה	38,34b	
חכמה	38,36a.37a	39,17a
יגיע	39,11c.16b	

Örtlichkeiten

רחב	38,18a
רחוק	39,25c.29b

Geräusche

קול	38,25b.34a	39,24c
רעש	39,24a	
רעם	39,25c	
תרועה	39,25c	

Geräusche, substantivierte Tätigkeiten

תשאה	39,7b
נחר	39,20b

Aggression

חית (2)[31]	38,40a

Aggression, substantivierte Tätigkeit

קרב	38,23	
מלחמה	38,23	39,25c

Aggression, Nahrung, substantivierte Tätigkeit

טרף	38,39a

Macht

כח	39,11b.21c
גבורה	39,19a
הוד	39,20b

---

30 Auch die Inhaltskomponente (+ Zeit) ist nach den Wörterbüchern in manchen Belegen enthalten.

31 Vgl. 39,15c חית. Einteilung in (1) und (2) nach Even Shoshan.

Örtlichkeit, Gefühlsbewegung, Überlegenheit
גאון 38,11d

Zeit
עת 38,23.32a 39,1a.2b.18a

Gefühlsbewegungen
צר 38,23
המון 39,7a
פחד 39,16b.22a
אימה 39,20b
רגז 39,24a

Nicht eindeutig in abstrakt – konkret einzuordnende

Abstraktum / Konkretum, zählbar, Artefakt
ממד 38,5a

Abstraktum, Geräusch / Konkretum, zählbar
מלה 38,2

Abstraktum, Macht / Naturphänomen, unbelebt, zählbar, Örtlichkeit
מרום 39,18a

Konkretum, Naturphänomene, unbelebt, zählbar, Körperteil eines Lebewesens / Abstraktum, Geräusch eines menschlichen Lebewesens
פה 39,27a

Konkreta, Naturphänomen / Abstrakta, Zeit
בקר 38,7vI.12a
יום 38,12a.21c.23
ירח 39,2a

Naturphänomen / Abstraktum, Empfindung, Fortpflanzung
חבל 39,3c

Es zeigt sich, daß es tatsächlich unmöglich ist, die Substantive in eindeutige inhaltliche Klassen einzuordnen. Bereits bei der Unterscheidung in konkret – abstrakt ergeben sich die Schwierigkeiten an der Bedeutungsvielfalt einiger Wörter.[32]

---

32 Die Auflistung der Substantive zeigt neben ihrer Einordnung in Komponentengruppen, daß die meisten Substantive nur einmal genannt werden. Oben bei der Untersuchung der Ausdruckseite der Wortebene wurden nur die

1.1.2 Verben

Für den Verbenbestand soll die Einteilung in zwei Gegensatzpaare gliedernd wirken: Aktions- und Zustandsverben, durative und punktuelle Verben.[33] Wegen der größeren Spezifizierung der Verben wird hier, anders als bei den Substantiven, vom Wort und zwar in der Reihenfolge seines Auftretens ausgegangen. Im Textabschnitt gibt es nur ein:

Zustands- und duratives Verb
38,4a) היה

Alle übrigen vorkommenden Verben sind als *Aktionsverben* zu betrachten. Die zweite Einteilung in durative und punktuelle Verben[34] wird unabhängig von der Untersuchung der Verbformationen auf der Ausdruckseite vorgenommen. Dort handelt es sich um den tatsächlichen Zeitaspekt, den das Verb im jeweiligen Satz ausdrückt, hier um die dem Verb grundsätzlich, jenseits seiner Konjugationsmöglichkeiten, innewohnenden Verlaufsweise seines Vorgangs[35]. Auf die Schwierigkeiten einer schlüssigen Begründung für die nachfolgenden Einteilungen wurde bereits mehrfach hingewiesen. Die im Textabschnitt vorkommenden Verben werden nicht mit ihrer konjugierten Form, sondern anhand ihrer Verbbasis aufgeführt. Wo es notwendig erscheint, wird die Stammesmodifikation angegeben. Die aufzuführenden Inhaltskomponenten bilden einen ersten Anhaltspunkt – Vollständigkeit ist auch hier nicht anzustreben.

Punktuelle Verben

ענה	38,1a	sprachlich äußernd
אמר	38,1b.11a.35c. 39,25a	sprachlich äußernd
אזר	38,3a	rezeptiv, inchoativ, resultativ
שׁאל	38,3b	sprachlich äußernd, auffordernd[36]
יסד	38,4aI	stellend / setzend, effektiv
שׂים	38,5a.9vI1.10b.33b 39,6a	stellend / setzend

---

mehrfach verwendeten Substantive aufgeführt, eine Liste der einmalig vorkommenden soll sich mit dieser erübrigen.

[33] Anders geht Rechenmacher 1994, 205f vor. Er legt Satzbaupläne, die die Valenz des Verbs zeigen, zugrunde.

[34] Näheres siehe bei Eisenberg 1994, 117–119. – Anders Duden Grammatik 1973, 64–66, der unter „Bedeutungsgruppen" des Verbs Tätigkeits-, Vorgangs- und Zustandsverben zählt, unter „Aktionsarten" die zeitliche Verlaufsweise, die Wiederholung, die Intensität. Andere Aktionsarten werden danach durch zusätzliche Termini ausgedrückt.

[35] Vgl. Bußmann 1990, 59–61.

[36] Diese Inhaltskomponente (+ auffordernd) ist hier unabhängig von ihrer grammatischen Form (z. B. Imperativ) gewählt.

טבע	38,6a	stellend / setzend
גיח	38,8bI	fortbewegend, produktiv / effektiv, intensiv
יצא	38,8b.29a.32a 39,4c.21c	fortbewegend, dislokativ; 38,32a (H-Stamm) faktitiv, produktiv
שׁבר	38,10a.15b	38,10a G-Stamm: faktitiv, resultativ / produktiv; 38,15b N-Stamm: destruktiv
בוא	38,11b.16a.22a	(fort)bewegend, direktiv
שׁית	38,11d.36a	stellend / setzend
צוה	38,12a	sprachlich äußernd, auffordernd
אחז	38,13vI	rezeptiv, inchoativ, resultativ
ילד	38,21b.28b.29b 39,1a.2b	38,21b N-Stamm: reflexiv, produktiv; 38,28b H-Stamm: faktitiv / kausativ, produktiv; übrige G-Stamm: produktiv
חלק	38,24aR1 39,17b	gebend, direktiv
פתח	38,31b 39,5b	gebend, ingressiv, faktitiv, ergehend
שׁלח	38,35a 39,3c.5a	gebend, effektiv / kausativ, inchoativ, (dislokativ ?)
נתן	38,36b 39,19a	gebend, (faktitiv)
פלח	39,3b	faktitiv, separativ, (dislokativ?), produktiv
כרע	39,3a	bewegend, (direktiv ?)
זור	39,15b	faktitiv, destruktiv
דושׁ	39,15c	bewegend, destruktiv
מרא	39,18a	fortbewegend, direktiv, intensiv (hapax legomenon)
רעשׁ	39,20a	H-Stamm: faktitiv / kausativ, bewegend, intensiv
רנה	39,23	instrumental äußernd / Geräusch verursachend ((Hapax))
אבר	39,26a	(H-Stamm kausativ) fortbewegend, dislokativ, direktiv, ingressiv
פרשׂ	39,26b	bewegend, (ingressiv ?)

Durative Verben

חשׁך	38,2	(H-Stamm) effektiv, kausativ
נגד	38,4b.18b	sprachlich äußernd
נטה	38,5c	(durativ ?), bewegend, stellend / setzend
ירה	38,6b	stellend / setzend
רנן	38,7vI	sprachlich äußernd, intensiv, affektiv (?)

רוע	38,7a	sprachlich äußernd, intensiv, affektiv
סכך	38,8a	faktitiv, versehend mit, resultativ
יסף	38,11c	(fort)bewegend
מנע	38,15a	(N-Stamm reflexiv), rezeptiv ?, tolerativ ?
רום	38,34a 39,27b	(H-Stamm kausativ), faktitiv, fortbewegend, (dis)lokativ, direktiv
הלך	38,16b.35b	fortbewegend
שׁכן	38,19aR 39,28a	ruhend (bewegend, inchoativ)
חשׁך	38,23	rezeptiv
פלג	38,25a	(D-Stamm) effektiv, separativ, kausativ
מטר	38,26vI	(H-Stamm kausativ), faktitiv, effektiv
שׂבע	38,27vI1	(H-Stamm kausativ), faktitiv, effektiv
צמח	38,27vI2	(H-Stamm kausativ) faktitiv inchoativ, produktiv,
חבא	38,30a	(tD-Stamm reflexiv) ruhend ((rezeptiv ??))
נחה	38,32b	(H-Stamm kausativ) fortbewegend, direktiv
ספר	38,37a 39,2a	sprachlich äußernd, (ordnend)
שׁכב	38,37b	(H-Stamm kausativ) faktitiv, ruhend
יצק	38,38vI	faktitiv, bewegend, resultativ
דבק	38,38a	(D pass-Stamm) ergehend, rezeptiv, intensiv
צוד	38,39a	rezeptiv, intensiv
מלא	38,39b 39,2aR	(D-Stamm), faktitiv, resultativ
שׁחח	38,40a	bewegend / ruhend, affektiv (?), direktiv
ישׁב	38,40b	lokativ (?), ruhend
תעה	38,41c	(fort)bewegend, iterativ
כון	38,41	(H-Stamm kausativ), faktitiv, gebend
חיל	39,1b	bewegend, iterativ, produktiv
שׁמר	39,1b	rezeptiv, geistig, sensuell
חלם	39,4a	ergehend
רבה	39,4b	ergehend
שׁוב	39,4d.12b.22c	fortbewegend, direktiv (lokativ)[37]
תור	39,8a	rezeptiv, (geistig ?), sensuell
דרשׁ	39,8b	äußernd / affektiv / bewegend

---

[37] Vgl. auch Rechenmacher 1994, 293 „[amov, dir-retr]".

אבה	39,9a	äußernd / affektiv / bewegend
עבד	39,9aI	faktitiv
לין	39,9b.28b	ruhend
שׁדד	39,10b	bewegend, direktiv, effektiv
בטח	39,11a	affektiv, rezeptiv (?)
עזב	39,11c.14a	gebend (?)
אמן	39,12a.24b	affektiv
אסף	39,12c	rezeptiv, intensiv
עלס	39,13a	affektiv
חמם	39,14b	(D-Stamm) faktitiv, inchoativ
שׁכח	39,15a	affektiv
קשׁח	39,16a	(H-Stamm) kausativ, faktitiv, affektiv
נשׁה	39,17a	affektiv, (H-Stamm) kausativ, faktitiv, effektiv
לבשׁ	39,19b	rezeptiv, bewegend
חפר	39,21a.29a	rezeptiv, bewegend, iterativ
שׂושׂ	39,21b	affektiv
חתת	39,22b	(N-Stamm reflexiv), affektiv
גמא	39,24a	iterativ, intensiv, rezeptiv
גבה	39,27a	(H-Stamm kausativ), faktitiv, fortbewegend, direktiv, dislokativ

Folgende Verben ließen sich nicht in eine der beiden vorangehenden Gruppen einteilen:

ידע	38,3c.4c.5b.12b[38].18c .21a.33a 39,1a.2b	rezeptiv, geistig, intellektuell (38,3c – H-Stamm, kausativ)
נער	38,13a	(N-Stamm reflexiv), tolerativ, effektiv, intensiv
הפך	38,14a	(tD-Stamm reflexiv), effektiv, inchoativ
ראה	38,17b.22b	rezeptiv, geistig, sensuell, (faktitiv, bewegend ?)
גלה	38,17a	(N-Stamm reflexiv), tolerativ, ingressiv, (rezeptiv, geistig, resultativ)
בין	38,18a.20b	rezeptiv, geistig, intellektuell, (38,18 tD-Stamm reflexiv)
לקח	38,20a	rezeptiv, (resultativ)
פוץ	38,24aR2	(H-Stamm) kausativ, fortbewegend
לכד	38,30b	(tD-Stamm reflexiv), effektiv, rezeptiv

---

38 Rechenmacher 1994, 221, stellt auch hier für den D-Stamm [kaus], also kausative Inhaltskomponenten fest.

קשר	38,31a 39,10a	faktitiv, effektiv, rezeptiv
כסך	38,34b	faktitiv, effektiv, (rezeptiv ?, lokativ ?)
שוע	38,41b	sprachlich äußernd, intensiv
שמע	39,7b	rezeptiv, geistig, sensuell, (faktitiv, bewegend ?)
שחק	39,7a.18b.22a	äußernd, affektiv
קרא	39,21c	(G-Stamm, Infinitiv) bewegend, dislokativ, direktiv
רוח	39,25c	rezeptiv, geistig (?), sensuell
נבט	39,29b	rezeptiv, geistig (?), sensuell, (faktitiv, bewegend ?)
חלל	39,30bP	faktitiv, effektiv, destruktiv
יצב	38,14b	Bedeutung unklar[39]. Bei der Bedeutung „hinstellen": faktitiv, ingressiv, effektiv, setzend; bei der Bedeutung „färben" faktitiv, effektiv

1.2 Auswertung der Komponentenanalyse

Nachfolgend sollen die aufgefundenen Inhaltskomponenten quantitativ und auf ihre Verteilung im Text hin ausgewertet werden. Skizze und Listen helfen zur Orientierung. Somit kann eine zunächst noch stichwortartige inhaltliche Aussage gemacht werden. Hinweise auf Textkohärenz sind daraus wegen der zu großen Ungenauigkeit und der isolierten Betrachtungsweise noch nicht zu erwarten.

1.2.1 Substantive

Zunächst zeigt die nachstehende Skizze die Struktur der Spezifizierung der grundlegenden Inhaltskomponenten für die Substantive und die Zahl ihrer Vorkommen im Textabschnitt. Es ergibt sich ein deutliches zahlenmäßiges Übergewicht für die unbelebten Naturphänomene, die zur Kategorie der Konkreta gehören.[40] (+ Menschliche) Inhaltskomponenten werden vergleichsweise selten verwendet.

---

39 Vgl. Textkritik zur Stelle.

40 So auch Kubina 1979, 38, die ein „Überwiegen von Konkretlexemen" feststellt.

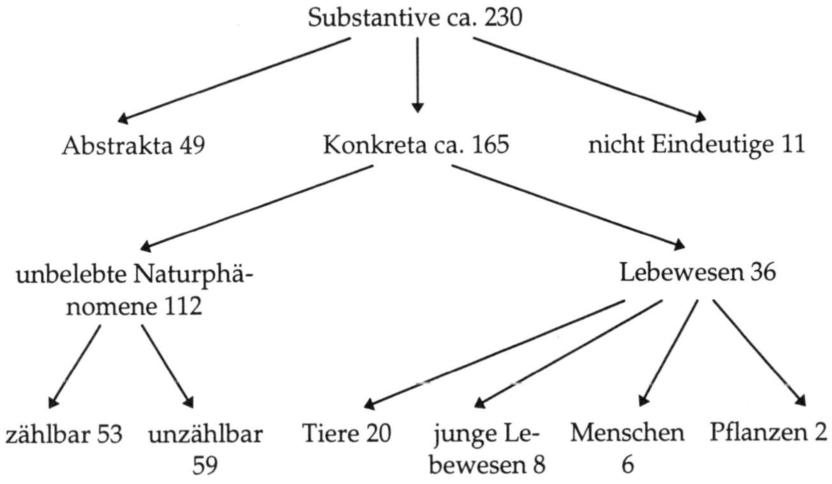

Nachfolgend zeigt Liste 1 dieselben Inhaltskomponenten, aber mit ihrer unterschiedlichen Verteilung auf die beiden Kapitel und Textpassagen, wo sie gehäuft vorkommen. Besondere Abweichungen von einer ungefähr gleichmäßigen zahlenmäßigen Verteilung auf beide Kapitel finden sich bei eben denjenigen Konkreta, näherhin den unbelebten Naturphänomenen, die besonders in Kap. 38 erscheinen, und den Tieren, die deutlich häufiger in Kap. 39 vorkommen. Die seltene Inhaltskomponente (+ menschlich) gibt es häufiger in Kap. 38. Die im Vergleich dazu relativ häufige Inhaltskomponente (+ Artefakt), die zudem noch ungefähr gleichmäßig in beiden Kapiteln vorkommt, ist als impliziter Hinweis auf den menschlichen Bereich zu werten, so daß es, entgegen einem ersten Eindruck, in diesem Textabschnitt auch um den menschlichen Bereich geht. Für Kap. 38 kann man den Schwerpunkt (+ unbelebte Naturphänoneme) und für Kap. 39 (+ tierische Lebewesen), als Spezifizierung des Merkmals (+ belebte Naturphänomene) feststellen. Trotz des zahlenmäßig ungleichen Verhältnisses von 14 Tieren zu 77 unbelebten Naturphänomenen können die Tiere als ein Schwerpunkt für Kap. 39 gelten, denn auch die phorischen Verweisungslinien von der Ausdruckseite zeigten die Tiere als häufige Bezugswörter.

Liste 1:

Sachverhalt	Anzahl gesamt	Kap. 38	Kap. 39	Häufung
Konkreta	172	106	66	
unbelebte Naturphänomene	112	77	35	
unzählbare Naturphänomene	59			
zählbare Naturphänomene	53			

Sachverhalt	Anzahl gesamt	Kap. 38	Kap. 39	Häufung
Abstrakta	49	26	23	
Lebewesen	35	15	20	
Tiere	18	4	14	
junge Lebewesen	8	4	4	
Menschen	6	5	1[41]	38,13.15.26 [zweimal]
Pflanzen	2	1	1	
nicht eindeutig als Konkreta oder Abstrakta einzuordnende	11			

In Liste 2 sind weitere Inhaltskomponenten aufgeführt, die weniger allgemein und aufgrund von Mehrdeutigkeiten schwierig voneinander abzugrenzen, so daß bei manchen Substantiven Überschneidungen mit mehreren Inhaltskomponenten vorkommen.

Liste 2:

Sachverhalt	Anzahl gesamt	Kap. 38	Kap. 39	Häufung
Artefakte	32	18	14	38,9–12.21–25
Örtlichkeiten	45	23	22	Keine Vorkommen in 38,1–5.7–10.27–29.31–39. Mehr oder weniger gleichmäßige Verteilung über Kapitel 39. Vers 6 drei Vorkommen.
Körperteile	17	6	11	bes. ab 39,13
Zeit	11	7	4	
Geräusch	10	3	7	39,20–27
Aggression	8	6	2	nur 2. Hälfte Kap. 38
Gefühlsbewegung	7	2	5	39,7.16–24
Behausung	9	6	3	bes. 38,40–39,7
Nahrung	6	3	3	38,39–41
substantivierte Tätigkeiten	7	4	3	38,23 [zweimal]
Fortpflanzung	3	–	3	

[41] Bei der Komponentenanalyse wurden weder bei den Substantiven noch bei den Verben die zwei nominal gebrauchten Partizipien נוגשׂ (39,8a) und רכב (39,18b) berücksichtigt, denen ebenfalls die Inhaltskomponenten (+ Lebewesen) und (+ menschlich) zuzuteilen wären.

Sachverhalt	Anzahl gesamt	Kap. 38	Kap. 39	Häufung
Macht	6	1	5	bes. 39,18–21
Gestirne	5	5	-	38,31f

Entsprechend dem meistgenannten Substantiv ארץ nehmen den größten Bereich die Örtlichkeiten ein, denn sie wurden 45mal genannt und sind quantitativ ungefähr gleichmäßig auf beide Kapitel verteilt.

Bei den Körperteilen ist auffällig, daß sie häufiger in Kap. 39 als in 38 vorkommen. Dieses Ergebnis korrespondiert mit der oben genannten Feststellung, daß auch die tierischen Lebewesen insgesamt gesehen häufiger in Kap. 39 erscheinen – und zu ihnen gehören ja die Körperteile. Ebenso ist es mit (+ Fortpflanzung), (+ Geräusch) und – überraschenderweise – auch mit der (+ Gefühlsbewegung), die ja eigentlich eher Menschen als Tieren zukommt.[42] Weiterhin ist das Merkmal der (+ Macht) ausschließlich auf Kap. 39, den Bereich der pronominalen Verweisungstrecke des Pferdes konzentriert. Bei den weniger allgemeinen Inhaltskomponenten zeigt die Liste Konzentrationen auf weitere kleinere Textpassagen.

1.2.2 Verben

Liste 3 zeigt die den Verben auferlegten Inhaltskomponenten unabhängig der Tatsache, daß manche Verben mit mehreren Komponenten belegt wurden. Manche Komponenten stehen zueinander in einem über- oder untergeordneten Verhältnis.

Liste 3:

Inhaltskomponente	Anzahl gesamt	Kap. 38	Kap. 39	Häufungen
Zustandsverb	1	1	–	
punktuell	53	33	20	
durativ	66	31	35	
unklar, ob punktuell oder durativ	32	21	11	
äußernd[43]	6	–	6	39,7–9.22–23
sprachlich äußernd	14	12	2	38,3–4; 38,1.7 [je zweimal]

---

42 So auch Rechenmacher 1994, 281 mit Anm. 787.

43 Dies ist eigentlich das Hyperonym zu (+ sprachlich äußernd) und meint hier nichtsprachliche Äußerungen.

Sachverhalt	Anzahl gesamt	Kap. 38	Kap. 39	Häufung
affektiv	17	3	14	39,7–9.11–13.15–18.21–21; 38,7 und 39,22 je 2×. (Außer in 38,7 besteht immer ein Zusammenhang mit Tieren).
bewegend	21	7	14	39,7–10.20–21
fortbewe-gend[44]	23	14	9	38,34–35 39,21–22.26–27. In 38,8.11.16.32 39,4.27 je 2×.
direktiv	18	7	11	In Kap. 38 eher zweite Hälfte. 39,3–4.17–18.26–27.
dislokativ	14	5	9	38,29–35 39,3–5.21 [2×] 26–27.
lokativ	5	2	3	
(auf)fordernd	2	2	–	38 erstes Drittel
destruktiv	5	1	4	39,15 [2×]
effektiv	18	12	6	38,13–14.25–27.30–35. Nicht zwischen 39,17–30.
resultativ	9	8	1	
ergehend	5	2	3	39,4 [2×]
tolerativ[45]	2	2	–	
faktitiv	30	16	14	
kausativ	21	13	8	38,24–28.32–35 39,16–17.26–27.
gebend	19	5	14	Nicht 38,1–24.24–31 39,17–30.
versehend mit	1	1	–	
geistig	19	12	7	38,3–22 39,1–8.25.29; nicht zwischen 38,22–33 39,9–24
intellektuell	11	9	2	38,3–21 39,1–2
inchoativ	10	7	3	
ingressiv	5	2	3	39,26 [2×]
intensiv	11	7	4	38,7–8.38–41
iterativ	5	1	4	38,41–39,1
ordnend	2	1	1	
produktiv[46]	12	8	4	38,27–29 39,1–3
reflexiv	8	7	1	38,14–18.30[2×]
rezeptiv	37	23	14	39,1–2; nicht 38,22–30 39,12–19.25–29.

---

44 Siehe unten im Text zum Zusammenhang von (+ fortbewegend, + direktiv, + dislokativ).

45 Dies hat im Vergleich zu (+ ergehend) eher reflexive Konnotationen.

46 Vgl. auch (+ kausativ, + faktitiv). Hier ist besonders auch die Fortpflanzung, Vermehrung mitgemeint.

Sachverhalt	Anzahl gesamt	Kap. 38	Kap. 39	Häufung
ruhend	8	6	2	38,40 [2×]
sensuell	7	2	5	39,7–8
separativ	2	1	1	
stellend, setzend	11	10	1	38,4–6.9–11[47]

Die Inhaltskomponente (+ affektiv) mit überwiegenden Vorkommen in Kap. 39 ergänzt die Beobachtung des Zusammentreffens von (+ Gefühlsbewegung) und den tierischen Lebewesen. Auch die Inhaltskomponente (+ destruktiv) erscheint vorzugsweise in der Textumgebung, in der mit (+ Macht) belegte Inhaltskomponenten vorkommen.

Verben mit der Inhaltskomponente (+ sprachlich äußernd) kommen deutlich häufiger in Kap. 38 vor und zwar hier besonders in den Versen 3 und 4 sowie je zweimal in den Versen 1 und 7, also vor allem im ersten Viertel von Kap. 38. Die hyperonyme Komponente (+ äußernd) erscheint hingegen ausschließlich in Kap. 39 und könnte in einem inhaltlichen Zusammenhang mit den Tieren stehen.

(+ Rezeptiv) stellt zugleich ein Hyperonym zu (+ sensuell) und (+ geistig / + intellektuell) dar. Von den sieben Vorkommen der Inhaltskomponente (+ sensuell) gibt es fünf in Kap. 39, besonders in den Versen 7 und 8. Dies korrespondiert mit den dort häufig vorkommenden tierischen Lebewesen.

Die Inhaltskomponente (+ geistig) wurde für 19 Vorkommen festgestellt und zwölf von ihnen begegnen in 38. Elf von ihnen können zugleich mit dem Hyponym (+ intellektuell) belegt werden. Diese elf umfassen die Vorkommen der beiden Verben ידע und בין [48], wobei vor allem ידע oben als Leitwort festgestellt wurde. Anhand dieser Inhaltskomponente wird es von בין in seiner Leitfunktion noch unterstützt.

Erwähnt werden soll auch die Inhaltskomponente (+ stellend / + setzend), von der zehn der elf Vorkommen in Kap. 38 ebenfalls besonders im ersten Viertel erscheinen. Durch diese Plazierung trifft es mit der Erdgründungsvergangenheit zusammen, einer der beiden Vergangenheiten, die Gott Ijob vor Augen führt. Bei der folgenden Untersuchung der Satzebene wird sich zeigen, ob diese Verben mit Gott als Subjekt kombiniert sind.

Somit gibt es im Textabschnitt ähnlich den pronominalen Verweislinien sowohl durchgängige als auch unterschiedlich gelagerte Inhaltsschwerpunkte. Die Listen der Komponenten zeigen auch die vielen einmalig vorkommenden Substantive und Verben. Ihre Verteilung über den ganzen Textabschnitt trägt ebenfalls zum einheitlichen Gepräge bei. Dieses Ergebnis sowie die größere Variationsfülle von Kap. 38, hier durch die

---

47 38,5.6 je zweimal.

48 Vgl. Ritter 1993, 232–235.

vielen unbelebten Naturphänomene und die wenigen, aber dennoch schwerpunktbildenden tierischen Lebewesen ergänzen die Ergebnisse der Ausdrucksebene, wo die formalen Phänomene (Wörter, Stammesmodifikationen, Satzarten, Satzreihungen, phorische Verbindungslinien) in Kap. 38, besonders zu Anfang, größere Variation, in Kap. 39 aber regelmäßigere Abfolgen zeigten.

2. *Satzebene*

Die Satzebene der Inhaltsseite nimmt die vorangegangene Komponentenanalyse zum Ausgangspunkt. Anhand der Inhaltskomponenten werden zunächst die semantischen Subjekte klassifiziert und die zugehörigen Prädikate festgestellt. Diese Kombinationen stellen die Grundelemente eines Satzes dar[1]. Darüber hinaus werden weitere Satzglieder auf ihre Inhaltskomponenten hin betrachtet. Im letzten Schritt werden dann anhand ähnlicher oder einander widersprechender Inhaltskomponenten, aber auch weiterer formaler Kriterien wie Wortarten und Satzstrukturen innerhalb benachbarter Sätze und innerhalb eines Verses vorkommende Fälle von parallelismus membrorum festgestellt und beschrieben. Hier sollen anhand quantitativer, statistischer Befunde satzübergreifende Aussagen gemacht werden. Anmerkungen über die Einheitlichkeit des Textes werden bei der folgenden Untersuchung der Textebene gemacht.

2.1 Die semantischen Subjekte des Textabschnitts

Im Gegensatz zum grammatischen Subjekt, welches auf der formalen Seite klar an seinen grammatischen Morphemen erkannt werden kann, ist das beim semantischen Subjekt nicht immer der Fall, z. B. dann, wenn der Satz passivisch aufgebaut ist.[2] Das semantische Subjekt bezeichnet den Verursacher der im Verb ausgedrückten Handlung. Es ist nicht immer identisch mit dem grammatischen Subjekt.

Im folgenden werden die semantischen Subjekte und ihre Inhaltskomponenten nach der Anzahl ihrer Vorkommen unabhängig von ihrer grammatischen Erscheinungsweise in einer Liste zusammengestellt:

---

1 Bußmann 1990, 658f.

2 Die Schwierigkeiten ein semantisches, psychologisches und logisches Subjekt mit syntaktischen Funktionsregeln zu beschreiben, stellt Eisenberg 1994, 277–283, am Beispiel der deutschen Sprache dar. Für die hebräische Sprache ist das grammatische Subjekt durch die Morpheme am Verb deutlicher gekennzeichnet, für das semantische Subjekt gelten ähnliche Schwierigkeiten wie im Deutschen. Eine Hilfe zur Entschlüsselung anhand der Proformen stellen auch die Verweisstrecken dar, die auf der Ausdruckseite der Textebene, bei der Phorik untersucht wurden. Außerdem spielen die reflexiven N- und tD-Stammformen bei der Bestimmung des semantischen Subjekts eine Rolle. – Vgl. auch Bußmann 1990, 748f. Sie bezeichnet das „semantische" auch als „logisches" Subjekt.

יהוה	10		
אלוה	2	göttliche 13	
בני אלהים	1		Personen 69
איוב	40[3]	menschliche 40	
מי	15?	unklare 16	
רשׁעים	1		
אילות	4		
ערוד	3		
רים	5		
רננים	6		
חית השׂדה	1		
סוס	10		Tiere 45
נץ	2		
נשׁר	5		
כפירים	2		
ילדו	2	junge Tiere 9	
בניהם	4		
אפרחו	1		
Körperteil	3		
אור	1		
ברקים	2		Naturphänomene 16
übrige	3		
ים	4	Wasser 7	
wasserähnliche	3		
Artefakte	1		
Abstraktum	1		
unklare Subjekte	9		

Es zeigt sich deutlich, daß die Quantität der einzelnen Grundmerkmalklassen wie z. B. die große Zahl der Naturphänomene, die oben bei der Komponentenanalyse festgestellt worden ist, nicht mit dem zahlenmäßigen Verhältnis der Funktion als Handlungsverursacher übereinstimmt.

---

[3] Die vier Imperative sind inbegriffen.

Im Textabschnitt finden sich 69 (+ personale)[4] semantische Subjekte. Von diesen entfallen 40 auf das (+ menschliche personale Lebewesen) Ijob. In 15 Fällen gibt es das nach einer Person fragende Fragepronomen מי als Subjekt, wobei es hier zunächst offen bleiben muß, ob es sich um eine (+ menschliche) oder (+ göttliche) Person handelt. 13 Subjekte sind als (+ göttliche personale Lebewesen) zu klassifizieren: יהוה, אלוה und בני אלהים. Bei dem Subjekt רשׁעים ist es naheliegend, aber nicht zwingend[5] vorauszusetzten, daß es sich dabei um Personen handelt.

Festzuhalten ist, daß am häufigsten eine einzige menschliche Person, genauer gesagt Ijob als Handlungsträger des jeweiligen Satzes erscheint und dieses Phänomen sich von 38,4 bis 39,20 – wenn auch nicht in jedem Vers vorhanden – so doch fast durch den ganzen Textabschnitt hindurchzieht. Die Häufigkeit ist deshalb bemerkenswert, weil der Eigenname איוב im Textabschnitt nur ein einziges Mal genannt wird. Dieses Ergebnis legte sich bereits oben bei der Phorik durch 53malige Aufnahme des Eigenamens איוב nahe.

Weiterhin gibt es 45mal (+ Tiere) als Subjekt, von denen neunmal (+ junge Tiere)[6] als Handlungsträger dienen. Die übrigen (also nicht jungen) Tiere als Subjekte kommen nur in Kap. 39 vor. Von den einzelnen Tieren ist ו der häufigste Handlungsträger.

Die Naturphänomene, die nach der Komponentenanalyse über die Hälfte der festgestellten Konkreta ausmachten, kommen also hier als handelnde Subjekte 16mal, also vergleichsweise selten vor[7]. Immerhin siebenmal davon dienen das Wasser oder wasserähnliche Elemente als Handlungsträger.

---

4 „Personal" meint hier, um in der Terminologie der Komponentenanalyse zu bleiben (+ Lebewesen, inklusive menschlich und göttlich, aber ausgenommen tierische Lebewesen). Diese erst hier vorgenommene Spezifizierung zeigt die methodischen Grenzen der Komponentenanalyse.

5 Vgl. THAT II, 814f; Ringgren, רשׁע, ThWAT VII, 677–684.677. Er weist aber darauf hin, daß in Ps und Spr eine erweiterte und vertiefte Bedeutung zu finden ist. Vgl. auch bei Pangritz 1963, 102–119 über „Die widergöttlichen Mächte und das Tier". Daß Tiere für negative, dämonische Vergleiche herangezogen werden, stellt Keel 1980, 75–78 dar.

6 Eigentlich ist bei ילד nicht eindeutig ein menschliches oder tierisches Lebewesen zu unterscheiden. Hier in 38,41b und c ist allerdings durch das Personalpronomen ein Bezug zu ערב hergestellt, so daß hier ילד als tierisches Lebewesen klassifiziert werden kann.

7 Somit drängt sich die Vermutung auf, daß die übrige große Zahl der Naturphänomene im Textabschnitt als Objekte oder weitere Satzglieder verwendet werden.

2.2 Die Verbindungen von semantischem Subjekt und Prädikat

Ausgehend von der oben stehenden Liste der semantischen Subjekte sollen nun die zugehörigen Verben und ihre Inhaltskomponenten miteinander kombiniert betrachtet werden. Subjekt und Prädikat bilden unabhängig von weiteren Satzgliedern den sogenannten Kernsatz. Die Kombinationen der Inhaltskomponenten von semantischen Subjekten und Prädikaten zeigen systematisiert die wichtigsten Aussagen dieser Kernsätze[8]. Im quantitativen Blickwinkel zeigen sie Bündelungen bestimmter Aussagerichtungen und lassen grobe Charakterisierungen der Subjekte zu. Weitere syntaktische Elemente werden weitgehend außer acht gelassen.

Die Darstellung hat noch den Nebeneffekt, daß sie Material liefert für eine weitere mögliche – wenn auch in dieser Arbeit nicht mehr vollständig ausgeführte – pragmatische Untersuchung. Anhand der Kombinationen zeigen sich nämlich die Propositionen einer Sprechhandlung. Die Proposition ist „der den Wahrheitswert bestimmende Kern eines Satzes, wobei die spezifische syntaktische Form und lexikalische Füllung der jeweiligen Äußerungsform unberücksichtigt bleiben."[9]

Ijob wird von allen am häufigsten als semantisches Subjekt genannt. Alle neun Vorkommen des am häufigsten im Textabschnitt vorkommenden Verbs ידע[10] werden mit Ijob als semantischem Subjekt verbunden. Gemeinsam mit dem zweimaligen Vorkommen von בין finden sich also elfmal Verben der Komponentengruppe (+ rezeptiv, geistig, intellektuell) in Verbindung mit Ijob. Eine ebenfalls große Gruppe beim Subjekt Ijob mit zehn Vorkommen ist die der (+ faktitiv / kausativ / effektiv / produktiven) Inhaltskomponenten[11]. Von den acht bei Ijob stehenden Bewegungsverben[12] haben sechs die Komponenten (+ fortbewegend) verbunden mit (+ direktiv / dislokativ). Viermal finden sich (+ gebende)[13] und zweimal (+ affektive)[14] bei den Ijob zugeschriebenen Tätigkeiten. Darüber hinaus gibt es zwei (identische) Imperative mit (+ sprachlich äußernder) Komponente[15] sowie einer mit (+ rezeptiv, resultativ, inchoativer) Komponente (38,3a). Folgende Verben kommen nur beim Subjekt Ijob vor: קשר als Verb mit (+ faktitiv / effektiv, rezeptiver) Komponente, נגד nur zweimal als Imperativ mit (+ sprachlich äußernder) Komponente sowie drei Verben mit (+ rezeptiv geistiger) Kompo-

---

8 Die elf Nominalsätze des Textabschnitts werden bei dieser Untersuchung nicht berücksichtigt.

9 Bußmann 1990, 617. – Vgl. von Polenz 1988, 92.101f.

10 Vgl. Ritter 1993, 223.

11 38,[20a?].21b.31a.b.32b.34a.35a.39b 39,10a.20a.

12 38,16a.b.22a.32a.b.34a 39,19b.20a.

13 38,31b.35a 39,11c.19a.

14 39,11a.12a.

15 38,4b.18b.

nente: ראה mit zusätzlich (+ sensuell), בין und ידע mit (+ intellektueller) Komponente. Alle übrigen zwei- und mehrfach verwendeten Verben kommen nicht nur bei einem einzigen, sondern bei verschiedenen Subjekten vor. Die (+ rezeptiven) und (+ faktitiven) Aktionen prägen also hauptsächlich die von Gott Ijob zugeschriebenen Handlungen, besonders aber das Verb ידע.

Das sich an eine Person richtende Fragepronomen מי stellt 14mal das Subjekt eines Satzes dar. Bei der Hälfte der zugehörigen Verben finden sich (+ effektiv / kausativ / faktitiv / produktive) Inhaltskomponenten[16], (+ stellend / setzende)[17] sowie (+ gebende)[18] Inhaltskomponenten begegnen je viermal. Weitere Inhaltskomponenten wie (+ dislokativ / separativ)[19] und (+ sprachlich äußernd)[20] und (+ ruhend)[21] kommen seltener vor. Der größte Teil der dem Subjekt מי zugehörigen Verben beinhaltet also (+ effektiv/ kausative, stellend / setzende und gebende) Komponenten.

Sieben dieser bei מי vorkommenden Verben finden sich auch in Sätzen, in denen Ijob semantisches Subjekt ist und zwar sind es folgende Verben: יצא, נתן, ספר, שלח und פתח.[22] Somit sind verwandte Tätigkeiten bei den semantischen Subjekten Ijob und מי festzustellen.

Bei den vergleichsweise selten vorkommenden (+ göttlichen) Subjekten fällt auf, daß das am zweithäufigsten (neben יצא) im Textabschnitt vorkommende Verb שים dreimal bei dem Subjekt יהוה steht; ebenso je einmal bei מי und איוב, also ausschließlich bei personalen Subjekten. Neben שים wird auch יסד einmal mit (+ setzend / stellender) Komponente verwendet. Ebenso häufig, nämlich viermal, kommen Verben mit der Komponente (+ sprachlich äußernd) beim semantischen Subjekt יהוה vor. Das einmal vorkommende Subjekt בני אלהים wird mit einem Verb mit den Komponenten (+ sprachlich äußernd, intensiv) genannt. Weitere Komponenten gibt es seltener, so (+ faktitiv / kausative und affektive)[23] und (+ rezeptive und gebende)[24].

Somit zeigt sich also, daß göttliche Subjekte, näherhin יהוה vornehmlich mit (+ sprachlich äußernden) und (+ stellend / setzenden) Verben in Verbindung gebracht werden. Vor allem die sprachlich äußernden Verben finden sich auch bei Ijob, die stellend / setzenden vor allem – aber nicht nur – bei מי, so daß übereinstimmende Handlungen bei den ge-

---

16 38,25a.28b.29b.37b.41a 39,5a.b.

17 38,5a.c.6b.36a.

18 38,36b.41a 39,5a.b.

19 38,25a.29a 39,5a.

20 38,37a.

21 38,37b.

22 Die Verben יצא und שלח werden zu Ijob, מי und weiteren Subjekten wie Tieren und Naturphänomenen zugeordnet.

23 Davon einmal in 39,17a mit אלוה als Subjekt.

24 Dieses in 39,17b mit אלוה als Subjekt.

nannten personalen Subjekten festzustellen sind. Es gibt keine Verbbasis, die ausschließlich nur bei (+ göttlichem) Subjekt vorkommt.

Zu den 70 personalen semantischen Subjekten kommen weitere 45 (+ tierische) Subjekte.

Acht Tiere haben 36mal Subjektfunktionen. Mit Abstand am häufigsten, nämlich zehnmal, ist das bei ו der Fall.

Auf der Wortebene wurde festgestellt, daß die Komponente (+ affektiv) bei Verben besonders oft in Kap. 39 erscheint. Hier zeigt sich nun, daß bei vier von acht Tieren[25] in der Funktion als semantisches Subjekt die Inhaltskomponente (+ affektiv) bei den zugehörigen Verben festzustellen ist und zwar vor allem bei רננים und סוס, aber auch bei ערוד (39,7a) und רים (39,9a).

Darüber hinaus finden sich (+ faktitiv / kausative) Komponenten bei רננים (39,14b.16a), נשר (39,27a.b) und bei אילות (39,2aR.3b.c).

Außer bei ערוד finden sich bei allen Tieren (+ [fort]bewegende) Komponenten.

(+ Ruhende) Komponenten gibt es hingegen nur bei רים (39,9b) und נשר (39,28a.b), (+ äußernde) bei ערוד (39,7a), רים (39,12c), רננים (39,18b) und סוס (39,22a.25a) und (+ rezeptive) bei ערוד (39,7b.8a), רים (39,12c), נשר (39,29a) und סוס (39,21a.24a.25c). Eine (+ destruktive) Inhaltskomponente begegnet nur einmal, bei חית השדה (39,15c).

Die Verbbasen לין, חפר und שוב finden sich ausschließlich bei (+ tierischen) Subjekten.

Weiterhin bilden die Verbbasen אמן, עזב, מלא und רום sowohl zum Subjekt Ijob als auch zu (+ tierischen) Subjekten wie סוס, רננים, אילות und נשר Prädikate, so daß das Subjekt Ijob hinsichtlich seiner Tätigkeiten Gemeinsamkeiten mit den Tieren hat.

(+ Junge, tierische) Lebewesen haben im Textabschnitt neunmal semantische Subjektfunktion. Während einmal das Verb שוע im Zusammenhang mit den jungen Raben sprachlich äußernde, mit (+ intensiv) vielleicht auch affektive Inhaltskomponenten besitzt, gehören zu den jungen Tieren v. a. Verben mit Inhaltskomponenten wie (+ [fort]bewegend, direktiv / dislokativ) als auch das Gegenteil, nämlich (+ ruhend) und (+ lokativ) und zwar oft in parallel gestalteten Sätzen. Es werden aber auch in 39,4a.b im Zusammenhang mit den jungen Damhirschen parallel zwei Verben mit der Komponente (+ ergehend) verwendet. Somit üben die jungen Tiere in diesem Text Bewegung aber auch Ruhe aus. Die Tiere insgesamt haben in den (+ bewegenden) und den (+ ruhenden), aber auch (+ äußernden) Inhaltskomponenten ihre übereinstimmenden Prädikate.

Unter den Naturphänomenen erscheinen drei Körperteile zu den Tieren gehörig: während dem Fuß eines nicht näher bezeichneten Lebewesens eine (+ destruktive) Handlung zugeschrieben wird (39,15b) wird כנף־רננים (39,13a) mit עלס, einem (+ affektiven) Verb und עינים (39,29b)

---

25 Jungtiere sind davon ausgenommen.

mit נבט, einem (+ geistig [?], rezeptiven) Verb verbunden. Die Inhaltskomponenten beider Verben finden sich auch oben bei den Tieren, wo schon die affektiven Komponenten aufgefallen waren.

Von den vergleichsweise wenigen Naturphänomenen heben sich aus quantitativer Sicht die (+ wasserhaltigen) Naturphänomene hervor: ים (38,8bI, 38,8b, 38,11b, 38,11c); מים (38,30a); פני־תהום (38,30b) und שפעת־מים (38,34b). Auf diese wie auch die übrigen Naturphänomene soll nicht weiter eingegangen werden, mit Ausnahme von ברקים.[26]

ברקים wird ebenfalls dreimal (in einem Vers) als Subjekt verwendet, einmal davon durch den Ausruf הננו als wörtliche Rede (38,35d). Die übrigen beiden Belege werden mit einem Verb mit (+ fortbewegender) Komponente (38,35b) und einem mit (+ sprachlich äußernder) Komponente verwendet. Die Blitze erscheinen somit als aktiv Handelnde und besonders durch die sprachliche Äußerung mit personalen Konnotationen. Somit werden die Blitze wie die Tiere mit eigentlich den Menschen zukommenden Tätigkeiten versehen, so daß dies nachfolgend auf eine mögliche metaphorische Wirkung hin untersucht werden soll.

Während in den Sätzen 38,8a und 14b aus textkritischen Gründen das semantische Subjekt zunächst noch unklar bleiben muß, sind in 38,6a.15a.b.17a.24aR1.38a die Verursacher der Handlungen unpersönlich formuliert. Wenn Gott alles vermag, wie Ijob im Anschluß an die Gottesreden formuliert (42,2) und Gottes Handeln bei fast allen hier genannten Tätigkeiten mitgemeint ist, dann sind die Tätigkeiten, die mit den semantischen Subjekten Ijob, מי und den unpersönlich gehaltenen kombiniert sind, letztlich eine Darstellung der Taten Gottes.

2.3 Zusammenfassung

Zusammenfassend läßt sich aufgrund der Untersuchung der semantischen Subjekt-Prädikat-Beziehungen festhalten, daß von den eher wenigen (+ naturphänomenischen) Subjekten (im Vergleich zur großen Gesamtheit ihrer Vorkommen) unterschiedliche Prädikate zugeteilt sind: Die Blitze sind eher mit aktiven und fortbewegenden Komponenten versehen, die durch sprachlich äußernde Komponenten modifiziert sind und somit personale Implikationen besitzen.

Die Tiere nehmen in der Anzahl der Subjekte eine Mittelstellung ein. Bei den (+ jungen, tierischen) Subjekten finden sich, ähnlich dem Wasser, (+ fortbewegende und ruhende) Bedeutungskomponenten, aber auch (+ ergehende) sind zu finden.

---

26 Zu בוא bilden zweimal Ijob und einmal ים das Subjekt, zu הלך je einmal Ijob und ברקים. Beide Verben haben u. a. (+ fortbewegende) Inhaltskomponenten und werden also sowohl mit Ijob als auch mit Naturphänomenen verbunden.

Die Hälfte der übrigen (nicht jungen) Tiere als Subjekte wird mit Verben der Komponente (+ affektiv) belegt, besonders רננים und סוס, so daß auch sie personale Implikationen besitzen. Alle Tiere, außer ערוד üben mehr oder weniger (+ fortbewegende), aber auch (+ äußernde und rezeptive) Handlungen aus.

Von den personalen Subjekten wird מי besonders mit (+ faktitiv / kausativ, setzend / stellenden und gebenden) Handlungen dargestellt. Über die Hälfte der mit מי verbundenen Verben sind auch mit Ijob verbunden. Dieser vereinigt insbesondere (+ geistig rezeptive und faktitive) Aktionen auf sich, vor allem aber das Verb ידע. Daneben sind auch weitere Imperative mit (+ sprachlich äußernden) Komponenten verbunden. Göttliches Subjekt, vor allem יהוה, wird mit (+ stellend / setzenden) – besonders שׂים – und (+ sprachlich äußernden) Verben dargestellt. Ausgehend von den mehrmals verwendeten Verbbasen zeigt sich, daß fünf Basen, allen voran ראה, בין und ידע ausschließlich beim Subjekt Ijob vorkommen. Weitere verbinden sich mit den übrigen Subjekten. Einige wenige kommen nur bei, allerdings verschiedenen, Tieren vor. Auch die Verben der göttlichen Subjekte sind nicht nur ausschließlich dort zu finden. Lediglich von שׂים kann gesagt werden, daß es am häufigsten bei יהוה und ansonsten nur bei personalen Subjekten zu finden ist. Da fast alle mehrmals vorkommenden Verben mit verschiedenen Subjekten verbunden werden und umgekehrt mehrmals verwendete Subjekte mit verschiedenen Verben, kann man sagen, daß der Text auf diese Weise ineinander verwoben ist. Inhaltlich kann man sagen, daß die Handlungen aller Subjekte, vor allem der personalen Subjekte untereinander, aber auch die personalen mit den tierischen und naturphänomenischen miteinander ähnlich sind, so daß der Schöpfung insgesamt wohl gemeinsame Handlungsvollzüge und eine innere Verwandtschaft zukommen. Selbst die einmalig vorkommenden Substantive und Verben tragen zu dieser Einheitlichkeit bei. Durch sein häufiges Auftreten als Subjekt und die Konzentration (+ rezeptiv, geistiger) Verben findet sich so ein Bedeutungsschwerpunkt bei Ijob.

2.4 Weitere Satzglieder

Nachdem nun die Subjekt-Prädikat-Verbindungen des Textes untersucht worden sind, soll ein kurzer Blick auf weitere Satzglieder, näherhin zu den Objekten[27] geworfen werden, um die Verwendung der Substantive als Objekte mit derjenigen der Subjekte zu vergleichen.

---

[27] Die Wertigkeit (Valenz) des Verbs bestimmt die weiteren Satzglieder eines Satzes. Siehe dazu: Eisenberg 1994, 73–75; Bußmann 1990, 825; Richter, 1985, 3. Letzterer weist darauf hin, daß „Eine einheitliche Auffassung in der Wertung der Satzglieder … sich noch nicht herausgebildet [hat].“ Hier soll nicht näher darauf eingegangen werden und sich statt dessen, wo nötig, mit den her-

Am häufigsten werden Substantive mit der Inhaltskomponente (+ unbelebte Naturphänomene) als weitere Satzglieder verwendet (76mal). Darunter befindet sich auch achtmal das im Textabschnitt am häufigsten vorkommende Substantiv ארץ. Da die unbelebten Naturphänomene sehr selten als Subjekte verwendet wurden, wird nun deutlich, daß der große Teil dieser Substantive als Objekte oder sonstige Satzglieder außerhalb der Kernsätze Satzfunktionen übernimmt. Auch der überwiegende Teil der Abstrakta (34mal) und der Artefakte (20mal) werden auf diese Weise verwendet.

Weiterhin werden dreimal menschliche Lebewesen, fünfmal tierische und / oder junge Lebewesen und zweimal pflanzliche Lebewesen ausdrücklich genannt[28].

Die einzige Nennung des Eigennamens Ijob steht in 38,1a als indirektes Objekt. Im übrigen Textabschnitt ist Ijob das am häufigsten verwendeste Subjekt. Das geschieht durch phorische Verweiselemente (Proformen).

2.5 Parallelismus membrorum

Schon bei der Behandlung der Ausdrucksseite wurden stellenweise parallele Strukturen[29] festgestellt, die Kriterien dafür sein können. Diese werden in der folgenden Aufstellung teilweise noch einmal genannt oder ergänzt. Dennoch ist eine Klassifikation des parallelismus membrorum in synonym, synthetisch oder antithetisch auf der Ausdrucksebene allein nicht möglich; erst auf der Inhaltsebene kann anhand der Inhaltskomponenten eine Charakterisierung vorgenommen werden. Man kann also sagen, daß sich auf der Ausdrucksebene Anzeichen dafür finden, daß möglicherweise ein parallelismus membrorum vorliegt, aber letzte Sicherheit ergibt sich erst hier auf der Inhaltsebene.[30] Die Untersuchung und die Darstellung der Fälle von parallelismus membrorum zeigen kohärente Strukturen von direkt benachbarten Sätzen. Der satzübergrei-

---

kömmlichen Bezeichnungen direktes und indirektes Objekt und Präpositionalgruppe beholfen werden.

28 Proformen, substantivierte Aprtizipien u.a. sind in diesen Angaben nicht enthalten.

29 Z. B. oben, S. 79. – Bühlmann-Scherer, 1973, 35 formuliert mit Eißfeld, 1964, 76: „Im Parallelismus membrorum sind ‚die beiden Glieder (membra) des Spruchverses in grammatikalischer Konstruktion und Stellung der Satzteile in gleicher Weise aufgebaut'". – Vgl. auch Jakobson 1971, 242: Die Poesie projiziert „die Ähnlichkeit auf die Achse der Kontiguität der Texteinheiten" und macht „die Äquivalenz zum Bauprinzip der Wortkombinationen".

30 Berlin 1985, 64: „If the grammatical aspect provides the skeleton of the parallelism then the lexical and semantic aspects are its flesh and blood. He is, after all, the words and what they signify that give meaning to a verse or phrase."

fende Zusammenhalt ist also zunächst nur gering. Doch ist der parallelismus membrorum ein, wenn nicht *das* stilistische Mittel der hebräischen Poesie, daß nach dem Gesetz der Zweiheit[31] besteht. Auf die Darstellung der lautlichen Parallelen soll hier verzichtet werden, wenngleich wohl zu vermuten ist, daß sie bestehen.

Nachfolgend zeigt sich also:

38,5a und c: synonymer parallelismus membrorum[32] durch die Wiederholung des Fragepronomens מִי. Somit ergibt sich für beide je ein Fragesatz, welche beide gemeinsam die gleiche Struktur ([Ptk +] FrPron nach Person + P + dO) und die Verwendung der gleichen bzw. verwandten Inhaltskomponenten (+ Artefakt) für die Substantive ממדיה und קו und (+ stellend / setzend) für die Verben שים und נטה besitzen.

38,6a und b: synonymer parallelismus membrorum durch die gemeinsame Eigenschaft als Fragesatz (allerdings mit unterschiedlichen Fragepronomen und chiastischer Satzstruktur) und durch gemeinsame Inhaltskomponenten (+ steinige Artefakte) der Substantive אדניה und אבן פנתה und der Verben טבע und ירה mit (+ stellend / setzenden) Inhaltskomponenten.

38,7vI und a: synonymer parallelismus membrorum durch die gemeinsamen Inhaltskomponenten (+ sprachlich äußernd, + intensiv, + affektiv) der Verben רנן und רוע. Beiden Verben sind gruppenhafte Subjekte zugeordnet, die durch יחד bzw. כל angezeigt werden.

38,12a und b: synonymer parallelismus membrorum durch die beiden Substantive בקר und שׁחר mit der Inhaltskomponente (+ den Morgen betreffend). Als synthetisch ist der parallelismus membrorum zu bezeichnen wegen der Verben צוה und ידע.

38,16a und b: synonymer parallelismus membrorum durch die Verwendung zweier CsV mit den gemeinsamen Inhaltskomponenten (+ Örtlichkeit / Abstrakta, + wasserhaltiges Naturphänomen) sowie der gemeinsamen Inhaltskomponente (+ fortbewegend) der Verben בוא und הלך.

38,17a und b: synonymer parallelismus membrorum durch die Wiederholung des Wortes שׁער, welches jeweils nomen regens einer CsV ist. (Das nomen rectum besteht aus bzw. endet mit dem Wort, bzw. den Silben מות.) Die Wortstellung der beiden Sätze ist chiastisch: P + idO + Subjekt gegenüber dO + P (inkl. Subjekt). Die Inhaltskomponenten der Verben und CsV sind verwandt durch (+ rezeptiv, + geistige) Inhaltskomponenten der Verben und der Inhaltskomponenten (+ Artefakt, + unbelebte, unzählbare, lebensbegrenzende Naturphänomene) der CsV.

---

31 Vgl. Keel 1978, 32f.

32 Zur Klassifizierung des parallelismus membrorum vgl. Bühlmann/Scherer 1973, 35 – 39 und Luis Alonso-Schökel 1971, 217ff. – Notker Füglister 1965, 91, betont die formale und inhaltliche Entsprechung des parallelismus membrorum. – Zum parallelismus membrorum vgl. auch Schmökel 1995, 553f und im Zusammenhang mit der ugaritischen Literatur Loretz 1990, 44–50.

38,18a und c: synthetischer parallelismus membrorum durch gemeinsame Inhaltskomponenten (+ rezeptiv, + geistig, + intellektuell) der Verben בין und ידע sowie die Komponenten (+ umfassend, alles) für רחבי־ארץ und כלה.

38,19a.aR und bP.b: synonymer parallelismus membrorum durch die Wiederholung der Wortverbindung אי־זה sowie die gleiche, durch diese Wortverbindung eingeleitete Fragesatzstruktur als NS von 19a und b. Der jeweils zweite Pol des NS wird durch Substantive mit der gemeinsamen Inhaltskomponente (+ Örtlichkeit) geprägt. Dieser parallelismus membrorum könnte auch als antithetisch bezeichnet werden, weil מקום einerseits ein feststehender Ort ist, דרך jedoch eine (+ richtungsweisende Örtlichkeit). Auch die Substantive אור und חשך in aR und bP sind antithetisch.[33]

38,22a und b: synonymer parallelismus membrorum durch die Wortwiederholung אצרות (jeweils nomen regens einer CsV) durch die chiastische Satzstruktur (P in Erst- und Letztstellung) und durch gemeinsame Inhaltskomponenten der beiden nomina recta, nämlich (+ unbelebtes, unzählbares, wasserhaltiges Naturphänomen).

38,25a und b: synonymer parallelismus membrorum durch gemeinsame (+ richtungsweisende, + örtliche) Inhaltskomponenten der Substantive תעלה und דרך sowie (+ unzählbares, + wasserhaltiges Naturphänomen) für die Substantive שטף und חזיז. Möglicherweise könnte das aus 25a auch in 25b einsetzbare Verb in diesem Zusammenhang ein weiteres Indiz für parallelismus membrorum sein.

38,26vI.vIR1 und vI.vIR2 (das zweite vI mit מדבר steht gewissermaßen in der Mitte als Drehpunkt): synonymer parallelismus membrorum durch die Wiederholung der Negation לא, durch gemeinsame Inhaltskomponenten der beiden mit לא verbundenen (+ menschlichen) Lebewesen איש und אדם sowie der beiden (+ örtlichen) Substantive ארץ und מדבר.

38,(26vI.)27vI1 und vI2: synonymer parallelismus membrorum. Während Vers 27 ein zweigliederiger parallelismus membrorum ist, stellt sich die Frage, ob es nicht aufgrund der gleichen Kriterien einen Zusammenhang mit 26vI gibt, so daß man von einem auseinandergezogenen dreigliedrigen parallelismus membrorum sprechen kann. Die Kriterien sind: gleiche Satzstruktur durch einleitendes ל + Inf. H – Stamm + C des Ortes und / oder direkten Objekts sowie gleiche Inhaltskomponenten der Verben (hier Inf.) nämlich (+ fruchtbar machend) (hier übrigens in logischer Reihenfolge: regnen, sättigen, wachsen. Deshalb vielleicht auch synthetischer parallelismus membrorum?). Die Substantive ארץ, משאה, שאה und מצא haben die gemeinsame Inhaltskomponente (+ Örtlichkeit).[34]

---

33 König 1929, 404 sieht in Vers 20 einen parallelismus membrorum, den er für „synthetisch (ergänzend)" hält.

34 Berlin 1985, 106f.110f teilt den parallelismus membrorum von 38,27 ein unter den Abschnitt „sound pairs as word pairs".

38,28a und b: synonymer parallelismus membrorum durch gemeinsame Inhaltskomponenten (+ wasserhaltiges, + unzählbares Naturphänomen) von מטר und טל sowie, hier erstmals bei unterschiedlichen Wortarten, die gemeinsame Inhaltskomponente (+ durch Elternschaft hervorbringen) von אב ... יש und ילד.

38,29a und bP.b: synonymer parallelismus membrorum durch die gleichen Inhaltskomponenten wie in 28, nämlich (+ wasserhaltiges, + unzählbares Naturphänomen) bei קרח und כפר und (wiederum bei unterschiedlichen Wortarten) (+ durch Elternschaft hervorbringen) bei יצא ... מבטן und ילד. Somit besteht ein enger semantischer Zusammenhang zwischen beiden Versen.

38,30a und b: synthetischer parallelismus membrorum wegen Weiterführung des Gedankens. Es gibt die gemeinsamen Inhaltskomponenten, (+ flächenmäßiges, + wasserhaltiges Naturphänomen) der Substantive מים und תהום.

38,31a und b: antithetischer parallelismus membrorum durch chiastische Satzstellung (P inkl. Subjekt + dO gegenüber dO + P inkl. Subjekt) und die opponierenden Verben פתח und קשר mit (+ ingressiven bzw. + effektiven) Inhaltskomponenten. Dennoch finden sich auch Kriterien für einen synonymen parallelismus membrorum wie (+ faktitiv) für die genannten Verben und für die beiden CsV מעדנות כימה und משכות כסיל die gemeinsamen Inhaltskomponenten (+ bewegungseinschränkendes Medium / Verhalten, + unbelebtes, zählbares, Gestirne betreffendes Naturphänomen). Insofern kann man sowohl von einem antithetischen als auch von einem synonymen parallelismus membrorum sprechen.

38,32a und bP.b: trotz chiastischer Satzstruktur synonymer parallelismus membrorum durch die Verben mit den Inhaltskomponenten (+ fortbewegend, + dislokativ bzw. direktiv). Die beiden direkten Objekte[35] haben die gemeinsamen Inhaltskomponenten (+ unbelebt, + zählbar, + Naturphänomen, + Gestirne betreffend).

38,33a und b: synonymer parallelismus membrorum durch parallele Satzstruktur und durch die beiden CsV jeweils am Satzende. Während dabei die zwei nomina recta שמים und ארץ antithetisch sind (jedoch auch synonym durch gemeinsame Inhaltskomponente [+ den Kosmos betreffend]), regieren die zwei nomina regentes den parallelismus membrorum durch die gemeinsame Inhaltskomponente (+ Artefakt durch geistige Tätigkeit).

38,34a und b ist vielleicht synthetischer parallelismus membrorum, allerdings gibt es keine eindeutig gemeinsamen Inhaltskomponenten, sondern nur eine Fortführung des Gedankens.

38,36a und b: synonymer parallelismus membrorum durch Verwendung desselben Fragepronomens מי, durch die gleiche parallele Satzstruktur (FrPron als Subjekt + P + PV als idO + dO) und durch gemeinsame bzw. ähnliche Inhaltskomponenten der Verben שית und נתן (+

---

35 Vermutlich ist עיש hapax legomenon.

handelnd, + gebend bzw. + setzen / stellend) und Objekte, wobei die indirekten Objekte die Komponenten (+ tierisches Lebewesen) und die direkten Objekte die Komponenten (+ geistiges Abstraktum) besitzen.

38,37a und bP.b: synonymer parallelismus membrorum, der sich durch die Wiederholung des jeweils satzeinleitenden Fragepronomens מי und durch die nur entfernt verwandten Inhaltkomponenten (+ oberhalb der Erdoberfläche befindlich) auszeichnet, wobei שמים Oberbegriff zu שחקים ist.

38,38vI und a: synthetischer parallelismus membrorum, denn die beiden Verben drücken eine Fortführung des Gedankens aus, wie sich auch an den Inhaltskomponenten, (+ faktitiv, + bewegend, + resultativ) für יצק und (+ ergehend, + rezeptiv, + intensiv) für דבק zeigt. Die drei Substantive sind über die Inhaltskomponente (+ unbelebtes Naturphänomen) miteinander verbunden.

38,39a und b: synonymer parallelismus membrorum vornehmlich durch die Inhaltskomponenten (+ belebtes Lebewesen, + zur Gattung der Löwen gehörig) der Substantive לביא und כפירים.[36]

38,40a und b: synonymer parallelismus membrorum durch lautlich und grammatisch ähnliche Verbformen sowie die gemeinsame Inhaltskomponente (+ ruhend). Die PV (beide mit der Präp. ־ב) verbindet die Inhaltskomponente (+ schützende Örtlichkeit).

39,1a und b: synonymer parallelismus membrorum durch die (+ rezeptiv, + geistigen) Inhaltskomponenten der beiden Verben ידע und שמר. Die Inhaltskomponenten (+ tierisches Lebewesen zur Gattung der Säugetiere / Paarhufer gehörig) der Substantive יעל und אילות und trotz unterschiedlicher Wortart die verbindende Inhaltskomponente (+ Geburt betreffend) von לדת und חלל bestätigen dies.

39,2a.aR und b: synthetischer parallelismus membrorum durch die Inhaltskomponente (+ geistige Tätigkeit), die durch die beiden Verben ספר und ידע ausgedrückt wird, wobei das zweite Verb eine Folge des ersten ist. ירחים und עת haben die Inhaltskomponenten (+ Abstraktum, + Zeit), dabei ist das zweite Substantiv der Oberbegriff zum ersten.

39,5a und b: synonymer parallelismus membrorum wegen der Wiederholung des satzeinleitenden FrPron מי und der gemeinsamen Inhaltskomponenten (+ lebendiges Lebewesen, + zur gleichen Tiergattung gehörig) der Substantive פרא und ערוד. Erst die Wortkombination von שלח ... חפשי und מסרות ... פתח mit dem gemeinsamen Merkmal (+ befreiend) ergibt weitere synonyme Kriterien.

39,6a und b: synonymer parallelismus membrorum durch das syntaktische Phänomen der Tilgung des Verbs in b sowie durch die gemeinsame Inhaltskomponente (+ wasserlose, + unfruchtbare Örtlichkeit) der Sub-

---

36 Erst durch die Kombination der Lexeme צוד, טרף, חית und מלא ergibt sich für beide Verse die Bedeutungsebene (+ Nahrung), obwohl sie nur in einem Lexem als Inhaltskomponente enthalten ist.

stantive ערבה und מלחה und die Inhaltskomponente (+ Behausung) für בית und משכנות.

39,7a und b: synonymer parallelismus membrorum durch ähnliche Laute der Verben יִשְׂחַק und יִשְׁמָע und deren chiastische Stellung am Satzanfang bzw. -ende, weiterhin durch ähnliche Inhaltskomponenten der (+ abstrakten) Substantive המון und תשאות. Während ersteres ein Oberbegriff zu letzterem ist, haben aber beide die Inhaltskomponente (+ Geräusch) gemeinsam.

39,8a und b: synonymer parallelismus membrorum ebenfalls durch chiastische Stellung der Verben am Satzanfang und -ende sowie durch die Inhaltskomponenten (+ grün, + Nahrungsmittel) für die Lexeme מרעה und ירוק.

39,10a und b: synthetischer parallelismus membrorum durch die Inhaltskomponente (+ Einsenkung der Erdoberfläche) von תלם und עמקים.

39,13 a und b: Da Vers 13b so ungesichert ist, läßt sich nur eine Beziehung von כנף und אברה feststellen durch die gemeinsamen Inhaltskomponenten (+ gefiedertes, tierisches Körperteil).

39,14a und b: synonymer parallelismus membrorum durch die gemeinsame Inhaltskomponente (+ den Boden betreffende Örtlichkeit) von ארץ und עפר.[37]

39,15b und c: synonymer parallelismus membrorum durch gemeinsame Inhaltskomponente (+ destruktiv) der Verben זור und דוש.[38]

39,17a und b: synonymer parallelismus membrorum. Das in a genannte Subjekt אלוה wird in b phorisch wieder aufgegriffen. Die gemeinsamen Inhaltskomponenten (+ abstrakt, + den Geist betreffend) der beiden indirekten Objekte חכמה und בינה bilden den parallelismus membrorum.

39,22a,b und c: synonymer dreigliedriger parallelismus membrorum durch die Wiederholung der Wortverbindung ולא in b und c sowie die gemeinsame Inhaltskomponente (+ ängstlich) der, wenn auch unterschiedlichen, Wortarten פחד und חתת. Zu diesen beiden paßt חרב.

39,26a und b: synonymer parallelismus membrorum durch das in a neu eingeführte Subjekt נץ, welches in b phorisch aufgenommen wird und durch die gemeinsame Inhaltskomponente (+ Startbewegung zum Fliegen) von אבר und פרשׂ כנף.

39,28a und b: synonymer parallelismus membrorum durch die Wortwiederholung סלע, durch gleiches Subjekt und durch die gemeinsame Inhaltskomponente (+ Wohnen) der Verben שׁכן und לין.

---

37 Außerdem gehören ביצה und חמם derselben Isotopie (+ Nachkommenschaft der Straußenhenne) an.

38 39,16a und b bildet noch keinen parallelismus membrorum; es kommen zwar parallel zwei Negationspartikeln vor und einmal das Wort לריק, doch ergibt sich daraus noch keine parallele Sinnstruktur. רגל und חית השׂדה bilden eine Isotopie.

39, 29a und b: synonymer oder synthetischer parallelismus membrorum durch gemeinsame Inhaltskomponente (+ rezeptiv, + bewegend) der Verben חפר und נבט.

39,30a und bP.c: synonymer parallelismus membrorum durch die gemeinsame Inhaltskomponente (+ verletzter Körper eines Lebewesens) von דם und חללים.

Befund und Zusammenfassung der parallelismus membrorum-Untersuchung

In Kap. 38 wurden 23 Verse mit parallelismus membrorum-Kriterien gefunden, in Kap. 39 16 Verse. In beiden Kap. sind also jeweils ca. die Hälfte der Verse als parallelismus membrorum zu bezeichnen. Für folgende Passagen wurde kein parallelismus membrorum festgestellt: 38,1a–4c, 8a–11c, 13vI–15b, 20a–21c, 23vR–24vR2, 27vI1–vI2, 34a–35d, 41a–c; 39,3a–4d, 9a–b, 11a–12c, 16a–b, 18a–21c, 23–25c, 27a–b. Daraus soll aber nicht der Schluß gezogen werden, daß die Passagen redaktionell sekundär wären, sondern möglicherweise finden sich hier sinnvolle Unterbrechungen, ohne die dieser Text monton wäre. Es fällt auf, daß besonders der Anfang der Gottesrede mit seiner intensiven Anrede an Ijob keinen parallelismus membrorum aufweist. Das ist nicht verwunderlich, denn der parallelismus membrorum ist ein wiederholendes[39], variierendes Mittel der Darstellung mit einer gewissen Regelmäßigkeit, dem die Form des Appells (Imperativ) zu Beginn der Gottesrede entgegengesetzt ist bzw. vorausgeht.

Die Inhaltskomponenten ergeben eine notwendige Hilfe bei der Charakterisierung der parallelismus membrorum. Im Fall, daß eine gemeinsame Inhaltskomponente zwischen zwei aufeinanderfolgenden Sätzen festzustellen ist, läßt sich schon mit Sicherheit ein parallelismus membrorum diagnostizieren.[40] Besonders prägend sind gemeinsame Inhaltskomponenten bei Verben (Prädikaten), auch wenn bei anderen Wortarten bzw. Satzteilen gemeinsame Inhaltskomponenten zu finden sind. Das ergibt sich aus der für den Satz tragenden Funktion des Verbs. Allerdings sind gemeinsame Inhaltskomponenten bei Verben nicht zwingend, denn auch andere Wortarten mit gemeinsamen Inhaltskomponenten prägen einen parallelismus membrorum. Voraussetzung sind wenigstens in einem Fall gemeinsame Inhaltskomponenten an irgendeiner Wortart. Ein parallelismus membrorum definiert sich also über gemeinsame Inhaltskomponenten, weitere aber nicht zwingende Kriterien sind Wortwiederholung und paralleler oder chiastischer Satzbau.

Die große Mehrzahl der hier vorkommenden parallelismus membrorum sind synonymer Art. Sieben wurden als synthetisch angesehen (wo-

---

39 Bühlmann / Scherer 1973, 15.35–39.

40 Außer bei 39,13, weil der zweite Teil des Verses syntaktisch unsicher ist.

bei bei zweien fraglich ist, ob sie nicht vielleicht doch synonym sind), aber nur ein antithetischer parallelismus membrorum wurde gefunden. Das zeigt, daß in diesem Text lange Passagen beschreibender Natur sind.[41]

2.6 Zusammenfassung

Von insgesamt 135 semantischen Subjekten sind 69 Personen, 45 Tiere und 20 Naturphänomene, obwohl oben auf der Wortebene die Anzahl der substantivischen Naturphänomene deutlich höher ist. Trotz 13 göttlicher semantischer Subjekte erweist sich die einzelne Person Ijob als das am häufigsten genannte Subjekt, obwohl er nur einmal mit Namen erwähnt wird. Somit ist er als die Hauptperson des Textes anzusehen. Von der Gesamtheit der Tiere wird die Nennung Ijobs zwar zahlenmäßig überrundet, aber das Pferd, welches von allen Tieren am häufigsten als semantisches Subjekt zu finden ist, erscheint deutlich seltener als Ijob. Von den wenigen Naturphänomenen sind nur die (+ wasserhaltigen) Naturphänomene als Subjekt erwähnenswert.

Es gibt einige Verben bzw. Inhaltskomponenten, die nur dem Subjekt Ijob zukommen, aber auch viele, die u. a. bei den anderen Personen, aber auch hin und wieder bei den Tieren und Naturphänomenen erscheinen. Beim Subjekt Gott findet sich zwar eine Häufung des Verbs שׂים, es gibt aber kein Verb, das ausschließlich in Verbindung mit Gott verwendet wird. Daraus kann man schließen, daß von allen im Textabschnitt vorkommenden handelnden Subjekten ähnliche Tätigkeiten ausgesagt werden, daß Gott als der Sprecher den Personen Ijob, מי und sich selbst ähn-

---

[41] Bei der Untersuchung ergab sich, daß neben benachbarten Sätzen auch weiter entfernt voneinander vorkommende thematische Verwandtschaften im Textabschnitt vorkommen, die auf die gleiche Art, vor allem anhand der Inhaltskomponenten, wie die parallelismi membrorum zustande kommen. Diese Verwandtschaften bestehen bei: 38,4a.b.c und 18a.b.c; 38,4a.b, 38,12a und 38,21b.c; 38,5b und 38,21a.b; 38,6b.8a.10a.b.11b.c.12b.17a.b.19b.20a.b.33a; 38,8b.9vI2.27vI1.28a.b.29a.b; 38,9vI1(.vI2) und 38,14b und 38,19b; 38,9vI1.vI2. 25b und 38,34a.37a; 38,13vI.a und 38,15a.b; 38,15a und 38,23vR; 38,19a.aR und 38,24a.aR; 38,22a.b und 38,37bP.b; 38,23vR und 39,21c.22c.23.25c; 38,24aR2 und 38,26vI; 38,25a und 38,34b; 38,25b und 38,35a–d; 38,26vI und 38,28a; 38,30(a.)b und 38,38vI; 38,31a.b und 39,5a.bP.b; 38,32a und 38,33a; 38,36a.b und 38,37a; 38,39a.b, 38,41a.c und 39,27a.29a.30a–c; 38,40a.b und 39,6a.b.27b.28a.b; 39,1a.b.2b.3(a.)b–4d; 39,14a.b.16a.30a; 39,7a.b.18b.22a; 39,11a–12a(.b); 39,15a und 39,17a; 39,11b.19a.21c; 39,21a und 39,24a. Unabhängig von den formalen Verflechtungen zeigt sich, daß inhaltliche, thematische Verwandtschaften der Sätze untereinander bestehen und in Kap. 38 dichter sind als in Kap. 39. Hingegen konnten auf der Ausdrucksebene längere phorische Verbindungen, vor allem die Tiere betreffend in Kap. 39, nachgewiesen werden. Beide bewirken Kohärenz des Textes, ungeachtet einer detaillierten Untersuchung der Textebene.

liche Handlungen zuschreibt. Bei den Tieren Straußenhenne und Pferd und dem Naturphänomen Blitz zeigen sich Handlungsweisen, die eher Personen zukommen, so daß hier vermutlich mit einer Verschiebung der Wirklichkeitsebenen zu rechnen ist.

Die übrigen Tiere und Naturphänomene als handelnde Subjekte haben Verben mit (+ ruhenden) und (+ bewegenden) Inhaltskomponenten, die so etwas wie einen Lebensrhythmus darstellen: wachen – schlafen, handeln – ruhen.

Die Untersuchung des parallelismus membrorum zeigte einmal, daß es anhand der Konponentenanalyse möglich ist, Kriterien für das Vorliegen eines parallelismus membrorum zu finden. Zum anderen zeigte sich, daß der Text ungefähr zur Hälfte aus parallelen Versen aufgebaut ist, was ein wichtiges Kohärenzkriterium darstellt, ohne aber schon abschließend den Text als einheitlich oder uneinheitlich bezeichnen zu können.

3. Textebene

Nachfolgend werden anhand der Inhaltskomponenten satz- und versübergreifende Verflechtungselemente erarbeitet. Diese Vorgehensweise entspricht ungefähr jener, die bereits bei der Untersuchung der Ausdruckseite angewendet wurde. Es handelt sich um „vertikale" inhaltliche Sinnlinien, die den Textabschnitt durchziehen und einen Einblick in die inhaltliche Struktur des Textes bieten. So werden bei dieser Strukturbeschreibung immer wieder Rückgriffe auf die Textebene der Ausdruckseite, v. a. auf die Phorik notwendig sein. Damit zeigt sich auch die enge Verflechtung von Form und Inhalt. Andrerseits ergibt sich im „horizontalen" Blickwinkel bei den meist mehrdeutigen Lexemen – wie sich zum Teil schon bei der Komponentenanlyse auf der Wortebene zeigte – aufgrund ihrer Vertextung, d. h. durch ihre Zusammenstellung zu einem Text, eine Vereindeutigung oder Monosemierung von mehrdeutigen Lexemen[1]. Die Zusammenschau dieser Textverflechtungselemente läßt Sinnebenen, Isotopien, erkennen. Zur Überprüfung der Vereindeutigung dient der alttestamentliche Kontextvergleich, da der „kompetente Sprecher" des Althebräischen als nicht mehr gesprochener Sprache fehlt. Mehrdeutigkeit könnte durch Paraphrasierung der einzelnen Lesarten seitens des kompetenten Sprecher aufgelöst werden[2] oder auch durch einen außersprachlichen Kontext wie z. B. Sprechsituation, Vorwissen, Einstellung und Erwartung von Sprecher und Rezipient sowie durch nonverbale Mittel wie Gestik oder Mimik.[3] Der alttestamentliche Kontextvergleich ersetzt den kompetenen Sprecher[4], indem er Aufschluß bietet über ähnliche Formulierungen (Wortkombinationen) und Kontexte, in denen das gleiche Lexem, ein Derivat oder ein Synonym vorkommt. Somit ergeben sich Vergleichsmöglichkeiten, die die Bedeutung in diesem Textabschnitt erhellen können. Die alttestamentlichen Vergleichstexte sind auch deshalb heranzuziehen, weil sie formal, zeitlich und kulturell dem zu untersuchenden Textabschnitt am nächsten stehen. Darüber hinaus wird hier gelegentlich auf das von Othmar Keel gesammelte altorientalische Bildmaterial und seine Ausführungen dazu hingewiesen. Ansonsten gibt es bei der Heranziehung alttestamentlicher Vergleichstexte[5] folgende Rangfolge: Der Kontext des Ijobbuches selbst, aus dem der Textabschnitt entnommen ist, steht an erster Stelle, hierin besonders die Ijobreden. Das legt sich von 38,1 her nahe, denn Gott antwortet dem Ijob. Aber wo es notwendig erscheint, werden auch die Freundesreden und andere Texte des Buches berücksichtigt. Außerhalb des Ijobbuches haben

---

1 Dazu vgl. Wehrle 1987, 210–214.

2 Bußmann 1990, 75.

3 Bußmann 1990, 186; vgl. Schulte-Sasse/Werner 1977, 76ff.

4 Wehrle 1987, 206–212.

5 Ihre Darstellung erfolgt, wenn sie nicht paraphrasiert werden, anhand der EÜ oder durch eigene Übersetzung.

die Bücher der Ketubim, der Schriftwerke, Priorität vor den geschichtlichen und prophetischen Büchern, da sie zeitlich (zum Teil), inhaltlich und formal als poetische Texte dem Ijobbuch verwandt sind.

Isotopie (griechisch: ἴσος τόπος, „derselbe Ort") ist der von A. J. Greimas erstmals entwickelte sprachwissenschaftliche Begriff, der einen über mehrere Sätze hinweg (also einen Text betreffenden) einheitlichen Sinn- oder Bedeutungszusammenhang bezeichnet und sich aus sich wiederholenden – nicht nur von denselben Wörtern, sondern auch – Inhaltskomponenten und Inhaltskomponentenkombinationen ergibt.[6] Anhand der Komponentenanalyse wurden Substantive und Verben bereits in einige Klassen zusammengestellt. Die Isotopien sind ein wichtiges textbildendes Kriterium um festzustellen, ob ein Text in sich kohärent oder uneinheitlich ist.[7] Nun können in einem Text mehrere Isotopien nebeneinander existieren, so daß sich Teil- und Nebenthemen eines Textes offenbaren. Oft zeigt sich eine der Isotopien als dominant[8], oder aber einzelne Isotopien als einander ausschließend.[9]

Somit lassen sich anhand dieser Vorgehensweise der Untersuchung der inhaltlichen Textverflechtung Aussagen über die Kohärenz oder Nichtkohärenz des Textabschnitts machen und Textthema oder -themen herausfinden.

Vorbemerkung zur Metapher

Die Metapher, von griechisch μεταφέρειν „übertragen", ist „ein bildlicher Ausdruck für einen Gegenstand (oft zur Veranschaulichung von abstrakten Bezeichnungen), einer Eigenschaft oder eines Geschehens"[10]. Mit der Ironie gehört die Metapher zu den sogenannten Tropen (griech.: Wendungen), den antiken Redefiguren, die Wörter oder Sätze von der

---

6 Vgl. auch Kallmeyer 1986, 143–161. Dort (S. 149) wird die Isotopieebene folgendermaßen definiert: „Lexeme, die in einem Text über ein gemeinsames, rekurrent-dominantes semantisches Merkmal [hier wird der Terminus Inhaltskomponente" verwendet. Vf.] verknüpft sind, konstituieren eine Isotopieebene. Ein [sic!] Isotopiebene kann immer dann angenommen werden, wenn wenigstens zwei Lexeme diese Voraussetzung erfüllen." In dieser Arbeit wird der Terminus „Isotopie" weiter gefaßt und gelegentlich durch den Terminus „Sinnebene" oder „Sinnlinie" ersetzt, da neben den sich wiederholenden Inhaltskomponenten auch thematische Grundkomponenten zur Beschreibung einer Isotopieebene herangezogen werden. – Vgl. aber auch Schweizer 1981, 315–318 mit einer Anwendung auf Ijob 1 und 2 (317) und ders. 1986, 106–108 mit einer Anwendung auf Ps 125.

7 Bußmann 1990, 357.

8 Bußmann 1990, 357; Schulte-Sasse/Werner 1977, 73.

9 Wehrle 1987, 208f mit Anm. 64.

10 So Wehrle NBL II, 789.

ursprünglichen Bedeutung in eine andere übertragen.[11] Die Metaphern sind, wie die Ironie, erst auf der Textebene erkennbar.[12]

Grundlage der Metapher ist die Ähnlichkeit zwischen Gegenständen oder Begriffen, dem sogenannten Bildspender und Bildempfänger. Als Beispiel soll 38,9vI1 der Gottesrede dienen: „Ich setze Wolken als seine [des Meeres] Windel." „Windel" ist der Bildspender, „Wolke" der Bildempfänger, das gemeinsame Dritte (tertium comparationis) die schützende, bedeckende Funktion von beiden. Anhand der Komponentenanalyse zeigte sich lediglich, daß Wolke die Inhaltskomponenten (+ Naturphänomen, + zählbar) und Windel (+ zählbar, + menschliches Artefakt) besitzen. Erst anhand der Vertextung zeigen sich die beiden verbindenden Inhaltskomponenten (+ schützen, + verdecken). Da im Alten Testament das Wort חתלה nur selten vorkommt und auch die Bildverwendung für die Wolken einmalig ist, hat die Übertragung dieses Artefakts auf ein Naturphänomen eine verblüffende Wirkung auf den Rezipienten und ist ein gelungenes dichterisches Mittel.[13]

Während die Metapher ohne äußeres formales Zeichen erkannt werden muß, wird der Vergleich z. B. durch die Partikel „wie" oder durch das Verb „gleichen" angezeigt.[14]

3.1 Sprachlich äußernde Vollzüge

In 38,1a.b werden zweimal Verben mit der Inhaltskomponente (+ sprachlich äußernd) bei gleichem (+ göttlichem) Subjekt verwendet. Dabei handelt es sich um einen feststehenden redeeinleitenden Ausdruck[15]. Während ענה im untersuchten Textabschnitt nur an dieser Stelle vorkommt, wird das Verb אמר[16] noch drei weitere Male (38,11a.35c 39,25a) verwendet.

Weitere Verben mit der Inhaltskomponente (+ sprachlich äußernd) im Textabschnitt sind: שׁאל (38,3b), נגד (38,4b.18b), רנן und רוע (38,7vI.a), צוה (38,12a), ספר (38,37a 39,2a) und שׁוע (38,41b) sowie die Substantive מלין (38,2) und פה (39,27a), wobei sich v. a. auch die beiden letzteren bei der Komponentenanalyse als mehrdeutig herausstellten, insofern als מלה als (+ Abstraktum, Geräusch / Konkretum, zählbar) und פה als (+ Konkretum, Naturphänomen, unbelebt, zählbar, Körperteil eines Lebewe-

11 Bühlmann-Scherer 1973, 64.

12 Weinrich 1972, 271; Wehrle NBL II, 789.

13 Zur Vorgehensweise siehe Wehrle NBL II, 789f.

14 Bühlmann-Scherer 1973, 64f.

15 Nach Even Shoshan, 900f, kommt die Formulierung ויאמר (...) ויען 76 mal im AT vor.

16 Nach Even Shoshan, 85–91, 5298 mal im AT und nach Schmid, אמר, THAT I, 212, 97 mal im Buch Ijob.

sens/Abstraktum, Geräusch eines menschlichen Lebewesens) klassifiziert wurden. Es zeigt sich also, daß der ganze Textabschnitt vertikal mit Lexemen dieser Inhaltskomponente durchzogen ist.[17] In horizontaler Blickrichtung wird, beginnend am Anfang des Textabschnitts, schwerpunktmäßig nun auf die inhaltlichen Textverflechtungselemente eingegangen.[18]

Das Wort ענה[19] hat die allgemeine Bedeutung „reagieren" und wird sowohl mit „erhören" als auch mit „erwidern" ö. ä. übersetzt.[20] Nachfolgend ist אמר als nähere Bestimmung des Reagierens oder, anders gesagt, als Monosemierung des vieldeutigen Lexems ענה zu betrachten.[21] Meistens, wenn Gott wie hier Subjekt von ענה ist (in Alten Testament 62mal[22]), reagiert Gott auf menschliche Initiative hin, allerdings vorwiegend nicht in ausformulierter Form[23]. Es gibt also eine mit ענה eingeführte wörtliche Rede Gottes im Alten Testament nur selten, so z. B. in 1 Sam 23,4, (Ez 5,7 als Teil einer größeren Prophetenrede), Hab 2,2–5 und Joel 2,19–4,21. Die Tatsache, daß Gott auf Ijobs (menschliche) Initiative[24] hin antwortet, hat dieser Text auch mit anderen alttestamentlichen Texten gemeinsam.

Diese Antwort Gottes ist im Alten Testament, neben der zweiten Gottesrede, die ausführlichste Antwortrede Gottes, die von Menschen initiiert und mit ענה eingeführt wird. Darin liegt eine Besonderheit dieses Textes. Nur sechsmal hingegen ergreift Gott darüber hinaus im Alten Testament, formuliert mit ענה, unaufgefordert die Initiative.[25] Es gibt aber auch Fälle, in denen Gott nicht reagiert[26]. Labuschagne nennt zu diesen Fällen u. a. auch Ijob 30,20 und 35,12. Nach 30,20 beklagt sich Ijob in seiner letzten Klagerede bei Gott, daß er ihm nicht auf seine Schreie ant-

---

17 Das deutsche Wort „Text" ist mit dem Wort „Textil" etymologisch verwandt. Ähnlich wie bei Textilien, die aus senkrechten und waagerechten Fäden gewebt sind, verhält es sich mit dem Text. Senkrechte und waagerechte Bedeutungsebenen ergeben die Textstruktur.

18 Aus methodischen Gründen werden Lexeme dieser Isotopie, die in der Mitte oder am Ende des Textabschnitts vorkommen, erst später behandelt, da es der Übersichtlichkeit dient, wenn der Text der Reihe nach durchgegangen wird.

19 Nach Labuschagne, ענה, THAT II, 336 gibt es 57 Vorkommen im Buch Ijob und 36 in den Pss.

20 Labuschagne, THAT II, 337 – Vgl. Stendebach, ענה I, ThWAT VII, 233–247.235.

21 Labuschagne, THAT II, 338.

22 Labuschagne, THAT II, 339; Kessler 1991, 43, stellt die verschiedenen Arten des Antwortens Gottes vor. Danach ist Gott in 35 Ps-Belegen Subjekt von ענה.

23 Belege bei Labuschagne, THAT II, 338f.

24 Siehe Ijobs Aufforderungen oder Hoffnungsäußerungen 12,4 13,22 23,5 30,20 31,35.

25 Interessant ist der Hinweis Labuschagnes, THAT II, 340, daß immer, wenn der Mensch Subjekt von ענה ist, Gott die Initiative ergreift und ruft.

26 Belege bei Labuschagne, THAT II, 340.

wortet und auch nicht auf ihn achtet. Doch einige Sätze später (31,35) drückt Ijob noch einmal den Wunsch nach einer Antwort Gottes aus (שַׁדַּי יַעֲנֵנִי). Wenn man also 30,20[27] nicht isoliert anschaut, sondern im größeren Zusammenhang des Buches sieht, widerlegt das Antworten Gottes nach 38,1 Ijobs Vorwurf, Gott antworte nicht. Und bereits 31,35 zeigt, daß Ijob selbst den Vorwurf nicht konsequent durchhält, sondern sein erneuter Wunsch die Hoffnung impliziert, daß Gott doch noch antwortet. Schon in den vorangegangenen Reden (12,4 13,22 23,5) hatte Ijob die Hoffnung, ja mit einer gewissen Sicherheit die Erwartung geäußert, daß Gott ihm antwortet. Daß dies nun geschieht, zeigt die Redeeinführung. Letztlich widerlegt die Entgegnung Gottes auch den Freund Elifas, der Unverständnis darüber zeigt, daß Ijob sich an Gott wendet. Elifas sagt in 5,1: „Ruf doch! Ist einer, der dir Antwort gibt? An wen von den Heiligen willst du dich wenden?"

Der Gottesname יהוה wird in 38,1 als Subjekt der beiden Verben des sprachlichen Äußerns ענה und אמר verwendet. Er kommt knapp 7000mal im Alten Testament vor und ist der häufigste Gottesname. Über die genaue Anzahl schwanken die Angaben erheblich.[28] Im Buch Ijob kommt der Name nur 27mal vor,[29] und zwar fast ausschließlich im Prosarahmen des Buches[30], aber auch in den prosaischen Einleitungsversen zu den beiden Gottes- und Ijobantworten (38,1 40,1.3.6 42,1). Eine Ausnahme bildet 12,9 im Zusammenhang einer Rede Ijobs an seine Freunde, wo Ijob Gottes unbegreifliches Walten preist. Der Vers wird von einigen als sekundär betrachtet.[31]

Im Textabschnitt kommen in größeren Abständen vier verschiedene Gottesnamen vor: יהוה (38,1) im prosaischen Einleitungsvers, die בני אלהים (38,7), אל (38,41) und אלוה (39,17). Jeder Name wird nur einmal verwendet und שַׁדַּי, der sonst so häufig im Ijobbuch verwendet wird, kommt hier nicht vor. Auf ihre Stellung im Text wird noch näher eingegangen werden.[32]

Wenngleich die Verwendung des Gottesnamen יהוה im Einleitungsvers 38,1 eine Verbindung zu den Prosatexten herstellt, hat die Verwen-

---

27 35,12 innerhalb der Elihureden soll aus literarkritischen Gründen außer acht gelassen werden.

28 Nach Even-Shoshan, 440–447, sind es 6639mal. Zu den zahlenmäßigen Unterschieden verschiedenener Autoren vgl. Jenni, THAT I, 703f.

29 Even Shoshan, 440–447.

30 1,6.7.8.9.12(2mal).21 2,1.2.3.4.6.7 42,7.9.10(2mal).11.12. Vgl. Volz 1921, 86.

31 So Fohrer 1963, 244f und Horst 1968, 189ff.

32 Nach Strauß 1994, 95–101, 98, „durchmißt אל (...) in Bedeutung und Funktion häufig mit שדי und teilweise mit אלוה, selten mit אלהים und nur im Rahmen der Gottesreden יהוה untergeordnet den ganzen Spannungsbogen von Gott, an den man sich (täglich) wendet, über Gott, dem man vertraut und den nur Frevler mißachten, bis zu Gott, der den Menschen schlechterdings überlegen bleibt und an dem der einzelne (Hiob) verzweifelt."

dung vielleicht auch noch einen anderen Grund: Ernst Jenni[33] erwähnt in seiner Wortbeschreibung frühere Ableitungen von arabischen Wurzeln, die u. a. die Wortbedeutung יהוה „der im Sturm Brausende" nahelegen[34]. Auch D. N. Freedman und P. O'Connor[35] nennen die arabische Ableitung „wehen". Obwohl Jenni sinaitische Ableitungen für naheliegender hält und auch Freedman/O'Connor dieser Bedeutung nicht allzuviel Gewicht beimessen, wäre an dieser Textstelle durch die Wortverbindung מן הסערה ein Anklang an die arabische Ableitung nicht ganz unsinnig, zumal die alte Ijoblegende, wie sie sich vor allem in der Rahmengeschichte zeigt, aus dem arabischen Raum stammen könnte[36].

Eine Überprüfung der Kontexte der 16 alttestamentlichen סערה/ש-Belege ergibt, daß bei allen der Gottesname יהוה vorkommt: in Nah 1,3 Sach 9,14 Ijob 40,6 Jes 29,6 41,16 2 Kön 2,1 Jer 23,19 30,23 Ez 13,13 im selben Vers; bei Ez 1,4 Ps 107,25.29 148,8 Ez 13,10 im benachbarten Vers und in Jer 23,19 30,23 findet sich sogar סערה יהוה als CsV. Dieser Befund bietet ein wichtiges Indiz für die Auffassung, daß der Ijob antwortende Gott Züge eines altorientalischen Sturmgottes hat. Für Ps 104 mit seinen der Gottesrede verwandten Elementen versucht Paul E. Dion[37] diesen Nachweis zu erbringen. Die Tatsache, daß hier in 38,1 nicht die CsV סערה יהוה wie in den beiden Jeremia-Belegen verwendet wird, zeigt, daß יהוה eindeutig personale Züge hat, während bei Jeremia der naturalistische Aspekt im Vordergrund steht.

מן הסערה stellt als PV eine Ortsangabe dar, genauer den Ort, aus dem Gott spricht. Es handelt sich um ein Naturphänomen mit den Inhaltskomponenten (+ unbelebt, + unzählbar). סערה hat mit קדים (38,24) und תימן (39,26) die gemeinsame Inhaltskomponente (+ Luftbewegung betreffend). Die Formulierung ענה (...) מן הסערה kommt im Alten Testament außer in Ijob 40,6 (dort allerdings ohne Determination des Sturms) an keiner anderen Stelle mehr vor; auch nicht im Zusammenhang von 1 Sam 28,6, wo es heißt, daß Gott dem Saul weder durch Träume noch

---

33 THAT I, 703. Er bezieht sich dabei u. a. auf KBL 386f.

34 Jenni, THAT I, 703, beruft sich dabei auf „Köhler, Theol. 24f; KBL 368f".

35 ThWAT III, 548f. Sie nennen T. J. Meek, Hebrew Origins, New York 1960, 99–101 als Vertreter dieser Meinung. Auch HAL II, 378 nennt die Bedeutungsmöglichkeit.

36 So H. Groß 1986, 5. – Vgl. H.-P. Müller 1995, 23–36.25–31; vgl. auch die Anm. der EÜ zu Ijob 1,1, daß das Land Uz vermutlich in Arabien liegt. Vgl. Görg 1980, 9, wonach Uz am ehesten als „ein Gebiet im Osten oder Südosten von Palästina" anzusehen ist. Zur altarabischen Herkunft der Ijobdichtung oder des Milieus, der Heimat des Dichters vgl. Kuhl 1953, 313. Knauf 1983, 28 grenzt den „Geltungsbereich des Landschaftsnamens Uz recht genau auf die engere oder weitere Umgebung von Dedan" ein.

37 1991, bes. 48–58. Auch Keel 1978, 122 mit Anm. 341 und Abb. 65 auf S. 119 stellt im Zusammenhang mit dem Herrn der Tiere diesen als Sturmgenius dar. Vgl. auch Freedman/O'Connor, ThWAT III, 550f.

durch Losorakel noch durch die Propheten eine Antwort (ענה) gab[38]. Dennoch ist eine Gottesrede oder -mitteilung aus einem Sturm kein Einzelphänomen.[39]

Der Sturm gilt als Zeichen der Theophanie[40]. In der Umwelt Israels wird der Sturm Wettergottheiten zugeschrieben: Im Enuma Elisch schafft Marduk vier bzw. sieben Winde, um seine Widersacherin, die Göttin Tiamat kampfunfähig zu machen.[41] Auch die Götter Ninurta, Ischkur, Adad und Nergal kommen im Sturm einher.[42]

Von den alttestamentlichen סערה/שׂ Belegen wird in Ps 148,8 eine direkte Verbindung zwischen dem סערה und Gottes Wort hergestellt, indem der Sturm Gottes Wort vollzieht, also als Medium der Botschaft fungiert.

Gewissermaßen als Opposition zu diesen Vorstellungen[43] ist der Sturm in 1 Kön 19,11 ff zu verstehen, wo es heißt, daß Gott nicht im רוח גדולה,

---

38 Vgl. Num 12,8: Gott sagt: „Mit ihm (Mose) rede ich von Mund zu Mund, von Angesicht zu Angesicht, nicht in Rätseln. Er darf die Gestalt des Herrn sehen ..."

39 Das Wort סערה erscheint nach Even-Shoshan 812 insgesamt 16mal im AT, zweimal in Ijob und nur einmal, eben an dieser Stelle, determiniert. In der Schreibung שׂערה erscheint das Wort zweimal im AT und davon einmal im Ijobbuch (9,17). Das Lexem סער begegnet achtmal im AT. – Zur Abgrenzung von anderen Lexemen mit der Inhaltskomponente (+ windig) vgl. Dreytza 1992. S. 139 belegt er סערה und סופה beide mit der „Bedeutungskomponente ‚sehr intensiv'". סופה kommt im Buch Ijob in 21,18 27,20 37,9 vor: In 21,18 fragt Ijob, wie oft die Frevler wie Spreu werden, die der Sturm (סופה) entführt, in 27,20 stellt Ijob fest, daß der Sturm (סופה) bei Nacht die Frevler forttrage. Elihu beschreibt den Sturm, der aus der Kammer kommt, als Begleiterscheinung von Gottes donnernder Stimme. Über die Wirbelstürme im Alten Testament vgl. Lugt 1975. Eisenberg/Wiesel 1986, 364f meinen, daß סערה (talmudisch) Haar wie auch Prahler, Schädel bedeute. Der Sturm vollziehe sich in Ijobs Kopf als innere Stimme. Der Text suggeriere, daß Gott nur zu Ijob spreche, die Freunde seien nicht davon berührt. – Hayd 1859, 233 vermutet das Reden Gottes aus dem Gewitter als „bloß eine poetische Fiktion des Verfassers". – Lambert 1919, 27 meint, Hiob schaue in mythischer Vereinigung, was Jahve spricht. Es sei kein höheres Wort, es sei ein „Schauen ‚des göttlichen Gedankens'". – Volz 1921, 80: „In Wirklichkeit ist das ‚Erscheinen' Gottes und das ‚Schauen' Gottes nur dichterischer Ausdruck ... an unserer Stelle ist das Erscheinen Gottes in der Wetterwolke äußerlich gemeint." Vgl. auch Szczygiel 1931, 205.

40 Vgl. z. B. Kubina 1979, 79f mit Fohrer 1963, 498f und Lévêque, 509f. Zur Theophanie allgemein siehe Jörg Jeremias, Theophanie. Die Geschichte einer alttestamentlichen Gattung 1965; Albrecht Scriba, Die Geschichte des Motivkomplexes Theophanie 1995. Vgl. auch Cheyne 1887, 50; Westermann 1977,112; Ravasi 1979, 740; Volz 1921, 88; Weiser 1968, 241.243.

41 Einzelheiten bei Fuchs 1993, 80; Enuma Elisch IV, 49.98.

42 Näheres bei Jeremias 1977, 88f.

43 So Albertz/Westermann, THAT II, 733.

nicht im רעש, nicht im אש, sondern im קול דממה דקה sei und erst aus diesem zu Elija spreche. Aber auch hier wird durch ein Medium, ein Naturphänomen (+ Luftbewegung betreffend) Gottes Mitteilung überbracht.

Nach Nah 1,3 nimmt Gott seinen Weg in Wirbel und Sturm. Während דרך ausdrücklich genannt ist und so die Ortsbestimmung näher erläutert, aber anschließend keine direkte Rede Gottes folgt, ist das hier zu Beginn der Antwort Gottes an Ijob der Fall. Nah 1,3 „Der Herr ist langmütig und von großer Macht; doch läßt der Herr gewiß keinen ungestraft" legt hingegen einen Gerichtskontext nahe.

In Dan 7,2 handelt es sich um eine Vision, an deren Anfang (aram.:) ארבע רוחי שמיא stehen. Die vier Winde des Himmels wühlen das Meer auf, aus dem die Tiere heraufsteigen. Im Anschluß daran folgt allerdings ebenfalls keine Rede Gottes.

Anders in Ez 1,4: Auch hier steht am Anfang der Vision רוח סערה; doch im Anschluß an eine längere, ausführliche Darstellung der Vision spricht Gott zum Propheten und trägt ihm seine Sendung auf. Der Sturm bringt die Vision hervor; die Vision ist also zwischen den Sturm und die Rede gesetzt.

Im Buch Ijob kommt סערה bzw. שׂערה insgesamt dreimal vor. In 9,16f bezweifelt Ijob, daß Gott ihm antwortet (ענה) und auf seine Stimme hört, und vermutet, daß dieser Gott ihn im Sturm (בשׂערה) zermalmt. Der Sturm ist in Ijobs Vorstellung Vernichtungsmedium. סערה wird oft im Alten Testament im negativen Sinn als Straf- und Vernichtungsmedium verwendet[44] und aufgrund seiner eigenen Erfahrung ist die Haltung offensichtlich, denn ein רוח גדולה, ein Synonym für „Sturm", ließ Ijobs Haus einstürzen und tötete alle seine Kinder (1,19). Das Gegenteil, nämlich Gottes (schließlich belebende) Antwort, wird aber in 38,1ff 40,1f.6 gezeigt.

Die Tatsache, daß die Antwort Gottes in Vers 1 mit dem Zusatz „aus dem Sturm" eingeleitet wird, ist eine direkte Antwort auf Ijobs Befürchtung in 9,16f. Gott antwortet doch und vernichtet ihn (wie sich später im Text, z. B. an Ijobs Antworten herausstellt) nicht, so daß Ijob also (zumindest in diesem Punkt) „falsch" von Gott geredet hat. Die direkte Wiederaufnahme eines Wortes aus Ijobs früherer Rede, welches zudem auch nur dreimal im Buch Ijob vorkommt, in Gottes Rede ist als direkte Anspielung auf Ijobs Rede zu werten. In alttestamentlicher Zeit, als nicht jeder lesen und schreiben konnte und die Kultur des Erzählens noch verbreitet war[45], fungierten einzelne Worte wie dieses als Gedächtnisstütze und wurden beim Wiederhören sofort als Anspielung verständlich. Während Ijob also erwartet, niedergetreten zu werden, heißt es in 38,1 lediglich, daß Gott antwortet. Der Bezug zu Ijobs Befürchtung, von

---

44 Als Strafgericht: Jes 29,6 40,24 Jer 23,18 30,23 Ez 13,11.13 (letztere beiden Belege auch als Ausdruck für Gottes Zorn). So auch Rowold 1977, 67 Anm. 3; Kubina 1979, 80.

45 Schmökel 1995, 538.555ff.

Gott nicht beachtet zu werden (30,20), und dessen Nichtbewahrheitung wurde oben schon dargestellt. Im näheren Kontext dieses Verses (30,22) findet sich ein weiterer Bezugspunkt, auf den סערה, allerdings als Synonym, anspielt: Ijob befürchtete nämlich darüber hinaus, daß Gott ihn in den Wind (רוח) hebt und ihn im „Sturmgebraus" „zergehen" (EÜ) läßt. Der befürchteten vernichtenden Handlung steht also in 38,1 das Antworten Gottes mit Worten gegenüber. Neben 9,17 findet sich in 30,20.22 ein deutlicher Bezug der Antwort Gottes zu den vorangegangenen Ijobreden. Der Bezug beider Reden zeigt sich somit über Wortwiederaufnahmen und Synonyme.[46] Indem Gott sich dessen bedient, geht er auf Ijobs zuvor Gesagtes ein und antwortet ihm.

In 40,1.6f wird der Wortlaut von 38,1 wiederholt, in 40,1 ohne מן סערה, in 40,6f mit dem Verschrieb מנ, aber סערה ohne Determination.

Daß Gott mit Worten auf zuvor geäußerte Worte antwortet, zeigt auch der erste Satz von Gottes direkter Rede 38,2 und die PV במלין. מלה kommt 38mal im Alten Testament vor, davon 34mal im Buch Ijob. Die Form מלין gibt es ausschließlich im Buch Ijob[47] (13mal) und davon siebenmal in den Elihureden, wie überhaupt 14 aller Belege von מלה auf die Elihureden entfallen. Ebenfalls bei Elihu wird מלין mit בלי דעת kombiniert (vgl. 35,16 34,2). Diese Tatsache könnte die These von Theresia Mende stützen, 38,2 gehe auf die Redaktion des Elihuverfassers zurück[48], wenn nicht das Wort auch in den Dialogen in 4,2 12,11 15,13 18,2 26,4 verwendet würde, die nach Mende außer in 12,11 nicht auf den Elihuverfasser zurückgehen[49]. Durch die Verbindung mit der Präposition ב ist מלין als Medium des (+ sprachlichen Äußerns) eher als geräuschverursachendes Konkretum zu verstehen denn als Abstraktum. בלי־דעת determiniert bzw. monosemiert מלין.

Gleich zu Beginn der Gottesrede findet sich also die Isotopie der sprachlichen Äußerung, die sich in 3b mit dem Verb שאל und dem gleichen semantischen Subjekt bzw. Handlungsträger mit der Inhaltskomponente (+ göttlich) fortsetzt. Das Substantiv מלין (38,2), welches die Inhaltskomponente (+ Medium der sprachlichen Äußerung) gehört ebenfalls zu dieser Isotopie. Durch ידע im H-Stamm in 3c wird der bisherige Handlungsträger Gott zum direkten Objekt und Adressaten der von Ijob eingeforder-

---

46 Sturm und Wind können auch deshalb als Synonyme bezeichnet werden, weil sie z. B. als gemeinsame Inhaltskomponente (+ Luftbewegung) besitzen. Zur Relevanz von Synonymen als Textverflechtungselemente vgl. Heinemann/Viehweger 1991, 38.

47 Nach Even-Shoshan 660: 2 Sam 23,2 Ps 19,5 139,4 Ijob 4,2.4 6,26 8,10 12,11 13,17 15,3.13 16,4 18,2 19,2.23 21,2 23,5.9 24,25 26,4 29,9.22 30,9 32,11.14.15.18 33,1.8.32 34,2.3.16 35,4.16 36,2.4 38,2 Spr 23,9.

48 Mende 1990, 230f.

49 Mende 1993, 18.

ten Rede. Ijob hingegen wird zum (grammatischen) Subjekt bei den folgenden Verben der sprachlichen Äußerung נגד, צוה und ספר.

Die Isotopie (+ sprachlich äußernd) zieht sich nachfolgend durch den ganzen Textabschnitt. In der ersten Hälfte des Kap. 38, also zu Anfang des Abschnitts häufen sich diese Inhaltskomponenten, so daß sich dadurch die Kommunikations- und Redeeinleitung manifestiert. Die enge Aufeinanderfolge der mit demselben Merkmal behafteten Lexeme in den ersten vier Versen von Kap. 38 wird dann ab 4b über längere Strecken unterbrochen und später wieder aufgenommen. Das letzte im Textabschnitt vorkommende Merkmal (+ sprachlich äußernd) findet sich in 39,27 im Substantiv פה, welches verbunden ist mit dem auf Ijob weisenden Morphem der 2.m.sg. Somit kann man dieser Isotopie eine den ganzen Text vereinheitlichende Funktion zuschreiben.

3.2 Geistige Vollzüge

38,2 nimmt aus mehreren Gründen einen besonderen Platz ein[50]: Dieser Vers ist der erste Satz der wörtlichen Rede Gottes. Das Prädikat des Satzes besteht aus einem H-Partizip, die Anrede an Ijob erfolgt nicht direkt, d. h. nicht als Anrede mittels Verwendung der 2.m.sg. oder eines Imperativs, sondern durch die Frage מי זה.[51] Außerdem werden die zwei Lexeme עצה und דעת mit der Inhaltskomponente (+ den geistigen Bereich betreffend) verwendet.

---

50 Das wird auch in der Literatur häufig so gesehen: van Oorschot, 1987, 15 mit Anm. 26 mit Würthwein (1938) 1970, 285f, hält 38,2 für die Themenangabe. – Mende, 1990, 230, sieht V 3 als Einleitungsvers der Gottesrede und hält 38,2 zwar nicht für widersprüchlich zu V 3, aber entbehrlich. Die Unhaltbarkeit ihrer These, 38,2 stamme vom Elihuverfasser, wird im Zuge der nachfolgenden Darlegungen deutlich. Viele Autoren halten besonders עצה für die Themenangabe. Obwohl Mende 38,2 für entbehrlich hält, kann sie sich, 1990, 301, dennoch auch dieser Auffassung anschließen. – Kuhl 1954, 287, verweist auf Koepp 1949, der 38,2 und 40,2.7 sowie Ijobs Widerruf 40,4–5 und 42,2–6 als tragende Gedanken versteht. – Westermann 1977, 110f, ist ähnlicher Ansicht, wenn er meint, daß Gott Ijob *eine* Frage stelle: Wer bist du (38,2)? Diese Frage werde breit ausgefaltet (38,1–41,26). Eigentlich laute die Frage: Bist du der Schöpfer? Daraus leitet Westermann das Motiv ab: das zur Frage im Munde Gottes gewandelte Lob des Schöpfers. – Driver-Gray 1950, 325: „The main point of the speech that Job in his ignorance had misrepresented God is briefly put in the challenging questions which the speech opens (38,2) and closes (40,2)." – Vgl. Cox 1978, 126.

51 Vgl. in Ps 24,8 die Formulierung מי זה מלך הכבוד für einen bestimmten König.

Das Partizip מחשיך[52] drückt eine Handlung aus, die durch den H-Stamm (+ effektive) Inhaltskomponenten bekommt. Das Wort ist mit עצה zu einer im Textabschnitt einmalig vorkommenden Annexionsverbindung verknüpft. Die Kontexte der alttestamentlichen Belege zeigen, daß חשך als Gegenbegriff zum Licht steht. Im ähnlichen Vers 42,3, der zweiten Ijobantwort, heißt es מעלים מחשיך[53].

In seiner ersten direkten Rede (3,9) verwendet Ijob ebenfalls das Verb חשך, wo er seine Klage damit beginnt, zurückschauend den Tag seiner Zeugung zu verfluchen, indem er, sozusagen rückwirkend, wünscht, die Sterne der Dämmerung jenes Tages mögen sich verfinstern. Da nur etwas verdunkelt werden kann, was zuvor hell war, ist עצה für diesen Textzusammenhang u. a. die Inhaltskomponente (+ hell) zuzuordnen[54]. Weitere Inhaltskomponenten für עצה sind (+ abstrakt), wie schon bei der Komponentenanalyse festgestellt wurde, und (+ den geistigen Bereich betreffend). Während Ijob also wünschte, daß Naturphänomene sich verdunkeln, wirft Gott Ijob geistige Verdunkelung vor.

Im zu untersuchenden Textabschnitt gibt es weitere drei Lexeme, genauer gesagt Substantive, die das Merkmal (+ dunkel) beinhalten[55]: חשך (38,19bP)[56], ערפל (38,9vI2)[57] und צלמות (38,17b)[58]. Bei ערפל erscheint

---

[52] Das Verb חשך kommt insgesamt 17mal im AT vor, davon dreimal im Ijobbuch. Die H-Ptz-Form gibt es im AT nur an dieser Stelle. Das semantische Subjekt ist hier Ijob. Von den weiteren 16 Belegen ist bei vier Belegen (Ps 69,24 105,28 Am 5,8 8,9) Gott als Verursacher genannt sowie einmal ארבה (Ex 10,15) und einmal עריפיה (Jes 5,30). Bei den übrigen zehn Belegen (Ijob 3,9 18,6 Jes 13,10 Klgl 4,8 5,17 Mich 3,6 Koh 12,2.3 Ps 139,12 Jer 13,16) wird eine Aussage über den Verursacher nicht direkt intendiert, d. h. es wird kein semantisches Subjekt genannt. – Folgende Dinge werden den Belegen zufolge verdunkelt: כוכבי נשף (Ijob 3,9) bzw. כוכבים (Koh 12,2), השמש (Jes 13,10 Koh 12,2) נערים (= Qere [בני ציון] Klgl 4,8), עינים (Klgl 5,17 Ps 69,24), מקסם (Mich 3,6), הירח (Koh 12,2), הארץ (Ex 10,15) und vor allem אור (Ijob 18,6 Jes 5,30 Koh 12,2) und יום (Am 5,8) bzw. ביום אור (Am 8,9). Es zeigt sich also, daß vor allem das Licht oder die Dinge, die im weitesten Sinn mit Licht zu tun haben, verdunkelt werden. – Siehe auch Saebø, THAT I, 87ff.

[53] H-Stamm Ptz. m.sg. (wie hier) von עלם.

[54] Auf den Gegensatz von מחשיך und עצה wies schon Budde 1896, 227 hin.

[55] Alle drei kommen in Kap. 38 vor.

[56] Das Wort חשך kommt 80mal im AT vor, davon 23mal im Buch Ijob. Von den 23 Vorkommen wiederum finden sich zwölf in den Ijobreden. Cox 1978, 128 weist darauf hin, daß חשך im H-Stamm nur sechsmal im Alten Testament vorkomme, immer wenn eine göttliche Handlung postuliert werde.

[57] Das Wort ערפל kommt 15mal im AT vor, davon zweimal im Ijobbuch. Der zweite Beleg findet sich in der Rede des Elifas (22,13), der von Ijobs Auffassung sagt: „Was weiß denn Gott? Richtet er denn durch das dunkle Gewölk?" (EÜ)

[58] Das Wort צלמות begegnet 18mal im AT und davon zehnmal im Buch Ijob, also in mehr als der Hälfte der Fälle. Von diesen zehn Belegen werden sieben Ijob in den Mund gelegt.

Gott als Verursacher, bei den übrigen beiden wird darüber keine Aussage getroffen. Während es in 38,2 um die Handlung des Verdunkelns geht, stellen diese Substantive konkret die Dunkelheit an sich dar. Nachfolgend wird sich zeigen, welche Rolle sie spielen wird.

Das Wort מחשיך stellt aufgrund des H-Stammes zunächst eine formale Verbindung zu הודיעני im H-Stamm im benachbarten Vers 3c her. Die Wurzel ידע hat stammformunabhängig die Inhaltskomponente (+ den geistigen Bereich betreffend). Der H-Stamm bewirkt bei beiden Wörtern die zusätzliche Inhaltskomponente (+ mitteilend). Da sie von Wörtern mit der Inhaltskomponente (+ sprachlich äußernd) umgeben sind (מלין [38,2], שאל [38,3b] und נגד [38,4b]), kann man bei מחשיך von einer Verknüpfung der jeweils beiden Sinnebenen (+ sprachlich äußernd) und (+ verdunkeln) und bei והודיעני von (+ sprachlich äußernd) und (+ den geistigen Bereich betreffend) sprechen. Das heißt also, daß das Verdunkeln, wie sich ja auch am Satzduktus zeigt, durch sprachliches Äußern (במלין) geschah und auch die Aufforderung Gottes, ihn wissen zu lassen, als Aufforderung zu einer sprachlichen Äußerung zu verstehen ist.

Auffällig ist in 38,2 die zweifache Verwendung des Merkmals (+ den geistigen Bereich betreffend). Das Substantiv עצה ist das zweite Glied einer Annexionsverbindung in der syntaktischen Funktion eines direkten Objekts. Das erste Glied מחשיך mit der Inhaltskomponente (+ verdunkelnd) bildet einen Gegensatz zum zweiten Glied עצה mit der Inhaltskomponente (+ lichthaft). דעת wird durch בלי negiert und impliziert den Gegensatz „vorhanden" – „nicht vorhanden". Es ergibt sich somit eine Parallelität zwischen מחשיך עצה und בלי דעת, die auf den zwei Gegensätzlichkeiten „hell – dunkel" sowie „vorhanden – nicht vorhanden" basiert.

Die semantische Betrachtung der ersten Verben des Textabschnitts zeigt ebenfalls eine Gegensätzlichkeit. Aufgrund ihrer Stammform haben מחשיך und והודיעני Gemeinsamkeiten, die sich inhaltlich als gegensätzlich darstellen: „verdunkeln" – „wissen lassen". Um diese beiden Verben herum gruppieren sich Verben der (+ sprachlichen Äußerung). Die folgende Skizze soll das verdeutlichen:

	→ חשך	H-Stamm; „verdunkeltes" (semantisches) Subjekt
Gegensatz	אזר	Imp.; Subj. = 2.m.sg. = Ijob
	שאל	Subj. = Gott = 1.sg. → dO = Ijob = 2.m.sg.
	→ ידע	H-Stamm; Subj. = Ijob = 2.m.sg. → dO = Gott = 1.sg.
	נגד	Imp. 2.m.sg. = Ijob

Während sich keine weiteren Verben, anders als bei den Substantiven, mit der Inhaltskomponente (+ verdunkeln) mehr finden[59], wird die Sinnlinie

59 Keel 1978, 54 Anm. 185 hält das Verdunkeln für das Hauptvergehen Ijobs und nicht, wie Fohrer 1963, 499 meint, die Worte ohne Einsicht. Diese seien nur eine Näherbestimmung. Dem ist zuzustimmen, da es sich bei במלין בלי־דעת

(+ sprachlich äußernd) und den (+ geistigen Bereich betreffend) weiter durch den Text gezogen. הודיעני bildet den Anfangspunkt, an dem die beiden Merkmale (+ sprachlich äußernd) und (+ den geistigen Bereich betreffend) in einem Wort miteinander verbunden werden und sich später in gemeinsamen oder benachbarten Isotopien immer wieder begegnen.

Bevor die Isotopie (+ den geistigen Bereich betreffend) weiter beschrieben wird, sollen hier zunächst noch die Personenangaben in den Blick genommen werden: Obwohl Gott als Sprecher die zweite Person durch מי זה[60] nicht direkt durch ein Personalpronomen anspricht, ist dennoch klar, daß sich זה mit dem Morphem m.sg. nur auf die zuvor in 38,1 genannte Personangabe את איוב, die ebenfalls im Singular steht, beziehen kann[61]. Die Personenangabe wird sozusagen „verdunkelt". Erst der Imperativ in 3a macht den Bezug zu Ijob deutlich. Eine Wechselbeziehung wird anhand der Personenangaben an ואשאלך und הודיעני deutlich: Gott spricht in ואשאלך von sich als Subjekt in der 1.sg. und von Ijob als direktem Objekt in der 2.m.sg. In הודיעני verwendet Gott dann Ijob mit der 2.m.sg als Subjekt und sich selbst mit der 1.sg. als direktes Objekt. Die Bewegung geht also von: „Gott spricht zu Ijob" zu: „Ijob spricht zu Gott". Das gegenseitige Miteinander-Sprechen ist die Urbewegung der Kommunikation.[62] Gott wechselt also die Handlungsrollen: Statt daß Ijob fragt und Gott antwortet, fragt nun Gott und Ijob soll darauf antworten. Das entspricht einem zuvor von Ijob geäußertem Vorschlag (13,22): „Dann rufe, und ich will Antwort stehen". Aber Ijob spricht auch die Alternative an: „oder ich rede, und du antworte mir!" Daß sich Gott nun in der Weise äußert, zeigt, wie genau er zuvor auf Ijob gehört hat.

Von den insgesamt 172 alttestamentlichen Belegen von שאל[63] lassen sich neben dem Buch Ijob (38,3 40,7 42,4) fünf Belege eruieren, in denen das Merkmal (+ den geistigen Bereich betreffend) gemeinsam mit שאל vorkommt: in Dtn 18,11 Ri 18,5 Ps 35,11 2 Chr 1,11 mit einer Form von ידע und in 1 Kön 3,11 mit בין. Aber außer den Belegen im Buch Ijob gibt es keinen Beleg, der neben שאל eine Form des Merkmals (+ den geistigen Bereich betreffend) mit dem H-Stamm verwendet.

Die Form הודיעני erscheint noch fünf weitere Male im Buch Ijob: in 10,2 13,23 37,19 und mit שאל in 40,7 und 42,4, davon dreimal in Ijobs, einmal in Elihus (37,19) und zweimal in Gottes Mund (38,3 40,7). In 40,7

---

um eine Präpositionalverbindung handelt. Auch Ijobs Antwort, daß er nun sieht (ראה) (42,5b), ist eine Antwort auf dieses Verdunkeln, welches in dem Gegensatz hell – dunkel steht.

60 Die Formulierung מי זה erscheint im AT neben Ijob 42,3 noch in Ps 24,8 25,12 Jes 63,1 Jer 46,7 Klgl 3,37.

61 Ähnlich Good 1990, 340.

62 Vgl. auch unten die Isotopie (+ männliche Stärke betreffend) mit den Hinweisen, daß die Personenwechsel das gegenseitige Kampfgeschehen symbolisieren.

63 Even-Shoshan 1100f.

und 42,4 ist der Wortlaut bis auf das ו von והודיעני identisch. Der Satz in 37,19, der Elihu in den Mund gelegt ist, läßt vermuten, daß der Verfasser der Elihureden die Gottesreden kannte[64], zumal neben dieser Formulierung auch das Lexem חשך verwendet wird, welches in diesem Kontext 38,2 eine wichtige Rolle spielt.

In Ijobs Rede 10,2f findet sich ein Bezugspunkt, auf den 38,3c durch Wiederaufnahme von הודיעני anspielt. Ijob sagt zu Gott: „Sprich mich nicht schuldig, laß mich wissen (הודיעני), warum du mich befehdest." Und weiter in Vers 3: „Nützt es dir, daß du Gewalt verübst, daß du das Werk deiner Hände verwirfst, doch über dem Plan der Frevler aufstrahlst?" Hier gibt es durch עצה (עצה רשעים) einen Bezugspunkt auf das vorangehende עצה in 38,2. Während Ijob von Gott wissen möchte, warum er mit ihm streitet (ריב) und in 10,3 dies präzisiert und fragt, warum Gott Gewalt verübt, das Werk seiner Hände (womit Ijob sich selbst meint) verwerfe, aber über dem Plan der Frevler aufstrahle, antwortet Gott mit zum Teil den gleichen Wörtern, aber aus einem anderen Blickwinkel: Er stellt fest, daß Ijob einen (von Gott nicht näher präzisierten) Ratschluß verdunkelt habe. Den Plan der Frevler thematisiert Gott nicht. Gott läßt Ijob nicht seine Antwort auf diese konkreten Fragen wissen; stattdessen soll Ijob Antworten auf von Gott gestellte Fragen geben.

In 13,23, in der Fortführung des oben angesprochenen Verses 13,22, verwendet Ijob ebenfalls das Wort הודיעני in einer inhaltlich anderen Frage: Wieviel (כמה) Sünden und Vergehen er habe und welche. Auch auf diese konkrete Frage bekommt Ijob keine konkrete Antwort z. B. in Form einer Zahl, da Gott mit Gegenfragen reagiert.

In 42,4 zitiert Ijob denselben Wortlaut (אשאלך הודיעני) von Gottes Rede in 38,3 und 40,7[65] und stellt dann fest, daß er Gott nur vom Hörensagen gekannt habe, aber seine Augen ihn nun geschaut hätten. Indem Ijob dies zitiert, aber die zu den Personalsuffixen zugehörigen Personen vertauscht, akzeptiert er im Nachhinein die von Gott formulierten Fragen als seine eigenen. Da Gott in seiner Rede aber andere Fragen stellte, z. B. „wer gründete die Welt und füttert die Tiere?" ist zu vermuten, daß er Ijob vorwirft, die falschen Fragen zu stellen und dadurch den Ratschluß zu verdunkeln.[66] Die Umkehr Ijobs in 42,1–6, besonders Vers 4, besteht also u. a. auch darin, daß Ijob die Fragen Gottes als die Fragen anerkennt, die er eigentlich hätte stellen sollen. Während Gott Ijob Verdunkelung vorwirft, ist in der Rahmenerzählung nur davon die Rede, daß die Freunde Falsches geredet hätten, nicht aber Ijob (42,7). Außerdem

---

64 So z. B. auch van Oorschot 1987, 45. Indirekt auch Mende 1990, 230.386.389f, wenn sie von einer Überarbeitung der Gottesrede durch den Elihuverfasser überzeugt ist.

65 So wie Ijob auch 38,2 in 42,3 zitiert.

66 Ähnlich äußert sich auch Szczygiel 1931, 204, wenn er meint, daß Ijobs Heimsuchung nicht eine Strafe darstelle oder aus Zorn wegen einer Schuld entspringe, sondern einem göttlichen Ratschluß entspreche.

wird dieser Vorwurf an Elifas gerichtet, nicht an Ijob. Hier wird man an Genesis (2,9.17), an den Baum der Erkenntnis[67] und an die Unterscheidung von Gut und Böse erinnert. Inwieweit ist Ijob bzw. der Mensch in der Lage, die Hintergründe und das Warum zu durchschauen?

Es finden sich weitere Verben mit demselben Merkmal (+ den geistigen Bereich betreffend) im Textabschnitt. Neben ידע und בין gehört auch ספר mit der Inhaltskomponente (+ sprachliche Äußerung) dazu, so daß sich aus inhaltlichen und syntaktischen Gründen für 38,37a Verknüpfungen der beiden Sinnebenen (+ sprachlich äußernd) und (+ den geistigen Bereich betreffend) ergeben.[68] Die besondere Bedeutung von ידע und בין für diesen Textabschnitt wurde schon anderwärts festgestellt. Festzuhalten ist, daß Gott durch die häufige Verwendung der Verben ידע und בין, und zwar zweimal als Frage, ansonsten feststellend oder auffordernd, sehr deutlich auf Ijobs geistiges Fassungsvermögen hinweist und es thematisiert. Beachtet man zu ידע das Substantiv דעת, so ist die große Häufigkeit der Verwendung dieser Wurzel augenfällig[69]. Von הודיעני in 38,3c wird über 38,4c diese Sinnlinie durch die auffällige Formulierung אם־ידעת בינה fortgesetzt, bei der das Verb ידע und das Substantiv בינה beide das Merkmal (+ den geistigen Bereich betreffend) besitzen.

Weitere Kriterien dieser Isotopie gibt es in 5b, wo eine weitere Form von ידע, die als Feststellung „denn du weißt es" Ijob zugesprochen wird, folgt und in Vers 12 zeigt sich anhand des parallelismus membrorum eine Verbindung der Sinnebenen (+ sprachlich äußernd) und (+ geistig) durch Parallelsetzung der Verben צוה und ידע.

Die Parallelisierung der beiden Sinnebenen zeigt sich darüber hinaus an dem zweimaligen Aufgreifen des Merkmals (+ geistig) in den beiden Verben בין und ידע in Vers 18a.c und durch נגד (+ sprachlich äußernd) ergänzt, wobei 38,18b.c fast identisch ist mit 38,4b.c. בין und ידע als Anhaltspunkte der (+ den geistigen Bereich betreffenden) Isotopie finden sich über 38,20.21 und 38,33 weiter bis 39,1.2.

Nach den Verben mit der Inhaltskomponente (+ den geistigen Bereich betreffend) und ihrer Verknüpfung mit (+ sprachlich äußernden) Inhaltskomponenten sollen nun weitere Substantive der Isotopie (+ den geistigen Bereich betreffend) des Textabschnitts untersucht werden. Als solche sind zu nennen: בינה (38,4c.36b 39,17b.26a) und חכמה (38,36a.37a 39,17a). Ijob wird in 38,4c in Form einer Bedingung בינה von Gott zugesprochen, in 39,26a geschieht es durch eine Frage an ihn. In 38,37 ist die Frage distanziert und scheinbar nicht an Ijob gerichtet durch das Fragepronomen מי, „wer zählt in חכמה die Wolken". Die übrigen Substantiv-

---

67 Diese Beziehung stellt auch Fuchs 1993, 191 her. Auch sie spricht von einem Leitmotiv der Erkenntnis.

68 Siehe unten die Ausführungen zur Isotopie (+ Wettererscheinungen) (S. 188–206).

69 Vgl. Ritter 1993, 232–235.

belege (+ geistig) werden Tieren zugeordnet: חכמה dem טחות und בינה dem שׂכוי (38,36) sowie חכמה und בינה der Straußenhenne durch Negation abgesprochen. Die Abstrakta ספר / מספר (מִשׁטר), חקר und חקה können ebenfalls zur Sinnebene (+ den geistigen Bereich betreffend) hinzugerechnet werden. חקר in 38,16b besitzt als Abstraktum die Inhaltskomponente (+ den geistigen Bereich betreffend), wie der Vergleichsbeleg von 9,10 bestätigt, wonach Ijob in seiner Rede die Unerforschlichkeit von Gottes Tun darlegt, was Gott hier indirekt bestätigt. – In 38,21 wird durch einen der zwei Kausalsätze des Textabschnitts ידע in Zusammenhang gebracht mit der Zahl von Ijobs Tagen, die ihm (ironisch) großes Wissen bescheinigen. Eine syntaktische Verbindung besteht in 38,33a.b zwischen dem Verb ידע und dem Substantiv חקה. Phorische und syndetische Elemente verknüpfen auch מִשׁטר mit ihnen. In 38,37a ist das Verb ספר ebenfalls syntaktisch mit dem Substantiv חכמה in einem Satz verbunden. Da Abstraktion eine Fähigkeit des menschlichen (auch göttlichen?) Geistes ist, verwundert diese inhaltliche Verwandtschaft nicht. Die Elemente der Isotopie (+ den geistigen Bereich betreffend) sind also zahlreicher, als es auf den ersten Blick erscheint.

Es zeigt sich, daß sich auch anhand der Substantive die Sinnebenen (+ den geistigen Bereich betreffend) und (+ sprachlich äußernd) durch den ganzen Textabschnitt ziehen. In 38,2 beginnt erstere mit der Häufung abstrakter Substantive (+ den geistigen Bereich betreffend)[70]. Sie findet ihr letztes zugehöriges Merkmal durch המבינתך in 39,26a und stellt somit ein textkonstituierendes Kriterium dar, was u. a. auch durch das durchgehende formale Zeichen der 2.m.sg. verstärkt ist.

---

70 Eine ähnliche Häufung abstrakter (+ den geistigen Bereich betreffender) Substantive findet sich z. B. in Jes 11,2. Dort werden zwei der Substantive aus 38,2 verwendet: עצה und דעת. Darüber hinaus noch בינה, חכמה und גבורה. Sie werden dort der רוח יהוה zugeschrieben. Wildberger 1972, 449, hält in Jes 11,2 עצה und גבורה für aus der üblichen Königsideologie umgedeutet im Sinne der Friedenserwartung Jesajas. עצה und יראה יהוה bezeichnet er als „Zentralbegriffe des Jahweglaubens". – Kilian 1986, 88, meint zu Jes 11,2: „Die Geistgabe wird sogleich als bes. Fähigkeit zum Herrscheramt entfaltet." – Vgl. auch Belege von עצה mit weiteren (+ abstrakt, + geistigen) Substantiven: Jer 49,7 Jes 40,13 Mich 4,12 Spr 8,14 12,15 19,20 20,5 21,30 Ijob 12,13 (mit [+ sprachl. äußernden] Lexemen: Jer 18,18). Vgl. auch derartige Verbindungen im Zusammenhang mit דעת: Jes 40,14 44,19 Spr 2,6 Koh 7,12 Dan 1,4 Koh 10,14 Spr 15,2.7 (17,27) 18,15 19,25 21,11 29,7 Koh 1,17 2,26 9,10 Jes 33,6 Koh 1,16 1 Kön 7,41 Ex 31,3 35,31 Koh 2,21 Ijob 15,2 Spr 9,10 Jes 44,25 (mit acht [+ sprachlich äußernden] Lexemen Ijob 35,11 34,35 Spr 24,4).

Kleiner Exkurs zu עצה und דעת

Aufgrund der besonderen Stellung von 38,2 und der Gewichtung der (+ geistigen) Vollzüge sollen die beiden Lexeme עצה und דעת näher auf ihre Verwendung hin betrachetet werden. Das Wort עצה[71] leitet sich von der Wurzel יעץ her.[72] Fünfmal kommt das Substantiv עצה in Ijobs Mund vor (10,3 12,13 21,16 29,21 42,3), zweimal in Elifas' (5,13 22,18) und je einmal in Bildads (18,7) und Gottes Mund. Es wird auffallend häufig, nämlich viermal, mit רשׁעים verbunden (10,3 18,7 21,16 22,18); in 5,13 mit נפתלים. Einmal wird עצה durch Ijob Gott zugesprochen (12,3)[73]. In 29,21 findet sich der einzige Beleg dafür, daß Ijob als Sprecher עצה auf sich selbst bezieht, indem er von seinen früheren guten Tagen berichtet, als er Armen und Fremden mit Rat zur Seite stand. An unmittelbar im selben Vers genannten Parallelbegriffen finden sich ערם (5,13) sowie חכמה וגבורה und תבונה (12,13).[74] Bei den Belegen 18,7 und 21,16 wird in direkt vorangehenden oder nachfolgenden Nachbarversen אור und שׁביב אשׁ bzw. נר verwendet. Damit bestätigt sich die These, daß עצה neben (+ den geistigen Bereich betreffend) semantische Gemeinsamkeiten bzw. ähnliche Bedeutungskomponenten auch (+ Lichthaftigkeit) hat. In 42,2 wird das Wort מזמה als Synonym zu עצה verwendet.[75]

Ähnlich häufig wie עצה, nämlich 91mal, kommt das Substantiv דעת im Alten Testament vor, davon zehnmal im Buch Ijob.[76] דעת ist, ebenso sind דעה und דע Derivat der Wurzel ידע. Während דעת außer in der Rahmenerzählung und dem Lied der Weisheit im ganzen Buch Ijob vor-

---

[71] 88 mal im AT, davon neunmal im Buch Ijob. Zum Wort siehe Zerafa 1978, 101f; Cox 1978, 120–125, Szczygiel 1931, 204f; Pope 1973, 291f.

[72] Even-Shoshan 908f; Ruppert, ThWAT III, 746, betrachtet die zwei Belege Ijob 21,16 22,18 als Glossen.

[73] Fohrer 1963, 245, und Hesse 1978, 97, halten 12,13 für sekundär, Westermann 1977, 86, und Horst 1968, 184, nicht.

[74] Bei vier Belegen (10,3 22,18 38,2 42,3) sind keine Parallelbegriffe zu finden.

[75] Viele Autoren halten עצה für einen Schlüsselbegriff der Gottesrede (vgl. auch noch einmal oben, S. 147, Anm. 50), so z. B. Kubina 1979, 160.122f.110; Rowold 1977, 68 mit Anm. 4 mit Hölscher 1952, 91; Rowold 1985, 200f; Schroer 1989, 137f; vgl. van Oorschot 1987, 152. Keel 1978, 53f hält den „Plan" für den zweiten und eigentlichen Gegenstand der Gottesrede. Sie knüpfe hier „an die Rede Ijobs an, die den Streit mit den Freunden einleitet und in der Ijob seine eigene und alle leidvolle Existenz in das Dunkel vor der Schöpfung zurückgewünscht hat (3,4.5.9)." Zu עצה siehe auch Keels 1978, 54 Anm. 187 und 188 sowie seine Hinweise zum Zusammenhang mit Kap. 3, ebd. Anm. 186. – Lévêque 1994, 207 meint: „En réalité l'étude de l'ensemble des occurences montre que la 'eṣāh de Dieu ne se rapporte jamais à sa seigneurie cosmique, mais toujours à son action dans l'histoire, que ce soit celle peuples, celle de son peuple, ou celle des individus" und „en Job 38,2 aussi, uniquement de l'action divine dans l'histoire humaine, concrètement: dans la vie des individus."

[76] 13,2 15,2 21,14.22 33,3 34,35 35,16 36,12 38,2 42,3.

kommt, gibt es דעה und דע nur in den Elihureden. Alle zehn דעת-Belege im Buch Ijob erscheinen als Objekt, in 15,2 und 21,22 als Bestandteil einer Frage. Viermal ist Ijob der Sprecher des Satzes (13,2 21,14.22 42,3), je einmal Gott (38,2) und Elifas (15,2) und viermal Elihu (33,3 34,35 35,16 36,12). Der Reihenfolge ihres Erscheinens nach wird דעת ungefähr die erste Hälfte der Belege positiv den Freunden (13,2), einem Weisem (15,2), Gott (21,22) und Elihu (durch sich selbst) (33,3) zugesprochen. Die übrigen Belege sprechen דעת vorwiegend dem Ijob ab (34,35 35,16 38,2), zweimal durch Elihu und einmal durch Gott als Sprecher. In 42,3 ist es Ijob selbst, der sich eingesteht, ohne דעת geredet zu haben. Auch Königen, die nicht auf Gott hören, spricht Elihu דעת ab (vgl. 36,7–12). In den Elihureden wird דעת immer mit einer Negation verwendet. Dem gegenüber verwendet Elihu דע (32,6.10.17 36,3 37,16) und דעה (36,4) im positiven Sinn[77], wobei vier dieser Belege (32,6.10.17 36,3) das Suffix der 1.sg. (דעי) besitzen, die übrigen Belege eine Wortverbindung mit תמים eingehen. Dabei bezieht Elihu דעות (36,4) auf sich selbst, דעים (37,16) jedoch auf Gott. In Bezug auf die Verwendung von דעת und der weiteren Derivate der Wurzel ידע ergibt sich für die Elihureden eine eigene Verwendungsweise, was vielleicht ein Indiz für eine sekundäre Abfassung der Elihureden sein könnte.

Die zugehörigen Verben zu דעת zeigen: דעת kann man erlangen (חפץ 21,14), sprachlich äußernd weitergeben (ענה 15,2; למד 21,22; כבר 35,16) oder auch nicht und ohne sie sterben (גוע 36,12), sie kann verdunkelt (38,2 42,3), aber auch gewußt werden. In seiner Klage über das Glück der Frevler verwendet Ijob (21,14) ein Zitat der Frevler in direkter Rede, nämlich daß sie kein Verlangen nach der Erkenntnis der Wege Gottes haben. Und in 10,2f bittet Ijob Gott, ihn wissen zu lassen (הודיעני), warum er ihn befehde und fragt, ob es ihm nütze, daß er Gewalt verübe … doch über dem עצת רשעים aufstrahle. Ijob behauptet also, daß Gott die Frevler begünstige. Gott nimmt hier in 38,2 beide Lexeme in der selben grammatischen Form aus Ijobs Rede auf – deutlicher kann eine Anspielung kaum sein – und weist damit Ijobs Ansicht zurück.[78]

---

77 Botterweck, ThWAT III, 510. Siehe auch Zerafa 1978, 99–101.

78 Keel 1978, 53, meint mit Schottroff, THAT I, 690, daß es bei ידע bzw. דעת nicht um theoretische Erkenntnis gehe, sondern um ein durch Aufmerksamkeit gewonnenes Wissen, welches sich im praktischen Umgang mit dem Objekt der Erkennens verwirklicht.

3.3 Männliche Stärke

In 38,3a wird eine neue Sinnebene angesprochen, die sich aus der imperativischen Wendung אזר־נא כגבר חלציך als ganzer erschließt, wobei zunächst auf den Vergleich „wie ein Mann" (כגבר) eingegangen werden soll: Das Wort גבר erscheint 15mal im Buch Ijob[79], davon sechsmal in Ijobs, zweimal in Elifas' (4,17 22,2), fünfmal in Elihus (33,17.29 34,7.9.34) und zweimal in Gottes Mund (38,2 40,7). Die Belege 3,3.23 in Ijobs erster Rede untermauern den Zusammenhang von Kap. 3 und Gottes Rede mit dem Hauptvorwurf des Verdunkelns[80]; aber auch die גבר-Belege 10,5 14,10.14 zeigen in ihrem Kontext, daß Ijob dort Verdunkelung übt:

3,3 ist Ijobs erster Satz im Dialogteil des Buches. Ebenso wie in 3,23 ist Ijob der Ansicht, daß sein früheres Leben sinnlos war, schon ab dem Tag seiner Zeugung, wo er sich selbst als גבר bezeichnet, und schon bevor es ihm schlecht ging.

Nach 10,5f bezweifelt Ijob die Göttlichkeit Gottes, indem er ihm menschliches Zeitverständnis und menschliches Handeln vorwirft und meint, Gott suche nach Ijobs Schuld. Ebenso zweifelt er an Gott, wenn er in 10,3 fragt: Nützt es dir, daß du Gewalt verübst (...), über dem Plan der Frevler (עצת רשעים) aufstrahlst? Dieser Bezug wurde schon oben im Zusammenhang mit עצה ausgeführt.

Nach dem Kontext von 14,10.14 meint Ijob, daß das Los des Menschen schlechter sei als das eines Baumes, der die Chance habe, wieder auszuschlagen, und er fragt, ob es es für den גבר noch Hoffnung gibt.[81]

Aus den Kontexten von 3,3 und 16,21 ist zu erschließen, daß Ijob sich mit dem Wort גבר selbst meint,[82] an den übrigen Belegstellen aber den Mann im allgemeinen.[83]

Die Wortverbindung כגבר kommt neben den beiden identischen Ijobstellen (38,3 40,7) nur noch in Ps 88,5 und Jer 23,9 vor. In beiden Fällen vergleicht sich eine Ich-Person mit einem kraftlosen bzw. vom Wein überwältigten Mann. Somit spricht Gott Ijob in der Gottesrede indirekt das גבר-Sein durch den Vergleich ab. Würde Gott Ijob selbstverständlich als גבר ansehen, wäre der Vergleich überflüssig. Vielleicht weiß Gott um

---

79 3,3.23 4,17 10,5 14,10.14 16,21 22,2 33,17.29 34,7.9.34 38,3 40,7. – Kosmala, גבר, ThWAT I, 913.917: 65mal im AT; vgl. Even-Shoshan 221, 66mal.

80 So Keel 1978, 53f mit Anm. 185.

81 Es stellt sich die Frage, warum Gott in seiner Rede dann besonders auf die Tiere eingeht, jedoch nicht auf die Pflanzen. Vielleicht impliziert 38,3 eine Aufforderung an Ijob, seine menschlichen Fähigkeiten auch zu nützen.

82 Dabei benutzt er im Parallelvers einmal אנוש (10,5) und zweimal אדם (14,10 16,21). Siehe auch Kosmala, ThWAT I, 917.

83 So auch Kühlewein, THAT II, 399. – Vgl. noch einmal Keel 1978, 54.

Ijobs intellektuelle Schwäche oder er möchte ihn als Gegner nach klassischer Kampfart demoralisieren. Durch den Kontext von 3b und c kann man davon ausgehen, daß es sich um einen intellektuellen Kampf zwischen Gott und Ijob handelt: Ijob soll Gott wissen lassen, aber Ijob schweigt. Somit bestätigt sich, daß Gott in intellektueller Hinsicht nicht viel von Ijobs „Mann-Sein" hält.[84]

Die Wendung חלצים ... אזר bzw. beide Lexeme finden sich innerhalb eines Verses auch in Jes 5,27 und 11,5[85] und werden jeweils für die Beschreibung einer Kampfsituation verwendet.

Das Substantiv חלצים ist mit der semantischen Bedeutungsgruppe „gürten, rüsten, stärken" der Wurzel חלץ verwandt[86] und gilt als „Zentrum der Kraft und als Ausgangsort der Zeugung"[87]. Insofern bildet es

---

84 Mit גבר ist ein starker, erwachsener Mann gemeint, zu dem auch die Zeugungsfähigkeit gehört (Kosmala, ThWAT I, 913). Im AT wird das Wort auch jenseits physischer oder sexueller Stärke, nämlich für ein besonderes Verhältnis zu Gott verwendet (ebd. 915ff). Dieses zeigt sich nach Kosmala (ebd. 915) bei Bileam (Num 24,3f.15), der die Worte Gottes hört, so daß er das Wissen des Höchsten hat, und bei David (2 Sam 23,1ff), zu dem der Geist gesprochen hat, so daß Gottes Wort ihm auf der Zunge liegt. In Spr 30,1 sowie an verschiedenen Belegen in den Psalmen zeichnet sich גבר-sein durch einfaches Gottvertrauen und das Handeln nach dem Willen Gottes aus. Kosmala (ebd. 917) ist der Ansicht, daß auch Ijob sich nach 3,3 für von Geburt an auserwählt hält, ein גבר zu sein. Darüber machen sich die Freunde lustig. Ijob sei kein גבר, jedenfalls kein mit besonderer Weisheit ausgestatteter. Kosmala (ebd. 918) meint, daß in der Charakterisierung des גבר als Haltung des „wissen, daß er nichts weiß" das Buch Ijob mit den Psalmen übereinstimme. – Fuchs 1993, 191 meint, die Aufforderung sich zu gürten, schließe sich an die Herausforderungsreden Ijobs in Kap. 29–31 an und stelle Ijob als einen königlichen Würdenträger dar, wie sich an dem Gürtel zeige. Somit sei Ijob „als ein ernstzunehmender Gegner angesprochen, der sich mit JHWH messen soll". Sie meint, daß in dem Wort גבר die Grundbedeutung „überlegen" mitgehört werden müsse. Ijobs Würde mag für die Herausforderungsreden stimmen, aber hier führt die Untersuchung der Motive auf eine falsche Fährte, denn genau das Gegenteil ist gemeint. Fuchs widerspricht sich selbst, wenn sie kurz darauf (192) von Ironie spricht: „Doch ist der Vorwurf Gottes hier nicht ohne ironische Untertöne ..." und „Vollends ironisch ist die Aufforderung JHWHs an Ijob (V. 3b), ihm 'Erkenntnis zu geben'." Wenn Gott Ijob ironisch anspricht, ist Ijob als ernstzunehmender Gegner im intellektuellen Kampf eher schwer vorstellbar. Wie Fuchs meint auch Kubina 1978, 80, daß Ijob als Gegner ernstgenommen werde. Wenn Ijob als Gegner ernstgenommen würde, dann insofern, als Ijob diese Ironie überhaupt zugemutet wird und er sie verstehen kann. Zur Ironie siehe unten im dritten Teil dieser Arbeit.

85 Jes 11,2 spielte schon einmal bei der Isotopie (+ den geistigen Bereich betreffend) eine Rolle.

86 C. Barth, חלץ, ThWAT II, 1004.

87 Hamp, חלצים, ThWAT II, 1011. – Vgl. auch 40,16 מתנים für die Lenden des בהמות. Kubina, 1979, 80 meint allerdings, daß מתנים dort nicht für sexuelle Stärke, sondern allgemein für Kraft und Stärke stehe.

mit dem Wort גבר eine gemeinsame Sinnebene. Das Umgürten der Lenden dient dem Zusammenhalten der schützenden Kleidung, machte handlungsfähig und ging z. B. einer Reise oder Arbeit voraus[88]. So wird auch das Motiv des Umgürtens[89] mit Kraft (vgl. 1 Sam 2,4 2 Sam 22,40 Ps 18,33.40 93,1), mit Freude (vgl. Ps 30,12) oder mit Stärke (vgl. Ps 65,7) verständlich.[90]

Die Sinnebene des *tatkräftig handelnden Mannes* findet sich im folgenden Text nicht mehr weiter ausgedrückt, da es sich hier um einen Vergleich und eine Metapher handelt. In den folgenden Sätzen 38,3b und c werden die beiden Sinnebenen (+ sprachlich äußernd) und (+ den geistigen Bereich betreffend) erneut verwendet. Die Wechselseitigkeit[91] des Ich und Du in 3b und c lassen sich, wie erwähnt, auf eine Kampfsituation übertragen: Ich frage, d. h. im übertragenen Sinn, ich schlage (3b), und du läßt mich wissen, d. h. du schlägst zurück (3c), läßt indirekt das Motiv des Kampfes als geistig-intellektuelle Auseinandersetzung[92] erscheinen. Die Lenden zu gürten ist als Metapher zu verstehen; sowohl beim Ringkampf als auch bei einer verbalen Auseinandersetzung handelt es sich um eine Situation mit gegnerischen Positionen. Das ist in diesem Fall das tertium comparationis. Die gegnerischen Positionen zeigen sich sprachlich an den Gegensätzlichkeiten „verdunkeln – wissen lassen", „fragen – wissen lassen" und dem Wechsel der Personangaben zwischen 1. und 2.sg.

Die Sinnebene (+ männliche Kraft) beschränkt sich nur auf diesen Satz und steht parallel zu den beiden bereits beschriebenen Sinnebenen. Den Kampf betreffende Inhaltskomponenten werden in anderer Weise im Text später wieder aufgenommen[93].

3.4 Der Bau des Welthauses

Vor allem in 38,5 und 6 erscheinen die Substantive ממד, קן, אדן und אבן פנה, die sich durch die Merkmale (+ konkret, + Artefakt, + zur Erstellung des Baus erforderlich) auszeichnen und die Verben שׂים, נטה, טבע und ירה, die als Aktionsverben jeweils die Inhaltskomponente (+ stellend/setzend) besitzen. Zusammengenommen kann man die neue Isotopie

---

[88] Vgl. Hamp, ebd. 1009 mit dem Hinweis auf Dalman, AuS V, 232 und 240.

[89] Das Verb אזר kommt nach Even-Shoshan 16mal im AT vor, das Substantiv 14mal. – Vgl. z. B. Ps 45,4 Gürte, du Held, dein Schwert um die Hüfte, kleide dich mit Hoheit und Herrlichkeit! – Zum Motiv des Gürtens vor dem Ringkampf siehe Keel, 1978, 27 mit Belegen in Anm. 76.

[90] Vgl. auch Jes 42,13 und Lk 12,35.

[91] Volz 1921, 84: denkt ebenfalls an „Wechsel des ‚Ringkampfes'".

[92] Vgl. auch ebd., 88f: „Motive des kriegerischen und rednerischen Wettstreites", „Redeturniere", „Redekampf".

[93] Siehe unten 38,23vR und 39,21c–25c.

(+ ein Bauwerk erstellend) benennen, was sich in den Wendungen שׂים ממד (38,5a), נטה ... קו (5c), אדן טבע (6a) und ירה אבן פנה (6b) konkretisiert.

Das Wort ממד ist hapax legomenon im Alten Testament und eine späte Wortbildung[94]. Das ältere Wort מדה begegnet 56mal[95] im Alten Testament. 34 seiner Belege erscheinen allein in Ez 40ff im Zusammenhang mit Ezechiels Vision des neuen Tempels und in Neh 3 und 5 in den Berichten über den Wiederaufbau des Tempels nach dem Exil. Im Ijobbuch kommt das Wort in seiner älteren Form nur noch im Lied der Weisheit 28,25 vor. Die Wendung שׂים ... מדה gibt es nur an dieser Stelle im Alten Testament.[96]

קו erscheint 25mal im Alten Testament[97], davon nur einmal im Buch Ijob. Die Wortverbindung נטה ... קו wird v. a. jeweils im Zusammenhang mit Werkzeugen oder einem Bauwerk verwendet und steht im Kontext für Vernichtung: von Jerusalem und dem Volk (2 Kön 21,13), den Mauern Zions (Klgl 2,8) und Edoms (Jes 34,11); aber auch im Kontext für den Wiederaufbau des Tempels in Jerusalem (Sach 1,16) und Jerusalems selbst (Jer, 31,38.39 hier mit מדה) sowie im Zusammenhang mit der Herstellung einer Götzenstatue (Jes 44,13).

Das Wort אדן kommt 57mal im Alten Testament vor[98] und ebenfalls nur einmal im Buch Ijob. Die Wortverbindung אדן טבע ist nur an dieser Stelle belegt. Außer den beiden Belegen in Hld und Ijob kommt das Wort ausschließlich in Ex (vor allem Kap. 26f und 38f) im Zusammenhang mit der Ausstattung der Bundeslade vor, deren Bauanweisung Gott dem Mose mitgeteilt hat. Gott macht die Erde zu einer Wohnstatt, nach diesem Text stattet er sie selbst aus. Die Bundeslade bauen die Menschen nach seinen Vorstellungen.[99]

Der einzige weitere Beleg von ירה im Buch Ijob findet sich in Ijob 30,19, wo Ijob klagt: „Er (Gott) warf mich (ירה II-Stamm) in den Lehm, so daß ich Staub und Asche gleiche". Während Ijob das Wort im zerstörerischen

---

94 Fabry, ThWAT IV, 697f, spricht von einer „nachexil. Vokabel" und verweist auf akkad. namaddu.

95 Nach Even-Shoshan 662.

96 Siehe zu שׂים Vanoni, ThWAT VII, 761–781, bes. 778, wo weitere Belege von שׂים im Zusammenhang mit Gottes Schöpfungshandeln genannt sind.

97 So nach Even-Shoshan 1007, anders Beyse: zwölfmal. – Vgl. Beyse, קו, ThWAT VI, 1223–1225. Vgl. ebenfalls Marböck 1970, der für קו auch die Übersetzung Vers, Verszeile oder Versmaß erwägt.

98 Nach Even-Shoshan 17.

99 אבן und פנה werden nur in Jes 28,16 Jer 51,26 Ps 118,22 gemeinsam genannt. Mit dieser Textstelle gibt es keine kontextuellen Gemeinsamkeiten. Während Jes 28,16 von der Grundsteinlegung in Zion handelt und Jer 51,26 verheißt, daß von Babel kein Eckstein und Grundstein mehr zu holen sei, handelt Ps 118,22 von einem rettenden Eckstein, der im Christentum auf Christus hin ausgelegt wurde. Hier geht es um die Ecksteinlegung bei der Gründung der Welt.

Kontext verwendet, zeigt Gott in seiner Rede das Wort mit erstellenden Inhaltskomponenten und setzt so einen schöpferischen Gegensatz zu Ijobs Rede.[100] Anhand der einmalig vorkommenden Lexeme קו und אדן im Buch Ijob sowie dem nur zweimaligen Vorkommen von ירה scheinen (+ zum Bau erstellende) Inhaltskomponenten, also schöpferischer Aufbau, nicht in den vorangegangenen Dialogen bzw. Ijobreden thematisiert worden zu sein und ein Spezifikum dieser Stellen der Gottesrede darzustellen.

ארץ in 38,4aI stellt das Bezugswort zu dem Morphem der 3.f.sg. an den Substantiven (+ zum Bauwerk erstellend erforderlich) in 38,5a.c.6a.b dar, wie oben bei der Untersuchung der Textebene der Ausdrucksseite schon festgestellt wurde.[101] Bei יסד handelt es sich um das erste von mehreren Verben mit (+ setzend/stellenden) Inhaltskomponenten.[102] Im Alten Testament gibt es zwölf Verse[103], in denen wie hier ארץ und יסד kombiniert vorkommen; im Buch Ijob außer diesem keinen weiteren. Meistens[104] sind ארץ und יסד syntaktisch als Prädikatsgruppe (Prädikat [inklusive Subjekt] und Objekt) miteinander verbunden. Bei elf Belegen ist Gott als die handelnde Person festzustellen, sei es als 1., 2. oder 3. Person m.sg.[105] Bei neun der Belege[106] erscheint שׁמים im Parallelvers, oft verbunden mit den Verben נטה oder טפח. Im Umkreis dieses Satzes finden sich bei einigen Belegen auch Konnotationen von Festigkeit[107] und Sicherheit[108], die sich aus Gottes Macht begründen, denn seine Macht als Schöpfer geht noch weiter als der Erdkreis[109].

Die Darstellung von Gottes Gründungshandeln dient der Machtdemonstration (Jes 43,13 51,13 Am 9,6), der Besitzdemonstration (Ps 24,1f),

---

100 Alle anderen Belege von ירה im AT haben einen anderen Wortsinn. Die Bedeutung „grundlegen" ist für diese Stelle allein belegt. Vgl. KBL 402, und Ges[17] 317f.

101 Siehe oben, S. 86f.

102 Nach Even-Shoshan 112–119 erscheint ארץ 2504mal im AT (57mal im Buch Ijob), die verbale Wurzel יסד nach Even-Shoshan 473f 42mal.

103 Jes 48,13 51,13.16 Ps 2,2 24,1f 78,69 89,12 102,26 104,5 Spr 3,19 Am 9,6 Sach 12,1. Wegen der textkritischen Unsicherheit wird Jes 23,13 nicht hinzugezogen.

104 Bei allen Belegen außer Ps 2,2 24,1f 89,12.

105 Eine Ausnahme bildet Ps 2,2; hier geht es nicht um den Schöpfungsakt, sondern um die Könige der Erde, die sich gegen den Herrn verschworen haben.

106 Jes 48,13 51,13.16 Ps 89,12 102,26 104,5 Spr 3,19 Am 9,6 Sach 12,1.

107 Ps 24,2 78,69 104,5 Spr 3,19. Ähnlich Ottosson, ThWAT I, 422.

108 Jes 51,16 außerdem im Kontext von Jes 51,13 Ps 89,12 102,26.

109 Auf Ähnliches weist auch Mosis, ThWAT III, 670f hin. – Witte 1994, 152, stellt 38,4 und 26,7 nebeneinander und findet in 26,7 ein „fortentwickelteres kosmologisches Denken" durch die nur einmal im AT begegnende Wendung תלה ארץ על־בלי־מה. Vgl. aber Schmid, ארץ, THAT I, 230.

dem Lobpreis (Ps 89,12 102,26 104,5), der Erinnerung (Ps 102,26; auch der Erwählung: Jes 51,16 Ps 78,69), als Erkennungsspruch des Herrn (Sach 12,1) und evtl. als Aufforderung, nach Weisheit zu streben (Spr 3,14)[110]. Außer in Ps 104,5 kommen in den Kontexten, in denen diese Wendung erscheint, keine weiteren Lexeme mit der Inhaltskomponente (+ zur Erstellung des Baus erforderlich) vor, die hier genannt werden. Nur bei den Pfeilern, auf denen die Erde gegründet ist, so daß sie in Ewigkeit nicht wankt, so in Ps 104,5, ist es der Fall.

Das Wort ארץ erscheint, wie im Alten Testament auch, vergleichsweise häufig im Buch Ijob vor.[111] 17mal ist es allein in Ijobs Mund zu finden[112] in unterschiedlichen Verwendungsbereichen. Im Hinblick auf 38,4aI scheinen besonders die beiden ארץ-Belege in Kap. 9 interessant zu sein: In 9,6 spricht Ijob im Zusammenhang mit Gottes Macht, daß er die Erde (ארץ) erschüttert an ihrem Ort, so daß ihre Säulen (עמודים) erzittern. Sowohl die Wortwahl als auch der Inhalt legen Anspielungen nahe. עמודים, ein Synonym von אדנים, welches im Kontext von ארץ (38,6a) erscheint, hat sogar lautliche Verwandtschaften. Inhaltlich meint Gott das Gegenteil von Ijob. Während Ijob Gottes Macht in ihrer zerstörerischen Dimension sieht, zeigt Gott sie ihm hier in ihrer schöpferischen, sichernden Dimension.

Ein zweiter Bezug findet sich 18 Verse später, in 9,24: Ijob macht Gott einen schweren Vorwurf: „Die Erde ist in Frevlerhand gegeben, das Gesicht der Richter deckt er zu. Ist er es nicht, wer (מי הוא) ist es dann?" Dabei ist nicht eindeutig, ob Ijob Gott selbst für den רשע hält oder ob er ihn nur für verantwortlich für den Zustand ansieht. Mit der Frage zeigt Ijob seine eigene Unsicherheit.[113] Auch hier ergibt sich derselbe Gegensatz von Ijobs zerstörerischer Sichtweise der Welt und Gottes Darstellung des schöpferischen Aspekts. מי זה in Ijobs Rede bietet darüber hinaus einen Bezugspunkt von Gottes Redebeginn (38,2) durch die Wiederaufnahme des Fragepronomens מי. Während Ijob sich in der Tat unsicher ist, ob Gott auch böse ist, drückt Gott nur eine vordergündige Unsicherheit mit seiner Frage nach dem Verdunkelnden des Ratschlusses aus, denn wen er meint, ist dennoch – wie oben schon gezeigt – offensichtlich.

38,4aI kann man also für diese Isotopie (+ das Welthaus erstellend) als prägend ansehen, als eine Art Leitsatz. In 38,4b.c.5b sind die beiden schon dargestellten Sinnebenen (+ sprachlich äußernd) und (+ den geistigen Be-

---

110 Das legt der größere Textzusammenhang von Spr 3 nahe. Vgl. aber zur Weisheit in Spr: Wehrle 1993, 22–24. Siehe auch zu יסד Schmidt, THAT I, 736–738.

111 Nach Schmid, THAT I, 229, das vierthäufigste Substantiv des AT. Schmid unterscheidet vier verschiedene Verwendungsbereiche: kosmologisch für die Erde (im Gegensatz zum Himmel) und Festland, physikalisch für den Boden, auf dem der Mensch steht, geographisch für einzelne Gebiete und Landsitze und politisch für bestimmte Herrschaftsgebiete und Länder.

112 Ijob 3,14 7,1 9,6.24 10,21.22 12,8.15.24 14,8.19 16,13.18 24,4.18 26,7 30,8.

113 Egger-Wenzel 1998, 227f sieht 9,24c hingegen als rethorische Frage.

reich betreffend) in diese neue Isotopie eingeflochten. Dort gibt es auch die Morpheme der 2.m.sg. zur Anrede an Ijob. In den weiter folgenden mit 4aI pronominal verbundenen Versen 5a.c.6a.b finden sich die Inhaltskomponenten (+ zur Erstellung des Baus erforderlich). Mit diesen Versen sind vorwiegend die Fragen מי und einmal על־מה verbunden. Einen auch die Inhaltsseite umfassenden Bezug dieser Verse zu 4aI kann man erkennen, wenn die Sinnebene (+ ein Bauwerk erstellend) als metaphorisches Mittel für die Erbauung des Welthauses betrachtet und somit für 38,4a. 5a.c.6a.b die Isotopie (+ das Welthaus erstellend) ersichtlich wird.[114] Die Zusammenschau von Ausdrucks- und Inhaltsebene verdeutlicht also den übertragenen Sinn dieser Stelle. Das tertium comparationis dieser Metapher ist nach heutiger Ausdrucksweise der dreidimensionale Raum von Erde und Bauwerk, obwohl man zur Zeit der Abfassung des Textes die Dreidimensionalität natürlich noch nicht mit einem abstrakten Begriff benennen konnte. Gemäß den alten Vorstellungen wären die handwerklichen Tätigkeiten als tertium comparationis zu nennen.

— anhand der Meeresbegrenzung

ים, גיח, ענן, ערפל, חק und גל sind Lexeme, die die Inhaltskomponente (+ das Meer betreffend) besitzen. ים wird in 8a als neues phorisches Bezugswort vorgestellt, auf das sich pronominale Aufnahmen der 3.m.sg. an גיח, יצא, לבשׁ, חתלה und על in den Versen 8bI.b.9vI1.vI2.10a.[11b. c.d][115] beziehen. Neben den Substantiven דלתים (8a.10b) und בריח (10b), welche die Inhaltskomponenten (+ konkret, + Artefakt, + zum Haus gehörig) besitzen, passen auch die Verben סכך (8a), שׂים (9vI1.10b), שׁבר (10a) und שׁית (11b) mit den Inhaltskomponenten (+ faktitiv, + versehend mit, + resultativ) zu der oben schon beschriebenen Isotopie (+ ein Bauwerk erstellend). סכך[116] und שׁבר haben darüber hinaus die Inhaltskom-

---

114 Schon 1897 sprach Duhm, 182, vom „Wunderbau". Dieses Wort nimmt Rowold 1977, auf und verwendet es häufiger: 71.74.81.166 u. ö. Ebenso Szczygiel 1931, 205 „Weltbau". H.-P. Müller 1988b, 214 spricht vom urzeitlichen Hausbau. Fuchs 1993, 25, 193 vergleicht in Anlehnung an Keel 1978, 55 Anm. 193 und ²1977, 154f, die Gründung der Welt mit der Bauart eines Tempels oder Hauses zur Überwindung des Chaos. Mit den Stoikern könne man das Haus als „Abbild des Weltganzen" bezeichnen. Vgl. weiter H. Groß 1986, 131; Hayd 1859, 233 „Bau"; vgl. ebenso Volz 1921, 84; Weiser 1968, 244; Szczygiel 1931, 205 „Weltenbau".

115 In den Versen 11b.c.d findet sich zwar das Morphem der 2.m.sg., aber die Aufnahmen beziehen sich dennoch auf das Meer.

116 Rowold 1977, 74, Anm. 18 weist auf den Zusammenhang zwischen Ijob 1,10 3,23 und dieser Textstelle hin. Beim ersten Beleg beklagt sich Satan bei Gott, daß er Ijob und seinen ganzen Besitz vom Übel fernhalte, beim zweiten Beleg beklagt sich Ijob bei Gott, daß er ihn beenge und leiden lasse. An dieser Textstelle sagt Gott zu Ijob, wie er die Chaosmacht Meer in ihren Grenzen

ponente (+ separativ). Die Verben גיח (8bI), יצא (8b), בוא (11b) und יסף (11c) besitzen die Inhaltskomponente (+ fortbewegend). Somit ergibt sich ein Gegensatz zwischen den faktitiven und fortbewegenden Verben, deren Spannung in der Sinnebene (+ das Meer begrenzend) aufgelöst wird. Die Wendungen:

סכך בדלתים ים (8a)
שבר ... הק (10a)
שים בריח ודלתים (10b)[117]
עד־פה תבוא (11b)
ולא תסיף (11c)
שית בגאון גל (11d)[118] ergeben somit die Isotopie (+ das Meer begrenzend), sind aber aufgrund einzelner weiterer Inhaltskomponenten mit der Sinnebene (+ ein Bauwerk erstellend) verbunden, so daß Tor und Riegel mit den Inhaltskomponenten (+ zum Bauwerk gehörig) als Bildspender dienen für die Grenzbefestigungen (als Bildempfänger) des Meeres. Die Funktion des Zurückhaltens verbindet beide.

דלתים ים ist im Alten Testament eine einmalige Wendung, wenngleich diese Isotopie auch mit Spr 8,29 zu vergleichen ist, wo davon gesprochen

---

hält, und möchte dadurch Ijob die Erkenntnis vermitteln, daß er die Macht hat, sein Leid zu begrenzen, da er sogar das chaotische Meer zu begrenzen vermag.

117 Diese Wendung ergibt eigentlich die Sinnebene (+ zum Bauwerk gehörig), aber aufgrund der oben genannten metaphorischen Funktion soll sie hier mitaufgeführt werden. Von 40 Belegen im AT kommt בריח zwölfmal gemeinsam mit דלת vor (Dtn 3,5 1 Sam 23,7 2 Chr 8,5 14,6 Neh 3,3.6.13.14.15 Jer 49,31 Ez 38,11 und Ijob 14,6). All diese Belege beziehen sich auf die Befestigung der Stadt zum Schutz der Bewohner. Die Verwendung von Toren und Riegeln für das Meer ist im AT nur hier belegt. Tor und Riegel mit den Inhaltskomponenten (+ zum [Stadt-]Bau gehörig) werden als Bild der Begrenzung metaphorisch auf das Meer übertragen. Vgl. auch Jon 2,7, wo בריח im Kontext von הארץ erscheint. – Keel 1980, 38, Abb. 41 zeigt ein Kudurru aus Susa aus dem 12. Jh. vC, welches eine fortifikatorische Anlage zeigt, Tore, die die vom Chaoswasser (hier dargestellt als Schlangen) umflossene Unterweltstadt abriegeln. – Mende 1990, 228, findet die Wiederholung von דלתים in 38,10 „störend", auch Fuchs 1993, 195, erwähnt sie. Letztere sieht einen „Bedeutungswechsel", erkennt aber nicht, daß es sich um zwei Metaphern handelt, die dasselbe Bild benutzen, um zwei verschiedene Aspekte zu zeigen.

118 Die Wendung גאון גל begegnet im AT nur einmal, nämlich hier, vgl. allerdings גאות הים in Ps 89,10 und 46,4. – גאון kommt nach Even-Shoshan, 215, 49mal im AT und viermal in Ijob vor (35,12 37,4 38,11 40,10); siehe besonders den Kontext zu 40,10ff und dazu Keel 1978, 126, der auf die Überheblichkeit des Chaos hinweist, welches sich im Meer konkretisiere. Fuchs 1993, 194, hingegen liest גאון. Vgl auch Stähli, THAT I, 380. – גל erscheint nach Even-Shoshan, 234, 34mal im AT und dreimal in Ijob (8,17 15,28 38,11), jedoch nicht mehr im Sinn von Wellen. – Vgl. zu שית Vanoni, ThWAT VII, 1296–1306.

wird, daß die Weisheit schon bei Beginn der Schöpfung anwesend war, als Gott dem Meer seine Satzung gab und die Wasser nicht seinen Befehl übertreten durften, und mit Ps 104,6f.9, wo berichtet wird, daß die Wasser vor Gottes Drohen zurückwichen und er ihnen eine Grenze setzte, die sie nicht überschreiten durften, um nie wieder das Land zu bedekken. Unabhängig von der konkreten Formulierung ist die Vorstellung der Begrenzung des Meeres also mehrfach belegt.

Als dem Meer gesetzte Grenze findet sich חק[119] auch in Jer 5,22 Spr 8,29a. In Ps 148,4.6 bezieht sich das Wort auf den Himmelsozean. In 26,10 wird das Wort in Ijobs Mund gelegt: Die Größe der Allmacht Gottes zeige sich, indem Gott eine Grenze rund ums Wasser (מים) zieht, bis an den Rand von Licht (אור) und Finsternis (חשך).[120] Die beiden Belege für חק in 14,5.13 finden sich in Ijobs Mund. Während in 14,5 Ijob allgemein von dem Menschen spricht, dem Gott die Lebenszeit als Grenze setzt, hofft Ijob in 14,13 auf eine von Gott gesetzte Grenze in der Unterwelt, nach der Gott wieder an ihn dächte.[121]

Da also einerseits weitere Inhaltskomponenten der Sinnebene (+ ein Bauwerk erstellend) in 8a ff verwendet werden, aber andrerseits ein neues phorisches Bezugswort auf der Ausdruckseite vorherrscht, scheint sich hier wieder eine Diskrepanz zwischen Inhalts- und Ausdruckseite aufzutun. Es ergibt sich eine Vermischung der Sinnebene (+ ein Bauwerk erstellend) mit der neu hinzugekommenen Sinnebene (+ das Meer begrenzend), so daß man letztere auch als metaphorische Isotopie bezeichnen kann.

— Das Meer als Kleinkind

In die Sinnebene (+ das Meer begrenzend) hinein schiebt sich in 8bI.b. 9vI1.vI2 eine weitere Ebene, die sich aber auf der Ausdruckseite nicht eigens auszeichnet, sondern phorisch mit dem Bezugswort ים verbunden bleibt und sich somit als weiteres metaphorisches Element erweist: das Bild des Kleinkindes[122] bzw. seiner Geburt für das Meer. Dafür sprechen folgende Wörter und Wendungen: גיח (8bI), יצא (8b), מרחם (8b), לבוש (9vI1), חתלה (9vI2) und die Tatsache, daß das Meer in direkter Rede

---

119 חק erscheint nach Even-Shoshan 394 129mal im AT und siebenmal im Buch Ijob.

120 Vgl. dazu Witte 1994, 153f, der das ganze Kapitel 26 für sekundär hält, und zwar wegen der Unterschiede von Kap. 26 gegenüber allen vorangegangenen Hiobreden, weil Kap. 26 die Elihu- und Gottesreden antizipiere und weil 26,1 und 23,1 zwei identisch überschriebene Hiobreden darstellten.

121 Nach Eisenberg/Wiesel 1968, 370, bezeichnet חק auch das Gesetz für die Menschen. Vielleicht ist 14,3 auch, ähnlich 19,25, ein Beleg für aufkeimende Auferstehungshoffnung.

122 Volz 1921, 84, verwendet die Bezeichnung „Riesenkind" und Gott als „Weltenvater". Vgl. Weiser 1968, 245; H. Groß 1986, 132; Budde 1913, 241.

angesprochen wird. Im einzelnen zeigt sich die Überlappung der zwei Ebenen an folgenden Wendungen:

יצא מרחם[123] Während ים als Bezugswort die Inhaltskomponente (+ unbelebtes Naturphänomen) besitzt, handelt es sich bei רחם um ein (+ Körperteil eines Lebewesens).

שׂים ענן לבשׁ[125] וערפל חתלת[124]: Hier werden die Inhaltskomponenten (+ Naturphänomen) mit (+ Artefakt, welches einem menschlichen Lebewesen zukommt) zueinander in Beziehung gesetzt.[126] Das Verb גיח in 8bI mit seinen Inhaltskomponenten (+ fortbewegend, + intensiv)[127], die sowohl auf das Naturphänomen ים und seine intensiven Bewegungen als auch auf die Geburt des kindlichen Lebewesens zutreffen, ist die Schnittstelle dieser Mehrdeutigkeit. Die Inhaltskomponente (+ Kleinkind) stellt also eine metaphorische Sinnebene für das Meer dar.[128] Das ungestüme Hervorkommen, aber auch die Fürsorge und Bändigung sind das tertium comparationis zwischen Meer und Kleinkind.[129]

In Ijob 3,11 10,18 24,20 und 31,15 erscheint רחם im Ijobbuch. Mit Jer 20,18 ist Ijob 3,11 und 10,18 im Kontext die Frage des Leidgeprüften ge-

---

123 Die Wendung יצא מרחם erscheint auch in Num 12,12 (im Zusammenhang mit Miriams Aussatz) und Jer 20,18 (Klage: Warum kam ich aus dem Mutterleib). In beiden Kontexten geht es um die Sinnlosigkeit angesichts kranken oder bedrängten Lebens.

124 Das Wort ist im AT nur noch in Ez 16,4 belegt im Zusammenhang mit dem ausgesetzten Kind Jerusalem, welches der Herr aufnimmt.

125 לבושׁ kommt in 38,14b als Vergleich im Zusammenhang mit der Erdoberfläche vor.

126 Jenni, THAT II, 352, weist darauf hin, daß das Wort ענן in theologischen Zusammenhängen a) „Aussagen des Schöpfungsglaubens über Gottes Herrschaft über die Wolken" oder b) die „Vorstellung von Wolken als Mittel der Offenbarung Jahwes" beinhaltet. Hier trifft wohl eher a) zu, obwohl auch in diesen Fällen das Wort teilweise in Theophanien verwendet wird. Es kommt sechsmal im Buch Ijob vor in 7,9 26,8.9 37,11.15 38,9. In 7,9 vergleicht Ijob das Vergehen der Wolke mit der Hoffnungslosigkeit der Unterwelt. Für Gott ist die Wolke ein Kleidungsstück des Meeres.

127 Das Wort גיח wird auch in der zweiten Gottesrede (40,23) verwendet im Zusammenhang mit Behemot, welcher ruhig bleibt, auch wenn ihm das Wasser ins Maul strömt. – Fuchs 1993, 195 hält „בגיחו" für eine Anspielung auf Gen 2,13, auf גיחון, einen der vier Paradiesflüsse.

128 So auch Kronholm, רחם, ThWAT VII, 477–482, 479.481.

129 Zum mythologischen Hintergrund des Meeres vgl. das mesopotamische Weltschöpfungsepos Enuma Elisch, Tafel IV, Zeile 140, in: Beyerlin 1985, 109. Marduk besiegt Tiamat und teilt ihren Leib. An Tiamat erinnert auch Budde 1913, 241. – H.-P. Müller 1988b, 214, hält das Meer als Wickelkind für eine „Unterdimensionierung des Bedrohlichen", ein „depotenzierter Chaoskampf wird mit dem Hausbau verbunden". In Anm. 18 weist er auf eine Inschrift des Asarhaddon hin, in der er sich seiner Bautätigkeit rühmt, indem er u. a. einen Stein als Schloß gegen das Meer niederlege. Szczygiel 1931, 207, sieht in den Versen 8–11 das Urmeer und das jetzige Meer.

meinsam, „warum kam ich aus dem Mutterleib hervor".Das Phänomen, daß die Geburt des Meeres in der Gottesrede nicht als Frage gestaltet ist, sondern im Gegenteil als Aussage, wird somit erklärbar. Auch die textkritischen Ausführungen oben zu ויסך in 38,8a bestätigen sich. In gezielter Abgrenzung zu Ijobs Frage, wonach er seine Geburt und sein Dasein in Frage stellt, soll hier das gottgewollte Sosein des Lebens bzw. des Meeres gezeigt werden. In 3,11 und 10,18 spricht Ijob von sich selbst, in 24,20 hingegen von dem Frevler, den selbst der Mutterschoß vergißt und in 31,15 sieht Ijob die Gemeinsamkeit mit dem Knecht, der, wie er selbst, im Mutterschoß erschaffen wurde.[130] Das Herauskommen aus dem Mutterschoß zeigt eine Gemeinsamkeit Ijobs mit dem Meer, auch wenn es Gott metaphorisch mit dem Kleinkind beschreibt und Ijob das Wort רחם im wörtlichen Sinn verwendet. Statt auf Ijobs Geburt einzugehen, spricht Gott von der Geburt des Meeres, dem er Grenzen gesetzt hat.

Innerhalb dieser ineinander verschachtelten Isotopie findet sich die Besonderheit eines Redeaktes, der mit ואמר in 38,11a eingeleitet wird. Es handelt sich deshalb um eine Besonderheit, weil Gott in seiner Rede an Ijob eine direkte Rede an das Meer zitiert, als wäre das Meer wie Ijob ein personales Gegenüber. Das Wort ואמר mit dem Merkmal (+ sprachlich äußernd) wurde oben schon erwähnt. In seiner Form mit G PK-KF 1.sg. steht es in einer Reihe mit den Verben ואשבר[131] und ואשים in den beiden vorangehenden Sätzen. Inhaltlich haben, im Unterschied zu אמר, diese beiden die Inhaltskomponente (+ ein Bauwerk erstellend). Die folgenden Inhaltskomponenten innerhalb der wörtlichen Rede 11b–d fügen sich in die Sinnebene (+ das Meer begrenzend) ein, was auch durch das Wort גל (+ zum Meer gehörig) ausgedrückt wird. Die zwei Verben גיח und יסף mit der Inhaltskomponente (+ fortbewegend) sind phorisch über die 2.m.sg. miteinander verbunden. Da zu Beginn des Redeakts keine neue Person eingeführt wird, ist das Meer der Adressat der Rede. Schon durch die Metapher (+ Kleinkind) bekam das Meer Züge eines Lebewesens. Auf diese Art und Weise wurde die Personifikation des Meeres eingeleitet; in der direkten Anrede findet sie ihren Endpunkt. Das wird

---

130 Fuchs 1993, 195f mit Anm. 60, weist darauf hin, daß es in Ijob 38 im Gegensatz zum übrigen AT und Gen 1,9f keine aktive Beteiligung Gottes bei der Geburt gebe. Mit Gunkel 1921, 96 zählen Ijob 38, Spr. 8 und Ps 104 zu den von Gen 1 abweichenden Texten, die noch alte Traditionen beinhalten. Eine Geburt des Meeres komme im AT sonst nicht mehr vor. Ebd. 197 meint Fuchs, an dieser Stelle habe das AT die Erinnerung an die „große Mutter" bewahrt. Hier ist jedoch zu konkretisieren, daß der Text ein damals bekanntes Motiv aufnimmt, um es in eine metaphorische Rede von Gott und seinem Handeln umzuwandeln. Die mythologischen Motive werden ihres ursprünglichen Inhalts beraubt und in eine neue Textaussage „übertragen".

131 Budde 1913, 242, denkt bei שבר „an die schroffen wie durch Abbrechen entstandenen Klippen ... in denen gerade die Ostküste des Mittelmeeres ... zum Meere abfällt."

durch die Anrede beibehalten.[132] Gott spricht sowohl zu Ijob als auch zu dem Meer. Dadurch werden die Unterschiede zwischen der unbelebten und der belebten (hier menschlichen) Natur verwischt und die Bedrohung durch das Meer entschärft.

Es zeigt sich also auch hier eine enge Verbindung der beiden Sinnebenen (+ ein Bauwerk erstellend) und (+ sprachlich äußernd)[133]. Zwischen Ijob und dem Meer bestehen gewisse Gemeinsamkeiten; beiden kamen aus dem Mutterleib hervor und beide sind Adressaten von Gottes Rede. Sie werden von ihm mit der 2.m.sg. angesprochen, wenn auch die Anrede an Ijob insgesamt gesehen quantitativ viel häufiger stattfindet als die Anrede an das Meer.

Exkurs: Der Jubel der Morgensterne und der Gottessöhne in Ijob 38,7

Bisher wurde 38,7 noch nicht behandelt, weil der Vers innerhalb der umgebenden Sinnebene auffällige Lexeme mit besonderen Inhaltskomponenten aufweist. Zunächst ist bemerkenswert, daß die כוכבי בקר mit dem Merkmal (+ zählbares, unbelebtes Naturphänomen, + gestirnig) mit dem Verb רנן (+ sprachlich äußernd + intensiv, + affektiv) kombiniert werden. Das Verb רוע gleichen Merkmals wird im Parallelvers mit בני אלהים verwendet. Diese haben das Merkmal (+ Lebewesen) mit der Spezifikation (+ göttlich). Vers 7 ist aufgrund der Verben am ehesten die Sinnebene (+ Lobpreis) zuzuschreiben. Diese wird aber im weiteren Verlauf des Textabschnitts nicht wieder aufgenommen. Verbindungen dieses Verses zu den umliegenden Sinnebenen liegen in dem Teilmerkmal (+ sprachlich äußernd), deren gleichnamige Sinnebene schon dargestellt wurde, und in dem Merkmal (+ die Gestirne betreffend/gestirnig), welches aber erst in 38,31f wieder vorkommt, dort allerdings nicht mit Verben mit dem Merkmal (+ sprachlich äußernd).

Der Gottesname אלהים kommt im Gegensatz zu den anderen drei Gottesnamen sowohl in der Rahmenerzählung als auch in den Dialogen vor (1,1.5.6.8.9.16.22 2,1.3.9.10 5,8 20,29 28,23 32,2 34,9 38,7). Von 2603 alttestamentlichen Belegen machen diese 17 Belege im Buch Ijob nur einen geringen Teil aus. In diesem Textabschnitt kommt der Name nur als CsV mit בני (38,7) vor.

---

132 Westermann, תהום, THAT II, 1031, bestreitet, daß man hier von einer Personifikation des Meeres sprechen kann. Bedenkt man jedoch die Metapher, ist es gerechtfertigt, von Personifikation zu sprechen.

133 Gottes Schöpfungsakt in der Gen zeigt sich u. a. auch in einem Redeakt. Im ersten Schöpfungsbericht der Genesis (Kap. 1) spricht Gott (ויאמר) sechsmal und so geschieht es (ויהי). Die Schöpfung entsteht durch sein Wort. Das Johannes-Evangelium abstrahiert noch weiter: „Im Anfang war das Wort und das Wort war bei Gott und Gott war das Wort" (Joh 1,1).

Wie hier kommen die beiden Wurzeln רנן und רוע an sieben Stellen[134] im Alten Testament parallel in einem Vers vor. Die konkrete Kombination von רנן mit den Morgensternen ist ebenso einmalig im Alten Testament wie jene von רוע mit den Göttersöhnen[135]. Die Wortkombination כוכבי בקר ist einmalig im Alten Testament. Allerdings kommen beide Worte (unverbunden, d. h. nicht als Wortverbindung) in 3,9 in Ijobs Mund im Zusammenhang der Verfluchung seiner Geburt vor.[136]

Daß Sterne als göttliche Wesen angesehen wurden[137], ist eine im Alten Orient, besonders im babylonischen Raum verbreitete Vorstellung, die auch den israelitischen Raum nicht unbeeinflußt ließ. Das Alte Testament versuchte dem entgegenzutreten, so daß die meisten Belege der Sterne als reine Naturphänomene erscheinen. Dennoch spiegelt sich im Alten Testament „eine weitverbreitete populäre Verehrung der Sterne als göttliche Wesen“[138], die sich u. a. in diesem Vers anhand der Parallelisierung der Morgensterne mit den Göttersöhnen zeigt. Daß aber auch שמים Konnotationen einer astralen Gottheit haben konnte, belegen z. B. Ps 89,6–9 Jes 14,(12–)13 und Neh 9,6[139] (bei letzterem Beleg mit der Wendung צבא שמים). Auch wenn andere Lexeme als שמים in 38,7 verwendet werden, gibt es in den genannten Belegen inhaltliche Verwandtschaften. Aufgrund der genannten Belege kann 38,7a als Anspielung auf den Himmel und, in Zusammenschau mit der Gründung der Erde (38,4aI), auf das Weltganze verstanden werden[140].

Der Vers 38,7 wirft in a) literarkritischer und in b) theologischer Hinsicht Probleme auf:

---

134 Jes 16,10 44,23 Zef 3,14 Ps 47,2 66,1 81,2 95,1.

135 Die CsV בני אלהים erscheint neben Ijob 1,6 2,1 nur noch in Gen 6,2.4. In Ps 29,1 89,7 gibt es die Formulierung בני אלים, in Hos 2,1 בני אל־חי.

136 Jedoch werden mit רוע Himmel (Jes 49,13 51,48 [Dtn 32,43 nur, wenn man LXX zugrundelegt]), Erde (Jes 49,13 51,48), Berge (Jes 49,13 Ps 98,8), näherhin Tabor und Hermon (Ps 89,13), Wälder (Ps 96,12 1 Chr 16,33), Bäume (Jes 44,23) und Täler (Ps 65,14) und mit רנן darüber hinaus Zunge (Jes 35,6 Ps 51,16), Wüste und trockenes Land (Jes 35,2), die Trümmer Jerusalems (Jes 52,9), die im Staub Wohnenden (Jes 26,19), alle Länder (Ps 98,4), näherhin Ost und West (Ps 65,9) und die Weisheit (Spr 1,20 8,3) kombiniert.

137 Clements, כוכב, ThWAT IV, 81. – Albani 1994, 218, weist darauf hin, daß in dem babylonischen Text MUL.APIN bestimmte Sternbilder und Sterne bestimmten Göttern zugeordnet werden. – Siehe auch van der Woude, צבא, THAT II, 501, der die Wortverbindung צבא שמים als Bezeichnung der Sterne als Himmelsheer ansieht. Dieselbe Wortverbindung stehe auch für die um Jahwes Thron gescharten Engel.

138 Clements, ThWAT IV, 81.

139 Zatelli 1991, 90f.

140 Die Parallelisierung von Himmel und Erde kommt im AT oft vor. Vgl. z. B. Gen 1,1 und Schmid, ארץ, THAT I, 229f. שמים wird unten in 38,37bP in einer CsV genannt. Das Oben des Himmels und im folgenden Vers 38,38 der Staub als Unten deuten dort auf das Weltganze hin.

a) Die Beschreibung der Isotopien zeigt, daß es sich inhaltlich um einen isolierten Vers handelt, insofern es um den Lobpreis geht. Die einzige formale bzw. syntaktische Verbindung von 6b zu 7vI besteht in der proklitischen Präposition ב. Phorische Verbindungen zur Textumgebung gibt es nicht. Daß Vers 7 unvermittelt wirkt, zeigt die „Weglaßprobe" mit dem Anschluß von Vers 8 an Vers 6: Die Isotopie (+ ein Bauwerk erstellend) würde durch דלתם (8a) ohne Unterbrechung beibehalten. Möglich wäre ein phorischer Bezug von ויסך, wie bereits textkritisch angemerkt wurde, zu מי (6b) durch die 3.m.sg.[141] Die Einführung des neuen Bezugsworts ים stört diesen Aspekt nicht. Da im Buch Ijob darüber hinaus zweimal die בני האלהים in 1,6 und 2,1, den Prosateilen des Buches, erwähnt werden, scheint sich der Verdacht zu erhärten, daß es sich hier um einen sekundären Einschub handelt, der vielleicht aus einer Überarbeitungsphase gemeinsam mit der Rahmenerzählung herrührt.[142] Dafür spricht auch die Tatsache, daß hier die Morgensterne und Göttersöhne bei der Schöpfung anwesend sind, während die Lichter am Himmel laut Gen 1 erst am vierten Schöpfungstag erschaffen wurden[143].

Es gibt aber Argumente, die dagegen sprechen: Neben 38,7 gibt es im Textabschnitt mehrere mit ב eingeführte Temporalsätze (38,8bI.9vI.38vI und vor allen 38,4aI), die sich in der Textumgebung von 38,7 finden, so daß hier keine syntaktische Außergewöhnlichkeit vorliegt. Darüber hinaus stellt sich die Frage, ob dieser Nebensatz, der einen ganzen parallelisierten Vers bildet, den phorischen Textzusammenhang von 38,6b zu 8a wirklich so stört, daß er nicht mehr erkannt werden kann. Auch inhaltliche kontextuelle Gründe sprechen für eine Ursprünglichkeit von 38,7, nämlich einmal die fehlende Erwähnung des Himmels – eine Lücke, die durch 38,7 mit den Morgensternen geschlossen würde. Besonders wichtig ist die Anspielung in 38,7 auf Ijobs erste Rede, zu der bereits oben Bezüge festgestellt wurden. Ab 3,3 möchte Ijob rückwirkend die Nacht seiner Zeugung verfluchen. In 3,7 heißt es: „Ja, diese Nacht sei unfruchtbar, kein Jubel (רננה) komme in ihr auf", in 3,9: „Verfinstert seien ihrer [d. h. der Tage, die es verstehen, den Leviathan zu wecken] Dämmerung Sterne (כוכבי נשפו), sie harre auf das Licht, jedoch umsonst; die Wimpern der Morgenröte (כעפעפי־שחר) schaue sie nicht." Gott verwendet

---

141 Diesen Vorschlag machte auch Mende 1990, 214.

142 Außer Hesse 1978, der die Gottesrede im Ganzen für sekundär hält, scheint es jedoch keinen Autor zu geben, der 38,7 für sekundär hält.

143 Clements, ThWAT IV, 85, hält dies für einen bewußten Akt der Priesterschrift, um den volkstümlichen Anschauungen über die Sterne entgegenzuwirken und um sie aus dem religiösen Bereich herauszudrängen. – Alfred Hockel 1965, 43, weist auf eine nachexilische Verstärkung des Engelglaubens und eine Zunahme von Mittlergestalten zwischen Gott und der Schöpfung hin, wobei er in Ijob 38,7 eine Art Anfangspunkt in den alttestamentlichen kanonischen Büchern sieht, der zum neutestamentlichen Christus, dem Erstgeborenen der ganzen Schöpfung (Kol 1,15) hinführt. Zur geschichtlichen Entwicklung der Sternenengel siehe Albani 1994, 218–226.

teils dieselben Worte (רנן, כוכב) wie Ijob in dieser Rede, teils Synonyme (שחר für den Morgen). Außerdem ist die Reihenfolge der Motive identisch: Wie in der Gottesrede im Anschluß an den Jubel der Morgensterne das Meer und sein metaphorisches Herauskommen aus dem Mutterleib thematisiert werden, folgt auch in Ijobs Rede im Anschluß an das oben Zitierte (3,10): „Denn sie hat die Pforten (דלתי בטני) an meiner Mutter Leib nicht verschlossen ..." Die auffälligste Gemeinsamkeit dieser Passage mit 38,7 ist die Rückschau in die Vergangenheit. Bei der Untersuchung der Ausdrucksebene im Zusammenhang mit den Verbformationen wurden zwei verschiedene Vergangenheitsebenen festgestellt: die sogenannte Erdgründungsvergangenheit und die Vergangenheit von Ijobs Lebenszeit. Beide werden hier diametral entgegengesetzt: Ijob verflucht den Zeitpunkt seiner Entstehung und wünscht als Zeichen dafür kosmische Auswirkungen: Der Tag sei ohne Licht, finster – die Nacht soll vom Dunkel hingerafft werden – der Tag soll nicht im Jahr mitgezählt werden – die Fruchtbarkeit der Nacht soll rückgängig gemacht werden – die Abendsterne sollen sich verfinstern – die Nacht soll nicht Morgen werden.[144] Ausgangspunkt ist der Zeitpunkt seiner Zeugung, der Beginn seiner Lebenszeit. Dem setzt Gott eine noch weiter zurückliegende Vergangenheit, die Zeit der Gründung der Erde, entgegen. Er beschreibt die Schaffung der Welt, den Jubel der Morgensterne und – um Ijob zu übertrumpfen – den Jubel der Göttersöhne. Somit verdeutlicht Gott die Überlegenheit der gesamten Schöpfung gegenüber Ijob, dem Einzelgeschöpf.

Der Verdunkelungsvorwurf Gottes in 38,2 bezieht sich möglicherweise implizit auch auf diese erste Rede Ijobs (3,9) mit dem Wunsch, die Sterne seines Zeugungstages mögen sich verdunkeln (חשך). Nach Gottes Rede jubeln die Morgensterne (und implizit leuchten sie auch) angesichts der Schöpfung. Indem Ijob wünscht, daß die Sterne sich verdunkeln, wünscht er zugleich, daß die Schöpfung – Gottes Werk – nicht mehr sichtbar sein soll. Durch seinen Wunsch leugnet er letztlich die Schönheit und verkehrt die Ordnung der Schöpfung.

Aber auch Ijob ist ein Geschöpf Gottes. Dadurch, daß Gott ihn auf das Lob der Morgensterne hinweist, bejaht er auch indirekt Ijob als sein Geschöpf. Dem Vers 38,7 kommt also dadurch ein wichtiger Stellenwert zu, weil er nach 38,2 mit der Ablehnung von Ijobs Reden erneut eine Wertung vornimmt: Die jubelnden Morgensterne und Gottessöhne zeigen eine positive Bewertung dessen, was Gott geschaffen hat.[145] Für diese

---

144 Clements, ThWAT IV, 88: „Die Verdunkelung der Sterne, die aufhören zu scheinen, bedeutet die Beseitigung einer Grundform der natürlichen Ordnung." Sie gilt als „Begleiterscheinung eines auffallend düsteren Ereignisses auf der Erde." Ijob meint, sein Unglück solle sich auch an der Verdunkelung der Sterne zeigen, es habe astronomische, bis zu den Sternen reichende Auswirkungen (Vgl. 38, 33). – Auf Bezüge zwischen Ijob 3,9 und 38,7 weist auch van Oorschot 1987, 28, hin.

145 Die jubelnden Elemente werden hier möglicherweise Ijob als „leuchtendes" Beispiel vor Augen geführt. Sie verdunkeln nicht Gottes Ratschluß. Sie

zusammenschauende Auslegung spricht der oben schon erwähnte Gegensatz hell – dunkel, der auch hier sichtbar wird: Dem Verdunkeln Ijobs steht das Licht[146] der Morgensterne gegenüber und mithin das auf diese folgende, noch hellere Tageslicht.

In der zweiten Gottesrede, in 41,17, geht es um die Beschreibung des Leviathan – auch der Leviathan wird bereits in dieser Passage von Ijobs Rede als Sinnbild für das Böse genannt –, vor dem sogar die אלים erschrecken. Kubina[147] legt diese Stelle ebenfalls mit „Götter" aus und hält die Konjektur in אילים für überflüssig. 38,7 und 41,17 ergänzen sich insofern, als jeweils (+ affektive) Verben mit den göttlichen Lebewesen kombiniert werden.

b) Die theologische Problematik der בני אלהים[148] zeigte sich bereits in der Textkritik. Für den streng monotheistischen Juden der nachexilischen Zeit war diese Stelle so anstößig, daß die LXX sie mit ἄγγελοι übersetzte. Die Vorstellung mehrerer (Unter-)Gottheiten bzw. einer göttlichen Ratsversammlung findet sich schon in ägyptischen, mesopotamischen und nordsemitischen Texten[149] und ist zumindest im Buch Ijob kein Einzelfall.[150] Allerdings erscheinen die בני אלהים nicht in den Dialogen. Diese CsV verknüpft die Gottesrede mit der Rahmenerzählung, denn in 1,6 und 2,1 werden sie gemeinsam mit dem Satan erwähnt.

---

werden aber auch nicht aufgefordert, geistig Sinnvolles mitzuteilen. – Keel 1978, 48, zitiert G. von Rad 1966, I 429 und ders., Weisheit in Israel, Neukirchen-Vluyn 1970, 291: „sie haben es besser (als Ijob) verstanden, was es mit dieser Welt für eine Bewandtnis hat". Keel, ebd. 55 mit Anm. 192, vergleicht diese Stelle mit Esra 3,10f, dem Jubel der Jerusalemer bei der Grundsteinlegung des Tempels. – Dahood 1962, 72f, und ders. 1973, 29f, verweist auf einen ugaritischen Text, der die Söhne Els und die Versammlung der Sterne parallelisiert und ihr Unwissen thematisiert. – Weiser 1968, 244, sieht hier einen Zusammenhang von Schöpfung und Neujahrsfeier durch kultischen Hintergrund.

146 Inhaltskomponente: (+ leuchtende Himmelskörper).

147 1979, 101.

148 Vgl. Hamp, Söhne Gottes, LThK[2] IX, 850.

149 Nach Walter Beyerlin, 1985, findet sich im ägyptischen Amunhymnus aus der 18. Dynastie: „Herr der Strahlen, der die Helligkeit macht, dem die Götter Hymnen darbringen" (S. 40, in demselben Hymnus ist auch von der Schöpfung der Götter die Rede), im akkadischen Weltschöpfungsepos Enuma Elisch, als Marduk Tiamat tötet und aus ihr die Welt erschafft, heißt es: „Als seine Väter dies sahen, freuten sie sich und jauchzten" (ebd. 109), in einer phönizischen nordsemitischen Karatepe-Inschrift (Text A) ist u. a. vom Himmelsherrn El und dem ganzen Kreis der Göttersöhne die Rede (ebd. 260).

150 Zu Gottes himmlischem Thronrat vgl. Neef 1994. Seite 16 nennt er die Aufgabe der Götter im Lobpreis Gottes mit den Belegen Ps 89,6 19,2 29,1f Neh 9,6. Vgl. auch Hölschers 1952, 93, Hinweis, der Verbindung von Göttern und Sternen. Siehe dazu auch unten, S. 206–209.

Die Übersetzung mit „Göttersöhne" oder „Gottessöhne" ist uneinheitlich,[151] je nachdem, ob die grammatische Pluralform von אלהים im Vordergrund steht oder diese als pluralis maiestatis und somit singularisch wiedergegeben wird. Die Entscheidung darüber ist auch religionsgeschichtlicher Art, insofern es sich um ein mythologisches Relikt aus benachbarten Religionen handelt. In diesem Sinne schlägt Herrmann[152] El-Söhne oder Elohim-Söhne vor. Dabei sei ebensowenig wie in ugaritischen Texten an eine direkte Sohnschaft gedacht, „der Begriff בֵּן" zeige „nur die Zugehörigkeit zu dieser Göttergruppe".[153] Trotz (+ göttlicher) Inhaltskomponenten scheinen sie nicht mit Gott auf einer Rangstufe zu stehen, sondern, wie ihre eher passive Rolle zeigt, subordiniert zu sein.[154]

Die Belege 1,6 und 2,1 in der Rahmenerzählung sind fast identisch formuliert. Mit den בני אלהים ist im selben Vers parallel beschrieben das Auftreten des שׂטן. Auffälligerweise sind beide determiniert, so daß sich zwischen ihnen ein Zusammenhang ergibt, der möglicherweise auf eine gleiche Rangstufe schließen läßt. Während jedoch die בני אלהים nur als zu Gott kommend und mithin als anwesend dargestellt werden, kommt dem Satan eine aktive Rolle zu. In den Gottesreden erscheint der Satan nicht mehr, die בני אלהים sind hingegen wie zuvor in 1,6 2,1 anwesend und nun insofern aktiv, als sie Gottes Schöpfung bejubeln.

Das Auftreten der בני אלהים in der vorderen Rahmenerzählung und in der Gottesrede läßt vielleicht auf eine entstehungsgeschichtliche Verwandtschaft beider Buchteile schließen.[155] Da es sich bei den בני אלהים um ein mythologisches Relikt handelt, welches zumindest im Buch Ijob יהוה untergeordnet und relativ passiv dargestellt ist, insofern den Gottessöhnen keine schöpferischen Tätigkeiten zugeschrieben werden, gibt es aus theologischer Sicht keinen Grund, 38,7 als sekundär auszuscheiden.

3.5 Die Erde am Morgen

Erstmals nach 38,5b wird in V 12 Ijob wieder in der 2.m.sg. in Form einer Frage angesprochen[156]. Dabei werden (+ sprachlich äußernde) und (+ den geistigen Bereich betreffende) Verben miteinander verwendet und die oben beschriebenen gleichnamigen Sinnebenen weitergeführt. Die Sub-

---

151 Vgl. Herrmann 1960, 242.

152 Ebd., 250.

153 Ebd.

154 Vgl. ebd., 249f.

155 Näherhin auf eine einheitliche Redaktorenhand; vgl. Fohrer 1963, 32, und Lévêque 1970, 128ff.

156 In Vers 12 wird dreimal das Morphem der 2.m.sg. verwendet.

stantive בקר[157] und שחר[158] besitzen u. a. die neu auftretenden Inhaltskomponenten (+ den Morgen betreffend), ימיך[159] (+ Ijobs Lebenszeit) sowie מקום[160] die Inhaltskomponente (+ Örtlichkeit). Neben den Sinnebenen (+ sprachlich äußernd) und (+ den geistigen Bereich betreffend) knüpft 38,12 auf mehrfache Weise an 38,7 und anderes Vorhergehendes an: Mit בקר wird dasselbe Wort von 38,7 wieder aufgenommen und שחר kommt mit den Sternen gemeinsam in 3,9 vor. Insofern scheint auch in 38,12 eine Anspielung auf den schon oben als wichtig herausgestellten Abschnitt aus Ijobs erster Rede vorzuliegen, allerdings in variierter Form. Während Gott mit 38,7 Ijobs Klage um seinen Lebensbeginn dem Schöpfungsbeginn entgegensetzt, setzt er hier Ijob den Beginn eines einzelnen Tages entgegen und befragt ihn explizit nach seiner Macht, den Morgen heraufzubefehlen. Gott zeigt Ijob die verschiedenen Dimensionen von Zeitabläufen: Während Ijob nur seine eigene Lebensspanne von der Zeugung bis zur Gegenwart beurteilt, verdeutlicht Gott ihm neben den urzeitlichen Anfängen der Schöpfung mit ihrem immens langen Zeitraum (vgl. 38,21) nun den auch für Ijob geltenden kurzen und scheinbar überschaubaren einzelnen Tag. Auf die Anfänge beider Zeiträume hat Ijob keinen Einfluß.[161] Während Ijob darüber hinaus in 3,9 zerstörerische Wünsche hegt, zeigt Gott ihm hier am heraufkommenden Morgen seine schöpferische Kraft. שחר hat einen ähnlichen mythologischen Hintergrund wie die Sterne, nämlich die altorientalischen Vorstellungen der Gestirngottheiten. Das Alte Testament hat noch einige Anklänge daran bewahrt. Ijob 3,9 und 41,10 mit den CsV עפעפי־שחר könnten auf die alte Vorstellung einer weiblichen Gottheit hinweisen[162]. השחר kommt so

---

157 בקר erscheint (nach Even-Shoshan 200) 214mal im AT, aber im Buch Ijob nur noch siebenmal, davon zweimal in Ijobs Mund (7,18 und 24,17).

158 שחר erscheint 24mal im AT (nach Even-Shoshan 1132) und dreimal im Buch Ijob, neben 38,12 noch in 3,9 und 41,10.

159 Das Wort יום kommt 2291mal im AT (so Even-Shoshan 451 ff; anders Ernst Jenni, יום , THAT I, 708: 2304mal) vor, 59mal (so Jenni) im Buch Ijob.

160 מקום kommt 21mal im Buch Ijob vor.

161 Ähnlich Volz 1921, 84.

162 Vgl. Ruppert, ThWAT VII, 1230. – Zum Gott der Morgenröte siehe Keel-Uehlinger 1992, 449. Auch H.-P. Müller, 1988b, 214f mit Anm. 19, spricht von einer „letztlich personenhaft vorgestellte(n) Morgenröte", deren Platzzuweisung, wie 19b מקמו und 20a גבולו an Enuma Elisch V. 1.6.8. erinnere, „wonach Marduk für die großen (astral bezogenen) Götter je einen Standort (*manzazu*) schafft." Fuchs 1993, 201f, schreibt: „Handelnde Person der Versgruppe ist Šahar," und weiter: „Daß er [=Šahar] aber nur noch als Diener JWHWs handelt, wollen die passiven Formulierungen ‚geschüttelt, vorenthalten, zerbrochen werden' andeuten. Der eigentlich Handelnde ist JHWH selbst." Während dem letzten Satz wohl zuzustimmen ist, ist der erste Satz mit Schahar als handelnder Person wohl überzeichnet, denn שחר ist Objekt; Subjekt in 12b ist Ijob, ausgedrückt durch die 2.m.sg. Die Verben ab 13vI schließen sich syntaktisch an 12a.b, an die Anfragen an Ijob und sein Wissen um den

oder in einer ähnlichen Kombination mit מקום im Alten Testament nicht mehr vor. Mit folgenden Örtlichkeiten wird im Alten Testament das Morgenrot hingegen in Verbindung gebracht: Es wird im Himmel angesiedelt (Jes 14,12) oder am äußersten Meer (Ps 139,9), es breitet sich über die Berge hin (Joel 2,2)[163]. Das Morgenrot ist wie die Finsternis von Gott gemacht (Am 4,13). Insofern wird das Morgenrot mit den Grenzen der Erde genannt, ja, man könnte den Ort auch als solche Grenze bezeichnen. Ab 38,16ff wird diese Thematik weiter entfaltet. Hier findet sich eine Anspielung auf Ijobs Herausforderungsrede 31,26, wo er, neben der Aufzählung anderer verwerflicher Dinge, die Bewunderung der Gestirne, d. h. die Anbetung der Gestirngottheiten, von sich weist: „wenn ich die leuchtende Sonne sah, wie sie strahlte, den Mond, wie er herrlich dahinzog". In diesem Fall „schwiege ich still und ginge nicht zur Tür hinaus" (31,34), was heißt, daß er sich nicht so eindringlich mit seinen Klagen an Gott wendete. In Ijobs Augen ist eine Bewunderung der Sonne also ein sündiges Verhalten. Darauf geht Gott jedoch nicht ein, sondern nur auf den Ort der Morgenröte, auf deren Begrenzung, die, wie jene des Meeres, von Gott gesetzt ist.

המימיך (12a), die Frage nach Ijobs Lebenstagen, nimmt erstmals seit 6b wieder die Verbform x-qatal auf, wenngleich auch in 38,7.11 Gleichzeitigkeit zur letzten in 6b genannten x-qatal-Form herrschte, mithin zur Erdgründungsvergangenheit.[164] Hier ist die Frage nach Ijobs Lebenszeit zum erstenmal explizit ausgedrückt und über die x-qatal-Form in Beziehung zur Erdgründungszeit gesetzt, obwohl inhaltlich, wie oben dargelegt, der Blickwinkel in 38,12 verkürzt wird: Formal über x-qatal an die Erdgründungszeit anknüpfend, über מימיך auf Ijobs Lebenszeit reduzierend, wird der Blick auf einen Tag beschränkt.

Zweimal spricht Ijob in seinen Reden von seiner Lebenszeit: In 7,16 heißt es: „Ich mag nicht mehr. Ich will nicht ewig leben. Laß ab von mir, denn nur ein Hauch sind meine Tage (ימי)" und in 9,25: „schneller als ein Läufer eilen meine Tage (וימי). Sie fliehen dahin und schauen kein Glück." In beiden Fällen beklagt Ijob sein kurzes und leidvolles Leben. Die Gottesrede zeigt Ijob nicht nur, daß er keinen Einfluß auf den Beginn eines einzelnen Tages (38,12–15) hat, sondern daß er auch keinen Einfluß auf den Beginn seines Lebens, ja der ganzen Schöpfung (38,4a.aI.7) hatte.

Ort der Morgenröte an. Ironisch ist auch nur, wie sich unten noch zeigen wird, Vers 12, die Frevler selbst sind nicht ironisch, wie Fuchs 1993, 201, meint. – Siehe auch die Hinweise Eislers, 1910, 60f zu den babylonischen Göttern im Himmels- bzw. Sternenmantel.

163 Zu den Bergen als Grenzen der Erde siehe Keel 1980, 17–21, ebd. zu den räumlichen Vorstellungen der Welt im Zusammenhang mit dem Morgenrot, Sonnenaufgang. Vgl. Ijob 11,7–9 26,20; Ps 19,5c–7 61,3 65,7–9 72,8 107,3 139,8–12; Am 9,1–3; Gilgamesch-Epos Tafel 9 II 1–5.9.20.

164 Schon im Zusammenhang mit 38,7 betonten Eisenberg/Wiesel 1986, 366f, die Bedeutung des Anfangs der Welt. Weiser 1968, 242, sieht den Blick Ijobs auf seine Vergangenheit und Gegenwart ebenfalls als Begrenzung an.

Zugleich wird wohl auch Ijobs Todeswunsch, also letztlich die eigenmächtige Beendigung seines Lebens, zurückgewiesen.

Der syntaktische Übergang von 38,12 zu Vers 13 geschieht formal über die Präposition ל und inhaltlich über die Inhaltskomponente (+ Örtlichkeit) von מקום zu der Wortverbindung כנפות הארץ.[165] (כנפות) הארץ stellt das neue phorische Bezugswort dar, worauf sich Morpheme der 3.f.sg. in 13a und 14a beziehen. In 15a schließt sich אור[166] an die Sinnebene (+ den Morgen betreffend) an. Weitere Lexeme der folgenden Verse haben nicht mehr die Inhaltskomponente (+ Örtlichkeit), sondern (+ Artefakt), so חותם[167] und לבוש[168], (+ Naturphänomen), so חמר[169], (+ Lebewesen), so רשׁעים[170] und (+ Körperteil von Lebewesen), so זרוע[171].

כנפות (ה)ארץ kommt in der prophetischen Literatur (Jes 11,12 24,16 Ez 7,2) jeweils in eschatologischen Zusammenhängen vor.[172] Möglicherweise verbirgt sich hinter dieser Wortverbindung die bildliche Vorstellung von den vier Zipfeln des Obergewandes, die auch für das Alte Testament belegt ist[173]. Insofern könnte man dann 13vI als Metapher

---

165 Die Wortverbindung כנף (ה)ארץ, manchmal ergänzt durch ארבע, kommt auch vor in Ijob 37,8 Jes 11,12 24,16 Ez 7,2, vgl. Jes 8,8. Das Wort כנף begegnet insgesamt dreimal in diesem Textabschnitt 39,13a.29b.

166 Das Wort אור erscheint (nach Even-Shoshan 27f) 122mal im AT, und sehr häufig, nämlich 32mal im Buch Ijob, davon 14mal in Ijobs Mund.

167 חותם kommt 14mal im AT vor, zweimal, neben dieser Textstelle nur noch in 41,7, im Buch Ijob.

168 Vgl. die Nebensinnlinie (+ Bekleidung), die sich schon in 38,3a אזר und 9vI1 und 2 im Zusammenhang mit der Bekleidung für das Kleinkind Meer. In beiden Fällen ist sie metaphorisch gebraucht. Hier in 38,14b ist durch die Partikel כמו ein Vergleich angezeigt.

169 חמר kommt 17mal im AT vor, immerhin siebenmal im Buch Ijob und davon fünfmal im Mund Ijobs.

170 Das Wort רשׁע erscheint (nach Even-Shoshan 1093 ff) 263mal im AT, davon 26mal im Buch Ijob und davon wiederum zwölfmal in Ijobs Mund.

171 Das Wort kommt 91mal im AT vor, davon sechsmal im Buch Ijob und in 26,2 in Ijobs Mund in einer ironischen Antwort an Bildad, indem er ihn lobt, weil er dem kraftlosen Arm (d. h. Ijobs Arm) beisteht.

172 In Jes 11,12 handelt der Kontext von der Ankündigung des messianischen Reiches und der Zusammenführung der Versprengten Israels. In Jes 24,16 geht es um כנפות הארץ, von wo die Gerechten beim Weltgericht bzw. bei der Veränderung der Erde das Loblied singen. Nach Ez 7,2 schließlich kommt das Ende über die vier Enden der Erde, der Tag, an dem Israels schlechte Taten auf es zurückfallen.

173 Belege bei van der Woude, THAT I, 835. – So schon Fuchs 1993, 202f (mit Dhorme 1959, 530; Budde 1913, 242; Fohrer 1963, 504), die von der „Kosmologie von der Erde als Tuch" spricht. Über die Vierzahl (als „archetypisches Symbol für Vollkommenheit") der Zipfel zieht sie eine Verbindung zum Welthaus. Bei dem griechischen Schreiber Strabo (113.118.122) findet Fuchs die Vorstellung von der mantelförmigen Erde. Schmid, ארץ, THAT I, 230,

bezeichnen mit der Erde als Bildempfänger, den Gewandzipfeln als Bildspender und der flachen Oberfläche als tertium comparationis. Vielleicht handelt es sich dabei um eine geprägte, da oft benutzte Wendung, die dem damaligen Leser bzw. Hörer geläufiger war als uns heute. Aufgrund dieser Vorstellung ließe sich eine Isotopie mit נער (13a) und לבוש (14b) erstellen. Durch כו (14a) und כמו (14b) wird der Vergleich mit dem Kleid bzw. Gewand explizit ausgedrückt, d. h. die Metapher geht in einen Vergleich über.

Schon oben wurde gezeigt, daß die ab 13vI folgenden Verse syntaktisch von 12b abhängen. Das semantische Subjekt in 13vI.a.15a.b wird nicht explizit genannt, aber wegen der Abhängigkeiten von Vers 12 ist Ijob als semantisches Subjekt zu erschließen. Die Wendung נער רשׁעים (38,13a) ist einmalig im Alten Testament. Es finden sich aber vergleichbare Wendungen mit נער, wonach menschliche Lebewesen geschüttelt werden: die Ägypter (Ex 14,27) bzw. der Pharao mit seinem Heer werden ins Meer geschüttelt (Ps 136,15). Nach Neh 5,13 soll jeder (von Gott) aus seinem Haus und seinem Eigentum geschüttelt werden, der die Zusage des Schuldenerlasses nicht hält.[174] Ägypter, der Pharao und solche, die ihre Zusage nicht einhalten, haben in ihren jeweiligen Kontexten ähnlich negative Konnotationen wie die רשׁעים.[175] In Ps 104,8 findet sich die Formulierung: „Da erhoben sich die Berge und senkten sich Täler an den Ort, den du für sie bestimmt hast." Die Wortverbindung חמר חותם ist singulär im Alten Testament. Es ergeben sich inhaltliche Verwandtschaften, denn auch im Siegelton lassen sich Erhebungen und Furchen erkennen. Hebungen und Senkungen sind also Merkmale, die Ton und Erdoberfläche gemeinsam haben. Der Ton verfestigt sich und trocknet, nachdem das Siegel in ihn hineingedrückt ist. So ist es auch mit der Erdoberfläche[176]: Durch das (Morgen-)Licht werden die Konturen wieder erkennbar. Im Alten Testament findet sich häufig der Vergleich des Töpfers mit dem Schöpfer, bzw. des Tons für den geschaffenen Menschen: Jes 29,16 41,25 45,9 64,7 Jer 18,4.6 Ijob 10,9. Die Verbindung mit Staub (עפר) findet sich ebenfalls öfter (Ijob 4,19 [Elifas] 13,12 30,19

---

erklärt auch Ijob 26,7 mit der Vorstellung, daß die Erde wie ein Stück Tuch aufgehängt sei. – Siehe auch Eislers 1910, 187, Hinweise auf den Gebetsmantel der Juden, der „neben der unerklärten Bezeichnung ‚talith' den mystischen Namen des ‚Vierzipfel'" trage.

174 In Ps 109,23 wird der Beter von unbekannten Feinden wie eine Heuschrecke geschüttelt. – Fesseln (Ri 16,20), Staub (Jes 52,2) und Laub (Jes 33,9) werden abgeschüttelt. Hände werden geschüttelt zur Vermeidung von Bestechung (Jes 33,15).

175 Lambert 1919, 149 möchte statt „Reschaim" „Roschim" lesen, so daß „Schar" „Haufen" als „Sternenschar" verstanden werden könnte. Bruno 1956, 189, liest statt רשׁעים שׁרשׁי ים „die Wurzel (= Anfänge) des Tages".

176 Keel 1980, 46: Im Morgenlicht verfestigt sich die Erde. Budde 1913, 243: „In bunten Falten wie ein Kleid legt sich das durch das Licht entwickelte Relief der Erde um ihren Leib."

27,16 Gen 3,19). Aus beiden ergibt sich die Konnotation „Vergänglichkeit“, oder für diese Stelle: „Veränderlichkeit der Erdoberfläche durch den Wechsel von Tag und Nacht“.

ותיצבו (38,14b) hat nicht nur aufgrund seiner Schreibung, sondern auch durch sein Suffix 3.m.pl. zu Konjekturen Anlaß gegeben.[177] Das nächstliegende Bezugswort mit den passenden Morphemen wäre רשעים. Gut denkbar, aber mit dem falschen Genus ist כנפות הארץ, denn das parallele Wort תתהפך in 14a bezieht sich, im Singular, auf הארץ. Während also die übrigen Bezüge sich auf ארץ beziehen, ist hier wahrscheinlich der Bezug auf die ganze Wortverbindung, also mit כנפות הארץ, gegeben.[178] Die Verbindung des Verbs יצב mit לבוש ist für das Alte Testament[179] singulär.

Ps 104,2.6.8[180] verdeutlicht das in 38,13 und 14 Gemeinte. Dort heißt es: „Du hüllst dich in Licht wie in ein Kleid, du spannst den Himmel aus wie ein Zelt“ (Ps 104,2). „Einst hat die Urflut sie bedeckt wie ein Kleid, die Wasser standen über den Bergen“ (Ps 104,6). In beiden Fällen wird der Vergleich mit dem Kleid verwendet. Dieser Vergleich in 14b ist so vorstellbar, daß das Tuch oder das Gewand in der Mitte hochgenommen wird, so daß die Enden herunterhängen. Alles locker auf dem Tuch Aufliegende – in diesem Fall die Frevler – rutscht somit herunter, ähnlich dem Wasser der Urflut, das an den sich erhebenden Bergen herunterfließt. Das Sich-Hinstellen wäre dann mit einem herunterhängenden Kleid eines aufrecht stehenden Menschen zu vergleichen oder eben mit einem ausgespannten Zelt (vgl. oben Ps 104,2).[181]

---

177 Vgl. oben, S. 26f. – König 1929, 402f findet ebenfalls für eine Konjektur keinen Anhaltspunkt.

178 Zum Dual bei כנף siehe Wagner 1989, 75–79. Zu Inkongruenz Levi 1987, 154 mit Anm. 1: Ohne diese Stelle im Buch Ijob zu nennen, stellt Levi fest, daß „die Feminin-Form im Lauf der Zeit der Maskulin-Form“ weicht (möglicherweise kommt das dadurch zustande, dass Elemente der gesprochenen Sprache in der literarischen Sprache verwendet werden)“. „Verschiedene Fem.-Verbformen schwinden: 2. Plur. f. in qatal; Plur. f. in Partizip und Plur. f. in yiqtol.“ „Manchmal ist der Grund für diesen Wechsel rhetorischer Natur, z. B. ein Vergleich.“

179 Während drei לבוש-Belege im Buch Ijob 24,7.10 31,19 auf die Nacktheit ohne Kleid zu sprechen kommen, klagt Ijob in 31,19, daß Gott ihn am Kleid packt und ihn wie mit einem Gürtel einschnürt. Ijob 13,28 Jes 50,9 51,6.8 beschreiben anhand des Vergleichs von לבוש mit בגד, wie das Gewand zerfällt und von Motten zerfressen wird, die Vergänglichkeit, Ps 102,27 zusätzlich die Auswechselbarkeit der Generationen. Zu לבש siehe Gamberoni, ThWAT IV, 471–483.

180 Ps 104 ist auch hinsichtlich der benachbarten Motive interessant, denn mit Vers 7f und 9 wird in den hier relevanten Versen das Zurückweichen und Begrenzen des Wassers der Urflut aufgrund des Drohens der Donnerstimme Gottes thematisiert, was auch in Ijob 38,10 und 11 dargestellt wurde.

181 Das Kleid, das man in der Öffentlichkeit trug, mußte gegürtet werden, wollte man handlungsfähig sein. Weippert, Kleidung, NBL I, 495f. – Vgl.

38,15a erinnert ebenfalls an Ps 104,22. Während hier den Frevlern das Licht vorenthalten wird,[182] ziehen sich dort die Tiere des Waldes und die jungen Löwen vor der Sonne zurück. Der Vergleich mit dem Kleid kann auch für diesen Vers beibehalten werden, wenn man sich das Tuch der Erdoberfläche[183] als schattenwerfend wie ein Zelt (vgl. Ps 104,2) über der Unterwelt vorstellt. Die Kombination von מנע mit אור ist wiederum singulär für das Alte Testament. Aber gemeinsam mit den Lexemen aus 15b זרוע und שׁבר findet sich eine Anspielung auf Ijobs Herausforderungsrede, näherhin auf 31,16.22, wo Ijob sagt: „Wenn ich der Armen Wunsch versagte (מנע) ... dann ... breche (שׁבר) der Arm mir (ואזרעי) aus dem Gelenk." Nicht Ijob, sondern dem Frevler soll der Gottesrede zufolge der Arm gebrochen und das Licht vorenthalten werden.

Auch mit den רשׁעים wird auf Ijobs frühere Reden Bezug genommen, besonders auf 3,17 9,22.24 10,3. In 3,17 sagt Ijob, daß die Unterwelt auch für die Frevler das Ende bedeutet, in 9,22.24, daß Gott Schuldige und Unschuldige umbringt und die Erde in Frevlerhand[184] gegeben sei, also letztlich die ganze Welt schlecht sei. In 10,3 schließlich findet sich Ijobs Vorwurf, Gott strahle über dem Plan der Frevler (עצה רשׁעים) auf. Wie schon erwähnt, besteht in der Zurückweisung dieses Vorwurfs (38,2) die Themenangabe der Gottesrede. Letztlich widerspricht Gott Ijob auch durch diesen Vers 15, und zwar variiert zu 38,2 um die Einsicht: Die Welt befindet sich nicht in Frevlerhand. Es gibt kein Aufstrahlen (הופיע in 10,3) über dem Plan der Frevler, wie Ijob meint; im Gegenteil wird den Frevlern am Morgen das Licht entzogen und darüber hinaus der erhobene Arm zerbrochen.

Das Licht, hier wie auch sonst im Alten Testament, ist Gegenbegriff zur Finsternis und kann viele Bedeutungsnuancen haben wie z. B. Erkennen (siehe oben 38,2), Leben, Gottesnähe, Ordnung usw.[185] In Ijob 24,13–17 werden die Schrecken der Nacht beschrieben und dort heißt es: „... denn die Finsternis ist für sie der Morgen zugleich" (24,17). Im Hinblick auf

---

Eisenberg/Wiesel 1986, 372, die auf die talmudische Vorstellung verweisen, daß das Kleid menschliche Handlungen symbolisiere. – Bruno 1956, 189f liest dagegen den Satz „בְּמוֹ לְבוּשָׁם יִנְעֲמוּ רָאשִׁים ‚in ihrem Kleid liegen die Berge wonnevoll'". – Budde 1913, 242, denkt an ein Tuch, „das man an den Zipfeln faßt, um ... abzuschütteln ..." – Vgl. Pope 1973, 295.

182 König 1929, 403 meint, „als ‚Licht' ist sarkastisch die nächtliche Finsternis (s. bei 13b) bezeichnet." Ebenso Budde 1913, 243.

183 Hayd 1859, 234: denkt hingegen an das „Tuch der Finsterniß". Ähnlich Eisler 1910, 290 mit Anm. 7, der auf die talmudische Vorstellung des schwindenden und wieder erscheinenden Himmelsmantels hinweist, die für den Wechsel von Tag und Nacht steht.

184 Vgl. oben Anm. 112. Ijob ist sich unschlüssig, ob רשׁע nun mit Gott identisch ist oder nicht (9,24c).

185 Vgl. Saebø, אור, THAT I, 87ff. Vgl. auch Borgonovo 1995, 305–309 und Gierlich 1940, 3–6.67ff.134–138. – Zum Gegensatz Licht – Finsternis vgl. auch Egger-Wenzel 1998, 148f.

38,15a ist dies als Bestätigung aufzufassen, denn wenn den Frevlern das Licht entzogen ist, sind sie im Dunkeln. Wie die Tiere des Waldes und die jungen Löwen vorwiegend nachts aufleben (vgl. oben Ps 104,22), sind auch die Frevler nachts aktiv (Ijob 24,6f.14ff).[186] Für 38,15a legt sich im Hinblick auf Morgen und Morgenrot und die oben genannten Anspielungen auf andere alttestamentliche Texte die Inhaltskomponente (+ Tageslicht) nahe, so daß auch diese Stelle zur Isotopie (+ die Erde am Morgen) gehört. Die Frevler sind zum Agieren im Dunklen verdammt, da sie ähnlich dem Naturereignis der abfließenden Urflut von der Erdoberfläche „abrutschen".

Aufgrund der formalen Bezüge und der Inhaltskomponente (+ lichthaft) sind die Bezüge zu V. 12 deutlich und es liegt somit kein eigenständiges Handeln der Morgenröte mit personalen Konnotationen vor.

Während die Formulierung זרוע רמה ebenfalls für das Alte Testament singulär ist – רמה könnte als Steigerung der Armeskraft ausgelegt werden –, findet sich זרוע ... שׁבר in der oben schon behandelten Stelle Ijob 31,22. Die Wendung ist typisch für weitere Kontexte mit menschlichen Armen, die brechen (Ez 30,21f.24 Ps 10,15) oder abgehauen werden (1 Sam 2,31 Mal 2,3[187]). Hingegen wird oft Gottes starker Arm gepriesen, dessen klassische Tat der Auszug aus Ägypten war.[188] Wie bei יד ist זרוע häufig im übertragenen Sinn für Kraft bzw. Macht verwendet.[189] Auch für 15b kann man von einer Metapher sprechen. Der erhobene Arm ist Bildspender, die Frevler sind Bildempfänger. Die überhebliche Kraft beider ist als das zu vergleichende Dritte anzusehen. „Zerbrechen" besitzt neben (+ effektiven, resultativen) auch (+ nicht revidierbare) Inhaltskomponenten. Somit hat das Brechen der Frevlermacht auch etwas Endgültiges.

Für den Abschnitt 38,12–15 zeigte sich also eine komplizierte inhaltliche Struktur mit vielen für das Alte Testament singulären Wortkombinationen.[190] Sie läßt sich mit dem Isotop (+ die Erde am Morgen) am besten beschreiben und zusammenfassen, wobei der Morgen über die Inhaltskomponenten der Inhaltsseite und die Erde über die Phorik der Ausdruckseite der Textpassage ihre Struktur geben.

Die zweifache Verwendung der רשׁעים in 13a und 15a, die Verbform ותיצבו sowie der Satz 15b, der aufgrund seiner Endgültigkeit des Arme-

---

186 Die übrigen אור-Belege des Ijobbuches umfassen verschiedene Bedeutungsnuancen: 3,9 (Tageslicht), 3,16.20 (Leben), 12,22 (offenbar werden, Erkenntnis), 12,25 (Erkenntnis), 17,12 (Hoffnung), 26,10 (Tag ?), 29,3 (Gottes Nähe), 29,24 (Freundlichkeit), 30,26 (Gutes, Hoffnung), 31,26 (Sonne, Tag, Gestirn).

187 So nach van der Woude, זרוע, THAT I, 523.

188 Wie in 38,11 dem Stolz der Wellen eine Grenze gesetzt wird, geschieht es hier mit dem Übermut der Frevler. Auch im Schilfmeer treibt Gott das Wasser durch einen Ostwind fort (Ex 14,21f).

189 van der Woude, ebd. 523f.

190 Vgl. auch Keel 1978, 56 mit Anm. 198.

brechens vielleicht isoliert zur übrigen Isotopie steht, denn das Heraufkommen des Morgens wiederholt sich jeden Morgen neu, ließen einige Exegeten an der literarischen Integrität dieses Abschnitts bzw. einiger Teile (38,13b.14b.15) zweifeln.[191] Trotz verbleibender Unebenheiten sprechen das durchgehende Bild von der Erdoberfläche als Tuch sowie die phorischen und inhaltlichen Verflechtungen, auch im Hinblick auf das ganze Ijobbuch und mit Blick auf Ps 104, dafür, daß sich dieser Textabschnitt mit dem bisher untersuchten Text der Gottesrede als zusammenhängend erweist.

3.6 Die Grenzen des Welthauses bzw. der Welt

Mit der nächsten Frage an Ijob (16a) wird die Inhaltskomponente (+ Örtlichkeit), die zuletzt mit מקום (12b) und הארץ (כנפות) (13vI) zeigte, durch נבכי־ים (16a), חקר תהום (16b), שערי־מות (17a) und שערי צלמות (17b) in dichterer Aufeinanderfolge weiterverwendet und durch die (+ fortbewegenden, + direktiven) Verben בוא und הלך ergänzt. Entsprechend dem altorientalischen und dem kanaanäischen Weltbild gehören ים, תהום, מות und צלמות zu den Grenzbereichen menschlicher Erfahrung[192] und können also unter die Sinnebene (+ Grenzen des Welthauses/der Welt) gefaßt werden. Neben den (+ fortbewegend, + direktiven) Verben in V 16, werden (+ rezeptiv, + sinnlich wahrnehmende) Verben גלה und ראה in V 17 verwendet. Vielleicht kann man von einer gewissen Steigerung sprechen: von der „Erlaufung" der „wasserhaltigen Erdgrenzen" über das „Sehen" der „Lebens- und Lichtgrenzen" bis in V 18 zu einer umfassenden Welterkenntnis (רחבי־ארץ, bzw. כלם mit Verwendung [+ den geistigen Bereich betreffender], בין und ידע, und [+ sprachlich äußernder], נגד, Verben).

Die CsV נבכי־ים ist wegen des Hapax legomenon נבך einmalig im Alten Testament[193]. Daß es wohl um den tiefen Meeresboden geht, legt

---

191 Duhm 1897, 184, hat die Verse 38,13b.14b.15 ausgeschieden: „Die echten Stichen sind also V. 12.13a.14a." Dieser Meinung schloß sich Hölscher 1952, 88 an. – Weiser 1968, 245, warnt vor der gelegentlich vorgeschlagenen Streichung „betr. Sätze" (= „V. 13b.15"), wodurch sie ihrer Verankerung im Rahmen des Hiobproblems" beraubt würden, „das die Frage nach der Gerechtigkeit Gottes nie aus den Augen verliert." – Mende 1990, 228, scheidet Vers 15 als variierende Glosse aus.

192 Keel 1980, 53–68.

193 Ges[17] 480 übersetzt die Wortverbindung u. a. mit Rückgriff auf aram. נבג „Quellen des Meeres", ebenso Fohrer 1963, 488.492; KBL 589 mit Rückgriff auf algerisch-arabisches *nabk* Sandboden. Fohrer stellt einen Bezug zu Spr 8,24 her („Als die Urmeere [תהמות] noch nicht waren, wurde ich geboren [חוללתי], als es die Quellen noch nicht gab, die wasserreichen [באין מעינות כבדי־מים]"), wenn dort eine Konjektur von נכבדי in נבכי vorgenommen würde.

auch der parallele „Grund der Urflut“ nahe. Die Übersetzung „Sandboden“ entspräche der Naturerfahrung des Sandstrandes, so daß man sich auch den Grund des Meeres mit Sand bedeckt vorstellte. Von 392 alttestamentlichen ים-Belegen gibt es zwölf im Buch Ijob und sechs in Ijobs Mund. Die Frage an Ijob, ob er zum Meeresgrund gekommen sei, spielt auf Ijobs Klage in 6,3 an: „denn nun ist es (mein Leid) schwerer als der Sand des Meeres“ und meint, ob Ijob die Schwere des Sandes überhaupt beurteilen kann. Das könnte er nur, wenn er bis zum Meeresgrund gekommen wäre.[194] In 14,11 klagt Ijob von der Hoffnungslosigkeit, die der Tod für den Menschen bedeutet, und vergleicht sie mit aus dem Meer schwindenden Wasser und einem versiegenden Strom. Im Gegensatz dazu bestehe für einen gefällten Baum noch mehr Hoffnung als für den Menschen. Auch der an Gott gerichteten Klage Ijobs in 7,12 „Bin ich das Meer, der Meeresdrache, daß du gegen mich eine Wache aufstellst?“ wird auf diese Weise geantwortet.[195] In 38,16 weist Gott den Vergleich Ijobs mit einem Meeresdrachen zurück und spricht vom Meer in eigentlicher Redeweise, um so Ijobs Unkenntnis über das Meer wie über den Meeresdrachen zu entlarven. In 14,11 verwendet Ijob das Wasser als Metapher für sein dahinschwindendes Leben. Hierbei ist das Verschwinden das tertium comparationis. Ijob beantwortet Gottes Frage, ob er an den Quellen des Meeres war, nicht. Insofern weist Gott Ijobs Metapher vom schwindenden Wasser aus dem Meer zurück, weil er den Zielpunkt des schwindenden Wassers gar nicht kennt.

16a und 16b bilden einen synonymen parallelismus membrorum. 16b hat somit den gleichen Hintergrund: Das Wort חקר kommt in Ijobs Rede in 9,10 vor. Dort geht es, wie im Zusammenhang mit dem Wort ים in 9,8, um die Wundertaten Gottes. Die CsV חקר תהום ist wie andere Wendungen dieses Textabschnitts singulär im Alten Testament. תהום[196] kommt mit ים gemeinsam in allen vier Belegen des Buches Ijob (28,14 38,16.30 41,24f) meist in einem parallelismus membrorum vor, so in 28,14, wo beide, Meer und Urflut, sagen, daß sich die Weisheit nicht bei ihnen befindet. Auch in 41,23f begegnen beide Wörter im gemeinsamen Kontext über die furchterregenden Auswirkungen des Leviathan in Meer und Urflut. In 38,30 wird nochmals von Meer und Urflut berichtet: Ihre Ober-

194 In 9,8 spricht Ijob von Gottes Weg auf den Höhen des Meeres, in 12,8 von Gottes Schöpfermacht, von der die Fische des Meeres erzählen, auch in 26,12 spricht er über Gottes Macht, das Meer zu bändigen. Möglicherweise spielt auf diese im Grunde richtigen Aussagen über Gott die zweite Ijobantwort an: „Vom Hörensagen habe ich von dir vernommen.“

195 Vgl. Kubina 1979, 61. Das Mythologoumenon verweise auf Enuma elisch IV, 139. Nach dem Sieg über Tiamat werden Riegel gezogen und Wächter postiert. – Auf 7,2 spielt auch die zweite Gottesrede über den Leviathan an (41,23). Zu ugaritischen und altbabylonischen Parallelen und ihren möglichen Bezügen zum Mittelmeer vgl. Malamat 1994, 68–74.

196 36mal AT, viermal Buch Ijob.

fläche wird zu hartem Eis. Dadurch bestätigt sich für Vers 16 der gleiche gedankliche Hintergrund.

Während die CsV שערי צלמות[197] (38,17b) singulär für das Alte Testament ist, kommt die CsV שערי־מות[198] (17a) noch in Ps 9,14f und 107,18.20.22 vor. Im ersten Fall bittet der Beter: „Führ mich herauf von den Pforten des Todes (השערי מות) (V 15), damit ich all deinen Ruhm verkünde in den Toren (שערים) von Zion"[199]. In Ps 107 heißt es: „sie …, die nahe waren den Pforten des Todes, (שערי מות) …," (V 20) „denen er sein Wort sandte, die er heilte und vom Verderben befreite, …" (V 22) sollen dem Herrn danken.

Die מות-Belege in Ijobs Mund beziehen sich zunächst im allgemeinen Sinn auf die Elenden, die auf den Tod warten, der nicht kommt (3,21), dann auf Ijob selbst: „Erwürgt zu werden, zöge ich vor, den Tod diesem Totengerippe" (7,15). Ijob ist sich sicher, daß Gott ihn zum Tod führt, zur Sammelstätte aller Lebenden (30,23).[200] Die Frage Gottes aber, ob sich ihm die Tore des Todes aufdeckten (vielleicht im Sinn von Öffnen), beantwortet Ijob wiederum nicht. Insofern kann er auch nicht wissen, ob Gott ihn zum Tod führt, da er dessen Tore nicht kennt. Das Wort גלה wurde schon in 12,22[201] in Ijobs Rede verwendet: „Verborgenes enthüllt er (Gott) aus dem Dunkel (חשך), Finsternis (צלמות) führt er ans Licht." Von צלמות, das in der zweiten Worthälfte ähnlich lautet wie מות und damit wurzelverwandt ist, spricht Ijob öfter: in 3,5 im schon erwähnten Zusammenhang mit dem Wunsch Ijobs, der Tag seiner Geburt möge sich verdunkeln, in 10,21f im Zusammenhang mit Ijobs vermeintlich bevorstehendem Eingang ins Totenreich, vom dem er eine detaillierte Beschreibung gibt: ein Ort ohne Wiederkehr (לא אשוב), Land der dichten Finsternis (ארץ חשך וצלמות), der Dunkelheit (עיפתה, אפל), ohne Ord-

---

197 צלמות 18mal AT, zehnmal Buch Ijob.

198 מות 161mal AT, achtmal Buch Ijob.

199 Hier zeigt die zweimalige Verwendung von שער den Gegensatz von Leben und Tod. Das Wort שער kommt 373mal im AT und nur fünfmal im Buch Ijob vor, oft im profanen Bereich, als Stadttor und Ort der Öffentlichkeit und Gerichtsbarkeit. Vgl. Ijob 29,7 31,21. Vgl. auch oben die Ausführungen zu den Türen und Riegeln des Meeres im Zusammenhang mit 38,8. – Zu den Toren der Unterwelt vgl. Fohrer 1963, 505.

200 Für das königzeitliche Juda ist archäologisch nachgewiesen, daß man die Körper der Toten normalerweise im Felsen- oder Erdgrab bestattete, welches als Familiengrab genutzt wurde. Die Gräber wurden also für jeden neuen Todesfall in der Familie wieder geöffnet. Die Gebeine des zuletzt Bestatteten auf der Grab- oder Felsenbank werden eingesammelt und in eine speziell zur Sammlung der Knochen vorgesehenen Höhle innerhalb des Grabes gelegt. Auf diese Höhle spielt die Wendung „Sammelstätte aller Lebenden" an. Siehe Wenning 1997, 82–93, bes. 83.88f.

201 Witte 1994, 151, hält mit 12,7–13,2 auch diesen Vers für sekundär, weil der יהוה-Name vorkomme, es nur einen singularischen Imperativ an einen Freund gebe und Affinitäten zu Kap. 26 bestünden.

nung, und wenn es leuchtet, ist es tiefe Nacht.[202] Eine solche Beschreibung widerlegt Gott mit der Frage, ob Ijob die Tore der Finsternis gesehen hat.[203]

Zusammenfassend zu den VV 38,16f kann also gesagt werden, daß Gott hier besonders auf die Klagen Ijobs mit der schon mehrfach erwähnten Tendenz, sein ganzes Leben, seine Vergangenheit, Gegenwart und Zukunft[204], als schlecht zu betrachten, anhand von Anspielungen eingeht. Mit den Fragen möchte er Ijob von etwas anderem überzeugen.

Gewissermaßen als Zusammenfassung des Vorangehenden und, wie oben schon bemerkt, als Steigerung ist V 18 zu betrachten. Das Wort רחב kommt im Alten Testament nur noch in den Elihureden in 36,16 vor. Die CsV ist singulär im Alten Testament. Die Rede von der Weite der Erde impliziert gedanklich die Grenzen; das zeigt sich in den folgenden Inhaltskomponenten (+ [direktive] Örtlichkeit). Ebenso findet sich כלה in den Elihureden 34,13, aber auch noch 13mal im Alten Testament.[205] Beachtenswert ist der schon im Zusammenhang mit dem Morgenrot herangezogene Ps 139, hier V 4, wo sich die gleiche Formulierung wie hier, nämlich ידעת כלה findet, dort im Zusammenhang mit der Aussage, daß Gott schon das noch nicht ausgesprochene Wort kennt. Auch in Ps 139,6–12 bilden die Grenzen der Erde den Kontext angesichts der Allgegenwart und Allwissenheit Gottes. Auffällig in 38,18 ist die deutliche Akzentuierung der beiden Sinnebenen (+ sprachlich äußernd) und (+ den geistigen Bereich betreffend)[206] und die fast identische Formulierung von 38,4, so daß sich hier ein zusammenfassender Höhepunkt hinsichtlich der (ironisch) eingeforderten geistigen Fähigkeiten Ijobs zeigt.

In V 19 wird mit דרך die Inhaltskomponente (+ Örtlichkeit) ergänzt um die Inhaltskomponente (+ direktiv), weitergeführt. Das nach einem Ort fragende Fragepronomen אי, welches zweimal erscheint, d. h. parallel im selben Vers gesetzt ist, und das (+ ruhende) שכן gemeinsam mit derselben Inhaltskomponente von מקום untermauern die Isotopie (+ Örtlichkeit), die sich auf die Gegensatzpaare Licht und Finsternis sowie Bewegung (darin ist [+ direktiv] indirekt enthalten) und Ruhe beziehen. Licht und Finsternis sind bereits bekannt: אור[207], aus der Sinnebene (+ die

---

202 In beiden Versen (10,21f) kommt sechsmal ein Wort für Finsternis vor. Aus dieser Beschreibung ergibt sich auch, daß der Gegenbegriff אור für Ordnung stehen kann.

203 Neben der oben bei מות angeführten Stelle 12,22 kommt das Wort צלמות in 16,16 in einer Klage Ijobs vor, daß Dunkel auf seinen Wimpern liege.

204 Vgl. die Kontexte dieser Belege: 3,21: wozu wird der Elende geboren, der er sich doch den Tod wünscht; 7,15: angesichts seines Leides zieht es Ijob vor, erwürgt zu werden; 30,23: Ijob ist sich sicher, daß Gott ihn zum Tod führt.

205 Westermann 1977, 117, sieht in 38,16–24 eine allumfassende Darstellung von Gottes Schöpferwirken.

206 Zu בין und ידע siehe Ritter 1993, 234f.

207 Zatelli, ZAW 1991, 95, legt דרך אור als Planetenkonstellationen aus.

Erde am Morgen), und חשך, durch das Synonym צלמות aus der Sinnebene (+ Grenzen des Welthauses), und werden wieder aufgegriffen. V 20 wiederholt in gewisser Weise V 19, denn דרך und נתיבות sowie מקום und גבולה stehen synonym zueinander und haben gleiche Inhaltskomponenten. Die Lexeme דרך, מקום, שכן, גבול und תיבות בית haben die gemeinsame Inhaltskomponente (+ zum Haus bzw. Grundstück gehörig). Das Wort גבול drückt die Grenzhaftigkeit explizit aus. Jedoch beziehen sie sich nicht auf das Welthaus, sondern, wie sich auf der Ausdruckseite anhand der dreimaligen pronominalen Aufnahme der 3.m.sg. in 19b.20a.b zeigt, haben sie, mit Ausnahme von דרך, חשך (19bP) zum Bezugswort. אור bezieht sich über den Relativsatz auf דרך, so daß es nicht nur um den Wohnort der Finsternis, sondern auch um jenen des Lichts geht. Das Motiv des Hauses wird also einmal auf die ganze Welt bezogen, aber auch auf Teile des Welthauses, die „Grenzteile", nämlich Licht und Finsternis.

Die Verben in Vers 20 haben sowohl (+ resultativ, + rezeptive) (לקח) also auch (+ den geistigen Bereich betreffende) Inhaltskomponenten (בין)[208] und sind parallel zueinander gesetzt. Das aktive Nehmen und das geistige Erkennen verbinden sich zu einer umfassenden (Besitzer-)Vollmacht.

Das Wort דרך[209] kommt in Verbindung mit dem Verb אור nur noch einmal im Alten Testament vor: in der Rede des Elifas 22,28. Elifas mahnt Ijob zur Umkehr und meint, wenn Ijob dadurch wieder aufgerichtet sei, gelängen wieder Ijobs Pläne und Licht werde seine Wege überstrahlen. Obwohl Gottes Rede sich an Ijob richtet, könnte damit auch Elifas' Auffassung korrigiert werden, nämlich dahingehend, daß das Licht, sei es metaphorisch gemeint, wie bei Elifas, oder als konkretes Naturphänomen, nicht berechenbar und vom Menschen erfaßbar ist. Nicht von den Wegen des Lichts, aber von den Kammern des Südens gemeinsam mit anderen Gestirnen spricht Ijob in 9,9 im Kontext der Wundertaten Gottes[210]. Das Licht erschien schon im Sinne von „Tageslicht" bei der Isotopie (+ die Erde am Morgen). Hier wird der Gegenbegriff חשך[211] im selben Vers wie אור genannt. Da beide im Zusammenhang (+ Örtlichkeit, + zum Haus/Grundstück gehörig) verwendet werden, legt sich auch hier der Bedeutungshintergrund Tag und Nacht nahe, bzw. bei חשך handelt es sich um den Abend oder die Nacht. Auf deren

---

208 Fuchs 1993, 204 liest statt תבין תביאנו („du bringst sie"). Das ergäbe zwar einen parallelismus membrorum zu 20a לקח mit den gleichen Inhaltskomponenten, aber aus den genannten textkritischen und aus inhaltlichen Gründen ist dem nicht zu folgen, denn בין ergibt einen besseren inhaltlichen Anschluß an ידע.

209 דרך 706mal AT, 31mal Buch Ijob. Vgl. Sauer, THAT I, 456–460.

210 Fuchs 1993, 207, weist darauf hin, daß nach Hesiod Tag und Nacht ein Haus bewohnen.

211 חשך 80mal im AT, 23mal im Buch Ijob. Das Wort ist wie צלמות außergewöhnlich häufig im Buch Ijob vertreten. Das Gegensatzpaar אור – חשך kommt oft im AT vor, vgl. Even-Shoshan. Zum NT vgl. auch Schwankl 1995.

Gefahren wurde schon im Zusammenhang der vorangehenden Isotopie hingewiesen.

Auch Ijob nimmt mehrere Male das Wort חשך in den Mund. In 3,5 drückt er die Verwünschung des Tages seiner Geburt folgendermaßen aus: „Einfordern sollen ihn (jenen Tag) Dunkel und Finsternis (חשך וצלמות), Gewölk (ענן) sich um ihn lagern (שׁכן), Verfinsterung am Tag mache ihn schrecklich.“ Durch die Kombination mit שׁכן findet sich in 38,19 eine deutliche Anspielung auf Ijobs erste Rede, indem Gott Ijobs Verwünschung zurückweist durch die Aussage, daß Ijob die Herkunft der Finsternis gar nicht kennt. In 10,21 beschreibt Ijob den Tod als ארץ חשך וצלמות und in 17,12f setzt er die שׁאול, zu der er unterwegs ist, in Parallele zu חשך und kombiniert beide mit Lexemen (+ Wohnung betreffend)[212]. Während also Ijob hier davon spricht, daß es um ihn dunkel wird und er sich der Unterwelt nähert, wo er sich häuslich einrichten wird, fragt Gott ihn nach dem Wohnort der Finsternis sowie des Lichts (ישכן אור). Er weist also, wie mit der Anspielung durch צלמות, die Selbstverständlichkeit, mit der Ijob von der Finsternis (חשך) der Unterwelt spricht, zurück mit der Frage, ob er denn genauer über sie bzw. über ihren Ort Bescheid wisse.

In Ijobs Rede in 19,8 finden sich חשך und נתיבות kombiniert: „er (Gott) legt Dunkelheit auf meine Pfade“. Hier wie auch zu 17,12f verändert Gott die Zuordnungsverhältnisse: Ijob spricht von ביתי, יצועי und נתיבותי, er bezieht die Zuordnungsverhältnisse der Finsternis durch das Morphem der 1.sg. auf sich, Gott hingegen spricht von מקמו, גבולו, ביתו und bezieht sie auf die Finsternis selbst. Gott verändert den Blickwinkel von Ijobs Sicht, der um sich selbst kreist, zu dem, was eigentlich negativ und dunkel ist.

Der חשך-Beleg (23,17) in Ijobs Mund steht im Zusammenhang einer vorangehenden Beschuldigung Gottes als des Verursachers seines Leids (23,16) und der nachfolgenden (24,1) Frage: „Warum hat der Allmächtige nicht Zeiten (עתים) bestimmt? Warum schauen, die ihn kennen, seine Gerichtstage nicht?“ Auch darauf könnten 38,19.20 (vgl. ähnlich auch 38,22.23) antworten, indem hier dargestellt wird, daß die Finsternis einen Ort, ein Gebiet und Pfade hat, also gewisse Grenzen, und nicht unermeßlich ist.[213] Da Ijob diese Begrenzung nicht kennt, kann er die Ausmaße (vgl. 24,1) nicht abschätzen.

---

212 „Das Licht nähert sich der Finsternis“ – Buber, Schriftwerke, übersetzt: „Die da wollen die Nacht zum Tag machen: ‚Licht ist nah – von der Finsternis weg!‘ Erhoffte ich etwas, wärs die Gruft für mein Haus, daß ich mein Lager in der Finsternis bette …“ – Vgl. auch 12,22.25 (Gottes Macht, die Vorzeichen umzudrehen, aus Finsternis Licht zu machen und umgekehrt) und 24,16 (mit der Beschreibung des Treibens der Bösen in der Nacht, die schon angesprochen wurden)

213 Nicht für die Finsternis, sondern für Not- und Kriegstage hat Gott Schnee und Hagel aufgespart (38,22f).

Die Ijob zugeschriebene Rede 26,10[214]: „Eine Grenze (חק) zieht er rund um die Wasser, bis zur Vollendung des Lichts (אור) vor der Finsternis" könnte allenfalls eine Verstehenshilfe für Gottes Grenzziehung von Tag und Nacht in V 19 bieten, da Licht und Finsternis dort im Zusammenhang mit חק genannt werden.

Auch in Ijobs letzter Rede vor der Antwort Gottes, in 29,3, kommen אור und חשך gemeinsam vor: „in seinem (Gottes) Licht ich durch das Dunkel ging", wobei das Licht Gott zugeschrieben wird. In 38,19 steht das Licht für sich selbst. Es gibt auch keine Aussage über die Dunkelheit, wie z. B., daß Gott sie erschaffen habe oder mit ihr gleichgesetzt werde, sondern nur, daß Gott die Dunkelheit in ihr Gebiet (גבול[215]) nimmt und ihre Wege kennt[216]. Im Lied der Weisheit (28,23) heißt es: „Gott kennt ihren (der Weisheit) Weg, und nur er weiß ihren Ort." So kann nur er auch den Ort von Licht und Finsternis wissen.

Die Inhaltskomponente (+ den geistigen Bereich betreffend) wird in 21a fortgeführt (ידעת) und syntaktisch mit dem Hinweis auf Ijobs Lebenszeit verbunden. Ijobs Lebenszeit wurde zuletzt im Zusammenhang mit der Isotopie (+ die Erde am Morgen) in 38,12a angesprochen. Trotz der Fortführung der Inhaltskomponente (+ den geistigen Bereich betreffend) von V 20b und der Wiederaufnahme von Ijobs Lebenszeit steht Vers 21 in formaler Hinsicht isoliert da, denn zu dem vorangehenden und nachfolgenden Vers gibt es keine syntaktische Verbindung. Dies ist wahrscheinlich auch gar nicht beabsichtigt, denn es fällt auf, daß sich zwar keine Frage- und Imperativformen finden, aber dreimal das Morphem der 2.m.sg. für Ijob vorkommt, so daß der Bezug zur Textumgebung gewahrt bleibt. Dieser Vers überbietet als Aussagesatz die Frage an Ijob in 12a mit הימיך und knüpft darüber hinaus an 12b mit ידעת מקום an. Bei der Untersuchung der Ausdrucksebene, Satzebene, zeigte sich, daß in 38,21b beide Vergangenheiten, Ijobs Lebenszeit und die Erdgründungsvergangenheit, miteinander gleichgesetzt werden und nachfolgend weder gemeinsam noch getrennt wieder vorkommen. Die Verbindung zwischen V 12 und 38,19.20 ist inhaltlicher Art: Während es dort um die Erde am Morgen geht, geht es V 19 und 20 um die Nacht mit ihrer Finsternis und ist von daher eine Fortführung des Themas von 38,12–15.[217] Daß 38,12–15 und 19.20 zusammengehören, zeigt sich auch

---

214 Vgl. Witte 1994, 153f.

215 Liedke, חקק, THAT I, 629, beschreibt גבול, was ursprünglich von „Bergrücken" hergeleitet wird, im Unterschied zu חק als natürliche Grenze. חק ist die eingeritzte, künstlich gesetzte Grenze.

216 Folgende weitere Stellen verbinden בין mit דרך: Dan 10,1 (zweimal) Spr 20,24 21,19 Neh 8,12 Ps 119,27.130.169. Ps 37,10 verbindet בין mit מקום.

217 Somit zeigt sich, daß die Verse 19 und 20 nicht gestrichen werden dürfen, wie es zuletzt wieder Fohrer 1963, 492, und van Oorschot 1987, 10f.175f vorgeschlagen haben. Die Streichung ist überflüssig, denn diese Verse machen, wie andere Verse auch, Anspielungen auf Ijobreden und gleichzeitig bieten sie Ijob eine Antwort. Auch die Verknüpfung mit dem Kontext durch Iso-

an der Wiederaufnahme von Ijobs Lebenszeit in 38,21b. Darüber hinaus besteht eine inhaltliche Verbindung zwischen V 20 und V 21, nämlich anhand der Inhaltskomponente (+ den geistigen Bereich betreffend). Die Aussage Gottes, Ijob wisse den Ort der Finsternis, wird mit Ijobs hohem Alter begründet: Anhand des Wortes מספר[218] gibt es eine Anspielung auf Ijobs Rede in 31,37, wo er sagt, wenn der Allmächtige ihm Antwort gäbe, „täte ich ihm die Anzahl meiner Schritte kund, ich nahte mich ihm wie ein Fürst". Auch Ijobs Satz in 27,6 „An meinem Rechtsein halt' ich fest und laß' es nicht. Mein Herz schilt keinen meiner Tage", meint Ähnliches, nämlich: Er braucht sich seiner Vergangenheit, also seiner vergangenen Lebenszeit nicht zu schämen, sondern kann offen zu allem stehen. Darauf spielt Gott an, indem er ironisch sagt, weil du so alt bist, bist du auch so weise![219] Er übertreibt Ijobs Lebensalteralter, während Ijob meint, seine Unschuld anhand seiner Lebensvergangenheit beweisen zu können.[220] Damit will Gott zeigen, daß, während Ijob nur sein kurzes Menschenleben überblickt, dessen Kürze er so oft beklagte (7,6.16 9,25 10,20 14,1 vgl. 10,5) und von dessen „Rechtsein" er überzeugt war, die Welt mit ihrem Licht und Schatten viel umfassender ist, als daß Ijob sie verstehen könnte, und daß deshalb sein Selbstbewußtsein („wie ein Fürst" und „an meinem Rechtsein halt' ich fest") unangebracht ist.

---

topien spricht gegen eine Streichung. Gegen die Begründung, die van Oorschot liefert, läßt sich argumentieren: Die Fortsetzung von V 18b zu V 21 würde gestört. Striche man 38,19.20, so würde aber eine neue direkt folgende Wiederholung von ידעת entstehen, die van Oorschot mit seinem Vorschlag אי־זה הדרך zu streichen, vermeiden möchte. Zu den „erheblichen syntaktischen Schwierigkeiten" von 19aR sei angemerkt, daß es nach Richter 1980, 199, sehr wohl Relativsätze ohne אשר oder eine sonstige Konjunktion gibt. Aus den Isotopien und den Anspielungen auf die Ijobreden geht nicht zwingend eine „Dimension der Höhe" (S. 11) hervor, wie van Oorschot für V 19.20 meint, sondern neben der Konnotation von Ijobs privatem Lebenslauf eine, die die Dimension der Weite fortführt, denn der Wechsel von Tag und Nacht findet im fernsten Meeresbereich (vgl. Keel 1980, 19 mit Ps 139,8) statt. Im übrigen ist die Motivfolge von Himmel, Unterwelt, Morgenrot, äußerstem Meer in Ps 139,6–12, evtl. auch Ps 104, 19–23, diesem Text ähnlich, so daß die Einbettung von V 19.20 in seine Textumgebung nicht ungewöhnlich ist. Bruno 1956, 190, möchte in Vers 19 הדרך durch „הַדּוֹר, Wohnung" ersetzen.

218 134mal AT, 13mal Buch Ijob – Im übrigen zeigt sich van Oorschots Urteil (1987, 190), der „Zusatz" von 38,19f, neben 39,13–18, lasse keine besondere theologische Absicht erkennen, als nicht gerechtfertigt.

219 Geradezu gegensätzlich klingt der Ijob in den Mund gelegte Satz 12,12: „Findet sich bei Weisen wirklich Weisheit, ist ein langes Leben schon Einsicht?" Siehe dazu Horst 1968, 192.

220 Die יום -Belege in Ijobs Mund sind: 3,3.4.5 7,1.5 9,25 10,5.20 12,12 14,1.5.6.14 17,1.11.12 21,13 23,2 24,1 27,6 29,2.4.18. 30,1.16.25.27. Vgl. auch oben zu 38,12. – Die מספר-Belege des ganzen Buches sind: 1,5 3,6 5,9 9,10 14,5 15,20 16,22 21,21.33 25,3 36,26 38,21.

3.7 Wettererscheinungen

Ab 38,22a finden sich über eine längere Textpassage hinweg Lexeme mit der Inhaltskomponente (+ Wettererscheinung): שלג (22a), ברד (22b), קדים (24aR2), שטף (25a), חזיז (קולות) (25b), מטר (substantivisch und verbal) (26vI.28a), טל (28b), קרח (29a) und כפר שמים (29bP). Nach einer Unterbrechung zwischen V 31 und 33 gibt es weiterhin: עב (34a), שפעת־מים (34b). ברקים (35a), שחקים (37a)[221], נבלי שמים (inkl. der Inhaltskomponente [+ Hausrat] bei נבלי) (37bP). In 22a.b erscheint zum letzten Mal in diesem Textabschnitt die Inhaltskomponente (+ zum Haus/Bauwerk gehörig) in der zweimaligen Verwendung von אצרות, wenn man von der Inhaltskomponente (+ Hausrat) von נבלים (37bP) einmal absieht. Die weiteren Wettererscheinungen werden mit neuen Vergleichen, Metaphern und Isotopien kombiniert. Außerdem wird in 22a.b bis 31a (also bis zum Beginn der neuen Sinnebene [+ Gestirne]) vorläufig zum letzten Mal Ijob in der 2.m.sg. befragt. Mit 34a, wo die Sinnebene (+ Wettererscheinungen) erneut aufgenommen wird, und in 35a, in eben noch derselben Ebene, wird Ijob dann wieder angesprochen. Die Verben ראה und באה in 22a.b haben, wie in 16a bei der Isotopie (+ die Grenzen des Welthauses), sowohl (+ fortbewegende, + direktive) als auch (+ rezeptiv, + sinnlich wahrnehmende) Inhaltskomponenten. 38,22 besitzt also ähnliche Elemente wie V 16 und 17, wobei die jeweiligen Wendungen mit שערי eher auf den unteren Teil der Welt (Unterwelt) verweisen, die Wendungen mit אצרות hingegen auf den oberen, himmlischen Teil der Welt.[222] Die Gemeinsamkeit beider besteht in der Inhaltskomponente (+ Örtlichkeit). Nur noch in Ps 148,8 wird der Schnee gemeinsam mit dem Hagel in einem Vers erwähnt[223], dort ebenfalls mit dem Wort סערה, mit dem auch diese Gottesrede eingeleitet wird. Ps 148,8 lautet: „Feuer und Hagel, Schnee und Nebel, Sturmwind (רוח סערה), der sein (Gottes) Wort vollzieht." Im Kontext dieses Psalms werden diese Erscheinungen zum Lob Gottes aufgefordert. Der Vollzug des Gotteswortes trifft auch für diese Rede Gottes zu, denn auch hier sollen die Naturphänomene auf das Lob Gottes hinweisen.[224]

In der Ijobrede 9,30 wird das Wort שלג[225] verwendet im Zusammenhang mit Ijobs Ansicht, daß es ihm unmöglich sei, vor Gott rein bzw.

---

221 Hausmann, שחק, ThWAT VII, 1218–1222.

222 Zu Unten und Oben vgl. Fuchs 1993, 158.

223 In Ex 9,18.34 der Hagel gemeinsam mit dem Regen.

224 Vgl. Westermann 1977, bes. 110f.115f: „Dieses Lob des Schöpfers ist neben der Streitrede ein alle drei Personen des Dramas verbindendes Motiv" (hier 111).

225 Ernst, שלג, ThWAT VIII, 6, teilt (mit Horst 1968, 152) nicht Fohrers 1963, 199, Ansicht, „Seifenkraut" zu übersetzen. Neben den von Ernst genannten Belegen, die gegen diese These sprechen, wäre auch noch Klgl 4,7 zu nennen. Auch die Belege Ex 4,6 Num 12,10 2 Kön 5,27, die in Verbindung

unschuldig dazustehen. Gott hingegen führt in seiner Rede den Schnee mit dem Hagel (von dem Ijob nicht sprach) in einem ganz anderen Kontext an. Ijob Schuld- bzw. Unschuldsreflexionen greift er nicht auf, seine Pläne scheinen sich vordergründig nicht auf den einzelnen Menschen Ijob zu beziehen, sondern auf Notzeiten und Kriegstage (38,23). Wenn auch der Hagel nicht im Zusammenhang mit den Lexemen צר, מלחמה und קרב im AT genannt wird, zeigen seine alttestamentlichen Belege doch deutlicher als die Belege des Schnees, daß er von Gott als Vernichtungs- und Strafmittel eingesetzt wird.[226] Ein klassisches Beispiel für einen Hageleinsatz ist eine der ägyptischen Plagen in Ex 9 und 10[227]. Die Kombination von שלג und ברד mit der Erwähnung der Not- und Kriegszeiten in der Gottesrede könnten also auf ein von Gott herbeigeführtes Gerichtshandeln deuten.[228] Für göttliches Handeln spricht die 1.sg. am Verb חשך. Dem Gerichtshandeln muß nicht widersprechen, daß Schnee und Hagel eine göttliche Hilfe in Not- und Kriegszeiten herbeiführen, wie sie z. B. einige Psalmbelege[229] mit ähnlichen Lexemkombinationen der Not- und Kriegszeiten zeigen. Verdeutlicht wird dies durch den Bezug der Gottesrede zu Ijobs Rede 7,11: „so wehre (חשך) ich nicht meinem Mund, in der Not (צר) meines Geistes will ich reden, in der Bitternis meiner Seele will ich klagen." In parallelen Versen liegen die zwei Lexeme חשך und צר vor, die auch in 38,23 erscheinen. Während Ijob seiner Not ungehindert Ausdruck verleiht, hat Gott für Notzeiten vorgesorgt, um dann seine Gerichtsmittel Schnee und Hagel einzusetzen. Dieser Gerichtsmittel bedient sich Gott und wird so den Bedrückten zur Rettung, Zuflucht (Ps 37,39) und Burg (Ps 9,10). Somit ist in 38,23 ein Trostwort an Ijob enthalten. Die Zeit der Not besteht für Ijob und er kann darauf hoffen, daß Gott Schnee und Hagel, also Hilfe bringt.[230]

---

mit dem Aussatz für das Gegenteil, für Unreinheit stehen, untermauern die Ansicht von Ernst.

226 König 1929, 404: „Mittel der Bestrafung" und „Bekämpfung der Feinde Israels". Vgl. auch Reiterer 1994, 422.

227 Andere Belege sind: Jos 10,11 Jes 28,2.17 30,30 Hag 2,17 Ps 78,47.48 105,32.

228 Vgl. zum Tag Jahwes Saebø, יום, ThWAT III, 582–586.

229 Z. B. Ps 9,10 10,1 37,39, wo die Wortkombination צר mit עת verwendet wird. Weitere Belege für diese Wortkombination Jes 33,2 Jer 14,8 15,11 2 Chr 28,22 Ri 10,14. מלחמה mit עת in Koh 3,8. יום mit קרב Sach 14,3 Ps 78,9; מלחמה mit צר Dtn 2,9; מלחמה mit יום Dtn 20,3 1 Kön 14,30 15,6.7.16 20,29 22,35 2 Chr 13,2 18,34 Ez 13,5 Hos 10,14 Am 1,14 Ps 140,3 Spr 21,31.

230 In gewisser Weise bestätigt diese Aussage auch eine Aussage von Elifas (5,10): „In Hungerzeiten rettet er dich vom Tod, im Krieg aus der Gewalt des Schwertes." Auf das Ijobwort 7,11 folgt der schon oben im Zusammenhang von 38,16 und dem Meer erwähnte Vers 7,12, wo Ijob fragt, ob er das Meer oder der Meeresdrache sei. – Westermann 1977, 118 meint über die ganze erste Gottesrede, daß es „außer der Zurechtweisung einen sehr stillen, ver-

Der Relativsatz 38,23vR variiert das Thema der Zeit, die oben schon als die Erdgründungsvergangenheit, Ijobs Lebenszeit und die Zeit des Morgens vorgestellt wurde und die nun mit Wortverbindungen mit Lexemen kombiniert wird, die unter der Inhaltskomponente (+ Krieg betreffend) zusammengefaßt werden können: צר, קרב und מלחמה[231]. Der Bezug zur Textumgebung wird auf der Ausdrucksebene durch die unterordnende Konjunktion אשׁר gehalten[232]. Anhand der 1.sg., wie schon zuvor in 38,4aI mit Gottes Hinweis auf die Erdgründung, aber auch in 38,9vI1 mit dem Hinweis auf die Meeresbegrenzung gibt Gott jeweils in einem scheinbar dahingeworfenen Nebensatz, Einblick in seinen Plan, Schnee und Hagel für Not- und Kampfzeiten aufzusparen. In Zusammenschau mit Ijobs Rede wird die für ihn tröstende Funktion deutlich.

Den Anschluß an V 22 schafft V 24 durch דרך (+ richtungsweisende Örtlichkeit) an באה (+ fortbewegend + direktiv). V 25 schließt sich durch פלג mit denselben Inhaltskomponenten sowie durch die Wiederholung von דרך daran an[233]. Durch den Kontext der Wettererscheinungen legt sich nahe, אור in 24aR1 auch innerhalb dieser Sinnebene zu interpretieren. Während zu Beginn der Isotopie in V 22 die Wettererscheinungen noch mit Elementen des (+ zum Haus gehörig) kombiniert wurden, sind es in den Versen 22.24.25 die Inhaltskomponenten (+ Weg, + Richtung betreffend). Das Wegmotiv verbindet sich also als kleinere, untergeordnetere Ebene mit der Isotopie der Wettererscheinungen.

Die fast identische Wiederholung von 19a.aR in 24a.aR hat manche zu Unrecht dazu veranlaßt, Vers 19 zu streichen[234] oder dort רוח für אור anzunehmen.[235] Es gibt Kriterien, die für einen einheitlichen Sinnzusammenhang von 22–25 und darüber hinaus bis V 30 sprechen: Die oben dargestellte Inhaltskomponente (+ Wettererscheinungen), aber auch Ps 18,6–16 geben Anlaß dazu, besonders V 24 mit V 25 als Darstellung eines Gewitters anzusehen und mithin אור als Blitze (Wetterleuchten ?) oder gewittriges Licht auszulegen. Der Weg des Lichts ist einerseits im Zu-

haltenen, aber deutlichen Hinweis auf Gottes fürsorgende Güte" gibt „... nicht nur an den Tieren".

231 Eine solche Isotopie (+ den Krieg betreffend) findet sich später wieder in Kap. 39 im Zusammenhang mit dem Pferd.

232 Die Konjunktion אשׁר kommt im Textabschnitt nur noch, wie schon oben festgestellt wurde, ein weiteres Mal in 39,6 vor. Es fällt auf, daß hier wie dort ein Verb mit der 1. sg. folgt, wonach Gott von sich selbst spricht.

233 Der Satz 24a ist mit 19a identisch. Beide stehen aber in unterschiedlichen Sinnzusammenhängen. Siehe auch oben 3.6: Die Grenzen des Welthauses bzw. der Welt.

234 So neben anderen auch van Oorschot 1987, 11.175f.190.

235 Mende 1990, 215 mit Anm. 317. Sie hält eine Konjektur aus textkritischen Gründen, aber auch wegen der Folge aus V 23 für überflüssig. אור erwägt auch sie hier mit „Blitz(e)" zu übersetzen. Vgl. auch die Umstellungen von H. Richter 1958: 38,19–20.22–23.18.21. König 1929, 405 betrachtet die Konjektur zu רוח für eine „sehr fragliche Maßnahme".

sammenhang mit den vorangehenden Belegen von דרך und אור in Ijob 38,15a und 19a.aR zu sehen. Wie dort kann auch hier von den Grenzen der Erde als Ort des Lichts ausgegangen werden. Das Tageslicht (38,15b), der Wechsel von Tag und Nacht, aber auch das Licht des Unwetters, ob es nun Blitze, der gewittrig gefärbte Himmel oder das diffuse Sonnenlicht vor einem Unwetter ist, sind verschiedene Erscheinungen des Lichts, deren Gemeinsamkeit, linguistisch gesprochen, in der Inhaltskomponente (+ lichthaft) liegt. Sie werden nach altorientalischem Denken nicht monokausal und in klarer, eindeutiger Begrifflichkeit erklärt, es wird auch nicht darüber nachgedacht, ob die verschiedenen Lichtarten eine oder mehrere Ursachen haben, sondern man denkt von verschiedenen Aspekten her.[236] In Ps 18,13 heißt es: „Hagel fiel nieder und glühende Kohlen." Zuvor in Vers 9 werden glühende Kohlen und Feuer parallel gesetzt. Beides steht für die Blitze, den Glanz des dahinfahrenden Gewittergotts. Diese vor allem mesopotamischen Vorstellungen werden im Alten Testament zur Beschreibung von Gottes Macht verwendet.[237] Ps 18,8–16ff stellt Gottes rettende Hilfe bei seinem Furchtbarkeit bringenden Erscheinen dar, beschrieben mit den Attributen eines mesopotamischen Gewitter- und Sturmgottes. Folgende Elemente erscheinen hier wie dort:

Ijob 38		Ps 18	
24aR1	אור	9b	אש, עשן
22b	ברד	13b	ברד וגחלי־אש
24aR2	קדים על ארץ	10a	ויט שמים וירד
		11b	וידא על־כנפי־רוח
25b	חזיז	13	מנגה נגדו עביו
		15	ברקים
25b	קול	14	קול, רעם
25a	שטף	12	חשכת־מים

Die Ähnlichkeit beider Texte beruht sowohl auf den zum Teil identischen Lexemen als auch auf der Verwendung von Synonymen und belegt, daß es sich bei dieser Textpassage um eine Gewitterdarstellung[238] handelt, wo auf die inhaltliche Zuordnung der einzelnen Wettererscheinungen, Schnee, Hagel, Blitz, Wasserschwall, Donner und nachfolgend Regen wenig Gewicht gelegt wird. In Ps 18 stehen die Verse 8–16 im Kontext eines rettenden Eingreifen Gottes, welches mit den genannten

---

236 Vgl. auch die Örtlichkeiten des Morgenrots: Himmel, äußerstes Meer, Berge im Zusammenhang mit den Grenzen der Erde.

237 Keel 1980, 192–197. Vergleichbar wäre auch Ps 135,7: „er läßt es blitzen und regnen, aus seinen Kammern holt er den Sturmwind hervor". Keel ebd. nennt auch noch Jer 10,13 51,16 und weitere Belege. – Eine Aufstellung verschiedener Begleiterscheinungen der Epiphanie Gottes zeigt Westermann 1968, 69–76, siehe auch die Tabelle 70.

238 Auf den Gedanken des Gewitters kommt auch Fohrer 1963, 507.

mächtigen Begleiterscheinungen geschieht. Somit wird deutlich, daß Ijob 38,24ff eine Entfaltung des schon als Trostvers identifizierten Verses 23 ist.[239] Die inhaltliche Struktur ist ähnlich wie in 38,4aI und 5ff: Der scheinbar belanglose Nebensatz (38,23vR) nennt das Hauptthema der Passage. Die folgenden (zum Teil Haupt-)Sätze nennen hingegen Einzelheiten. Wie auch in Ps 18 zeigt sich, daß diese extremen Wettererscheinungen eine machtvolle Hilfe Gottes an Ijob darstellen. Eine ähnliche Aussage findet sich auch in 38,27, wie sich nachfolgend zeigen wird.

קדים hat mit סערה (38,1) und תימן (39,26b) die gemeinsame Inhaltskomponente (+ windig). Viele der 19 alttestamentlichen קדים-Belege[240] haben Gott zum Verursacher. Direkt anknüpfend an die Hagelplage in Ägypten sendet Gott einen Ostwind, der Heuschrecken nach Ägypten treibt (Ex 10).

ארץ ist das häufigste Substantiv dieses Textabschnitts. שטף[241] hat bei den meisten atl. Belegen einen bedrohlichen Aspekt und wird ebenfalls meist von Gott verursacht. Es legt sich nahe, daß dies hier trotz der מי-Frage auch gemeint ist. 38,25 verwendet seit einer längeren Passage wieder eine qatal-Verbformation für einfache Vergangenheit. Das ist auffällig angesichts der umgebenden Gegenwart in dieser Textpassage. Die Kombination מי + qatal fand sich z. B. oben in 38,5a im Anschluß an die Nennung des Erdgründungsthema. Die ähnliche Struktur von 38,25 läßt eine Rückschau auf die Erdgründungsvergangenheit anklingen, zumal ארץ im vorangehenden und folgenden Satz genannt ist, so daß Gottes Rettungshandeln einen allgemeinen Zug bekommt, in dem der Wassergraben für die Flut als eine bereits in der Urzeit geschehene ordnende Handlung Gottes anzusehen ist. Die Vergangenheit in 25a steht in einer gewissen Spannung zu den sich wiederholenden Wettererscheinungen, die mit der Zeitstufe der Gegenwart beschrieben werden. Das Zusammenwirken der verschiedenen Zeitstufen zeigt, daß Gottes urzeitliches Handeln bis in die Gegenwart hineinwirkt.

Die Blitze schaffen dem Regen einen Weg, wie sich sowohl hier durch die Kombination דרך לחזיז als auch durch die altorientalischen Darstellungen der Lanze des Gewittergottes zeigt[242]. חזיז ist ein seltenes

---

239 Ähnlich König 1929, 405.

240 Das Wort קדים kommt 69mal im AT vor, davon 19mal in der Bedeutung „Ostwind". Vgl. auch Lisowski 1236 und Albertz/Westermann, רוח, THAT II, 728. Dreimal in Gen (41,6,23,27), zweimal in Ex (10,13 [zweimal] 14,21) je einmal in Jes 27,8 und Jer 18,17, dreimal in Ez (17,10 19,12 27,26), einmal in Jon 4,8, zweimal in den Ps (48,8 78,26), dreimal in Ijob (15,2 27,21 38,24) und zweimal in Hos (12,2 13,5). Vgl. auch mit Kubina 1979, 95, קדם zu 41,3. Zu 38,25–27 siehe auch Cox 1978, 146.

241 Bei dem Wassergraben für die Flut ist vielleicht an ein Wadi zu denken, welches sich im Winter durch starke Regenfälle füllt, aber im Sommer austrocknet.

242 Keel 1980, 193f.

Wort.[243] Umso auffälliger ist es, daß der Satz 38,25b im Lied der Weisheit, 28,26b mit demselben Wortlaut ebenfalls vorkommt, vielleicht ein Hinweis auf eine spätere Hinzufügung des Liedes zum Ijobbuch?

קול ist ein sehr häufiges Wort im Alten Testament[244]. Darauf, daß Gott die Befürchtung Ijobs, er höre nicht auf seine Stimme, widerlegt hat, wurde schon eingegangen. In 30,31 klagt Ijob, daß sein Harfenspiel zur Trauer wurde und seine Schalmei zur Stimme eines Weinenden. Im bereits als direkter Bezug zu 38,1 festgestellten Vers 9,16 verwendet Ijob ebenfalls das Wort קול, insofern er bezweifelt, daß Gott auf seine Stimme hört. Im Anschluß daran, in Vers 17 sagt Ijob: „Er, der im Sturm mich niedertritt, ohne Grund meine Wunden mehrt". Ijob spricht also von seiner Stimme und seinen Schmerzen, die ihm Gott im Sturm zufügt. Hier ist das Gegenteil ausgesagt: Die Stimmen des Gewitters und der Sturm haben auch rettende Funktionen, wovon Ijob nicht ausgeschlossen ist.

Ab 38,26 werden zwei weitere untergeordnet eingebundene Isotopien eingeführt: in V 26 erscheinen einmal die beiden Synonyme איש und אדם mit der Inhaltskomponente (+ menschliches Lebewesen) [245], zum anderen Mal legen die Substantive אב (28a) und בטן (29a) sowie das zweimalig vorkommende ילד (28b.29b) die Inhaltskomponente (+ Elternschaft und Geburt) nahe. Während bei letzterem durch die enge syntaktische Verknüpfung die Inhaltskomponente als Metapher für die Entstehung der Wettererscheinungen steht, sind die (+ menschlichen Lebewesen) weniger eng durch je einen infinitivischen Relativsatz mit dem Vordersatz 26vI verbunden. Sie dienen der näheren Beschreibung der Ortsbestimmung על ארץ und sind nicht metaphorisch verwendet, sondern stehen für sich selbst. Außerdem kommen Lexeme vor, die das Gegenteil von Fruchtbarkeit, nämlich (+ Unfruchtbarkeit), aber auch (+ Örtlichkeit) beinhalten: מדבר, שׁאה und משׁאה.

Auch die bisher noch nicht genannten und auf den ersten Blick herausfallenden VV 27 und 30 passen zur Isotopie (+ Wettererscheinungen): V 27 schließt sich syntaktisch an, indem er die auffällige ל + Infinitivsatzreihe[246] von V 26 fortsetzt. Aber auch inhaltlich wird durch die Inhaltskomponente (+ Örtlichkeit) der Substantive שׁאה[247], משׁאה, מצא in V 27 auf ארץ in 26 sowie deren nähere Beschreibung לא איש und לא אדם Bezug geschaffen. Zwar wird in 27 keine Wetterscheinung und keine verwandte Inhaltskomponente genannt, aber dennoch schafft der Vers einen Über-

---

243 Nur dreimal im AT; in Sach 10,1 kommt im Kontext ebenfalls מטר vor: „Bittet den Herrn um Regen zur Regenzeit im Frühjahr! Der Herr läßt Gewitterwolken entstehen, er füllt sie mit Regen und gibt den Menschen das Grün auf dem Feld." Ein ähnlicher Gedanke ist auch in 38,26.27 gemeint.

244 505mal, im Buch Ijob 21mal. In Ijobs Mund kommt es fünfmal vor (3,18 9,16 21,12 29,10 30,21).

245 Auffällig ist deren parallele Formulierung.

246 Vgl. dazu Soisalon-Soininen 1972, 82–90.

247 Vgl. Beyse, שׁאה, ThWAT VII, 898–901.

gang zu V 28 durch die Lexeme שׂבע, צמח und דשׁא, die unter der Inhaltskomponente (+ Fruchtbarkeit) subsummiert werden können und gleichzeitig mit der ab V 28 nachfolgenden untergeordneten Sinnebene (+ Elternschaft + Geburt) der Lexeme אב, ילד und בטן verwandt sind.[248]

Die Bedeutung von 38,24f wird erst durch מדבר in 26vI vollends deutlich. Keel weist auf die Wegelosigkeit der Wüste hin.[249] Somit wird der Bedeutungsumfang der Wörter mit den Inhaltskomponenten (+ richtungsweisend, + Weg betreffend) erst klar. Gott schafft Wege und Ordnung in der Wüste, so daß sich ein Mensch zurechtfinden kann, wenn er sich verirrt. Klassisches Beispiel ist auch hier wieder die Wüstenwanderung des Volkes Israel nach dem Auszug aus Ägypten. Dem Wort מדבר kommt also eine zentrale Bedeutung zu, die sich schon auf der Ausdrucksebene zeigte durch seine Stellung zwischen den beiden mit ל eingeführten Infinitiven und den parallelen Wendungen לא־איש und לא־אדם. Die parallele Formulierung, daß kein Mensch in der Wüste sei, hat möglicherweise viele in ihrer Einschätzung bestärkt, daß Gott an Ijob vorbeirede.[250] Neben den Nennungen von גבר, רשׁעים, שׂר und נוגשׂ mit den Inhaltskomponenten (+ menschliches Lebewesen) gibt es die häufigen den ganzen Textabschnitt durchziehenden Anreden an Ijob.

Was Ijob zu אדם und אישׁ sagt, soll kurz skizziert werden: Er bezeichnet Gott als „Menschenbelauerer"(נצר האדם) (7,20), beklagt die Kürze seines Lebens und den Tod als hoffnungslose Zukunft des Menschen (14,1.10 21,33 27,13) sowie die Ungeduld der Menschen mit Gott (21,14). Er erhofft von Gott ausgleichende Gerechtigkeit zwischen sich und Gott und zwischen sich und den Menschen (16,21).[251] Anhand von אישׁ äußert sich Ijob so: „Denn du (Gott) bist kein Mensch, dem ich entgegnen könnte: Laß uns zusammen zum Gericht (משׁפט) gehen" (9,32). Daß Ijob Gott dennoch dazu auffordert, zeigen 31,35b–40. Entgegen Ijobs Erwartung geht Gott sogar darauf ein. Das zeigen dieser Text und der Text der zweiten Gottesrede 40,8: „Willst du wirklich mein Recht bre-

---

248 Wenn 38,27 gestrichen würde (was jedoch, soweit ich sehe, noch von niemandem vertreten wurde im Gegensatz zu V 28), dann folgte das Substantiv מטר in 28 auf das gleichnamige Verb in 26vI. Das ist auch so in Kap. 39 bei der doppelten Nennung des Pferds vom Übergang von der Straußenhenne. V 27 stellt eine Ausfaltung des Themas des Regens dar, so daß sich diese Überlegung erübrigt.

249 1980, 66 und führt Ps 107,4.7 an. In V 4 kommen auch מדבר und דרך vor. – Von 271 Vorkommen im Alten Testament erscheint מדבר nur dreimal im Buch Ijob: neben 1,19, wo berichtet wird, daß ein Wind (רוח גדלה) aus der Wüste das Haus mit Ijobs Kindern unter sich einstürzen läßt, auch in 24,5 (Witte 1994, 128, hält 24,5 für sekundär), wo das Leben der Frevler in der Wüste beschrieben wird.

250 Vgl. oben, S. 14f. mit Anm. 8–14. – Weiser 1968, 246, betont die verengende Sicht menschlicher Nützlichkeitserwägungen.

251 In 31,33 als Vergleich כאדם, „wenn ich nach Menschenart meine Frevel verhehlte".

chen, mich schuldig sprechen, damit du Recht behältst?" In 14,11f vergleicht Ijob das Sterben des Menschen mit einem vertrockneten Meer und einem versiegten Strom: „Die Wasser schwinden aus dem Meer, der Strom vertrocknet und versiegt. So legt der Mensch (אִישׁ) sich hin, steht nie mehr auf …" Der Kontext um 38,26 ist eine deutliche Anspielung auf diese Rede Ijobs. Ijob, ebenfalls Mensch, versteht seine Zukunft als Wüste. Gott setzt dem entgegen, daß es in der Wüste nicht so hoffnungslos ist, wie Ijob meint, denn er läßt es in der Wüste regnen und es sproßt neues Leben. Insofern also Gott Ijob entgegenhält, daß er die Wüste fruchtbar machen kann, kann man nicht sagen, daß Gott an Ijob vorbeirede, sondern er widerlegt Ijobs menschliche Auffassung der Wüste.

Eine weitere Widerlegung von Ijobs Meinung zeigt sich durch die Betrachtung der שׂבע-Belege[252], die Ijob in den Mund gelegt sind, wobei besonders 7,4 und 9,18 interessant sind: Ijob klagt, daß er gesättigt sei mit Unrast (7,4) und Bitterkeit (9,18), was man als Kennzeichen seiner persönlichen „Wüste" auslegen kann. Aber nach der Gottesrede wird in der Wüste frisches Gras wachsen, wie Gott auch am zweiten Schöpfungstag bereits frisches Gras wachsen ließ (Gen 1,11), so daß Ijob aufhören wird zu schreien (נהק), wie Ijob vom Wildesel sagt, wenn er metaphorisch fragt, ob denn der Wildesel beim Gras[253] schreie (6,5).

מדבר, שׁאה und משׁאה haben die gemeinsame Inhaltskomponente (+ unfruchtbare Örtlichkeit). מדבר erscheint im Buch Ijob noch in 1,19 und 24,5. Während in 24,5 der Lebensraum des Wildesels als Bild für den Lebensraum für diejenigen, die Gott nicht kennen, u. a. mit מדבר dargestellt wird, erscheint das Wort in 1,19 als Herkunftsort des Sturms, der das Haus über Ijobs Kindern einstürzen läßt, so daß alle sterben. In beiden Fällen hat מדבר eindeutig negative Konnotation. משׁאה kommt im Alten Testament nur gemeinsam mit שׁאה vor[254], während שׁאה auch alleine steht[255]. In Ijobs Rede in 30,3 werden beide Worte in derselben Kombination wie in 38,27 verwendet, so daß eine deutliche Anspielung sichtbar wird. Ebenfalls in 30,3 findet sich ציה, ein Synonym für מדבר, für den kargen Ort, an dem sich die Leute ernähren, „die jünger sind als ich an Tagen, deren Väter ich nicht für wert geachtet, sie bei den Hunden meiner Herde anzustellen" (30,1), Hurensöhne, ohne Namen (V 8)[256]. Diese lachen und verspotten Ijob nun, denn Ijob hat noch weniger an

---

252 97mal AT, sechsmal im Buch Ijob: 7,4 9,18 19,22 27,14 31,31 und hier. Interessant ist auch Ijobs Vorwurf 19,22 an die Freunde (und Gott ?) sie betrieben Kannibalismus an ihm, wenn er fragt: „warum verfolgt ihr mich wie Gott, warum werdet ihr an meinem Fleisch nicht satt?"

253 Von den 14 atl. דשׁא-Belegen gibt es nur diese beiden im Buch Ijob.

254 Zef 1,15 Ijob 30,3 38,27.

255 Jes 10,3 47,11 Ez 38,9 Ps 35,17 63,10 Ijob 30,14 Spr 1,27 3,25. Insgesamt 13 atl. Belege.

256 Zu שׁם vgl. Reiterer, ThWAT VIII, bes. 128–130.

„Nahrung" als sie und es geht ihm noch schlechter als ihnen. Auch hierauf antwortet Gott, daß שׁאה ומשׁאה gesättigt werden.

30,14 ist eine Fortsetzung von 30,3. Die schrecklichen Menschen lachen ihn nicht nur aus, sondern „helfen zu meinem Verderben" (30,13) und wälzen (גלל vgl. auch גל in 38,11d für die Wellen des Meeres) sich unter Trümmern (שׁאה) heran." Nach der Aussage von 38,27 kann auch diese Wüste verwandelt und fruchtbar gemacht werden.[257]

Daß die Verse 26 und 27 nicht in der LXX vorkommen, hat nie dazu geführt, daß Ausleger sie als sekundär betrachteten[258]. Daß dies auch unberechtigt wäre, zeigt die Einbindung in den Kontext anhand der Isotopien, der Anspielungen mindestens auf Ijobs Reden und die logische Fortführung und Weiterentwicklung des Themas: Das Gewitter verursacht Regen in der Wüste. Der Regen verursacht die Sättigung des Bodens und das Wachsen von Pflanzen.

38,28 stellt zwar eine Variation, aber keine variierende Glosse[259] zu dem vorhergehenden dar; denn wie es verschiedene Arten von Regen gibt (שׁטף [25a], מטר) gibt es nach der altorientalischen Weltauffassung auch verschiedene Blickwinkel dafür. V 28 stellt also im Gegensatz zum Unwetter oder Gewitter die sanftere Art des Regens dar, wie sich anhand der Parallelsetzung des Regens mit den Tautropfen zeigt. Die Verbindung der Inhaltskomponente (+ Elternschaft, + Geburt) mit unbelebten Naturphänomenen deutet auf eine Metapher hin, wobei der Vater oder die Geburt als Bildspender, der Tau als Bildempfänger fungieren. Das gemeinsame Dritte ist das Geschaffensein des Kindes (was sich durch „Vater" nahelegt) und des Taus. Daß eine solche Metapher zur Entstehungszeit möglich war und verstanden wurde, liegt an den altorientalischen Vorstellungen der Gewitter- oder Vegetationsgottheiten[260]. V 28 kann auch deshalb keine Glosse sein, weil sonst der Tau in der Reihe der wasserhaltigen Niederschläge mit seiner geringen Wassermenge fehlen

---

257 Vgl. auch Jer 17,6 „Er (der Mann, der auf Menschen vertraut) ist wie ein kahler Strauch in der Steppe, der nie einen Regen kommen sieht, er bleibt auf dürrem Wüstenboden, im salzigen Land (במדבר), wo niemand wohnt (לא תשׁב)."

258 In der Literatur ist kein diesbezüglicher Hinweis darauf zu finden. Eher hat man Vers 28 als sekundär ausgeschlossen.

259 Mende 1990, 228 hält 38,28–30 für sekundär, weil es V 22–30 variiere. So schon Hölscher 1952, 90. Fohrer 1963, 488.492 und van Oorschot 1987, 176 scheiden nur V 28 aus. Duhm 1897, 186 hält V 28 für eine Glosse.

260 Vgl. entsprechendes ikonographisches Bildmaterial bei Keel 1980, 193f. – Deswegen in diesem Text „den Tau als belebtes Wesen" „mit personalen und göttlichen Zügen" zu bezeichnen, wie Fuchs 1993, 157 es macht, ist wegen der Verkennung der Metapher und des Textzusammenhangs aber nicht gerechtfertigt, denn es geht ja gerade darum, Gott als den Schöpfer aller Dinge darzustellen. Loretz 1990, 161–166 zeigt den biblischen Texten parallele ugaritische Texte, die ebenfalls Tau und Regen betreffen. Vgl. auch König 1929, 406.

würde, zumal auch der Reif aufgeführt ist. Außerdem ist auch Variation noch kein Argument dafür, daß 38,28 sekundär ist, denn es war für den Alten Orient typisch, einen Gegenstand von mehreren Seiten und mit verschiedenen Bildern zu beschreiben.[261] Ein weiteres inhaltliches Argument dagegen stellt der Bezug zu Ijobs Reden dar: Das Wort אב hat zehn Belege im Buch Ijob[262]. Während die Freunde Bildad (8,8) und Elifas (15,10.18) das Wort nur im Zusammenhang mit der Weisheit der Vorfahren und Väter verwenden, spricht Ijob von seiner hoffnungslosen Zukunft, indem er das Grab metaphorisch „Vater" nennt (17,14), von seiner Vergangenheit, als er den Armen ein Vater war (29,16), und von der Gegenwart, wo nun die über ihn lachen, deren Väter er nicht den Hunden seiner Herde zuweisen wollte (30,1).[263] Wenn Gott nun Ijob nach dem Vater des Regens fragt, ist das eine Anspielung darauf, daß Ijob sich selbst als Vater für die Armen bezeichnete. Dafür spricht auch der einzige מטר-Beleg in Ijobs Mund, der im selben Zusammenhang in 29,23 steht, nämlich daß die Armen auf Ijob harrten wie auf Regen (כמטר). Ebenfalls im selben Zusammenhang kommt טל (29,19) vor[264]; Ijob wähnte sich sicher in seiner gesegneten Vergangenheit: „Meine Wurzel reiche bis ans Wasser, auf meinen Zweigen nächtige Tau".[265] Gott zeigt Ijob einen neuen Aspekt: Wenn Ijob Vater, d. h. Nahrungsgeber für die Armen, bzw. selbst so reich war, daß metaphorisch gesprochen Tau auf seinen Zweigen lag, so fragt Gott nun nach dem Urheber des realen Taus. Während Ijob das Grab als zukünfiges Ende seines Lebens metaphorisch als „Vater" bezeichnet, setzt Gott die Metapher „Vater" für den Urheber des Regens und mithin für die Sicherung der Fruchtbarkeit. Somit zeigen sich anhand der Metapher der Vaterschaft gegensätzliche Auffassungen in Ijobs und Gottes Rede, nämlich, daß Gott vom Leben und Ijob vom Tod spricht. Darüber hinaus legt sich aber auch der Gedanke nahe, daß dieser Urheber des Regens die Verfügungsgewalt über das Grab hat, welches Ijob für seine Zukunft ansieht. Eine ähnliche Aus-

261 Vgl. Keel 1980, 8f und Frankfort 1981, 28f.

262 Außer diesem noch 8,8 15,10.18 17,14 29,16 30,1 31,18 34,36 42,15.

263 Der Vater-Beleg 31,18 hat unklare phorische Bezüge. Bezieht sich Vater auf Gott als Schöpfer, sowohl auf Ijob als auch auf seinen Knecht oder nur auf Ijob? Zu 31,18 und den textkritischen Schwierigkeiten von גדלני siehe Fohrer 1963, 423–425.436; Budde 1913, 189; Peters 1928, 346; Szczygiel 1931, 160f.

264 31mal AT, zweimal Ijobbuch.

265 Fuchs 1993, 158 weist darauf hin, daß Tau und Wasser für Oben und Unten, für die Einheit von Himmel und Erde, für Orientierung im Kosmos stehen können. Für Ijobs damaliges Lebensgefühl mag das zutreffen. In der Gottesrede zeigt sich eher der Aspekt der umfassenden Fruchtbarkeit: Vater und Geburt, wobei Geburt den weiblichen Aspekt beinhaltet, für den Gott auch zuständig ist. Die Vaterbelege in den Ijobreden bieten einen guten Überblick über Ijobs eigenes Zeitgefühl. Er denkt in Vergangenheit, Gegenwart und Zukunft, aber nur innerhalb seiner eigenen Lebensspanne, während Gott größere Zeiträume thematisiert.

sage machte Gott in 38,16 mit der Anspielung auf Ijobs Rede vom Tod, indem er feststellt,daß Ijob den Tod nicht kennt. Die Wertung von 38,28 als Glosse trifft also aus folgenden Gründen nicht zu: Wegen der Verwendung von Satz- und Wortfrage paßt der Vers in das stilistische Schema der auch sonst verwendeten Ansprache an Ijob und die Anspielungen dieses Verses an vorangegangene Ijobreden sprechen ebenso für Authentizität wie die Aufeinanderfolge der Regen- auf die Wüstenthematik.

In 38,29 wird die Isotopie (+ Geburt) fortgeführt durch בטן, יצא und die Wiederholung von ילד für die Verwendung von Eis und Reif. Beide vervollständigen die Liste der Wettererscheinungen[266].

Das Wort בטן kommt häufig im Buch Ijob vor, davon sechsmal in Ijobs Mund. In 3,10f verwendet Ijob das Wort im Zusammenhang der Verwünschung seiner Geburt, in 19,17 klagt er, daß sich seine Brüder vor ihm ekeln und stellt in 31,15[267] dar, daß er in derselben Weise wie sein Knecht im Mutterleib erschaffen worden ist.

Eis, קרח[268], ist ebenso wie Reif, כפר[269], ein außergewöhnliches Naturphänomen im Orient, deswegen ist die seltene Verwendung der Lexeme erklärlich. Das Festwerden des Wassers zu Eis, wie es dann in V 30 beschrieben wird, findet sich ähnlich in Ps 147,17, wonach Gott das Eis in Brocken auf die Erde wirft. In Ez 1,22 und Ijob 37,10 ist nicht nur von Brocken, sondern von harten, eisigen Flächen die Rede. Ijob 38,30 beschreibt von allen genannten Belegen am detailiertesten das Vereisen einer Wasserfläche.[270] Der Beleg von קרח in Ijobs Mund (6,16) ist als Metapher verwendet für die Unzuverlässigkeit der Freunde zu werten. Im folgenden Vers (6,17) gibt es den Gegensatz der Hitze ebenfalls für deren Unzuverlässigkeit. Der Reif, der in Ps 147,16 mit dem Schnee parallelisiert wird, ist dort ebenso wie das Eis auf die Urheberschaft Gottes zurückzuführen. Im Gegensatz zu Ijob 38,29 wird in V 30 aber nicht explizit nach der Urheberschaft gefragt, sondern nur implizit.[271] Die CsV כפר שמים ist im Alten Testament singulär. Mit dem Verb חבא beschreibt Ijob zweimal seine gesegnete Vergangenheit: Wenn man ihn sah, versteckten sich die Jungen und den Alten versteckte sich die Zunge (29,8.10), in

---

266 Mende 1990, 228 hält 28–30, wie bereits erwähnt, für einen sekundären Einschub. Aber angesichts der Anspielungen auf Ijobs vorausgegangene Reden und der Einbettung in die vorangehende Reihe der Wettererscheinungen ist dies nicht überzeugend.

267 In diesem schon erwähnten unklaren Vers 31,18 wird das Wort neben אב verwendet.

268 Gen 31,40* Ez 1,22 Jer 36,30* Ps 147,17 Ijob 6,16 37,10. In den mit * gekennzeichneten Versen wird das Wort mit Hitze im selben Vers parallel gesetzt.

269 Ex 16,14 Ps 147,16.

270 Ähnlich Budde 1913, 245: Die Flut versteckt „ihr Angesicht unter der Decke des Eises …, da unter dem Eise noch Wasser ist."

271 In Ex 16,14 wird das Manna in der Wüste mit Reif verglichen.

der Gottesrede verstecken sich die Wasser. In 14,19 sagt Ijob, daß Wasser Steine zerreibe, und verwendet diese Metapher, um zu behaupten, daß Gott das Hoffen der Menschen in gleicher Weise zunichte mache. Wenn Gott nun vom Wasser sagt, daß es sich wie zu einem Stein verstecke (dort steht das Wasser für sich selbst, d. h. nicht als Metapher), so bedeutet das, daß Gott (das sei aus der vorangehenden מי-Frage geschlossen) in der Lage ist, die Reibekraft des Wassers zu stoppen und das Wasser selbst steinähnlich zu machen. Damit begegnet Gott Ijobs Vorwurf der Sinnlosigkeit menschlichen Hoffens. Ähnliches gilt für Ijobs Vergleich, wie Wasser strömten seinen Klagen (3,24). Auch hier kann die Anspielung bedeuten, daß Gott sowohl Wasser wie Ijobs Klagen stoppen kann. Etwas anders liegt der Fall für den schon erwähnten Beleg 29,19, wo Ijob seiner früheren trügerischen Hoffnung Ausdruck gibt: „meine Wurzel reiche bis an das Wasser", also daß es ihm immer gutgehen werde. Hier besteht die Anspielung darin, daß Gott die Nahrung der Wurzeln (also das Wasser) auch zum Gefrieren bringen kann. In Spr 3,20 werden Tau und Urflut in Beziehung zueinander gesetzt: „Durch sein (Gottes) Wissen brechen die Urfluten hervor und träufeln die Wolken den Tau herab." So ergibt sich eine Antwort auf Ijob hier in 38,28b mit der Frage nach der Mutter des Tautropfens, indem wie in Spr 3,20 auf Gottes Wissen bei diesem Naturvorgang hingewiesen wird.

Die Verse 38,30–33 werden unten in einer eigenen Isotopie (+ Gestirne) beschrieben. Da ab V 34 weitere Lexeme mit der Inhaltskomponente (+ Wettererscheinungen) vorkommen und nun nachfolgend zunächst betrachtet werden, soll damit jedoch nicht eine künstliche Trennung hergestellt werden. Die thematische Einbettung der Gestirne in die Textumgebung der Wettererscheinungen zeigt, daß die Gestirne diese beeinflussen.[272]

Formal sind 34a und 35a durch die Versanfänge des enklitischen Fragepronomen ־ה und die Anreden an Ijob mit der vorausgehenden Isotopie (+ Gestirne) verbunden, d. h. es findet sich kein formaler Einschnitt, sondern lediglich ein inhaltlicher, der sich in den Inhaltskomponenten der Lexeme zeigt. Einen Anknüpfungspunkt der beiden Sinnebenen Wetter und Gestirne stellt die Wiederaufnahme von Oben und Unten in Vers 34 dar: So wie in V 33 Himmel und Erde u. a. ein Oben und Unten darstellen, so findet sich dieser Aspekt auch in dem Erheben der Stimme zum Gewölk und dem Bedecken durch den Wasserschwall, der zur Erde kommt, d. h. die Bewegungsrichtung des Wassers ist nach unten. Somit zeigt sich, daß die Unterscheidung der Sinnebenen ein Hilfskonstrukt ist und nicht alle inhaltlichen Verbindungen unterbrochen sind.

Neben dieser Sinnebene (+ Wettererscheinungen) tritt eine weitere wieder auf: die der (+ sprachlichen Äußerung). Sie ergibt sich aus רום ... קול

---

272 Dieser Ansicht ist auch Albani 1994, 126.

(34a),[273] אמר (35) und ספר (37a). Außer אמר sind alle übrigen (auch שׁלח [35a]) als Frage an Ijob gerichtet. In den Versen 34 und 35 geht es sozusagen um die Befehlsgewalt über die Wettererscheinungen, d. h. ob auf Ijobs Wort hin die Naturphänomene reagieren: die Wolken, die den Wasserschwall bewirken, die Blitze, die Ijob – ebenfalls durch sprachliche Äußerung – antworten. Während Gott zu Anfang seiner Rede dem Meer befahl, ist hier neu, daß das Naturphänomen, also hier die Blitze, ihrerseits sich sprachlich äußern. Man kann dies als eine implizite Aufforderung an Ijob verstehen, es den Blitzen gleichzutun und dem Schöpfer zu antworten.

Schon zu Beginn der Gottesrede zeigte sich eine Parallelisierung der beiden Sinnebenen (+ den geistigen Bereich betreffend) und (+ sprachlich äußernd). In V 36 kommen im Anschluß an (+ sprachlich äußernde) ebenfalls (+ geistige) Inhaltskomponenten mit den Lexemen חכמה und בינה vor[274] und in V 37 werden mit חכמה und ספר beide Arten der Inhaltskomponenten kombiniert.

V 38vI nennt kein Lexem mit der Inhaltskomponente (+ Wettererscheinung). Aber dennoch ist der Vers aufgrund des formalen Elements des abhängigen Temporalsatzes mit der Sinnebene verbunden. Und obwohl weder in V 37 noch in 38 das Wort „Wasser“ genannt wird, ist es inhaltlich das verbindende Element der beiden Verse. Den נבלי שׁמים (38,37bP) kann neben anderen die Inhaltskomponente (+ wasserhaltiger Niederschlag) zugeschrieben werden. Das gilt auch für die Wolken (37a) als Begleiterscheinung zum Regen.

In 38vI haben עפר und רגבים u. a. die gemeinsame Inhaltskomponente (+ trockene, am Boden befindliche Erdstücke). Hingegen umfaßt die Verben יצק und דבק die gemeinsame Inhaltskomponente (+ flüssige Konsistenz beinhaltend). Aufgrund des Gegensatzes zwischen Himmel (37bP) und der Inhaltskomponente (+ trockene, am Boden befindliche Erdstücke), also in dem Sinn, daß Regen vom Himmel auf die Erde fällt, kann also V 38 noch als zur Sinnebene (+ Wettererscheinungen) gehörig betrachtet werden im Sinne einer Verbindung zwischen Himmel und Erde.

In der Rede des Elifas Kap. 22 finden sich einige Lexeme, die auch in diesem Abschnitt der Gottesrede vorkommen: שׁפעת־מים, כוכבים und עבים. Das Wort שׁפעה, welches nur insgesamt sechsmal im Alten Testament erscheint, kommt in 22,11 auffälligerweise in der gleichen Wortverbindung wie in 38,34, nämlich שׁפעת מים, vor und ist darüber hinaus ebenfalls kombiniert mit dem Verb כסה. Elifas verwendet den Satz im Zusammenhang mit der Darstellung von Ijobs Leid als Strafe, die ihn für bestimmte Vergehen (22,5–9) ereilen. Gott fragt nun Ijob, ob er zum Gewölk (עב) seine Stimme erhebt, und die Wasserflut Ijob bedecke. Es scheint also eine deutliche Anspielung der Gottesrede auf Elifas' Rede zu

273 In diesem speziellen Kontext kann man auch שׁלח (+ sprachlich äußernde) Inhaltskomponenten zuweisen.

274 Weitere atl. Belege dafür sind u. a. Dtn 4,6 Ijob 28,28 Spr 9,10.

bestehen. Während Elifas das Bedecken durch die Wasserflut als eine Strafe für ein mögliches Vergehen Ijobs beschreibt, zeigt Gott, daß nicht Ijob oder ein anderer Mensch Einfluß auf das Strafmittel hat, sondern nur Gott. Das Wort עב hatte Elifas ebenfalls in demselben Zusammenhang (22,14) verwendet zur Beschreibung von Ijobs Auffassung von Gottes Entrücktheit und Blindheit gegenüber Ijobs Leid. Ähnlich werden in 22,12 die höchsten Sterne mit der Höhe Gottes parallelisiert. Durch den Vergleich mit Elifas' Rede in Kap. 22 zeigt sich einmal, daß die Sterne hier nicht von den Wettererscheinungen zu trennen sind. Zum anderen soll Ijob gezeigt werden, daß Elifas' Auffassung nicht recht ist. Wie Ijob keine Befehlsgewalt mit seiner Stimme über Wolken und Wasserschwall hat, hat er sie auch nicht über bestimmte Vergehen, die dann z. B. einen Wasserschwall auslösen. D. h., daß die Logik des Tun-Ergehen-Zusammenhangs nicht greift, und das Unglücksfälle, bei Elifas': Fallstricke, Schrecken, Dunkel und Wasserflut, nicht berechenbar sind. Auch reagiert das Wolkendunkel, Gottes Verhüllungsmittel nach Elifas' Rede[275], nicht auf menschliche Befehle, sondern Gott offenbart sich nach seinem Willen.

Ähnlich verhält es sich mit עב (20,26) und ברקים (20,25)[276], die in Zofars Rede vorkommen und auf die Gott ebenfalls anspielt. Zofar verwendet עב als Metapher für den Hochmut des Frevlers, den Blitz als Strafmittel Gottes für den Frevler. Die Gewißheit über Gottes Strafe bekräftigt Zofar mit יהי (20,23). Die Frage, ob Ijob Blitze sendet, ist einerseits eine Zurückweisung von Zofars Auffassung über die notwendig eintretende Strafe für die Frevler. Aber Gott bestätigt auch nicht Ijobs Auffassung, mit der er z. B. Zofar in Kap. 21 antwortet, daß es dem Frevler gut gehe, sondern die implizite Aussage der an Ijob gerichteten Frage ist: Gott sendet Blitze, wie er es will, und sie gehorchen ihm, ja sprechen sogar zu ihm.

Das Wort שלח kommt mit מים im Parallelsatz in der Ijobrede 12,15 vor, wo Ijob von Gottes Macht über die Wasser spricht und zwar in seinen extremen und negativen Formen: entweder versiegt es oder es zerwühlt das Land. Weiterhin erscheint das Wort in 30,11.12, wo es im Zusammenhang um den „Abschaum der Gesellschaft" geht, deren Zügel losgelassen sind, und die Ijob ein Bein stellen. In 30,24 klagt Ijob, daß Gott an Trümmer, auch an menschliche, keine Hand anlegt.

Wie in 38,24f geht es auch hier, in 38,34f, um das Gewitter, wie die Lexeme עב, קול, שפעת מים und ברקים nahelegen. Der Talmud legt die Blitze, wohl wegen שלח, als Boten aus[277], wofür auch die wörtliche Rede der Blitze: „Hier sind wir"[278] spricht. Die Berufungsgeschichte des Propheten Samuel (1 Sam 3) berichtet vom dreimaligen Antworten Samuels

---

275 Vgl. auch Ps 18,12 2 Sam 22,12 Ex 19,9. Holmberg, ThWAT V, 978–982, 980.

276 21mal AT, zweimal im Buch Ijob.

277 Bawa batra 25a.

278 Zu הננו siehe Vetter, THAT I, 504–507.

mit הנני, bis er beim vierten Anruf Gottes antwortet: „Rede, dein Diener hört" (V 10), so daß insgesamt viermal הנני verwendet wird. Auch hier wäre הננו als Dienstbereitschaftsformel zu werten[279].

38,36 steht in einer inhaltlichen Verwandtschaft zu 38,33 und dessen Textumgebung, denn wenn V 33 eine Andeutung auf eine astrologische Orakelpraxis beinhaltet, deren Ordnung aber in Gottes Hand ist, so könnte man V 36 u. a. auch vor dem Hintergrund einer weiteren Orakelpraxis interpretieren. Gemeinsam ist beiden aber die Zeitordnung, die durch die Gestirne und hier durch Ibis und Hahn vermittelt wird. בטחות kommt in der gleichen Form als Präpositionsverbindung auch in Ps 51,8 vor, wo es auch mit „im Geheimen", „im Verborgenen" wiederzugeben wäre. Für טחות an dieser Stelle hat sich zunehmend die Bedeutung „Ibis" durchgesetzt, wie für שׂחוי „Hahn"[280]. Beide passen deshalb gut in den Kontext, weil sie den Zeitaspekt wiederaufnehmen, der zuletzt explizit in V 32 (בעתו) und implizit in V 33 ausgedrückt ist[281]. Während Keel[282] den Hahn für den Künder des Regens hält, steht er im NT im Zusam-

---

279 So auch Keel 1978, 60 mit Anm. 218. Er nennt auch noch Gen 44,16 50,18 Bar 3,35.

280 Mit Hölscher 1952, 95.97; Fohrer 1963, 508f u. a. vertritt auch Keel diese Auffassung und zeigt, daß der Ibis als Symbol für den Gott Thot steht. In Ägypten gilt Thot als der Herr des Mondes und der Wissenschaft (so Der Kleine Pauly, Bd. 5, 776f). Es gibt Belege, daß Ibisse auf Amuletten auch nach Israel gebracht worden sind (Keel 1978, Anm. 219.) Nach Ägypten kamen die Ibisse zu Überschwemmungsbeginn des Nils und galten so als deren Boten. – Die Übersetzung „Ibis" bestreitet wieder Mende 1990, 215f, wobei sie für V 36 das Innere der Naturgewalten als Zusammenfassung und Übergang zu den Geschöpfen der Tierwelt annimmt. Das „‚Innere' der Naturgewalten" ist aber meines Erachtens für hebräisches Denken zu abstrakt gedacht und der inhaltliche Übergang zu früh, denn in V 37f geht es noch einmal um (+ Wettererscheinungen). שׂכוי deutet sie, wie übrigens auch Edel 1984, 150, von „sehen" (שׂכה), wobei sie, wie dieser auch die genaue grammatische Analyse dieser Form schuldig bleibt. Hesse 1978, 233. 198, hält die beiden „Schlüsselwörter" und den Vers für unklar, verweist aber auf die Auslegung „Ibis" und „Hahn". Peters 1928, 432.445f, übersetzt „das Innerste ... dem inneren Auge". Pope 1973, 290.302 diskutiert die Ansicht von Peters im Hinblick auf Ps 2,8, ob mit Thot das Symboltier der Weisheit, der Ibis gemeint sei. In der Übersetzung transliteriert er die Wörter. Driver/Gray 1950, 336 übersetzen die Wörter nicht. Sie diskutieren 1. Himmelsphänomene, nämlich dunkle Wolken und Meteor, 2. das Innerste und der Geist, 3. Tiere, nämlich Spinnen und Hahn. König 1929, 408f, übersetzt טחות mit „dunklen Herzkammern" und שׂכוי mit „Ahnungsvermögen". Ähnlich Epping/Nelis 1968, 168, aber שׂכוי übersetzen sie mit „hun".

281 Vgl. auch das häufige Vorkommen von עת in der Gottesrede und das Nebeneinander bzw. Nacheinander von Erdgründungsvergangenheit und Ijobs Lebenszeit.

282 1978, 60f, Anm. 219.

menhang mit der Verleumdung des Petrus für den Übergang von der Nacht zum Tag[283].

Die Wendung חכמה ... שים (38,36a) ist singulär im Alten Testament[284]. Es gibt hingegen mehrere Belege der Wendung חכמה ... נתן[285], von denen die meisten im Kontext zeigen, daß Gott die Weisheit gibt [286]. In 1 Chr 22,12 gibt es die Wendung בינה ... נתן, wo ebenfalls Gott der Urheber ist. Wenn die Weisheit hier im Zusammenhang mit der Zeit steht, sei noch einmal an die Anspielung an Ijobs Rede 24,1 erinnert, die auch schon oben im Zusammenhang mit 38,33 gedeutet wurde, nämlich Ijobs vorwurfsvolle Frage, warum der Allmächtige keine Fristen bestimmt habe. Wenn Gott den richtigen Zeitpunkt regelt, so bedeutet das im Hinblick auf die Wettererscheinungen auch deren Wechsel im Lauf des Jahreszeiten. Durch die drei מי-Fragen besteht bereits in formaler Hinsicht eine Verbindung zwischen V 36 und 37, darüber hinaus in den faktitiven Inhaltskomponenten der Verben שית, נתן und שכב[287]. Die Zusammengehörigkeit von 37b und 38vI zeigt sich in dem abhängigen temporalen Nebensatz mit Infinitiv. שחק steht mit vier weiteren Wörtern für „Wolke" in der Gottesrede, wozu gehören: ענן (38,9vI1), ערפל (38,9vI2), חזיז (38,25b) und עב (38,34a). Wenn טחות für den Ibis steht, der über das geheime Wissen um die jährliche Überschwemmung des Nils verfügt und sie ankündigt, und der Hahn ebenfalls als Regenbringer[288], aber auch als Tageskünder steht, wird der inhaltliche Zusammenhang im Sinne einer Isotopie (+ Wettervorhersage betreffend) mit den Wolken und den Krügen des Himmels deutlich.

Die Wendung ספר שצקים (38,37a) ist singulär im Alten Testament. Allerdings kommt im Lied der Weisheit (28,27) ein ähnlicher Kontext vor, nämlich daß Gott neben dem Weg des Donnergewölks (חזיז) den Regen, das Wasser und den Wind gesehen und gezählt hat[289]. Ijob behauptet an zwei Stellen, daß Gott seine Schritte zähle, in 14,16 parallel gesetzt mit der Hoffnung, daß Gott seine Sünde nicht mehr beachte, in 31,4 als Frage formuliert („zählt er nicht alle meine Schritte?") mit der Hoffnung (V 6), daß Gott seine Unschuld erkenne. Von der Hoffnung der Schuldvergebung über die Hoffnung zur Anerkennung seiner Unschuld steigert sich Ijobs Rede bis zur Behauptung und stolzen Verteidigung („ich tät die Zahl meiner Schritte ihm kund, ich nahte mich ihm

283 Oberlinner, Hahnenschrei, NBL II, 15. Ders., Hahn, ebd. 14.

284 Vgl. שים mit שכל in Neh 8,8 mit Vanoni, שים , ThWAT VII, 761–781,776.

285 Ex 36,1f 1Kön 5,9.26 Spr 2,6 29,19 Koh 2,26 8,16. Zu חכמה und בינה siehe Zerafa 1978, 97–99.107.

286 Alle oben genannten außer Spr 29,19 und Koh 8,16.

287 Zu שכב vgl. Beuken, ThWAT VII, 1306–1318.

288 Keel 1978, 60f, Anm. 219.

289 Vgl. Ps 147,4: „Er bestimmt die Zahl der Sterne und ruft sie alle beim Namen."

wie ein Fürst") seiner Unschuld als Rechtsanspruch[290]. Mit der Steigerung der Dramatik von Ijobs Leiden zeigt sich, daß seine Sünden- bzw. Unschuldsvorstellungen unklarer und unsicherer werden. Gott hingegen spricht in seiner Rede nicht von Ijobs Schritten, sondern vom Abzählen der Wolken in Weisheit. Er kümmert sich um unbelebte Naturphänomene, die allerdings Auswirkungen auf menschliches Einzelschicksal haben können[291]. Das gilt für die Krüge des Himmels, die, wie schon öfter im Zusammenhang mit dem Regen dargelegt, die Fruchtbarkeit der Erde und die Nahrung des Menschen bewirken. Auch Ijobs Schicksal wurde und wird direkt von dem Naturphänomen Sturm bestimmt: ein gewaltiger Wind aus der Wüste läßt das Haus einstürzen und tötet alle Kinder Ijobs (1,19) und Gott antwortet Ijob nun aus dem Sturm (38,1).

Die konkrete Wendung נבלי שמים (38,37b) ist singulär im Alten Testament, ebenso die Verbindung mit שכב. Das Wort נבל im Sinn von Krug, Gefäß kommt nur zehnmal im Alten Testament vor[292]. Während im Zusammenhang mit Schnee und Hagel von Kammern (38,22) die Rede ist und für Regen und Tau die Metapher der Geburt verwendet wird (38,29), ist hier von Gefäßen die Rede. Das ist ein deutlicher Beleg für die altorientalische Sichtweise, Phänomene aus verschiedenen Blickrichtungen zu erklären versuchen. In Ps 33,7 heißt es: „Wie in einem Schlauch[293] faßt er das Wasser des Meeres, verschließt die Urflut in Kammern (אצרות)". Auch dort werden ähnlich wie hier verschiedene Bilder verwendet[294]. Da von den Krügen des Himmels gesprochen wird, ist offengelassen, was genau deren Inhalt ist, daß er aber flüssig ist, legt sich aus V 38 nahe, denn die Lexeme מוצק und דבק haben die gemeinsame Inhaltskomponente (+ lehmartige, durch Vermischung mit Flüssigkeit hervorgerufene Konsistenz). Aus dem natürlichen Erfahrungswissen heraus geschlossen scheint es sich um Wasser zu handeln.

Die Wendung יצק עפר (38,38vI) ist ebenfalls singulär im Alten Testament. Das Verb יצק[295] verwendet Ijob (29,6) zur Beschreibung seiner

---

290 So 31,37. Dort מספר als Substantiv. Auch anhand des Wortes צעד in Ijobs Mund zeigen die Belege Ijobs Vorstellung seiner Schritte, (d. h. seines Lebens) im Hinblick auf die zeitliche Abfolge von Vergangenheit, Gegenwart und Zukunft.

291 In 12,8 ist Ijob in den Mund gelegt: „die Fische des Meeres erzählen es dir (daß die Hand Gottes dies gemacht hat)." Horst 1968, 189–191 hält die Verse 7–10 für „eingesetzt"; Fohrer 1963, 244–245 die Verse 7–11; Budde 1913, 60 nicht.

292 So nach ES 735 in 1 Sam 10,3 25,18 2 Sam 16,1 Jes 30,14 Jer 13,12 (zweimal) 48,12 Klgl 4,2 und nur an dieser Stelle im Ijobbuch. Bei der Angabe 1 Sam 7,24 ist ES wohl ein Fehler unterlaufen.

293 נד nach Edel 1966, z. St. evtl. auch „Garbenhaufen".

294 Vgl. auch Ijob 26,8 (nach Witte 1994, 154, ist Kapitel 26 „tertiär"): „Er bindet das Wasser in sein Gewölk; doch birst darunter die Wolke nicht."

295 55mal im AT, Ijob neunmal: 11,15 22,16 28,2 29,6 37,18 38,38 41,15.16 (zweimal).

glücklichen Vergangenheit: „Bäche von Öl der Fels mir ergoß“. Das Wort Staub (עפר)[296] findet sich sehr häufig in Ijobs Reden[297] und zwar meist zur Beschreibung seiner hoffnungslosen Situation (außer 27,16). Eine Anspielung findet sich hier auf 14,19: „Platzregen spült das Erdreich (עפר־ארץ) fort, so machst du das Hoffen der Menschen zunichte.“ Gott widerspricht Ijobs Darstellung, denn die Wolken werden nach 38,37a abgezählt und der Staub wird nicht fortgespült, sondern zu einem Guß[298] gegossen (38vI). Während Ijob einen Vergleich verwendet zur Darstellung seiner Klage, spricht Gott explizit von dem realen Naturgeschehen. Dennoch gilt auch hier: Wenn für den Staub schon Hoffnung besteht, indem er durch Wasser fruchtbar wird[299], so doch möglicherweise auch für Ijob.

Ebenfalls רגבים ידבקו (38,38a) ist eine singuläre Wendung im Alten Testament. Das Wort רגב erscheint nur noch in Ijob 21,33. Dort klagt Ijob über das Glück des Frevlers, für den sogar noch die Schollen des Schachts (d. h. Grabes) angenehm sind. Gott klebt nun bezugnehmend auf 21,33 die Schollen des Schachts zusammen, d. h., daß das Grab des Frevlers versiegelt wird, daß er nicht mehr hervorkommt. Das Verb דבק[300] erscheint in der zweiten Gottesrede zur Beschreibung von Leviathans Rükkenpanzer: „Fest haftet jeder (Kieselstein [V 7]) an dem andern, sind verklammert, lösen sich nicht“ und „straff liegt seines Wanstes Fleisch, wie angegossen unbewegt“, so daß das Festwerden auch hier konnotiert werden könnte.[301] In 38,38 wird ein ähnlicher Gedanke von 38,14a wieder aufgenommen, denn dort wird anhand des Lehms (חמר) die Wandelbarkeit der Erdoberfläche beschrieben, die am Morgen fest wird und die Sünder verschwinden läßt. Beide Textstellen, 38,38 und 38,14, sollen dazu dienen, Ijob in seiner Hoffnungslosigkeit zu widerlegen, in dem Gott direkt oder indirekt von der Entmachtung der Frevler spricht.

---

296 עפר 110mal AT, 26mal Buch Ijob.

297 7,5.21 10,9 14,8.19 16,15 17,16 19,25 21,26 27,16 30,6.19 42,6.

298 מוצק nur dreimal im AT: 1 Kön 7,37 Ijob 37,10 38,38.

299 Vgl. Ps 65,11: „Du tränkst die Furchen, ebnest die Schollen, machst sie weich durch Regen, segnest ihre Gewächse.“

300 דבק 57mal im AT, sechsmal im Buch Ijob: 19,20 29,10 31,7 38,38 41,9.15. – Ijob verwendet דבק in unterschiedlichen Zusammenhängen: „zur Klage an Haut und Fleisch klebt mein Gebein“ (19,20), zur Erinnerung an seine frühere Ehre „am Gaumen klebte ihre (der Edlen) Zunge“ (wenn sie Ijob bewunderten) (29,10) und zur Herausforderung an Gott „wenn … an meinen Händen Makel klebte, dann esse ein anderer, was ich säe“ (31,7f).

301 Vgl. König 1929, 409.

3.8 Gestirne

Schon in 38,7 im Zusammenhang mit der Schöpfung der Welt wurden die Morgensterne genannt sowie anspielungsweise bei der Isotopie (+ die Erde am Morgen). Hier ist die Isotopie eine kleine, nur über die Verse 31, 32 und 33 reichende Sinnebene und zeigt sich an eben den identischen Inhaltskomponenten der Substantive כימה, כסיל, מזרות und עיש. V 33 nennt zwar keine Substantive mit der Inhaltskomponente (+ Gestirne), zeigt sich aber dennoch als zugehörig, weil mit der Satzung des Himmels die Anordnungen und das Auftreten der Gestirne im Alten Orient gemeint ist und mit deren Schrift auf der Erde deren Kenntnis davon, sei es im astrologischen, oder sei es im ablesenden Sinn der Jahreszeiten.[302]

Die sowohl entgegengesetzten wie synonymen Inhaltskomponenten der Verse 31 und 32 wurden schon im Zusammenhang des parallelismus membrorum dargestellt. Hier bleibt noch darauf hinzuweisen, daß neben der dominierenden Sinnebene (+ Gestirne) dieser VV durch Vers 31 die Sinnebene (+ Fesseln/Bande betreffend) durch die Verben קשר und פתח sowie die Substantive מעדנות und משכות nebengeordnet wird.

Die Inhaltskomponente (+ Elternschaft) prägt eine weitere nebengeordnete Sinnebene, die schon aus der großen vorangehenden Sinnebene (+ Wettererscheinungen) bekannt ist. Sie zeigt sich an dem mehrdeutigen Substantiv בן (es kann + [menschliche] oder [+ tierische] Inhaltskomponenten haben), welches erst durch die weiteren Lexeme עיש, יצא und נחה[303] eindeutiger mit dem Bild aus der Tierwelt zu der Isotopie (+ Gestirne) monosemiert wird.

In diesen drei Versen sind darüber hinaus folgende Strukturmerkmale zu beachten: Dreimal findet sich die enklitische Fragepartikel ־ה verbunden mit der Du-Anrede an Ijob sowie drei weitere Male allein die Du-Anrede. Ijob wird also in jedem Satz dieser Sinnebene direkt angespro-

---

302 Zatelli 1991, 88f; Albani 1994, 116 Anm. 65.124ff meint, daß חקות שמים in Ijob 38,33 Kenntnis und Verwaltung beinhalten. In Jer 5,24 komme Gott das Hüten der Plejaden zu. Im Henochbbuch und den Qumrantexten sei חוק im Sinn von „Naturgesetz" auszulegen. Albani sieht in Ijob 38,31–33 eine deutliche Anspielung auf die babylonische Astrologie, weil hier die wichtigsten astralen Erscheinungen genannt werden. Im Henochbuch findet er eine Antwort auf die rhetorische Frage von 38,33 „was dem leidenden Gerechten Hiob nicht vergönnt ist – nämlich die Kenntnis der Himmelsordnungen – das bekommen die Gerechten, die in der Tradition Henochs, des urzeitlichen Gerechten stehen. Sie partizipieren damit ein gutes Stück an der Schöpfermacht Gottes." Zu משתר bemerkt Albani, daß mit dem akkadischen Ausdruck „šeter šame" oder „šeter burumi" „der Kreislauf der Gestirne" gemeint sei, „der als himmlische Bilderschrift" verstanden wurde, und „sternkundigen Astrologen" zur „Zukunftsdeutung" diente. In der Gottesrede sei mit der Sterndeutung an dieser Stelle an die diese Verse umgebenden „Niederschläge" gedacht. Vgl. auch Hölscher 1952, 95; Szczygiel 1931, 210ff.

303 Vgl. den oben schon erwähnten unklaren Vers 31,18.

chen, in der umgebenden Sinnebene (+ Wettererscheinungen) ist es hingegen seltener der Fall. Während in V 31 durch Verben die gegensätzlichen Handlungen „Binden und Lösen" Ijob vor Augen geführt werden und in V 32 das Hervorbringen und Leiten der Sterne, umschreibt V 33 anhand der Gegensätze Himmel und Erde, Erkennen und Setzen (was ja auch die Inhaltskomponente [+ handeln] besitzt) wieder das Umfassende der Schöpfung schlechthin. ידע und שׂים erscheinen ebenfalls wieder kombiniert – wie in 38,4c.5a, als Gott fragte, wer die Erde ausgemessen hat.[304]

Besonders Ijobs Rede (9,7–10), in der er von den großen Wundern Gottes erzählt, steht in einem Zusammenhang mit dieser Textpassage. Von den dort genannten Sternbezeichnungen kommen hier vor: כימה, כסיל und in anderer Schreibweise עיש sowie darüber hinaus מזרות. In V 33 sind כימה und כסיל jeweils nomen rectum einer CsV. Deren nomina regentes מושכות (hapax legomenon) und מעדנות[305] sind seltene Wörter. Die CsV als solche sind singulär. Die gegensätzlichen Verben קשר[306] und פתח[307] kommen in Ijobs Rede in Kap. 9 nicht vor, sondern dort heißt es: Gott spricht zur Sonne, er versiegelt sie, er spannt den Himmel aus, schreitet auf den Höhen des Meeres einher und v. a. er schafft עשׂה. Hingegen erscheinen יתר (30,11) und מוסר (12,18) als Synonyme von מושכות und מעדנות, kombiniert mit פתח in anderen Ijobreden und anderen Zusammenhängen. Während Ijob in 30,11 beklagt, daß Gott seine Fessel löste und ihn niederbeugte und in 12,18 feststellt, daß Gott Fesseln von Königen auflöst und einen Gurt um ihre Hüften (vgl. Ijob 38,3) bindet, fragt Gott Ijob, ob er die Gestirne fesselt und löst. Wie schon erwähnt, ist es auffällig, daß von 31a bis 35a sich in jedem Satz Anreden an Ijob finden und diese meist in Form von Satzfragen. Obwohl Ijob nach 9,9 um die Schöpfermacht Gottes über die Sterne weiß, ist er nicht in der Lage, Gottes Frage mit „ja" zu beantworten und die Ordnung zu gewährleisten. Gott ergänzt Ijobs Rede dahingehend, daß er auf die fortwährende Ordnung hinweist und es nicht bei der anfänglichen Schöpfung beläßt, wie sich hier an der Zeitlage der Gegenwart zeigt. Obwohl in 38,31–33 außer בניה keine (+ tierischen) Lebewesen genannt werden, erinnern einige Lexeme daran: פתח, יצא und נחה. מעדנות setzt eine Bewegung voraus, משכות ... פתח (31b) läßt auf eine folgende Bewegung schließen und 32bP.b ist demnach eine Metapher aus der Tierwelt, die auf die Sternwelt übertragen wird, wobei das gemeinsame Dritte in der direkti-

---

304 Vgl. ידע mit יסד in 38,3c.4aI, mit נטה in 5b.c, mit צוה in 12a.b, mit נגד in 18b.c und בין mit לקח in 20a.b. Cox 1978, 126ff: Mit 38,31 beginne die „Second Affirmation: No Controll of Creation".

305 מעדנות sonst nur noch 1 Sam 15,32. – Vgl. מזלות in 2 Kön 23,5. Zatelli 1991, 95 weist darauf hin, daß das Wort im Talmud öfter auftaucht und für „Tierkreiszeichen", später für „Glück" steht.

306 44mal AT, Ijob: 38,31 39,10 40,29.

307 144mal AT; 13mal Buch Ijob.

von Bewegung liegt[308]. Das Verhalten eines freigelassenen Wildesels wird später in 39,5ff ähnlich beschrieben. Dort kommen die Kombination פתח ... מסרות, ein Synonym von „Fessel", sowie שׂים vor.

Die CsV חקות שׁמים (38,33a) ist singulär im Alten Testament, ebenso diese Wendung kombiniert mit ידע. Allerdings wird das Verb שׂים öfter mit חק verbunden[309]. Die für diese Gottesrede nicht neue Kombination der Verben שׂים und ידע und v. a. ידע mit der 2.sg.m., welches schon in 38,18.21 jeweils in Zusammenfassungen und besonderen Betonungen der Gesamtheit der Welt erschien, hier ausgedrückt durch den Gegensatz Himmel und Erde sowie die Verwendung der Abstrakta חקות und משׁטר, lassen hier einen zusammenfassenden gedanklichen Höhepunkt erkennen.[310] Dabei ist Jer 33,25 interessant, weil dort die Wendung אם לא ... חקות שׁמים וארץ לא־שׂמתי von den Ordnungen des Himmels und der Erde spricht, also Himmel und Erde für die ganze Welt stehen, und שׂמתי mit der 1.sg. für Gottes Ordnungshandeln.[311] Fohrer[312] meint, daß die Gestirne Einfluß auf die Erde ausüben, was sich in 33b nahelege, aber alles geschehe nach Gottes Ordnung. Eine Entzifferung der Himmelsschrift spiele hier keine Rolle. In 23,14f spricht Ijob von dem, was Gott ihm bestimmt habe (חק als Verb). Deshalb bekommt Ijob Angst vor Gott, denn er macht sein Herz verzagt. Drei Verse weiter (24,1) fragt Ijob, warum Gott keine Zeiten bzw. Fristen bestimmt habe. „Warum schauen, die ihn kennen, seine Gerichtstage nicht?" Man könnte 38,32f als Anspielung Gottes auf diese Rede verstehen, die mit ähnlichen Wörtern anderes ausdrückt, nämlich erstens, daß nicht alles schlecht (für Ijob) ist, denn Ijob kennt ja gar nicht die Satzung des Himmels und deren Einfluß auf die Erde (und somit sein eigenes Schicksal), so daß auch Ijobs Angst vor Gottes Plänen überflüssig ist, und zweitens gibt es für Gott sehr wohl Zeiten (עת) und Fristen, wie Gott hier z. B. in 38,32a klarmacht, wenn das Hervorbringen der südlichen Tierkreisbilder angeführt wird.[313] Mit

---

308 Keel 1978, 58, denkt dabei an Hirtentätigkeiten oder „ein System von Stricken und Seilen (...), mit deren Hilfe die Sterne am Himmel bewegt werden." Dazu weist er auf einige atl. Belege und auf eine altorientalische Abbildung hin: vgl. ders. 1980, 153, Abb. 239.

309 Nach Vanoni, שׂים, ThWAT VII, 774f in Gen 47,26 Jos 24,25 Ex 15,25 1 Sam 30,25 Jer 5,22 Spr 8,29.

310 Zatelli 1991, 88f hält 38,33 für eine Anspielung auf astrologische Spekulationen im Alten Israel, die aber nie, wie in Mesopotamien, offiziellen Status erlangten.

311 Ähnlich Ps 148,3f.6: Gott gab den Sternen, dem Himmel ihr Gesetz (חק), sie dürfen es nicht übertreten.

312 1963, 508. – Wahl 1993, 160f, fällt auf, daß astronomische Beobachtungen wie 38,31ff und Tierbeschreibungen in den Elihureden fehlen, während er annimmt, daß die Elihureden von den Gottesreden abhängen, also mithin später entstanden sind. Gott trete dort als Handelnder in den Hintergrund.

313 Vielleicht besteht auch eine Anspielung zu 14,13, wo Ijob hofft, daß Gott ihn in der Unterwelt verberge und ihm ein Ziel (חק) dort setze und daß

Blick auf 38,23 und 24,1 könnte mit der Setzung von Fristen auch ein rettendes Gericht gemeint sein.

3.9 Nahrung der Tiere

Mit 38,39 beginnt in der Gottesrede ein neuer Abschnitt, in dem die tierischen Lebewesen maßgebliche Sinnebenen beherrschen. Näherhin umfaßt die Isotopie (+ Nahrung der Tiere) die VV 39–41, was an den Lexemen bzw. Wendungen צוד ... טרף (39a); חית ... מלא (39b); ארב (40b); כון ... ציד (41a); אכל (41c) ersichtlich ist.

Die Verse 39 und 40 sind spezifizierend mit der Sinnebene (+ Nahrung der Löwen) zu bezeichnen. In V 39 finden sich dafür die Lexeme לביא und כפירים. In V 40 gibt es als formales Zeichen für die Zusammengehörigkeit der Verse 39 und 40 die zweimalige 3.m.pl. als pronominale Aufnahme von כפירים sowie den abhängigen mit כי eingeleiteten Temporalsatz. Diese untergeordnete Sinnebene (+ Nahrung der Löwen) beginnt in 39a mit einer Frage an Ijob, formal zeigt sie sich durch die enklitische Fragepartikel ־ה und die 2.m.sg.

לביא ist Teil einer Präpositionalverbindung mit der enklitischen Präposition ל und ist als indirektes Objekt aufzufassen. Das Wort kommt 13mal[314] im Alten Testament vor, davon zweimal im Buch Ijob (4,11 38,39). Es wird meistens entweder als Vergleich benutzt, der durch die Konjunktion כ angezeigt wird, oder als Metapher, wie jeweils aus dem Kontext ersichtlich wird. לביא steht für die Stämme Juda (Gen 49,9) und Gad (Dtn 33,20), für Jakob / Israel insgesamt (Num 23,24 24,9) und für das judäische Königshaus (Ez 19,2)[315] sowie für Gott, der vernichtet (Hos 13,8). Nah 2,12f stellt den Lebensraum der Löwen im zerstörten Ninive dar, wo die Löwen reichlich rauben. Joel 1,6 vergleicht das heranziehende (Heuschrecken-)Volk mit dem Kinnladen einer Löwin und Jes 5,29 den Kriegslärm der assyrischen Invasion mit dem Brüllen der Löwinnen. Jes 30,6 ist der einzige Beleg, wo die Gefahr der Löwen nicht im übertragenen, sondern im wörtlichen Sinn gemeint ist. Das Wort wird oft im Kontext mit anderen Wörtern für Löwe genannt. Es gibt sechs weitere Bezeichnungen für Löwe: ארי, אריה, ליש, גור, כפיר, שחל. Diese vielen Bezeichnungen zeigen die große Bedeutung, die der Löwe im israelitischen Kulturkreis hatte, so daß es nicht erstaunlich ist, daß die Beschreibungen der Tiere mit dem Löwen beginnen. Im übrigen erscheinen alle Synonyme eher selten im Buch Ijob: ארי und גור überhaupt nicht, כפיר,

---

Gott dann wieder an ihn dächte. – Budde 1913, 246 sieht Vers 33 als Bild der „Beamtengewalt, einer amtlichen Befugnis".

314 Gen 49,9 Num 23,24 24,9 Dtn 33,20 Jes 5,29 Jes 30,6 Hos 13,8 Joel 1,6 Nah 2,12 Ez 19,2.

315 Vgl. die Anmerkung der EÜ zur Stelle.

ליש, אריה und שחל gehäuft in 4,10f. Letzteres darüber hinaus in 10,16 und 38,8.

לביא im Ijobbuch kommt also in 4,10f mit vier weiteren Synonymen für „Löwe" vor, wo Elifas behauptete: „Des Löwen (אריה) Brüllen, des Leuen (שחל) Knurren, des Junglöwen (כפירים) Zähne werden enttäuscht. Der Löwe (ליש) verendet aus Mangel an Beute, die Jungen der Löwin (לביא) zerstreuen sich." Denn wer Unheil pflüge, ernte es auch und durch Gottes Atem gingen sie als Schuldige zugrunde (4,8). Mit dieser Aussage befindet sich Elifas im Gedankenhorizont des Tun-Ergehen-Zusammenhangs. In 38,39 fragt nun Gott Ijob, ob Ijob es ist, der dem Löwen Nahrung gibt, und impliziert damit, daß der Löwe Nahrung bekommt. Gott nimmt das Wort aus Elifas' Rede auf, aber es findet sich keine Wertung, ob die Löwin gefährlich und böse ist, und die Löwin wird auch nicht, wie in den meisten anderen Belegen, als Vergleich verwendet, sondern von ihr wird wie in Jes 30,6 im eigentlichen Sinn gesprochen.[316] Elifas nannte die Löwen als Metapher für die Sünder, denen Gott aus Strafe die Nahrung entziehe. Gott sagt hier das Gegenteil: Ohne die Löwen zu bewerten oder sie mit Sündern zu vergleichen, teilt er Ijob mit, daß er auch sie ernährt. In Ijobs Rede 10,16 wird das Synonym שחל in einem Vergleich verwendet. Ijob behauptet, daß Gott ihn wie einen Löwen jage, wenn er sein Haupt zu heben wagt, auch wenn er im Recht sei. Dieser Beleg ist insofern bedeutsam, weil auch dort das Verb צוד verwendet wird. Ijobs Auffassung vom Löwen deckt sich mit der des Elifas, weil bei beiden der Löwe als Bild für die Frevler steht. Für Ijob müßte dann die Antwort Gottes so aufzufassen sein, daß Gottes Jagdtätigkeit sich nicht auf ihn, Ijob, bezieht, um ihn persönlich zu seiner Beute zu machen, um ihn z. B. zu töten, sondern sie bezieht sich auf die Beute, die er dem Löwen selbst zugute kommen läßt. Die Jagd wird von Ijob und Gott unterschiedlich bewertet: Ijob fühlt sich von Gott gejagt, ob er schuldig ist oder nicht. Er sieht die Jagd unter einem negativem Aspekt. Gott hingegen jagt für den Löwen, um ihm etwas Gutes zutun, um ihn zu ernähren. Auch hier versucht Gott, Ijobs Blick weg von sich selbst auf den Löwen zu lenken. Dadurch ergibt sich ein thematischer Gegensatz von Leben und Tod, indem Ijob sich als Opfer der Jagd erlebt; Gott als Jäger bietet hingegen dem Löwen seine Lebensgrundlage.[317]

טרף ist in 38,39a direktes Objekt.[318] Die Wendung טרף ... צוד ist singulär für das Alte Testament. Einige zugehörige Parallelbegriffe bzw. -

---

[316] Das Motiv der Nahrung kommt nicht nur hier, sondern auch in wenigen anderen Belegen des Löwen vor wie z. B. in Hos 13,8, Joel 1,6 („Zähne der Löwin") und in Ijob 4,11.

[317] Westermann 1977,117 meint, daß statt der Löwen und Raben z. B. „beliebige andere Tiergattungen genannt werden" könnten. Dadurch verkennt er m. E. die feinen Anspielungen der Gottesrede auf die früheren Dialoge.

[318] Das Wort kommt 21mal im AT vor, davon sechsmal in Verbindung mit לביא: Gen 49,9 Num 23,24 Jes 5,29 Ez 19,3 (bzw. Ez 19,2) Ijob 4,11 38,39. – Viermal erscheint טרף mit כפיר: Jes 31,4 Ez 19,6 Am 3,4 Ps 104,21 –

wendungen stammen aus dem Bedeutungsbereich des Krieges[319], des Tötens[320] oder der Nahrung[321].

Im Buch Ijob gibt es vier Belege von טרף, die ebenfalls recht unterschiedlich sind. Zwei Belege kommen in Ijobs Rede vor, wo er einmal anhand des Vergleichs mit dem Wildesel die mühevolle Suche nach Nahrung (טרף) beschreibt (24,5). Im anderen Beleg (29,17) findet sich eine Anspielung auf Ijobs gesegnete Vergangenheit, in der er beschreibt, wie er den Bösen die Beute aus den Zähnen riß. Beute und Zähne sind Attribute der Raubtiere, wie es auch die Löwen sind. Sie werden zur Metapher für die Bösen, während Gott den „Bildspendern" in Ijobs Metapher, den Löwen im eigentlichen Sinn, Nahrung zuführt. Zwischen Gottes und Ijobs Rede gibt es ein Umkehrverhältnis in der Betrachtung von טרף: Während Ijob in seinen guten Zeiten den im metaphorischen Sinn Raubtieren die Beute entriß, sorgt Gott dafür, daß die Löwen Beute bekommen.

כפיר ist hier nomen rectum einer CsV, welche insgesamt ein direktes Objekt darstellt.[322] Das Wort wird ebenfalls meistens als Vergleich oder Metapher und in ähnlichen Bedeutungszusammenhängen wie לביא verwendet. Auch die Vorkommen von beiden im Buch Ijob sind identisch, d. h. כפיר befindet sich an der selben Stelle in der Rede des Elifas wie לביא. In Ps 104,21 mit einer ähnlichen Lexemkombination wie hier (כפירים, טרף, אכל) werden sozusagen die Aussagen von Ijob 38,39a.b.41c zusammengefaßt.

Ebenfalls singulär für das Alte Testament sind die Wendungen מלא ... חית und במענה ... שחח. Allerdings wird in 37,8 das Versteck[323] mit שכן kombiniert, wie überhaupt das Wort מענה meistens im Zusammenhang mit Löwen steht. In 37,8 findet sich im Parallelvers, ebenso wie hier, das Wort ארב[324], welches nur zweimal überhaupt im Alten Testament erscheint. Die Löwen in der Gottesrede werden an dieser Stelle, wenn man andere alttestamentliche Belege und Zusammenhänge mitberücksichtigt, in ihrer typischen Lebensweise beschrieben.

Weitere Belege, die nicht mit diesen beiden Begriffen für die Löwen genannt sind: Ez 22,25.27 Nah 2,13.14 3,1 Mal 3,10 Ps 76,5 11,5 124,6 Spr 31,15 Ijob 24,5 29,17.

319 חסן ויקר und יקחו אלמנותיה הרבו בתוכה (beide Ez 22,25), למען בצע und לשפך דם (beide Ez 22,27), לרפה (Nah 2,13), רכבה (Nah 2,14) und פרק (Nah 3,1).

320 דם־הללים (Num 23,24), אדם אכל (Ez 19,3.6), נפש אכלו (Ez 22,25) und לאבד נפשות (Ez 22,27).

321 אכלם (Ps 104,21), לחם (Ijob 24,5) und מתלעות (Ijob 29,17).

322 Das Wort kommt 31mal im AT vor. Fünf dieser Stellen sind dieselben Belege wie für לביא.

323 Von den neun atl. מענה-Belegen kommen zwei in Ijob 38,40 37,8 vor. Ps 104,22 Hld 4,8 Nah 2,13 Am 3,4 nennen מענה im Zusammenhang mit Löwen, Nah 2,13 und Am 3,4 darüber hinaus mit טרף und mit כפיר.

324 Fohrer 1963, z. St. 37,8.

Eine zweite untergeordnete Sinnebene, (+ Nahrung des Raben), wird ebenfalls durch eine Frage, durch das Fragepronomen מי eingeleitet. Auf ערב wird dreimal mit dem Morphem 3. Person (sg. und pl.[325]) zurückverwiesen.

ערב ist Präpositionalverbindung mit der Präposition ל und der Funktion des indirekten Objekts. Das Wort kommt zehnmal[326] im Alten Testament vor, davon nur einmal im Buch Ijob. Nach Lev 11,15 gilt der Rabe als unreines Tier. Anders als hier, wo der Rabe selbst als hilfsbedürftig erscheint, wird der Rabe zweimal als Helfer beschrieben: Er ist das erste Tier, das als Erkunder die Arche verlassen darf, und in 1 Kön 17,4.6 versorgt er auf Gottes Veranlassung hin Elija mit Nahrung.[327] Der Beleg Ps 147,9 – ein Psalm, der schon öfter genannt wurde – ist dem Beleg im Ijobbuch sehr ähnlich. Auch hier ist die Aussage, das Gott neben dem Vieh den jungen Raben ernährt.

Mit ערב spricht Gott in der Gottesrede ein neues Wort an, das bisher im Gespräch Ijobs mit seinen Freunden noch nicht erwähnt wurde. Wie bei den Löwen ist die Aussage auch hier: Gott ernährt den Raben. Die Wendung כון ... ציד ist singulär im Alten Testament, ebenso wie die Formulierung אל אל שׁוע.

Der Gottesname אל ist mit seinen 55 Belegen im Ijobbuch auf die Freundesdialoge, Elihureden (19 Belege) und die Gottesrede (hier in 38,41) beschränkt. In der Rahmenerzählung und im Lied der Weisheit kommt der Name nicht vor. Im Verhältnis zu den 235[328] alttestamentlichen Belegen ist die Überzahl der Belege in Buch Ijob nicht so überragend wie bei שׁדי und אלוה, deren alttestamentliche Belege überwiegend im Buch Ijob erscheinen.

Auffällig ist das Wort שׁוע, von dessen 21 alttestamentlichen Belegen acht im Buch Ijob vorkommen[329], von denen widerum fünf in Ijobs Mund. Alle 13 Belege außerhalb des Ijobbuches richten sich an Gott als Adressaten. Bei den Belegen im Buch Ijob ist es in 29,12 30,28 35,9 nicht der Fall. In Ijobs Rückblick auf seine glückliche Vergangenheit erinnert er sich, daß er den Armen rettete, wenn er schrie (29,12); doch nun steht Ijob in der Gemeinde und schreit angesichts seines Elends (30,28)[330]. Zwei-

---

325 Zum Problem der Inkongruenz vgl. Levi 1987, 185–199, 187. Beim Beleg 12,25, der auch das Verb תעה verwendet, ist eine ähnliche Inkongruenz festzustellen.

326 Lev 11,15 Ps 147,9 Jes 34,11 Gen 8,7 Hld 5,11 1 Kön 17,4.6 Spr 30,17 Ijob 38,41; (evtl. auch Zef 2,14 nach Vornahme einer Konjektur).

327 Der Rabe ist aber auch eine Begleiterscheinung der Vernichtung, indem er Aas frißt und in verlassenen Gegenden lebt (Jes 34,11 Zef 2,14 [nach Konjektur] Spr 30,17). Zum Raben vgl. auch Hölscher 1952, 97.

328 So ES 61f. Schmidt, THAT I, 142 zählt 238 Belege.

329 19,7 29,12 24,12 30,20.28 35,9 36,13 38,41.

330 Ijob 24,12 behandelt das Leben der Erschlagenen, welches laut schreit; aber Gott antwortet nicht. Siehe auch unten die Raubvögel im Zusammenhang mit חללים.

mal sagt Ijob, daß er auf sein Schreien keine Antwort bekommt (19,7), einmal davon nennt er explizit Gott, der ihm keine Antwort gebe (30,20). Gott erhört den Hilfeschrei der jungen Raben, die ihn anrufen. Insofern reagiert die Gottesrede in mehrfacher Hinsicht auf Ijobs Rede: zum einen durch die Tatsache, daß Gott Ijob doch antwortet, und zum anderen reagiert sie unmittelbar auf 29,12 und 30,28: denn wenn schon Ijob den um Hilfe rufenden Armen half und Gott selbst auf den Hilferuf der kleinen Raben hört, so darf auch Ijob mit seinem Hilferuf auf eine Reaktion hoffen. Man fühlt sich an Jesu Rede in Mt 6,26 erinnert: „Seht euch die Vögel des Himmels an: Sie säen nicht, sie ernten nicht und sammeln keine Vorräte in Scheunen; euer himmlischer Vater ernährt sie. Seid ihr nicht viel mehr wert als sie?“ oder an das Lob des Psalmisten: „Herr, du hilfst (תושיע) Menschen und Tieren“ (Ps 36,7).

Neben den jungen Raben, die hier für sich stehen, können sich im Alten Testament auch Schafe verirren, welche oft zum Vergleich mit Sündern herangezogen werden[331]. Gelegentlich steht „umherirren“ (תעה) für Unwissenheit und Torheit. In diesem Text bezieht sich תעה jedoch auf vergebliche Nahrungssuche. Ijob spricht in 12,25 von den Häuptern des Landes, die Gott ohne Licht umherirren läßt. An keiner Stelle heißt es, daß Ijob nicht genug Nahrung habe, allerdings klagt er, daß das Essen ihm nicht schmeckt (3,24 6,5–7) und sein Geist verwirrt sei (17,1 רוחי חבלה). In 12,16 meint Ijob[332], daß derjenige zu Gott gehört, „wer irrt und wer irreführt“. Das hilflose Umherirren erinnert auch an die weglose Wüste, in der Gott Wege legt und Orientierung gibt. Wenn Gott also auf den hilflosen jungen Raben hört und Wege in der Wüste ebnet, besteht auch für Ijobs geistigen Hunger und seine Desorientierung Hoffnung.[333]

Obwohl in 38,40 zahlenmäßig die Inhaltskomponente (+ schützende Behausung) dominiert, wie dies die Lexeme מעונות, סכה und ארב zeigen, kann letzteres auch eine Verbindung zur (+ Nahrung) herstellen, insofern der Hinterhalt als Hilfsmittel zum Beutefang dienen kann[334]. Beachtenswert ist in 41b die Inhaltskomponente (+ sprachlich äußernd) des Verbes שוע, welches dem Rabenjungen zugeschrieben wird, also eine sprachliche Äußerung eines tierischen Lebewesens, ähnlich wie oben bei einem Naturphänomen, den Blitzen[335].

---

331 Belege bei Sawyer, תעה, THAT II, 1055–1057.

332 Zu 12,16 und Kontext vgl. Lévêque I 1970, 317–326; Horst 1968, bes. 193. Fohrer 1963, 240.244–246 hält 12,7–11 und 12,12–25 für Erweiterungen.

333 Vgl. Lévêque 1994, 217: „En rappelant sa tendresse envers les animaux, Yhwh insinue que Job ne saurait être parmi les vivants le seul mal-aimé.“

334 ארב kommt zweimal im AT vor, hier und in Ijob 37,8.

335 Mende 1990, 229, scheidet אל-אל ישועו als Glosse aus. Der Vers sei überfüllt, die Aussage passe nicht zum Kontext und Gott nenne sich in der dritten Person. Dasselbe Argument gilt nach ihrer Ansicht allerdings nicht mehr für den Zusammenhang mit der Straußenhenne, wenn sie (ebd. 233) schreibt:

Innerhalb dieser Sinnebene werden Löwe und Rabe die gleichen fundamentalen Bedürfnisse zuerkannt, nämlich der Hunger. In beiden Fällen wird Ijob gefragt, ob er dieses Bedürfnis der Tiere befriedigt. In diese Schilderung der Nahrungsbedürfnisse fließen auch andere Lebensumstände der Tiere, wie z. B. ihre Behausung oder das Krächzen des Raben, hier als Hilferuf gedeutet, beschreibend mit ein.[336] Sie zeigen, daß Gott sich um das Leben dieser Tiere kümmert. Da Ijob zuvor von sich sagte, er fühle sich wie ein Löwe, der von Gott gejagt werde, wird deutlich, daß Gott Ijob eigentlich Trost zusprechen will, denn Gott kümmert sich um Löwen und Raben und hört auf Ijob, wenn er um Hilfe ruft.

3.10 Geburt und Nachkommenschaft des Steinbocks und der Hirsche

Die Inhaltskomponente (+ Geburt betreffend) findet sich in folgenden Lexemen und Wendungen: עת־לדת (39,1), חיל (1b), ירחים (2a), ילד (2b), פרע (3a), פלח (3b), ילדים (3b), חבל (3c), und בנים (4a). Die Verschiedenartigkeit der Lexeme dieser Isotopie allein schon zeigt, daß es sich hier um eine detaillierte Beschreibung des Geburtsvorgangs handelt.

Während die יעלי־סלע nur in 39,1a genannt werden, finden die אילות[337] sechs pronominale Aufnahmen bis 4a – übrigens, die einzige Verweisstrecke der 3.f.pl., wie schon oben auf der Ausdrucksebene erwähnt wurde. Die pronominalen Rückverweise auf die Tiere grenzen also diese Isotopie formal ab. Wenn sich auch die VV 39,3c.4a.d trotz ihrer Unklarheiten[338] phorisch auf die Hirschkühe beziehen, erweitert sich die Isotopie um diese Verse. Vers 4 ist somit formal durch sie in diese Sinnebene eingeflochten, zugleich aber auch selbständig, weil außer dem Ergebnis der Geburt, d. h. den Jungen, die Inhaltskomponente (+ Geburt betreffend) nicht mehr verwendet wird. Statt dessen finden sich u. a. (+ separative) Inhaltskomponenten in den Lexemen יצא und לא שׁוב[339] – diese auch schon oben bei der Beschreibung des Geburtsvorgangs פלח in 3b – und (+ ergehende) Inhaltskomponenten bei חלם und רבה. Man könnte sie auch als passive und aktive Komponenten charakterisieren. Vers 4 wahrt also trotz unterschiedlicher Inhaltskomponenten die Verbindung zur Sinnebene, da anhand der formalen und inhaltlichen Textstruktur

---

„Daß hierbei Gott in V. 17 in der dritten Person genannt wird, ist kein Grund zur Ausscheidung des Verses".

336 Zu Rabe und Löwe vgl. auch Keel 1978, 64–66.82f.

337 Keel 1978, 81, berichtet: „Interessant ist eine Notiz auf dem zerbrochenen Obelisken, in der sich ein Herrscher rühmt, er hätte (...) Steinböcke und Hirsche in Netzen gefangen und sie dazu gebracht, sich fortzupflanzen."

338 Vgl. oben, S. 90.

339 Fabry – Graupner, שׁוב, ThWAT VII, 1118–1176, 1121.1129.1165f.

das Aufwachsen (durch [+ ergehende] Inhaltskomponenten) und die Ablösung von der Mutter (durch [+ separative] Inhaltskomponenten) dargestellt werden.

Die Sinnebene beginnt mit einer Frage an Ijob. Ijob wird zweimal in dieser Isotopie mit der Inhaltskomponente (+ geistige Wahrnehmung), ידע, in Verbindung gebracht, einmal in dieser Frage zu Beginn und einmal in der Aussage in 2b. Weiterhin wird Ijob ein Verb der (+ sinnlichen Wahrnehmung), שמר, zugeordnet. Diese drei Verben stehen jeweils gemeinsam in den Sätzen, in denen auch die Inhaltskomponente (+ Geburt betreffend) erscheint. Ebenfalls begegnet einmal ספר (2a) als Verb der (+ sprachlichen Äußerung) mit dem Morphem der 2.m.sg., so daß hier, wie oben schon des öfteren Verben (+ den geistigen Bereich betreffend) mit einem Verb der (+ sprachlichen Äußerung) kombiniert werden. Darüber hinaus sind diese beiden in die neue Isotopie, hier (+ die Geburt des Steinbocks und der Hirsche betreffend), hineinverflochten, so daß die Sinnebene mit dem umgebenden Textabschnitt der Gottesrede verbunden bleibt.

יעל ist nomen regens einer Constructus-Verbindung Die gesamte Wortverbindung יעלי־סלע ist als verbundenes nomen rectum einer weiteren umgebenden CsV לדת יעלי־סלע anzusehen. Außer in Ijob 39,1 kommt das Wort in der männlichen Form nur noch in Ps 104,18 vor; auch dort erscheint in der Textumgebung סלע. Hier wird der Steinbock neben dem Klippdachs parallel genannt. Gemeinsam sind ihnen der hochgelegene Lebensraum. Die Felsen werden nicht dem Steinbock, sondern dem Klippdachs zugeordnet. Die weibliche Form des Wortes[340] erscheint nur einmal in Spr 5,19 gemeinsam mit אילה als Metapher. Gott wird erst zwei Verse später erwähnt, insofern er alle Wege des Menschen kennt. Einige Gemeinsamkeiten mit Ijob 39,1 können anhand der Belege festgestellt werden: Der hochgelegene Lebensraum sowie die Verwendung im eigentlichen Sinn findet sich wie hier auch im Psalm. Weniger die Geburt als vielmehr der anmutige, liebende Zusammenhang erscheint im übertragenen Sinn in Spr 5,19 sowie in Vers 21 der Hinweis auf Gottes Kenntnis der Wege des Menschen.

אילות[341] ist in diesem Textabschnitt nomen rectum einer CsV. Die ganze Wortverbindung funktioniert als direktes Objekt. Das hebräische Wort für Hirschkuh kommt elfmal[342] im Alten Testament vor, davon einmal im Ijobbuch. Einige Belege nennen im Kontext neben der Hirschkuh auch

---

340 Gleichnamige Personen- und Ortsnamen sollen nicht betrachtet werden, wenngleich erwähnenswert ist, daß in 1 Sam 24,3 der Ortsname צורי היעלם aus zwei wortsemantisch ähnlichen Teilen zusammengesetzt ist wie יעלי־סלע, insofern zwei Wörter mit der Inhaltskomponente (+ bergig) mit יעל verbunden werden.

341 Hölscher 1952, 92.97 hält sie für Rehe, nicht für Hirschkühe.

342 Gen 49,21 2 Sam 22,34 Jer 14,5 Hab 3,19 Ps 18,34 22,1 29,9 Spr 5,19 Hld 2,7 3,5 Ijob 39,1.

den Steinbock יעל (Spr 5,19 Ijob 39,1) oder die Gazellen צבאות (Hld 2,7 3,5). Die Hirschkuh wird häufig als Vergleich für Beweglichkeit verwendet, so für Naftali, den Sohn Jakobs, weil er sich durch behende Rede ausweist (Gen 49,21) und für David (2 Sam 22,34), Habakuk (3,19) und den Psalmisten (18,34), die durch von Gott geschenkte Beweglichkeit aus Gefahren entkamen. In den drei zuletzt genannten Belegen wird dem Bild der Hirschkuh entsprechend die Gefahr metaphorisch als hoher Weg charakterisiert. Das stimmt mit dem Lebensraum des Felsensteinbocks überein. Der Prophet Jeremia (14,5) zeichnet das Bild einer großen Dürre für Juda, wo die Hirschkuh vor Hunger sogar ihr Junges verläßt und (V. 6) auch der Wildesel (s. o.) dem Sterben nahe ist. Drei Belege aus der Weisheitsliteratur erscheinen im Kontext der Liebe: in Spr 5,19 im Zusammenhang mit dem Rat, der Frau der Jugendtage treu zu bleiben. Sie wird mit einer liebenden Hinde und anmutigen Gemse verglichen. In den zwei identischen Belegen Hld 2,7 und 3,5 werden die Töchter bei den Gazellen oder Hinden beschworen, die Liebe nicht zu stören. Diese Tiere galten als Attribute der Liebesgöttinnen und werden in beiden Hld-Belegen zur sakralen Verstärkung der Beschwörung verwendet[343]. Es gibt zwei weitere Belege in den Pss: Bei 22,1 handelt es sich um musikalische Anweisungen für den Chormeister, nach der Weise אילת השחר den Psalm anzustimmen[344]. Nach Ps 29,9 bewirkt die Stimme Jahwes ein Kreißen der Hinden. Obwohl אילות an der Stelle textkritisch angezweifelt worden ist und אילים gelesen wurde[345], scheint אילות durch die Verbindung mit יחולל angemessen zu sein, da sich die Wortkombination ebenso hier in der Gottesrede findet.[346] In 15,7 fragt Elifas Ijob, ob er als erster Mensch geboren (wörtlich „gekreißt") wurde, noch vor den Hügeln. Sinngemäß stellt auch Gott Ijob diese Frage (38,21). Die Hügel sind ein Synonym zu den Felsen, die ja den Lebensraum der Hirsche darstellen und im Hohenlied symbolisiert der Weinberg einen Ort der Liebe, so daß hier das Thema der Sexualität vorherrscht.[347]

Die elf Belege[348] des männlichen איל zeigen teilweise ein ähnliches Bild wie die weibliche Form des Wortes. Die vier Dtn-Belege stellen den Hirsch als reines Tier dar, welches als Nahrung für den Menschen die-

343 Keel 1986, 89–94, bes. 92.94.

344 Delekat 1964, 296, liest Ps 22,1: „bei den Häuchen der Morgenröte zu singen" und bezweifelt die musikalische Anweisung.

345 Vgl. die Übersetzung der EÜ und den textkritischen Apparat der BHS zur Stelle.

346 Das Wort חיל, 40mal im AT, erscheint zweimal in einer Elifasrede 15,7 und 15,20 sowie in einer Ijobrede 26,5. Vorschlag der EÜ: 26,5–14 zu 3. Rede Bildads 25,1–6 hinzuzuziehen; Fohrer 1963, 383, hält 26,5–14 für eine spätere Hinzufügung und Ijob in den Mund gelegt.

347 Keel 1986, 234.254.

348 Dtn 12,15.22 15,22 1 Kön 5,3 Jes 35,6 Ps 42,2 Hld 2,9.17 8,14 Klgl 1,6.

nen kann; 1 Kön 5,3 zeigt, daß Hirsche zum täglichen Unterhalt des salomonischen Königshofs gehörten. Die übrigen Belege werden als Vergleich verwendet. Sowohl als Zeichen für Beweglichkeit (Jes 35,6 hier als Vergleich für den Lahmen, dem Gott Beweglichkeit schenkt) als auch in den Kontext der Liebe eingebunden findet sich das Wort besonders im Hohen Lied (2,9.17 8,14) und steht für den Geliebten. Die Bedürftigkeit des Hirschs nach Wasser (Ps 42,2) und Nahrung (Klgl 1,6) wird als Bild für den sehnsüchtigen Gottsucher und das von Gott bewirkte Unglück der abtrünnigen Tochter Zion verwendet.

Im Gegensatz zu anderen Belegen werden in Ijob 39,1 die Hirschkühe nicht vergleichend oder metaphorisch genannt, sondern sind direkt gemeint. Die fast identische Wortverbindung mit חלל in Ps 29,9, wo ausdrücklich Gott als Verursacher des Kreißens der Hirschkühe genannt ist, ist beachtenswert. Es legt sich die Vermutung nahe, daß neben der formalen Verwandtschaft auch eine inhaltliche Verwandtschaft besteht, wenn hinter der an Ijob gerichteten Frage die Aussage steht: „Ich weiß ..." Sollte mit dieser Erwähnung der Gedanke an die Liebesgöttin assoziert sein, so wird sie gleichzeitig durch Gottes Wissen über die Geburtszeit etc. ihrer Funktion beraubt. Neu ist in diesem Kontext, daß neben dem Kreißen auch der Geburtsvorgang ausführlich beschrieben ist, während bei einigen alttestamentlichen Belegen eher die Liebe im Vordergrund steht[349]. Die Jungen der Hirschkuh kommen nur noch ein weiteres Mal kurz in Jer 14,5[350] vor, während ihr Heranwachsen und Verhalten hier ausführlich beschrieben wird. Die Beweglichkeit auf gefährlichen hohen Wegen findet sich nur versteckt im zuvor genannten Parallelbegriff יעלי־סלע.

Gottes Frage an Ijob, ob er das Gebären der Hirschkühe bewacht (שׁמר), spielt auf Ijobs Reden an, wo er des öfteren von Gottes Bewachung oder Beobachtung mit Gott als Subjekt sprach[351]. Rückblickend auf seine glückliche Vergangenheit spricht Ijob davon, daß Gott seinen Geist bewachte (10,12) und wünscht sich diese Zeiten zurück. Auch seine Gegenwart empfindet Ijob als von Gott bewacht, aber diese Bewachung ist für ihn nun ein Block, in den Gott seine Füße legte (13,27a), d. h. Gottes Bewachung von Ijobs Pfaden lähmt ihn. Außerdem fürchtet Ijob, daß Gott ihm auflauert (שׁמר), wenn er sündigt (10,14). Für seine Zukunft erhofft sich Ijob Gottes Zuwendung und daß Gott seine Schritte zählt und im Gegensatz zu Gottes lähmender Bewachung (10,14 13,27) nun ein Nichtbeachten (לא שׁמר) seiner Vergehen (14,15.16). Wie bei den

---

349 Jedoch wird im bereits erwähnten und mit Ijob 39,1 verwandten Beleg Ps 29,9 nach Vornahme einiger Konjekturen im Parallelvers die von Gott bewirkte Frühgeburt der Ziegen erwähnt.

350 In Jer 14,5 werden im folgenden Vers die Wildesel genannt, ähnlich wie hier ab 39,5.

351 10,12.14 13,27 14,16 23,11 24,15 29,2. Nur in 23,11 spricht Ijob davon, daß er Gottes Weg beachtete (שׁמר) und in 24,15 ist Subjekt des Satzes das Auge des Ehebrechers, welches auf die Dämmerung lauert.

früheren oben genannten Anspielungen ergibt Gottes Antwort hier eine Ergänzung für Ijobs Blickwinkel, denn Gott bewacht sogar das Kreißen der Hirschkühe, wie er auch, wie Ijob selbst sagt, sein Leben bewacht und zwar sein vergangenes, gegenwärtiges und zukünftiges Leben. Ijob empfindet Gottes gegenwärtige Bewachung als negatives Auflauern, während Gott v. a. das Kreißen der Damhirschkühe zur Hervorbringung neuen Lebens bewacht. שׁמר wird hier also in einem ausschließlich schöpferischen Sinn verwendet. Durch die Beschreibung des Heranwachsens der Jungen ist die fortwährende schöpferische Bewachung impliziert, die eigentlich auch weiterhin für Ijob gelten müßte.

Wie schon im ersten Teil des Textabschnitts und bei Ijobs Schilderung, daß Gott ihn alle Zeit bewacht, spielt die Zeit auch hier eine besondere Rolle: Folgende Lexeme haben die Inhaltskomponente (+ die Zeit betreffend): עת (לדת) (39,1a), ספר ירחים (2a) und עת (לדתנה) (2b). Die Wortverbindung ידע ... עת erscheint neben der fast identischen Formulierung in 39,2b nur noch in Koh 8,5 und 9,12 sowie Est 1,13 und 1 Chr 12,33. Während die beiden letztgenannten Belege „die Zeit kennen" auch geschichtlich gemeint sein können[352], widersprechen die beiden Koh-Belege in gewisser Weise einander: 8,5 steht im Zusammenhang der Beachtung der Gebote: „Zeit und Entscheid (Brauch?) kennt das Herz des Weisen"; 9,12 im Zusammenhang allgemein die Unglückszeit für Menschen betreffend: „denn auch der Mensch kennt seine Zeit nicht".

Hier wie auch oben liegt eine Anspielung vor auf den schon wiederholt erwähnten Vorwurf Ijobs (24,1), daß Gott keine Zeiten (Fristen) vorgesehen habe. Dieser Vorwurf wird mit Gottes Kenntnis der Geburtszeit der jungen Hirsche widerlegt.

Die Wendung mit ספר (als Verb) und ירח ist singulär für das Alte Testament, als CsV findet sich מספר ירחים in Ijobs Rede 3,6. Ansonsten gibt es nur noch die konkrete Angabe von drei Monaten (Ex 2,2), in denen die Mutter das Kind Mose verbergen konnte[353]. In 3,6 möchte Ijob die Nacht seiner Zeugung aus der Zahl der Monate streichen und somit für nichtig erklären. Mit Gottes Frage an Ijob, ob er die Monate bis zur Geburt der jungen Hirsche zählt, antwortet er Ijob auf diese Äußerung, indem er eigentlich sagt, daß Ijob noch nicht einmal die Monate bis zur Geburt der jungen Hirsche zählt, geschweige denn Macht und Überblick hat über seinen eigenen Entstehungszeitpunkt[354]. Während Ijob Gott für

---

352 So EÜ Anm. zu Est 1,13.

353 ירח erscheint zwölfmal im AT: Ex 2,2 Dtn 21,13 33,14 1 Kön 6,37f 8,2 2 Kön 15,13 Sach 11,8; Ijob viermal, also noch 7,3 29,2 jeweils auch in Ijobs Rede.

354 Mende 1990, 229 (auch 217.300.452) scheidet 39,2 vollständig aus mit dem Argument, 2b sei eine Doppelung zu V 1 und unterbreche den Zusammenhang von V1 und 3f. Dabei sieht sie einen Gegensatz zwischen dem Thema der Zeit und dem Vorgang des Gebärens, der nicht gegeben ist. Sie übersieht, daß gerade V 2 besonders deutlich auf Ijobs frühere Rede anspielt. 2b leitet eine detaillierte Beschreibung der Geburt ein mit dem Hinweis auf den

seine frühere glückliche Zeit (ירח) Macht und Überblick zugesteht (29,2 s. o.), glaubt er es nicht für seine Entstehung und seine leidvolle Gegenwart, wenn er im Zusammenhang von 7,3.8 meint, kein Auge schaue nach ihm.

Ein Geburtsvorgang wird nicht sehr oft im Alten Testament beschrieben. Das zeigen die seltenen Lexeme: פלח (39,3b)[355], חבל (3c)[356] und כוע (3a)[357]. Die Beschreibung hier scheint singulär für das Alte Testament zu sein. Von Kindern oder Nachkommen (ילדים und בנים) spricht Ijob meistens im Zusammenhang mit denen der Frevler[358], von seinen eigenen ausdrücklich nie. Auch verwendet er meistens בנים[359] und nur einmal ילד (21,11). Das Nichtwissen über das Schicksal der Kinder symbolisiert die Vergänglichkeit des Menschen überhaupt (14,21). Außerdem klagt Ijob, daß es den Söhnen seiner Mutter vor ihm ekelt (19,17). Im Zusammenhang mit dem Glück der Frevler (21,11) wird שלח mit ילד in Ijobs Rede verwendet: „Wie Schafe treiben (שלח) sie (die Frevler) ihre Kinder aus, ihre Kleinen (ילדים) tanzen und springen". Das scheint Gottes Rede zu bestätigen. Der Unterschied besteht aber darin, daß Ijob einen Vergleich mit enklitischem כ anstellt und der Bildempfänger, die Frevler, negative Konnotationen haben, Gott aber nicht vergleichend, sondern im eigentlichen und wertfreien Sinn von den jungen Hirschen (Ijob hingegen von den Schafen) spricht. Das Wachstum der Hirsche (V 4) wird ebenfalls u. a. mit solchen seltenen Wörtern beschrieben: בר ist hapax legomenon; חלם erscheint nur noch in Jes 38,16 im Zusammenhang des Dankgebets des Hiskia für die Genesung und das Weiterleben. Somit wird deutlich, daß Gott von einem anderen, nämlich wertfreien Standpunkt aus das Motiv der Nachkommenschaft, bzw. der Weitergabe des Lebens betrachtet als Ijob.[360]

Zeitpunkt, während V 1 eher als zusammenfassende Einleitung betrachtet werden kann. Geburtszeit und Geburtsvorgang gehören engstens zusammen.

355 Fünfmal im AT; zweimal im Ijobbuch, auch 16,13.

356 Achtmal im AT; einmal im Ijobbuch.

357 36mal AT; dreimal im Ijobbuch, außer 39,3a noch: 4,4 und 31,10.

358 17,5 21,19 30,8.

359 14,21 (16,21 textkritisch unsicher) 17,15 19,17 21,19 30,8.

360 In 27,14, einer Rede Ijobs, werden בן und רב in einem Satz verbunden. Es geht auch hier um die Frevler, näherhin um deren Kinder. Allerdings widerspricht der Sinn dem Beleg 21,11, denn hier wird über das kommende Unglück der Frevler gesagt, „werden zahlreich seine (des Gewalttätigen) Söhne, fürs Schwert sind sie bestimmt, nie werden seine Kinder satt an Brot". – Fohrer 1963, 387f hält 27,14 für eine spätere Bearbeitung. Er erinnert an Ijob 1,13–19 mit der Vierzahl der Unglücksfälle.

3.11 Lebensbereiche des Zebras und des Wildesels

Die Phorik dient als formales Kriterium zur Abgrenzung dieser Sinnebene. Es gibt sechs pronominale Aufnahmen des Wortes ערוד in 39,5bP–8b. An inhaltlicher Abgrenzung gilt, daß keine Inhaltskomponenten (+ Geburt) oder (+ Nachkommenschaft) zwischen 5a und 8b im Zusammenhang mit פרא und ערוד vorkommen. Lediglich die Inhaltskomponente (+ separativ) wird von der vorhergehenden Sinnebene, allerdings anhand eines anderen Verbs, שלח (5a), wieder aufgenommen. Jedoch ist diese Inhaltskomponente nicht dominant in Zusammenschau mit den anderen Inhaltskomponenten, denn obwohl es sich bei V 5 um einen synonymen parallelismus membrorum handelt, finden sich auch gegensätzliche Inhaltskomponenten der Lexeme חפשי[361] und מסרות. Diese können aber mit den übrigen nachfolgend genannten unter die, wenn auch sehr allgemeine, Isotopie (+ Lebensbereiche) subsummiert werden. Diese neue Sinnebene konturiert sich, wenn die Inhaltskomponente (+ Örtlichkeit) zu der Sinnebene (+ Lebensbereich) hinzukommt durch ערבה und בית (6a), משכנות und מלחמה (6b), קריה (7a), הרים und מרעה (8a).

בית (6a) und משכנות (6b) knüpfen an die entfernter zurückliegende Inhaltskomponente (+ schützende Behausung) in 38,40 im Zusammenhang mit den jungen Löwen an; מרעה (39,8a) und ירוק (8b) an die dort großräumig umgebende Sinnebene (+ Nahrung der Tiere) sowie ערוד (6a) und מלחה (6b) an die den (+ Wettererscheinungen) untergeordnete Sinnebene (+ unfruchtbare Örtlichkeit) in 38,27f. Die Nennung der Tiere פרא und ערוד erfolgt in einer ähnlichen Struktur wie oben diejenige von Steinbock und Hirschkuh: Nur das an zweiter Stelle genannte Tier erfährt mehrere pronominale Aufnahmen und prägt dadurch die Isotopie. Auch die Fragen an Ijob zu Beginn der Isotopie fanden sich schon öfter. Hier in 39,5 sind zwei Fragen mit dem nach einer Person fragenden Fragepronomen מי und einem qatal-Verb parallelisiert. Die folgenden drei Verse 6,7 und 8 kommen ohne Frage aus. Während also V 5 anhand der gegensätzlichen Inhaltskomponenten Freiheit und Gefangenschaft die Freiheit des Wildesels beschreibt, V 6 seine Behausung und V 8 seine Nahrungssuche, hat V 7 noch weitere, nunmehr neue Inhaltskomponenten, nämlich: (+ Geräusch): המון (7a) und תשאות (7b), (+ menschlicher Bereich): קריה (7a) und נוגש[362] (7b) sowie Verben der (+ affektiven Äußerung): שחק[363] (7a) und der (+ sinnlichen Wahrnehmung): שמע (7b).

---

361 Rowold 1977, 100 weist darauf hin, daß Ijob (3,19) nur im Tod die wahre Freiheit wähnt, also in der Gottesferne. Gott sagt hier, daß er es ist, der die Freiheit schenkt. Für den Wildesel besteht sie in der Menschenferne.

362 Rowold 1977, 101, meint, daß in 3,18 Ijob Gott indirekt als Treiber bezeichnet. Hier in der Gottesrede ist der Treiber der Mensch. Hölscher 1952, 97, denkt an einen Hausesel, der der Sklavrei durch die Menschen entflohen ist.

363 Vgl. auch Straußenhenne, Pferd und Leviathan, denen das Verb ebenfalls zugeschrieben wird.

פרא ist in Ijob 39,5a direktes Objekt. Das Wort kommt zehnmal im Alten Testament vor, davon auffällig oft, nämlich viermal im Buch Ijob[364]. Gelegentlich wird es mit negativen Konnotationen verbunden, denn ähnlich dem Raben erscheint der Wildesel als Begleiterscheinung der Vernichtung und des zerstörten Lebensraums. Das zeigt sich an den Belegen Jes 32,14, wo von der verödeten Stadt die Rede ist, in der sich die Wildesel tummeln, oder in Jer 14,6, wo von hungernden Wildeseln berichtet wird. Die alttestamentlichen Belege zeichnen ein Bild eines vom harten Überlebenskampf geprägten Tieres[365]. Der Wildesel wird als Vergleich verwendet für Ismael und dessen Lebensweise, der gegen alle ist und alle gegen ihn, und für das Haus Jakob, wenn seine Treulosigkeit Gott gegenüber und sein Nachlaufen hinter den Baalen her mit der Geilheit des Wildesels beschrieben wird. Positive Konnotationen finden sich in Hos 8,9, wenn metaphorisch die Isolation des Wildesels als erstrebenswert für Israels Bleiben bei Gott dargestellt wird, anstatt Assur nachzulaufen. Nicht metaphorisch, sondern im eigentlichen Sinn beschreibt Ps 104,11 Gottes Tränken der Wildesel an den Quellen im Tal.

Die vielseitige Verwendung des Wortes פרא findet sich auch innerhalb des Ijobbuches: Zofar (11,12) zieht einen Vergleich: Um den Abstand zwischen Gottes Weisheit und Ijob zu zeigen, stellt er den Abstand zwischen Wildesel und Mensch dar und fragt, ob der Wildesel als Mensch zur Welt komme.[366] Der harte Überlebenskampf des Wildesels zeigt sich im Kontext des Belegs Ijob 24,5: Ijob beklagt den Übermut der Sünder, und behauptet, daß jenen durch Gott kein Einhalt geboten werde (24,1.12). Seine Klage liefert in den folgenden Versen zugleich eine Beschreibung des Lebensraums des Wildesels mit.[367] In 6,5 will Ijob zeigen, daß seine Klagen berechtigt sind, und fragt anhand der Metapher des Wildesels, die für ihn selbst steht, ob dieser denn brüllt, wenn er zu Fressen hat. Im Parallelvers drückt die Metapher des Stiers (שור) einen ähnlichen Sachverhalt aus. Gott verwendet ebenfalls „Wildesel" und „Stier" in seiner Rede, wenn auch mit dem Synonym רים, und zwar in derselben Reihenfolge wie in Ijobs Rede: zuerst den Wildesel, anschließend den Stier. Auch in der Gottesrede selbst wird mit den Synonymen פרא und ערוד

---

364 Gen 16,12 Jes 32,14 Jer 2,24 14,6 Hos 8,9 Ps 104,11 Ijob 6,5 11,12 24,5 39,5.

365 Zobel, פרא, ThWAT VI, 733f.

366 Beide Belege (6,5 und 11,2) nennt auch Janzen 1994, 467, wenn er den Wildesel als „epitome of stupidy" bezeichnet.

367 In Kap. 24 ist die Phorik unklar: Bezieht sich die Beschreibung auf den Wildesel, auf die Bösen oder eher auf die armen Gebeugten? H. Groß 1986, 89, legt die Beschreibung auf die armen Gebeugten aus; Fohrer 1963, 372f nennt 24,5–8 „Lied über armselige Steppenbewohner", 24,13–14 „Lied über lichtscheue Verbrecher", 24,18–24 „Lied über das Ende der Frevler"; Witte 1994, 126 hält 24,5–8.9.13–17.18–24.25 für „eine eigene Größe", die inhaltlich herausfällt; Mende 1994, 56, 24,1–5a[ab].9.12–13.22–23.25 für Erweiterungen des Elihuverfassers. – Siehe auch König 1929, 411f.

gespielt.[368] Somit wird erneut deutlich, daß Gott auf die vorangehenden Dialoge und vor allem auf Ijobs Reden eingeht. Während Ijob den פרא metaphorisch als vor Hunger brüllendes Tier für seine Klage verwendet, beschreibt Gott den Wildesel im eigentlichen Sinn mit dem Synonym ערוד als freies, lachendes und zufriedenes Tier. Gottes Frage nach der Freiheit des Wildesels erklärt sich aus dem Gegensatz zum Hausesel, eines der wichtigsten domestizierten Tiere in biblischer Zeit.[369] Während der Hausesel dem Menschen dienen muß, gibt Gott dem Wildesel die Freiheit. Er wird also in Gottes Rede nicht als Metapher für eine andere Aussage verwendet, sondern in seinem Sosein beschrieben.

ערוד ist in Ijob 39,5bP nomen rectum einer CsV, welche eine Pendenskonstruktion darstellt, die abhängig ist vom nachfolgenden Satz (5b). Das Wort ist eigentlich ein hapax legomenon aramäischer Herkunft[370], wenn nicht bei dem Beleg Jer 48,6 eine Konjektur von ערוער vorgenommen wird, die dort inhaltlich sinnvoll wäre. Dann würde dort der Wildesel als Vergleich und Aufforderung für Moab verwendet, vor der Zerstörung des Landes in die Wüste zu fliehen, um sein Leben zu retten und um dort zu leben wie ein Wildesel. Wegen fehlender Kollokationen ist ein ähnliches Bedeutungsfeld wie für פרא anzunehmen. Der Gerichts- oder Vernichtungsgedanke läßt sich hier in der Beschreibung über das Leben des ערוד nicht finden, sondern es steht die Freiheit und Lebensfreude im Mittelpunkt der Aussage (vgl. v. a. 39,7). Gott betont durch die seltene Verwendung der 1.sg. (39,6a), daß er es ist, der dem Wildesel Wüste und salzhaltiges Land als Lebensraum zuteilte. Das harte Leben des Wildesels kommt in der Gottesrede nicht zur Sprache.

Die Wendung שׁלח ... חפשי kommt öfter im Alten Testament vor. Von 17 חפשי-Belegen finden sich zwölf innerhalb einer Wendung mit שׁלח[371]. Bei allen 12 Belegen geht es um die Freilassung von Sklaven oder Sklavinnen. Ijob verwendet das Wort חפשי ohne שׁלח in seiner Klage in 3,19, wo er sich den Tod wünscht, das Grab, wo alle Menschen gleich sind und der Sklave frei (חפשׁך) ist von seinem Herrn. Der Gedanke der Sklaverei klingt in 39,7b indirekt durch נוגשׂ in negierter Form an. Gott fragt hier Ijob, ob er den Wildesel in die Freiheit läßt. Im Hinblick auf Ijobs Klage zeigt sich: Während Ijob Freiheit nur durch den Tod in der Ruhe des Grabes erhoffen kann, macht Gott klar, daß er es ist, der Freiheit in einem natürlichen Lebensraum schenkt – Wüste, salzhaltiges Land (V 6) und Berge (V 8) als Lebensgrundlagen für den Wildesel. Es handelt sich also bei Ijob und Gott um verschiedene Arten von Freiheit. Der Unter-

---

368 Auch Keel 1978, 67, Anm. 231 hält beide für Synonyme.

369 Vgl. in der Smitten, חמור, ThWAT II, 1036–1042.1038f. חמור kommt im Buch Ijob nur in 24,3 im Zusammenhang mit den Taten der Frevler vor.

370 Ges[17], 618.

371 Ex 21,26.27 Dtn 15,12.13.18 Jer 34,9.10.11.14.16 Jes 58,6.

schied liegt in der lebensbejahenden Haltung Gottes und der lebensverneinenden Resignation Ijobs.[372]

Eine ähnliche Wendung wie in 39,5bP.b, מסרות ... פתח, erscheint in Ijobs Rede 12,18[373], wo er Gott zuvor Macht und Klugheit zusprach, auch wenn er irre (12,16). Gott löst (פתח) die Fesseln (מוסר) von Königen und bindet ihnen einen Gurt um die Hüften, was einer Beraubung ihrer Macht gleichkommt. In ähnlicher Weise ist auch Ijobs Rede 30,11 zu verstehen, wo es heißt: „Denn Gott löste (פתח) mein Seil (יתרו, mit Konjektur יתרי) und beugte mich nieder, sie (die namenlosen Leute) aber ließen die Zügel vor mir schießen." Nicht nur im Hinblick auf die Freiheit, sondern auch beim Blick auf die Fesseln haben Ijob und Gott entgegengesetzte Auffassungen: Für Ijob bedeutet das Seil (יתר) einen Halt vor Unglück und Chaos (30,11 und Kontext), für Gott bzw. aus der Sicht des Wildesels versinnbildlichen Fesseln (מסרות) aber Leben im Getümmel der Stadt und im Lärm des Treibers, also fernab seiner natürlichen Umgebung (39,7). Anhand der gelösten Stricke zeigt sich ebenfalls die unterschiedliche Lebensauffassung von Ijob und Gott. Während Ijob also seine Freiheit nur im Tod erkennen kann, zeigt Gott ihm eine Freiheit, mit der sich leben läßt.

Das Verb שׂים wird bevorzugt mit göttlichem Subjekt wiedergegeben, nicht nur im Alten Testament[374]. Auch in diesem Text verwendet Gott שׂים mit der 1.sg. für sich selbst im Zusammenhang mit der Eindämmung des Meeres (38,9.10). Daß Gott fruchtbares Land zur salzigen Steppe macht (שׂים), weil seine Bewohner böse waren, berichtet Ps 107,33.34. Zu beachten ist Ijobs Rede (17,12f), wo er klagt, daß man ihm die Nacht zum Tag setzt (שׂים) und die Unterwelt sein Haus wird. Nach 39,6 baut Gott in der Wüste ein Haus für den Wildesel, in dem er gut leben kann. Es wird also deutlich, daß Gott „die Häuser baut" (vgl. Ps 127,1) und auch Ijobs Wohnort in der Unterwelt nicht ohne Wissen Gottes erbaut würde. Anhand der Zusammenschau von Ijobs Rede (17,12f) und Gottes Rede zeigt sich erneut der Gegensatz von Leben und Tod. Während Ijob an den Hausbau im Totenreich denkt, spricht Gott von der für das Leben notwendigen Wohnstatt des Wildesels in der freien Natur. Es gibt zwei Beschreibungen in Ijobs Reden, die auch für den Lebensraum der Wildesel zutreffen können[375]. 30,3–7 beschreibt metaphorisch den Lebensraum

---

372 Vgl. dazu Perdue 1994, 142–152, der Job 3 unter der Überschrift „The Negation of Theological Anthropology" interpretiert und Job 6–7 unter der Überschrift „Providence, Human Existence, and the Destiny of Slavery".

373 Fohrer 1963, 245f hält 12,12–25 für eine spätere Einfügung in die Ijobrede, hingegen Horst 1968, 193f hält 12,18 für echt.

374 Vanoni, שׂים , ThWAT VII, 771.

375 הרים, שׂדה, לחם, ערבה, בהמדבר (24,5–8) und שכן, שׁואה ומשׁאה, ציח (30,3–7).

der namenlosen Leute[376]. Im Gegensatz zu diesen Beschreibungen über die kargen und mühseligen Lebensbedingungen wird in der Gottesrede ein anderes Bild vermittelt: das des lachenden Wildesels. Im Kontext von 29,24 und 30,1 verwendet Ijob das Wort שׂחק[377] innerhalb seiner Klage, daß diese namenlosen Leute, die jünger sind als er, deren Väter er nicht bei den Hunden seiner Herde anstellen wollte (30,1), ihn nun auslachen, ihn, Ijob, der früher den Hoffnungslosen ein aufmunterndes Lächeln geschenkt hat (29,24). In der Gottesrede ist das Verb שׂחק nur Tieren zugeordnet: Wildesel, Straußenhenne, Pferd, alle Tiere des Feldes [40,20], Leviathan [40,29 41,21]). Gott berichtet nun, daß der Wildesel über das Getümmel (המון) der Stadt lacht, welches Ijobs Lebensraum ist, wie in 31,34 deutlich wird: „Wenn ich … meine Schuld verbarg …, weil ich die große Menge (המון) scheute und die Verachtung der Sippen mich schreckte, so schwiege ich still und ginge nicht zur Tür hinaus."[378] Somit besteht eine gewisse Gemeinsamkeit zwischen dem Wildesel und Ijob dadurch, daß sie beide המון verabscheuen, nur mit dem Unterschied, daß es Ijob aus möglichem Schuldbewußtsein tut.

In 39,7b findet sich eine deutliche Anspielung auf die Ijobrede 3,18 mit der dort ähnlichen Formulierung לא שׁמעו קול נגשׂ.[379] Während das Nichthören der Treiberstimme durch die toten Gefangenen in der Unterwelt Ijob im übertragenen Sinn auch für sich erhofft, bezieht es Gott auf den lebendigen Wildesel in der hiesigen Welt. Der Wildesel lebt befreit ohne Treiber, ohne daß er dafür sterben muß.

Die negative Bewertung des Getümmels der Stadt und des Lärmens des Treibers als menschliche Lebensbereiche schließen sich an 38,26f, an die Äußerung über die Fruchtbarkeit der menschenlosen Wüste an. Auch hier wird Leben unabhängig vom Menschen gezeigt.[380] Das Wort שׁמע nimmt eine besondere Stellung in den Ijobreden ein, denn Ijob verwendet es zunächst häufig als Imperativ an seine Freunde, um sie zu bitten, ihm genau zuzuhören, bzw. Verständnis zu zeigen (13,6.17 [2mal] 21,2 [2mal]), um sich dann frustriert über seine Freunde zu äußern (16,2) und sich an Gott zu wenden mit der Bitte, daß er ihn hört und ihm Antwort gibt (31,35). In seiner glücklichen Vergangenheit hat Ijob oft die

---

376 Reiterer, שׁם, ThWAT VIII, 122ff. – In 24,5–8 sind die phorischen Bezüge unklar, so daß Wildesel oder Frevler nicht deutlich als handelnde Subjekte unterschieden werden können. Vgl. auch noch einmal oben Anm. 366.

377 Bartelmus, שׂחק, ThWAT VII, 730–745.737f hält das Lachen der Tiere für ein Zeichen der Überlegenheit und Gegenpart zum Herrschaftsanspruch des Menschen. Siehe dort auch zur Elifas-Rede 5,22a. Elifas berichtet über ein in Gott geborgenes Leben: „Über Verwüstung und Hunger kannst du lachen".

378 Fohrer 1963, 426 streicht „Und ich mich still verhielt, nicht zur Tür hinausging" als erläuternde Glosse; Gordis 1978, 353 behält MT bei; Budde 1913, z. St. behält 31,34c bei und ändert nur כי zu אם. Hesse 1978, 169 hält 31,34c ebenfalls für sekundär.

379 Vgl. oben Anm. 360 und 361.

380 Vgl. Keel 1978, 63, Anm. 221.

Erfahrung gemacht, daß man ihm zuhörte und beipflichtete (29,11.21). Nun im Unglück ist Gott der einzige, der ihn hört. Unklar ist die Ijob in den Mund gelegte Stelle (26,14), die mit den VV 5–14 möglicherweise ursprünglich im Anschluß an die kurze Bildadrede stand[381]: „wie ein Flüstern ist das Wort, das wir von ihm (Gott) vernehmen …" Daß dem nicht (immer) so ist, zeigt Gottes Antwort aus dem Sturm.

Die Art der Nahrungssuche des Wildesels beschreibt 39,8, und zwar anders als die schon erwähnte Textstelle 24,5–8. Für einen nahrhaften Lebensraum sprechen מרעה und ירוק. Das Wort מרעה[382] bezeichnet meist die Nahrung der Nutztiere (Vieh, Rinder, Schafe), aber auch der jungen Löwen (כפירים) (Nah 2,12) und der Hirsche (Klgl 1,6). Ez 34,14 nennt das Wort im Kontext mit den Bergen (הר). Sie bieten Schafen und, wie hier, Wildeseln fette Weide.

Zusammenfassend läßt sich über den Wildesel sagen, daß er als lebenslustiges Tier, zufrieden mit seinem Lebensraum und ohne metaphorische Funktionen im Text der Gottesrede dargestellt wird. In Zusammenschau mit Ijobs (zum Teil metaphorischen) Reden von Tod und Unterwelt stellt Gott ihn im Gegensatz dazu als einen Repräsentanten des Lebens vor.

3.12 Der Wildstier in der Landwirtschaft

In 39,9 wird erstmals im Buch Ijob der Wildstier erwähnt. Das Lexem רים wird in dieser Sinnebene zweimal genannt (9a.10a). Pronominale Aufnahmen finden sich zehnmal zwischen 39,9a und 12c. Als unmittelbar zu seiner spezifischen Körperlichkeit gehörig kann vielleicht nur das Wort כח (11b) gelten[383]. Alle weiteren Lexeme sind in diesem Text zwar syntaktisch auf das רים hingeordnet, haben aber auch die Inhaltskomponenten (+ landwirtschaftliche Artefakte, + menschlicher Bereich, bzw. + die Landwirtschaft betreffend) so: אבוס (9b), תלם עבת (10a), גרן (12c). Folgende Tätigkeiten betreffen ebenfalls die (+ Landwirtschaft): עבד (9aI), שדד (10b), אסף (12c); so wie die Inhaltskomponente (+ landwirtschaftliches Naturphänomen) auf die folgenden Substantive zutrifft: עמקים (10b) und זרע (12b). Neben dem Abstraktum יגיע erscheinen mehrere Verben mit der Inhaltskomponente (+ affektiv): אבה (9a), בטח (11a) und

---

381 So z. B. Jerusalemer Bibel, [15]1979, z. St. – Witte 1994, 154 hält Kap. 26 für tertiär; Fohrer 1963, 381–385, 26,5–14 für eine Zufügung; weitere Meinungen in Wittes Forschungssynopse, 1994, 239–247.

382 13mal im AT: Gen 47,4 Joel 1,18 Klgl 1,6 1 Chr 4,39.40.41 Ez 34,14.18 Nah 2,12 Jes 32,14. חור und ירוק sind hapax legomena.

383 Vgl. Keel I, 1984, 116–122, bes. 117.119 zur Kraft.

אמן (12a).[384] Von diesen hat אבה (9a) רים als Subjekt, die übrigen zwei Verben beziehen sich auf Ijob, wie an dem Morphem der 2.m.sg. erkenntlich ist. Darüber hinaus haben die übrigen Verben לין, עזב, שׁוב, שׂדד und אסף (die letzten zwei beziehen sich eher auf die [+ Landwirtschaft]) ebenfalls רים zum Subjekt.

Formal prägt רים die Sinnebene aufgrund seiner vielen pronominalen Aufnahmen, aber auf der anderen Seite weisen die Inhaltskomponenten des (+ Affekts), der (+ Landwirtschaft) mit ihren (+ Naturphänomenen) und (+ Artefakten) auf den menschlichen Bereich hin, näherhin auf die von der Landwirtschaft abhängige Nahrung des Menschen, so daß eine Spannung zwischen dem menschlichen und tierischen Bereich besteht.

Eine Abgrenzung der Sinnebene aufgrund der Inhaltskomponente (+ landwirtschaftliche Naturphänomene) ist nicht möglich, denn sowohl vorab in V 8 finden sich מרעד und ירוק, als auch nachfolgend ארץ (14a), עפר (14b) und שׂדה (15c). Wohl aber begrenzen sich hier die Inhaltskomponenten (+ landwirtschaftliche Artefakte). Ebenfalls übergreifend sind die Inhaltskomponente (+ affektiv) sowohl nach oben, שׂחק (7a), als auch nach unten עלס (13a), עזב (14a), שׁכח (15a) u. ö. So werden also der (+ Wildstier) und die (+ landwirtschaftlichen Artefakte) auf die VV 9a–12c beschränkt.[385]

Die hier verwendeten (+ affektiven) Verben אבה, בטח und אמן sind alle syntaktisch in eine Frage gekleidet und drücken eine gewisse Unsicherheit aus, die sich in der Frage zusammenfassen läßt: Ist die Stärke des Wildstieres sicher für den Menschen?

Im Gegensatz zu den vorangehenden hat diese Sinnebene die Auffälligkeit, daß hier die einleitende Frage sich nicht auf eine Fähigkeit Ijobs richtet, was formal durch das Morphem der 2.m.sg. oder durch das nach einer Person fragende Fragepronomen gestaltet wäre, sondern als Satzfrage richtet sie sich auf das Verhalten des Stieres selbst. Erst in 11a und 12a wird Ijob gefragt, ob er dem Wildstier bzw. dessen Fähigkeiten vertraut.

Der Wildstier kommt nur neunmal im Alten Testament vor[386]; die weiteren Belege in den anderen Büchern haben die Schreibweise ראם (bzw. Ps 22,22 רמים). Vier dieser Belege verwenden das Wort mit enkliti-

---

384 Oben bei der Betrachtung der Ausdruckseite, Satzebene wurde festgestellt, daß drei von vier Objektsätzen hier vorkommen.

385 Westermann 1977, 116f, sieht mit 39,9ff eine Erweiterung des Motivs. Während bis 39,8 die allgemeinen Lebensbedingungen der Tiere dargestellt seien, gehe es nun um die Eigenschaften der Tiere.

386 Num 23,22 24,8 Dtn 33,17 Jes 34,7 Ps 22,22 29,6 92,11; vgl. H.-P. Müller, ראם, ThWAT VII, 267–271. Vgl. auch Zobel, שׁור, ThWAT VII, 1199–1205. Zum Gebrauch des Stieres in der Landwirtschaft siehe ebd. 1201 mit Num 7,3 und 1 Kön 19,19–21. Vgl. auch Spr 14,4. Nach Zobel ebd. 1203, ist der Stier weniger das Symbol der Fruchtbarkeit im AT, vielmehr steht er für furchterregende Kraft und Stärke und „Vergleichsspender" für „kriegerische Überlegenheit". Martin Buber übersetzt es mit Wisent. Vgl. HAL IV, 1085. Hölscher 1952, 97 übersetzt „Büffel".

schem ־כ oder selbständigen כמו als Vergleich und stehen für Israel oder Jakob (Num 23,22 24,8), den Sirjon (Ps 29,6) oder die Stärke des Beters (Ps 92,11). In Dtn 33,17 wird der Stier als Metapher für Gott verwendet, bzw. der „Erstling seines Stiers" als Metapher für bevorzugte Sohnschaft. Der Stier kann deshalb als Bildspender dienen, weil die Verehrung eines Stiergottes teilweise noch üblich war.[387] Das gemeinsame Dritte dürfte wohl in der Kraft beider liegen. Sie ist ja auch hier das Attribut des Stieres (39,11b). Auch der Beleg Ps 22,22 verwendet das Wort metaphorisch. Dort sind die Hörner des רמים parallelisiert mit dem Rachen des Löwen und stehen beide für die Gefahr, in der der Beter schwebt.[388] In der Gottesrede steht der Wildstier für sich selbst und nicht als Vergleich oder Metapher für etwas anderes.

Die Wortkombination von אבה und רים ist singulär im Alten Testament[389], ebenso die Verbindung von אבה und עבד.[390] אבה ist nicht negiert.

Das Wort עבד kommt in 21,15 in Ijobs Mund vor, wo er aus der Position der Frevler fragt, ob es Gott nützt, ihm zu dienen, und was es uns nützt, ihn anzugehen (פגע). Aber Ijob stellt auch selbst die Frage an Gott: „Nützt es dir, daß du Gewalt verübst, daß du das Werk (יגיע) deiner Hände verwirfst, aber über dem Plan der Frevler aufstrahlst?" (10,3) In beiden Belegen geht es um die Frage, ob der Schwächere, in diesem Fall der Mensch, dem Stärkeren, also Gott, nützlich ist. Die Nützlichkeitserwägungen, dort zwischen Gott und Mensch, hier zwischen Ijob und dem Wildstier, werden Ijob als Frage vorgelegt, dahingehend, ob der Stier Ijob dient, an seiner Krippe übernachtet, eggt, die Saat zurückbringt und auf dem Dreschplatz sammelt, also mit den (die Landwirtschaft betreffenden) Inhaltskomponenten beschrieben. Der Nutzen der Stiere wird ausdrücklich, d. h. nicht metaphorisch oder vergleichend, in Spr 14,4 gelobt: „Wo keine Ochsen (אלפים) sind, bleibt die Krippe (אבוס) leer, reicher Ertrag kommt durch die Kraft des Stieres (שׁור)."[391] Auch in Jes 1,3 wird אבוס gemeinsam mit dem Stier (שׁור), allerdings als Metapher, verwendet. Da auch Synonyme aufgrund gleicher Inhaltskomponenten textverflechende Funktionen haben, ist es angebracht, Synonyme als Bezugspunkte von Gottes Anspielungen zu bewerten. רים verhält sich hyponym zu שׁור, da ihm im Unterschied zu שׁור die Inhaltskomponente der (+ Wildheit) zukommt. Wenn also Ijob in seiner Rede שׁור verwendet, Gott jedoch רים,

---

387 Vgl. Ps 106,20 Hos 12,12. Auch Keel 1980, 192.195.211.

388 Jes 34,7 ist nach dem Kontext zufolge nicht zweifelsfrei als Metapher zu betrachten.

389 Das Wort אבה erscheint 54mal im AT, nur 1mal im Ijobbuch. Gerstenberger, אבה, THAT I, 22 weist daraufhin, daß das Wort meistens verneint ist.

390 Dtn 13,9 23,6 2 Sam 13,14.16 Ri 19,25 20,13 Jes 1,19 28,12 30,9 Ez 3,7 (zweimal) 20,8 1 Kön 20,8 Lev 26,21. 14mal wird שׁמע mit אבה verbunden.

391 Vgl. auch 1 Kön 19,19–21 und oben Anm. 70.

so ist das kein Zufall. Ijob verwendet שׁוֹר für das domestizierte Rind[392], während Gott gezielt einen Gegensatz dazu ausdrückt, indem er quasi das Leben des שׁוֹר unter falschem Namen darstellt.[393]

Die nicht metaphorische Verwendung von שׁוֹר zum Nutzen des Menschen zeigt sich in Ijobs Reden 21,10, wo er im Zusammmenhang mit dem Glück der Frevler die Fruchtbarkeit ihrer Rinder beklagt, und in 24,3, wo Ijob ihnen, die die Grenzen verrücken, vorwirft, den Waisen den Esel und der Witwe das Rind zu nehmen, also den Lebensunterhalt. Wie oben beim Wildesel schon erwähnt, verwendet Ijob den שׁוֹר zusammen mit dem Wildesel in 6,5 metaphorisch für die Berechtigung seiner Klage: „Brüllt der Stier bei seinem Futter?" Stier und Futter sind ein Bild für Ijobs zufriedenes Leben. Während für Ijob das Rind hier nur als Metapher oder in Nützlichkeitszusammenhängen für die Frevler und die Armen gesehen wird und er dies anhand von שׁוֹר darstellt, muß Gottes Verwendung von רים als bewußt entgegensetzend, wie an der Wortwahl abzulesen ist, verstanden werden. An 6,5 zeigt sich erneut, daß Gott etwas, was Ijob zuvor als Metapher ausdrückte, nun für sich selbst stehend und nicht metaphorisch oder vergleichend verwendet. In Zusammenschau mit den beiden שׁוֹר-Belegen 21,10 und 24,3, wo es um die Lebensgrundlagen bzw. um deren Überfluß geht, zeigt die Gottesrede, daß der Wildstier kein zuverlässiger Helfer zur Sicherung der Lebensgrundlagen ist. Die Wildheit des Wildstiers birgt in sich ein chaotisches Element, welches die Frage Gottes an Ijob, ob er ihn zur Sicherung des menschlichen Lebensunterhalts heranziehe, paradox erscheinen läßt.

Das Übernachten an der Krippe ist singulär im Alten Testament; לין verwendet Ijob häufiger: In seiner glücklichen Vergangenheit dachte Ijob, daß seine Kraft nicht verloren gehe, wenn er metaphorisch sagt: „Tau nächtige auf meinen Zweigen" (29,19), auch mußte kein Fremder vor Ijobs Tür übernachten (31,32). Doch in Ijobs leidvoller Gegenwart nächtigt sein Auge in Bitternis (17,2). Die Freunde können Ijob keine Sünde nachweisen, denn ein Fehltritt übernachtet allein bei Ijob (19,4).[394] Das Übernachten des Wildstiers an der Krippe deutet auf Zugehörigkeit zum menschlichen Bereich, also auf Domestizierung hin. Für ein in freier Wildbahn lebendes Tier stellt das ein Paradox dar. Ähnlich der Unmöglichkeit, das Widerstreben des Siebengestirns zu binden (38,31)[395], ist es unmöglich für Ijob, den Wildstier an das Ackerfurchenseil zu binden.

---

392 Parallelbegriffe sind Kuh (פרה) (21,10), Esel (חמור) (24,3) und Wildesel (פרא) (6,5).

393 Keel 1978, 63ff sieht in dem Wildstier einen Vertreter der gegenmenschlichen Welt, den Gott zu bändigen weiß. H.-P. Müller, ThWAT VII, 269, sieht in ihm in anderen atl. Belegstellen jedoch auch ein Symbol erstrebenswerter Kraft.

394 In 24,7 wird beschrieben, daß die Wildesel nackt, ohne Kleider übernachten.

395 Das gleiche gilt auch für den Leviathan (40,29).

Die CsV חלם עבת ist singulär im Alten Testament[396]. In Hos 12,12 prangert der Prophet den Stierkult in Gilgal an und prophezeit, daß die Altäre den Steinhaufen an den Ackerfurchen gleichgemacht werden. In Hos 10,11 verwendet er das Bild des Rindes und dessen Willigkeit zur Feldarbeit (dreschen, pflügen, eggen [שׂדד]) für Ephraim bzw. Jakob und fordert sie auf, Gerechtigkeit als Saat auszusäen. Jedoch spricht Hosea dort eben nicht vom Wildstier[397], sondern von der jungen Kuh (עגלה). In diesem Kontext (Hos 10,13) wird Israel vorgeworfen, auf eigene Macht und die Menge der Krieger vertraut zu haben (בטח) anstatt auf Jahwe. Das soll ihm nun zum Verhängnis werden. E. Gerstenberger[398] betont die theologische Bedeutung von בטח, denn bei fast allen atl. Vorkommen geht es um das Vertrauen zu Jahwe. Das Wort אמן steht synonym zu בטח. Ijob verwendet es (6,20)[399] im Zusammenhang seiner Enttäuschung über die Freunde. Die Enttäuschung vergleicht er mit Karawanen in der Wüste, die ihnen (metaphorisch: den Freunden) vom Weg ab folgen, aber keine Wasserstelle finden. Ijob vertraute den Freunden, aber wird er auch dem Wildstier trauen können? Wohl kaum, denn da nur Gott zu trauen ist und Ijob schon von den Freunden enttäuscht wurde, würde er es auch vom Wildstier.

Das Wort כח[400] verwendet Ijob mehrmals und zwar in drei verschiedenen Zusammenhängen: mit Gott, mit sich selbst und mit anderen Menschen. Von (+ tierischer) Kraft spricht Ijob nicht.[401] Die Kräfte der namenlosen Leute in der glücklichen Vergangenheit waren für Ijob nutzlos, er wollte sie nicht bei den Hunden seiner Herde anstellen (30,2). Weiterhin weist Ijob die Möglichkeit zurück, unbezahlte Kraft im Sinne von Ertrag oder Vermögen angenommen zu haben (31,39)[402] oder andere bestochen zu haben (6,22)[403]. Gottes Kraft hat für Ijob unermeßliche

---

396 Dalman, AuS II, 113. Zum Seil siehe auch König 1929, 413 und Hölscher 1952, 98.

397 Jes 28,24 gibt noch ein detailliertes Bild der Feldarbeit. Dort ist allerdings nicht vom Stier oder Rind die Rede. שׂדד nur dreimal im AT.

398 בטח, THAT I, 304.

399 Vgl. Zofars Rede in 11,18, wo er meint, Ijob solle sein Herz in Ordnung bringen: „Du fühlst dich sicher, weil noch Hoffnung ist, geborgen bist du, du kannst in Ruhe schlafen."

400 Ringgren, כח, ThWAT IV, 130–137.134f zu כח im Ijobbuch. Das Wort erscheint 125mal (nach Ringgren 124mal) im AT und 25mal im Buch Ijob, 13mal in den Ijobreden: 6,11.12 (zweimal).22 9,4.19 23,6 24,22 26,2.12 30,2.18 31,39.

401 Vgl. aber 16,15: „... mein Horn (קרני) hab ich in den Staub gesenkt", wobei „Horn" auch im übertragenen Sinn „Macht" bedeuten kann, so auch HAW 251.

402 Siehe auch den vorangegangenen Vers 38: „wenn über mich mein Acker schrie, seine Furchen (תלמיה) miteinander weinten."

403 So übersetzt Buber.

Ausmaße, gegen die er hilflos ist (9,4.19 23,6 24,22 26,12) und die ihn einschnürt (30,18). Ijob selbst hat keine Kraft mehr (6,11.12 26,2).[404]

Wie Ijob den Freunden vertraute (בטח) und enttäuscht wurde, so glaubte (אמן[405]) er auch nicht, daß Gott auf seine Stimme hört (9,16). Auch dieser „Glaube" wird enttäuscht, denn Gott antwortet Ijob wider Erwarten. Aber Gott fragt Ijob, ob er dem Wildstier glaubt, daß er für ihn arbeitet, die Saat zurückbringt und in der Tenne sammelt.[406] Das Wort mit der Doppelbedeutung „Same, Nachkommenschaft"[407] verwendet Ijob in 21,8, dem Kontext von 21,10 mit dem Bezugswort שׁור, im letzteren Sinn für die Frevler. Er beklagt sich, daß es ihnen und ihren Kindern so gut geht, während er selbst der Rahmenerzählung zufolge alle Kinder verloren hat (in den Dialogen wird das nicht erwähnt). Vielleicht steht eine versteckte Anspielung darauf hinter Gottes Frage: Wenn Ijob dem Wildstier seine Saat nicht anvertrauen kann, warum sollte dann das Leben des Frevlers und seiner Kinder sicherer sein – möglicherweise als das seiner eigenen Kinder? Gott weist eine Umkehrung der Verhältnisse durch Ijob zurück: Das Leben des Frevlers ist nicht sicherer als das jeden anderen Menschens.

Im Gegensatz zum Wildesel wird der Wildstier nicht in seinem natürlichen Lebensraum dargestellt, sondern in einem dem Menschen gemäßen. Die Tatsache läßt die Sinnebene paradox erscheinen. Während Ijob den Stier und sein Futter metaphorisch zur Darstellung seiner Situation verwendet, wird anhand dieser Sinnebene, zwar nicht der Lebensbereich des Wildstiers, aber der des domestizierten Rinds gezeigt. Das Para-

---

404 Die Wendung עזב... יגיע (39,11c) ist singulär im Alten Testament. Ijob verwendet das Verb עזב ebenfalls in seiner Rede: Will er sein Gesicht gehen lassen und heiter blicken (9,27), so lassen ihn seine Schmerzen ergrauen; seiner Klage will er freien Lauf lassen (10,1). Der Beleg 6,14b ist nicht eindeutig zu übersetzen.

405 אמן erscheint 100mal im AT, zehnmal im Buch Ijob. In Ijobs Mund: 9,16 12,20 24,22 29,24. Nach Wildberger, אמן, THAT I, 188, kommt die Hif'ilform mit der Präposition ב 24mal im AT vor. Vgl. Jepsen, אמן, ThWAT I, 313–348.322, 23 atl. Vorkommen, dort auch Belege für Kombinationen mit כי-Satz, 320–333 zum H-Stamm. Eine Sache zurückbringen kommt in Ijobs Reden nicht vor.

406 Daß אסף eine weitere Bedeutung hat als קבץ, betont Sawyer, קבץ, ThAT II, 584. Die Bedeutung „ernten" für אסף sieht er ebenfalls in Ex 23,10.16 Dtn 16,13, hier u. ö. (585), aber nicht mehr im Ijobbuch. – Eine Kombination von אסף und גרן findet sich nur noch in Dtn 16,13 im Zusammenhang mit dem Gebot an die Israeliten, das Laubhüttenfest zu feiern, nachdem das Korn in der Tenne und der Wein aus der Kelter eingelagert ist. In beiden Fällen geht es um die Ernte.

407 Preuß, זרע, ThWAT II, 663–686, meint, daß „Same, Nachkommenschaft" ein „übertragener Gebrauch" sei, der auch im Ägyptischen üblich ist. Da es sich wohl um eine sehr alte Metapher handelt, ist der Gebrauch in die Sprache integriert worden, so daß man nicht mehr von „übertragenem Gebrauch" sprechen kann. Vgl. Wehrle, Metapher, NBL II, 789–791.

doxon zeigt Ijob gerade, wie verschieden sein Lebensbereich von dem des Wildstiers ist. Vielleicht ist mit dieser Sinnebene auch die Aufforderung an Ijob impliziert, den Wildstier eben nicht in seinen Lebensbereich zu holen, damit er ihm nützt, sondern ergänzend zur Sinnebene über den Wildesel – Ijob nennt in 6,5 פרא und שׁור gemeinsam in einem Vers – die wilden Gestalten in ihrem Lebensbereich zu lassen und eine gewisse Toleranz, oder besser eine Haltung von „leben und leben lassen" einzunehmen.

3.13 Die Straußenhenne

Neben רננים selbst sind folgende Lexeme als (+ die Straußenhenne bzw. ihre Körperlichkeit betreffend) anzusehen: כנף (39,13a), אברה und נצה[408] (13b) sowie ביצה (14a). Bei weiteren Lexemen finden sich die gemeinsamen Inhaltskomponenten (+ affektiv), also in עלס (13a), שׁכח (15a), קשׁה (16a), פחד (16a), נשׁה (17a) und שׂחק (18b), und (+ land[wirt]schaftliches Naturphänomen) in ארץ (14a), עפר (14b) und שׂדה (15c). Weitere erstmalig neue Inhaltskomponenten sind (+ destruktiv), in ריק (16b), זור (15b) und דושׁ (15c), oder auch (+ aggressiv): so in den zwei letztgenannten und in קשׁה (16a). Neben den Lexemen (+ die Staußenhenne betreffend) hat auch רגל die Inhaltskomponente (+ Körperteil eines Lebewesens) und חית (15c) und בנים (16a) teilen mit ihr die Inhaltskomponente (+ Lebewesen). (+ Nachkommenschaft der Straußenhenne betreffend) findet sich in den ähnlich klingenden Wörtern ביצה (14a) und בניה (16a).

Die Straußenhenne hat zwölf pronominale Aufnahmen zwischen 13a und 18b. Diese bilden ein formales Zeichen für die Begrenzung der Sinnebene. Sie beginnt nicht mit einer Frage[409] und es findet sich in der ganzen Sinnebene auch keine Anrede an Ijob anhand der 2.m.sg.

Die Frage, ob die Strophe über die Straußenhenne als sekundär anzusehen ist, wird in fast jeder Untersuchung über das Ijobbuch mehr oder weniger eindringlich gestellt. Wenn schon vor ca. 300 Jahren allein für 39,13b[410] mehr als 20 Lösungsmöglichkeiten gesammelt wurden, so gibt es bis heute noch keine einhellige Meinung über den Stellenwert des ganzen Abschnitts 39,13–18.[411] 1987 hat Jürgen van Oorschot in seinem Forschungsabriß die wichtigsten literarkritischen Meinungen – auch zur

---

408 Vgl. aber oben, S. 33f.

409 Andere deuten mit Gesenius-Kautzsch, 497 § 150h אם als Teil einer Frage.

410 Vgl. oben, S. 33, Anm. 170.

411 Eine ebenfalls ungeklärte Frage ist, wie Texte zu behandeln sind, die einer späteren Überarbeitungsschicht angehören. Welche theologischen Konsequenzen ergeben sich aus den Erkenntnissen der Redaktionsgeschichte?

Straußenhenne – zusammengestellt und sich auch selbst wieder dafür entschieden, die Perikope als sekundär anzusehen[412]. 1988 hat sich auch Hans-Peter Müller[413] in seinem Aufsatz über die Straußenperikope der Schwierigkeiten angenommen.

Pieter van der Lugt hat in jüngster Zeit in seiner Strukturanalyse des Ijobbuches im Zusammenhang mit dieser Stelle eine thematische Verbindung zwischen dem Abschnitt über die Straußenhenne und jenem über das Pferd gefunden, wie überhaupt in 38,39–39,30 einander ergänzende thematische Paare festzustellen sind.[414]

Witte führte 1994[415] mehrere Punkte an, die dafür sprechen, daß diese Strophe als sekundär anzusehen ist, so das Fehlen der Strophe in der LXX[416] und in 11 QTgJob[417]. Beim Qumrantargum räumt Witte ein, daß es nur fragmentarisch erhalten sei. Das Fehlen im Qumrantargum ist deswegen kein greifendes Argument, weil, wie es scheint, in regelmäßigen Abständen Abschnitte von mehreren Versen fehlen und Wittes Hinweis, der vermutliche sekundäre Teil 28,15–19 fehle ebenfalls im Targum, Zufall sein kann[418]. Das Fehlen der Strophe in der LXX läßt Müller[419] nicht als Argument dafür gelten, daß sie sekundär sei, „weil der LXX-Text im ganzen poetischen Teil kürzer ist als MT". Im übrigen ist zu fragen, warum in diesem Punkt die LXX aus textkritischen Gründen dem MT vorgezogen werden sollte, was ja sonst nicht geschieht. Daß oft mit zweierlei Maß gemessen wird, zeigt auch die Tatsache, daß das Fehlen der Verse 38,26f in der LXX nicht zu einem Ausscheiden der Verse

---

412 1987, 11f.176–179.190. Delitzsch 1902, 117 urteilt: „Ganz ungeschickt ist die Beschreibung des Strausses in Kap. 39 eingefügt worden, sodass es nun den Anschein hat, als rühme sich Jahve der Dummheit dieses von ihm geschaffenen Tieres."

413 1988a.

414 Vgl. van der Lugt 1995, 386–389. Ebd. stellt er eine große Zahl von Exegeten mit ihren unterschiedlichen literarkritischen Entscheidungen dar.

415 Auf die Ausführungen Wittes soll deshalb näher eingegangen werden, weil sie Ausführungen jüngeren Datums zu diesem Thema sind, ältere Auffassungen mit einbeziehen und die „klassischen" Argumente beinhalten.

416 180.

417 Ebd. Anm. 24.

418 Liste der fehlenden Verse im Ijobtargum nach van der Ploeg u. a. 1971: Ijob 18,5–19,10; 19,20–28; 20,7–21,1; 21,11–19; 21,28–22,2; 22,10–15; 22,23–24,11; 24,18–23; 26,3–9; 27,5–10; 27,21–28,3; 28,14–19; 29,1–6; 29,17–23; 30,5–12; 30,21–24; 31,2–7; 31,17–25; 31,33–39; 32,4–9; 32,18–33,5; 33,17–23; 33,33–34,5; 34,18–23; 34,35–35,5; 35,16–36,6; 36,17–22; 37,1–9; 37,20–38,2; 38,14–22; 38,35–41; 39,12–19; 39,30–40,4; 40,15(?)–22; 40,32–41,6; 41,18–24; 42,7–8; 42,12–17. Die Regelmäßigkeit der fehlenden Abschnitte besteht z. B: darin, daß ungefähr jeweils zehn Verse fehlen. Vielleicht liegt es an der Art der Aufrollung, so daß die Rolle an bestimmten Stellen mehr beschädigt wurde als an anderen.

419 1988a, 103.

geführt hat.[420] Insofern ist mit Kuhl[421] zu formulieren: „Daß der Abschnitt in der LXX fehlt, erlaubt keine weiteren Schlüsse auf seine Unechtheit."

Weiterhin spricht Witte von einer „Selbständigkeit" des Straußenlieds. Die Strophe ist aber nur begrenzt „selbständig". Selbständig ist sie insofern, als die Strophe aufgrund der pronominalen Aufnahmen klar abzugrenzen ist, aber sie ist wegen der Inhaltskomponenten (+ tierische Körperlichkeit betreffend), (+ affektiv), (+ land[wirt]schaftliches Naturphänomen), (+ Nachkommenschaft betreffend) und den nachfolgend beschriebenen Anspielungen auf die vorangehenden Dialoge in den Kontext eingebunden.

Ein weiteres Argument Wittes ist, 39,13–18 falle aus dem „für die Gottesrede nachweisbaren Strophenmuster heraus"[422]. Pieter van der Lugt kommt zu einem genau entgegengesetzten Urteil, nämlich, daß der zweite Teil der ersten Gottesrede 38,39–39,30 regelmäßig strukturiert ist, sowohl formal als auch in den Hauptthemen.[423] Das Strophenmuster, welches Witte vorschlägt, beruht auf zu vielen textlichen Änderungen[424], die das strophische Muster fragwürdig erscheinen lassen. Außerdem ist hier Müllers Frage berechtigt: „Aber ist wirklich mit einer so strengen stilistischen Einheit der Gottesreden zu rechnen?"[425]

Als weitere Argumente werden die fehlenden Fragen und Anreden an Ijob aufgeführt. Dem Argument der fehlenden Fragen wäre entgegenzusetzen, daß man mit Gesenius-Kautzsch[426] אם als zweiten Teil einer Doppelfrage ansehen kann. Daß eine Anrede Ijobs fehlt, ist aufgrund des unklaren Satzes 13b nicht eindeutig festzustellen. Vielleicht gab es dort ursprunglich eine Anrede. Wenn man 13b als Frage auffaßt (möglicherweise in Form eines Nominalsatzes) – wie es auch in 39,20b der Fall ist im Anschluß an die Fragen, die das (+ Kriegspferd) betreffen –, der nach einem Wissen von Straußenfeder und Gefieder fragt, so ist zumindest propositionell das Wissen darum als (+ den geistigen Bereich betreffend) impliziert.

Witte führt „eine extrem hohe Anzahl von Stilmitteln" als Argument für die Nicht-Ursprünglichkeit des Abschnitts an[427] und nennt dabei Alliteration, Homoioteleuton, Chiasmus und Paronomasie, führt aber

---

420 Soweit ich sehe, hat bisher kein Exeget an der Stelle 38,26.27 einen literarkritischen Schnitt gemacht, hingegen einige bei V 28, der jedoch in der LXX enthalten ist. Vgl. auch Königs Argumentation 1929, 416.

421 1953, 266.

422 Witte 1994, 180.

423 1995, 385–389.

424 Umstellungen nach Duhm in 39,26–30 und Ausscheidungen als Glossen nach van Oorschot 38,19.20.28. Diese Textanalyse kann beides nicht bestätigen.

425 1988a, 103.

426 § 150 f.

427 180, mit Anm. 29.

nicht den Nachweis, daß diese Stilmittel an anderen Stellen weniger dicht auftreten.

Des weiteren nennt er eine Häufung von absoluten und relativen hapax legomena[428] sowie seltenen Konstruktionen auf dichtestem Raum. Oben wurde festgestellt, daß die Gottesrede insgesamt viele singuläre Wortverbindungen, CsV und Satzkonstruktionen verwendet, und die Strophe über das Pferd hat, wie sich noch herausstellen wird, ähnlich viele hapax legomena[429], so daß dieses Argument nicht zwingend ist.

Die Verwendung des Gottesnamens אלוה als dritte Person wird immer wieder angeführt. Witte[430] weist darauf hin, daß er hier als Subjekt steht, während אל in 38,41 sich (wie in 40,9) innerhalb einer Präpositionalverbindung findet und אלוה in 40,2 (einem, wie er meint, sekundären Vers[431]) stehe im Genitiv. אלוה erscheint von 57 alttestamentlichen Belegen 41mal im Buch Ijob und zwar ausschließlich nur in den Freundesdialogen, den Elihureden (sechsmal) und zweimal in den Gottesreden (39,17 40,2). Die Verwendung des Gottesnamens in 39,17 zeigt eine Sichtweise aus der Perspektive des Geschöpfs an. Wie in 38,41b könnte es auch hier als besondere Betonung durch rhetorische Distanzierung vom Sprecher-Ich verstanden werden, daß Gott der Verursacher der Klugheit oder Dummheit der Straußenhenne ist. Warum sollte sich Gott nicht rhetorisch auf die Ebene Ijobs begeben und eine Aussage aus seiner geschöpflichen Sicht machen? Vielleicht könnte man auch die Haltung als einen Ersatz für die fehlende Ijobanrede, oder als eine verstärkte Art der Zuwendung auslegen. Auf jeden Fall ist die Verwendung des Gottesnamens אלוה typisch für das Buch Ijob, und wenn in 38,41 אל akzeptiert wird, ist fraglich, ob das abweichende Syntagma argumentativ ausreicht. Zu den Argumenten, die für eine spätere Einfügung von 39,13–18 sprächen, wird die Verwen-

---

428 181 mit Anm. 30.

429 Zum Vergleich: Der Abschnitt über die Straußenhenne 39,13–18 besitzt drei hapax legomena (מרא, נצה, רננים) und vier Verben, die seltener als zehnmal im AT erscheinen (נשה, קשה, זור, עלס). Im Abschnitt über das Kriegspferd (39,19–25) finden sich ebenfalls drei hapax legomena (רנה, נחר, רעמה) und fünf Lexeme mit höchstens zehn Vorkommen im AT (רעם, רגז, כדון, נשק, נמא). Im übrigen Text von Kap. 39 kommen darüber hinaus noch folgende hapax legomena vor: בר (4b), ערוד (5bP), תור (8a) ירוק (8b), אבר (26a) sowie folgende Lexeme mit weniger als zehn Belegen im AT: אילה (1b), פלח (3b), חבל (3c), חלם (4a), מוסרה (5bP), פרא (5a), מלחה (6b), תשאה (7b), אבוס (9b), רים (9a.10a), תלם (10a), שׂדד (10b), נץ (26a), אפוח (30a). Es zeigt sich also, daß in dem Abschnitt über die Straußenhenne nicht deutlich mehr hapax legomena vorkommen, als im Abschnitt über das Kriegspferd oder im übrigen Kap. 39. – Die Verbindung von (+ affektiven) Verben mit (+ tierischen Lebewesen) ist ebenfalls keine auf die Isotopie der Straußenhenne sich beschränkende Erscheinung, sondern erscheint auch beim Wildesel, Pferd und Leviathan.

430 Ebd. 181 mit Anm. 31. Auch Keel 1978, 37 hält 39,17 für eine Glosse.

431 1994, 186.

dung von סוס in 39,18f genannt. Van Oorschot[432] meint dazu: „Die Einfügung des Abschnitts an dieser Stelle bietet sich auf Grund der möglichen Stichwortverbindung an". Allerdings gibt es in 39,24c.25a die direkt aufeinanderfolgende Nennung von שׁופר, die noch nicht zu einem literarkritischen Einschnitt Anlaß gegeben hat. Daß derartige Lexemaufeinanderfolgen nicht ungewöhnlich sind, zeigen auch רים (39,9a.10a), שׁער (38,17a.b), אצרות (38,22a.b), דרך (38,24a.25b), סלע (39,28a.b), חכמה (38,36a.37a).

Witte führt 39,13–18 auf eine „Majestätsredaktion" zurück, worauf „die Vorstellung, daß Gott der ganzen Schöpfung die *ihr zukommende* Ordnung und Weisheit eingesenkt hat" hindeutet und die er in eben dieser Strophe findet[433]. Angesichts dieser Untersuchung eines Ausschnitts des Ijobbuches, der ersten Gottesrede, kann kein Urteil für oder gegen eine Majestätsredaktion gefällt werden. Soviel kann aber gesagt werden: Die Vorstellung der der Schöpfung zukommenden Ordnung und Weisheit findet sich nicht auf 39,13–18 beschränkt, sondern ist durchgängig in der ganzen ersten Gottesrede zu finden. Als Beleg mag hier zur Erinnerung der Hinweis auf das Leitwort ידע und die die ganze erste Gottesrede durchziehende Sinnebene (+ den geistigen Bereich betreffend) genügen. Das übrige sollte besonders nachfolgend in diesem Untersuchungsabschnitt deutlich werden. Neben den Argumenten, die dafür sprechen, daß 39,13–18 sekundär sei, gibt es die Auffassung, daß 39,17 als Glosse zu betrachten sei[434]. Für eine Einheitlichkeit des ganzen Textabschnitts trat im deutschsprachigen Raum zuletzt Kubina 1979 ein.[435]

Das Wort רננים ist ein hapax legeomenon, weshalb die Bedeutung „Straußenhenne" nach Hans-Peter Müller nicht über jeden Zweifel erhaben sei[436]. Dennoch bilden die Inhaltskomponenten eine Isotopie (+ ein gefiedertes Tier betreffend), so daß die Übersetzung schlüssig erscheint und allgemein üblich geworden ist. Die Laute, die die Strauße von sich geben, lassen auf eine Verwandtschaft zwischen dem Verb רנן und dem Namen der Straußin[437] schließen. Alttestamentliche Belege, allerdings mit anderen Lexemen für die Strauße, zeigen in ihrem Kontext Lautäußerungen. So Jes 43,20: Der Herr spricht: „Die wilden Tiere (חית השׂדה)

---

432 1987, 179; so auch Witte 1994, 181.

433 Ebd. 181.

434 Keel 1978, 37 und 84. Der Rest der Abschnitts über die Straußenhenne sei echt, denn sie bilde ein Paar mit dem Pferd.

435 Im englischsprachigen Raum z. B. Snaith 1968, 39f: „the two chapters" sind „a coherent whole". – Van der Lugt 1995, 531ff hält beide Gottesreden für einheitlich, meint aber, daß sie zusammen mit dem dritten Redegang später hinzugefügt worden seien.

436 H. P. Müller, 1988a, 91ff. Zur Geschichte der Wiedergabe des Wortes רננים, vgl. ebd. Siehe zum Namen auch König 1929, 414.

437 Vgl. Ficker, רנן, THAT II, 782; Keel 1978, 67f. Zur Lebensweise der Straußen ders. u. a. 1984, 161f; Hölscher 1952, 98; Szczygiel 1931, 216ff.

werden mich preisen, die Schakale und Strauße (בנות יענה), denn ich lasse in der Steppe Wasser fließen und Ströme in der Wüste"; Der Prophet Micha (1,8) sagt: „Klagen muß ich und jammern, barfuß und nackt gehe ich umher, ich erhebe ein Geheul wie die Schakale, ein Klagegeschrei wie die Strauße (כ]בנות יענה])".

In Ijobs Rede 30,28f wird das Wort רננים zwar nicht verwendet, dafür jedoch ein Synonym[438]. Ijob klagt: „Geschwärzt, doch nicht von der Sonne verbrannt, stehe ich auf in der Gemeinde und schreie (שׁוע) laut. Den Schakalen wurde ich zum Bruder, den Straußenhennen (בנות יענה) zum Freund". Die Verwendung von Synonymen zur Anspielung auf Ijobs Reden fand sich bereits an anderen Stellen der Gottesrede z. B. beim Wildstier. In 30,23f, einige Verse zuvor, meint Ijob: „Ja, ich weiß, du führst mich zum Tod, zur Sammelstätte aller Lebenden. Doch nicht an Trümmer legt er (Gott) die Hand. – Schreit man nicht um Hilfe (שׁוע) beim Untergang?"[439] Ijob verwendet die Straußenhenne als Metapher für sich selbst. Zusammen mit 30,24 beschreibt er metaphorisch den für die Strauße typischen Lebensraum, wie z. B. die Trümmer, und das charakterische Schreien (hier etwas variiert: שׁוע statt רנן).[440] Durch den vorangegangenen Vers 30,23, wo Ijob seiner Überzeugung Ausdruck verleiht, daß Gott ihn zum Tod führt, zeigt sich das Bild des Straußen als Todesvogel. Wie beim Wildesel wird so der bereits bekannte Gegensatz zwischen Leben und Tod sichtbar, indem die Gottesrede Lebenslust und Freude (עלס, שׂחק) der Straußenhenne beschreibt. Für den Aspekt des Lebens stehen auch die Eier mit ihrer Nachkommenschaft. Die Tatsache, daß sich anhand der Zusammenschau mit Ijobs vorangehenden Reden wieder eine ähnliche Antwort zeigt wie z. B. bei den Hirschen oder beim Wildesel durch die Aufnahme des Tod-Leben-Gegensatzes, spricht deutlich für eine Ursprünglichkeit des Abschnitts über die Straußenhenne.

Das Verb רנן[441] erscheint meistens im Sinn von „jubeln", kann aber auch für „klagen" stehen[442]. Die beiden רנן-Stellen des Buches Ijob (29,13 38,7) belegen in ihrem Kontext das erstere. Dabei sind in diesem Abschnitt die Töne der Straußenhenne kein Thema, obwohl das Wort רננים („Schreierin" ?) verwendet wird. Stattdessen sind andere Verhaltensweisen und Attribute von Interesse: Ihr Flügel – der Singular ist auffällig – belustigt sich.

Das seltene Verb עלס kommt nur noch in Spr 7,18 und in der Rede Zofars Ijob 20,18 vor. Dort heißt es: „Zurückgeben muß er (der Frevler)

---

438 Zur Relevanz der Synonyme bei der Textverflechtung siehe Heinemann/ Viehweger 1991, 38ff. – Kubina 1979, 39 weist im Zusammenhang ihrer Untersuchung der zweiten Gottesrede ebenfalls auf einen „gehäuften und gezielten Einsatz der Synonymie" hin.

439 Übersetzung nach EÜ unsicher.

440 Vgl. Keel 1978, 64.66–68 mit Anm. 232.

441 Erscheint noch zweimal im Buch Ijob 29,13 und 38,7.

442 Vgl. Ficker, רנן, THAT II, 782.

seinen Gewinn, genießen darf er ihn nicht, darf sich nicht freuen (עלס) am ertauschten Gut." Die Stellen belegen aber die Übersetzung des Verbs. Schon mehrfach wurde der Satz 13b als unklar erachtet. Die Konjunktion אם wird meist als Einleitung einer Doppelfrage gewertet auch bei Fehlen des ersten Teils[443]. Das Wort עברה hat wenige, aber für die Bedeutung „Schwinge, Flügel" klare alttestamentliche Kollokationen in Dtn 32,1 Ps 68,14 91,4. Ebenso ist es mit dem Wort חסידה[444]. Seine fünf Kollokationen[445] weisen mehr oder weniger eindeutig auf den Storch oder ein geflügeltes Tier hin. So ist das Vorkommen in Sach 5,9, wo sich die CsV כנפי החסידה findet. Das letzte Wort von Ijob 39,13b, ונצה, ist am unklarsten von allen[446], aber die nur drei weiteren Kollokationen Lev 1,16 Ez 17,3.7 bestätigen die Deutung „Gefieder" als nicht unwahrscheinlich. Daraus ergibt sich, daß die Schwierigkeiten vor allem im syntaktischen Bereich liegen. Auf jeden Fall wird man annehmen dürfen, daß hinter V 13 die Beobachtung steht, daß der Strauß zwar Flügel und Gefieder wie andere Vögel, z. B. Storch (und Falke), besitzt, aber nicht fliegt und deshalb sein Nest für die Eier auch nicht auf Bäumen (vgl. Ps 104, 17 wie der Storch) oder in der Höhe (39,27f wie der Falke) baut, sondern wie der folgende V 38,14 zeigt, auf der Erde und im Staub.[447]

Es gibt fünf weitere alttestamentliche Belege für ביצה[448] in verschiedenen Zusammenhängen. In Jes 59,5 erscheint das Wort, wie hier in 15b, זור und weist auf die zerbrechlichen Eigenschaften der Eier hin. Dort geht es um Schlangeneier, die man zerdrücken kann. Sie stehen als Metapher für die schlechten Taten des Volkes. In Dtn 22,6 heißt es: „wenn du unterwegs auf einem Baum oder auf der Erde ein Vogelnest mit Jungen (אפרחים) oder Eiern darin findest". Dieser Hinweis „auf der Erde" könnte auch für Dtn 22,6 die Straußeneier einbeziehen. בנים wird im selben Vers verwendet für die Jungen, die nur ohne die Mutter aus dem Nest genommen werden dürfen. Hier wie dort geht es um den Verlust der Nachkommenschaft; ein Schicksalsschlag für Ijob, aber nicht für die Straußin.

Wie schon bei den Wettererscheinungen ist der Staub ein von Ijob häufig verwendetes Wort, welches meistens zur Beschreibung seiner hoff-

---

443 Auch Fohrer 1963, 493 beruft sich auf Gesenius-Kautzsch §150 f.

444 Vgl. חסיד „treu, fromm" und Ps 132,16b. – Keel 1984, 160 meint, „Der Name soll sich auf die Fürsorge für die Jungen beziehen."

445 Jer 8,7 Ps 104,17 Sach 5,9 Lev 11,19 Dtn 14,18.

446 Buber liest das Wort als „Falke"; Hölscher 1952, 92.98 führt die Möglichkeit an, verwendet sie aber nicht in seiner Übersetzung. Siehe auch König 1929, 414f.

447 Das Verb עזב in 39,14a kam schon im Zusammenhang mit Gottes Frage an Ijob vor, ob er dem Wildstier seine Arbeit überläßt. יגיע erscheint, wie dort, auch hier im übernächsten V 16b, allerdings sind עזב und יגיע nicht syntaktisch oder phorisch miteinander verbunden.

448 Dtn 22,6 (zweimal) Jes 10,14 59,5 (zweimal).

nungslosen Situation dient, wobei es Todesnähe konnotiert[449] so z. B. (7,5) „Angezogen hat mein Leib Moder und Staubklumpen ...", (7,21) „Dann könnte ich im Staub mich betten ...", (16,15) „mein Horn (habe ich) in den Staub gesenkt"[450]. Die Wendung „im Staub wärmen" ist im Alten Testament singulär. Ijob sagt zwar, daß er arme Leute von der Schur seiner Lämmer wärmte (31,20), aber daß, wie Gott sagt, die Straußenhenne ihre Eier im Staub wärmt, widerspricht den Erfahrungen vom Staub, von denen Ijob spricht. Denn die Eier werden im Staub gewärmt, damit neues Leben entsteht, d. h. damit die Jungen schlüpfen können.[451] Somit gibt es auch hier wieder durch Gottes Anspielung auf Ijobs Reden den Gegensatz zwischen Leben und Tod in den Auffassungen.

In Verbindung mit der Entfremdung seiner Freunde und Verwandten klagt Ijob, daß die Gäste seines Hauses ihn vergessen haben (שׁכח) (19,14).[452] Während Ijob sein Vergessen-werden beklagt, bedeutet das (aktive ?) Vergessen der Gefahr (39,15) bzw. der Weisheit (39,17a) Lebensfreude und Sorglosigkeit für die Straußin. Das Vergessen (שׁכח)[453] der Gefahr für ihre Eier erinnert weiterhin an 24,20, eine Ijob in den Mund gelegte Rede, die aber vielleicht zu Zofars Rede gehört[454]: „Der Mutterschoß vergißt ihn (den Frevler), Gewürm labt sich an ihm, nie mehr wird an ihn gedacht." Die Gottesrede betont dagegen das Vergessen der Gefahr, nicht der Nachkommen der Straußin an sich, obwohl sie in 16a von der harten Behandlung der Kinder spricht. Die Gefahr der Zerstörung der Eier wird u. a. durch die Tiere des Feldes[455] verursacht, die dann aus der Sicht der Straußenhenne Feinde oder Frevler wären. Damit dürfte sich für Ijob zeigen, daß auch dieses Tier der Chaoswelt selbst nicht vom Unglück verschont bleibt, sich aber darüber keine Gedanken macht. Im Hinblick auf den Tod von Ijobs Kindern hat diese Stelle 39,16b schon fast einen makabren Zug, zumindest aber könnte sie eine indirekte Aufforderung an Ijob enthalten, nicht über das Unglück nachzudenken, sondern es „zu vergessen".

Es gibt ebenfalls eine Anspielung auf Ijobs Rede 31,5: Während es in 39,15b heißt, daß ein Fuß (רגל) die Eier zerdrücken könnte, wobei offen gelassen wird, zu welchem Lebewesen dieser Fuß gehört, jedoch im Parallelsatz die Tiere des Feldes genannt werden, spricht Ijob in 31,5: „wenn

---

449 Vgl. Wanke, עפר, THAT II, 355.

450 Auch dort besteht durch das Horn evtl. eine Anspielung auf den Stier und seine Kraft.

451 In 14,8f spricht Ijob davon, daß der Baumstumpf im Staub erstirbt und durch den Dunst des Wassers (nicht durch den Staub) wieder sproßt.

452 Die Wurzel קשׁה erscheint laut KBL 860 nur noch in Jes 63,17: „Warum, Herr, machst du unser Herz hart, so daß wir dich nicht mehr fürchten?"

453 102mal AT, siebenmal Ijob: 8,13 9,27 11,16 19,14 24,20 28,4 39,15.

454 EÜ, Anm. z. St.

455 Die Wendung חית השׂדה erscheint 29mal im AT, elfmal im AT erscheint חית הארץ.

ich in Falschheit (שׁוא[456]) einherging, wenn zum Betrug mein Fuß (רגלי) eilte, (V 6) dann wäge אלוה mich auf gerechter Waage". Ijob spricht von einer eigenen möglichen Schuld, indem er רגל als Metapher verwendet, Gott hingegen verwendet רגל im eigentlichen Sinn.[457] Außerdem ist die Verwendung des Gottesnamens אלוה im folgenden Satz 31,6a auffällig, der hier ebenfalls im Zusammenhang in 39,17 vorkommt. Somit zeigt die Zusammenschau von Ijobs- und Gottesrede die inhaltliche Aufeinanderbezogenheit und bietet ein Argument gegen die Annahme eines sekundären Zusatzes von 39,17. In dieser Aussage Gottes (39,15) findet sich auch eine Anspielung auf die Rede des Elifas' (5,22f), nach der dieser zu Ijob sagt: „Über Verwüstung und Hunger kannst du lachen (שׂחק), von wilden Tieren (חית הארץ) hast du nichts zu fürchten. Mit den Steinen des Feldes bist du verbündet, die Tiere des Feldes werden Frieden mit dir halten, wenn du die Zucht des Allmächtigen nicht verschmähst"[458]. Die Gottesrede setzt auch Elifas eine andere Sichtweise hinsichtlich der Gefahren durch die Tiere des Feldes entgegen, nämlich die Sorglosigkeit der Straußenhenne. Für Elifas ist Sorglosigkeit nur aufgrund der Annahme der Zucht des Allmächtigen möglich. Die Gottesrede stellt diese und andere Gefahren (Nichtigkeit der Mühe, Pferd und Reiter) dar und zeigt, daß auch ohne Verstand oder eine sonstige Vorbedingung Sorglosigkeit möglich ist. Das Vergessen der Gefahr dürfte der Straußin ebenso als Grausamkeit ausgelegt werden wie in 16a die harte Behandlung ihrer Jungen. Klgl 4,3 ist die einzige weitere Stelle, wo die Grausamkeit der Strauße als Metapher thematisiert ist: „Selbst die Schakale reichen die Brust, säugen ihre Jungen. Die Tochter meines Volkes ist grausam wie Strauße in der Wüste." Die Kinder müssen hungern.[459] Die Schakale, die sonst häufig gemeinsam mit den Straußen genannt werden, kommen erstaunlicherweise in der Gottesrede nicht vor[460].

---

456 Reiterer, שׁוא, ThWAT VII, 1109, weist daraufhin, daß in 31,5 mit שׁוא „eine im (übertragenen Sinn) personifizierte Größe gemeint" sei, eine „gleichsam zur Person gewordene Täuschung."

457 Es könnte aus dieser Anspielung indirekt der Schluß gezogen werden, daß auch Ijob ein möglicher Feind der Straußenhenne ist.

458 Vgl. Ijob 40,20 „Die Berge tragen ihm (Behemot) Futter zu und alle Tiere des Feldes spielen dort." Die Tiere des Feldes sind also nicht mehr eine Gefahr, sondern Spielgefährten des Behemot. Vgl. auch den vielgenannten Ps 104, hier V 11: „Allen Tieren des Feldes spenden sie (die Quellen der Berge) Trank ...", dort ohne jede Wertung. Vgl. auch Keel 1978, 65.

459 Vgl. Ijobs Klage 17,5: „Zum Teilen lädt einer die Freunde ein, während die Augen seiner Kinder verschmachten", wobei die phorischen Bezüge unklar sind. Vgl. dazu Fohrer 1963, 294f.

460 In Ijobs Rede 30,29 wird der Schakal dem Strauß parallelisiert. Ebenso Jes 13,21 43,20 34,13 Mi 1,8 Jer 50,39. Auf das Fehlen des Schakals, ebenso wie der Eule, wies schon Keel 1978, 71, hin. Plausibel ist seine Erklärung dafür, daß die Tiere der Gottesrede Jagdtiere sind, wozu Schakal und Eule nicht zählen.

Die Wortverbindung בלי־פחד ist singulär im Alten Testament. פחד allein wird auch im Zusammenhang mit dem Pferd verwendet und zwar mit der gleichen Proposition: Beide, Pferd und Straußin, haben keine Angst.[461] 39,16b hat mit יגיע und פחד Bezüge zu Ijobs Rede: Mit der CsV יגיע כפיך spricht Ijob in 10,3 metaphorisch von sich selbst als Geschöpf Gottes. Die Gottesrede beschreibt die Mühe der Straußenhennne bei der Aufzucht der Jungen. Sie kümmert sich nicht um Nützlichkeitsfragen, die hingegen Ijob stellt, wenn er Gott fragt: „nützt es dir …?" Ijob behauptet in 10,3 anschließend, Gott strahle über dem Plan der Frevler auf und meint in 21,9 ergänzend: „Die Häuser der Frevler sind ohne Schrekken (פחד), die Rute Gottes trifft sie nicht".[462] Aber Ijobs Schrecken besteht darin, daß das eintraf, wovor er Angst hatte (3,25). Nach der Rahmenhandlung verlor er Kinder, Vermögen und Gesundheit, den Dialogen zufolge auch Gottes Freundschaft (29,4). Gottes Rede über die Straußenhenne zeigt, daß trotz nutzloser Mühe sie nicht erschreckt und fordert implizit Ijob dazu auf, es ihr gleichzutun: ohne Schrecken zu leben, unbehelligt davon, ob ihm etwas gelingt und ob er oder jemand anders Nutzen daraus ziehen kann. Dann kann ihn auch der Erfolg der Frevler unbeeindruckt lassen, so daß er sich nicht mehr über ihr Gelingen aufregt (vgl. Ps 37,1). Die Formulierung לריק יגיעה findet sich in anderer Form ebenfalls in Ijobs Mund, wenn er klagt: „So wurden Monde voll Enttäuschung (ירחי־שוא) mein Erbe und Nächte voller Mühsal (לילות עמל) teilte man mir zu."(7,3) Der Unterschied besteht schon auf der Ausdruckseite, indem Ijob zweimal die Präposition ל mit dem ePP der 1.sg. und eine passivische Formulierung verwendet, formuliert Gott hingegen einen Nominalsatz, der einen Zustand darstellt. Aber auch inhaltlich zeigen sich konträre Verhaltensweisen: Während die Reaktion der Straußenhenne mit בלי פחד umschrieben ist, besteht Ijobs Reaktion in שוא und עמל.

In der Sinnebene über die Straußenhenne ist 39,17 der einzige Vers, in dem eine Aussage über Gott gemacht wird, die sonst durch eine Frage an Ijob indirekt ausgedrückt wird. Würde V 17 gestrichen oder für sekundär erklärt[463], würde auch diese eine Aussage wegfallen. Die Parallelität von חכמה und בינה kommt schon in 38,36 vor[464] und zwar in der gleichen Reihenfolge. Das Verb חלק hat mit den Verben von 38,36 ver-

---

461 Auf diese Gemeinsamkeit neben der Schnelligkeit macht auch Keel 1978, 84 aufmerksam und nennt sie als Kriterium für das paarweise Auftreten der Tiere, hier eben Strauß und Pferd.

462 Andere der insgesamt 49 atl. פחד-Belege thematisieren die Gottesfurcht: Ijob 13,11 Ps 53,6 36,2. Weitere Belege im Buch Ijob sind: 3,25 4,14 22,10 25,2.

463 Siehe oben Keel 1978, 37, der den Vers für eine Glosse hält. Auch Driver – Gray ^{2}1950, 344: „perhaps an addition".

464 Siehe oben weitere Vorkommen. Siehe auch bei den Wettererscheinungen die atl. Belege, nach denen Gott Weisheit gibt.

wandte Inhaltskomponenten. Somit ergeben sich Kriterien, die 39,17 als kohärent mit dem übrigen Text feststellen lassen. Ein weiteres Kriterium für die Einbindung von 39,17 in den Textabschnitt liegt in den Anspielungen auf die vorangehenden Dialoge[465]: Zofar sagt zu Ijob (11,5.6): „O, daß Gott doch selber spräche, seine Lippen öffnete gegen dich. Er würde dich der Weisheit (חכמה) Tiefen lehren, daß sie wie Wunder sind für den klugen Verstand (תושיה), wisse, daß Gott (אלוה) deiner Schuld Vergessen (נשה) schenkt[466]. Im selben Kontext in den Versen 11 und 12 fährt Zofar fort: „Denn er (Gott) kennt die falschen (שוא) Leute, sieht das Unrecht und nimmt es wahr. Kommt denn ein Hohlkopf zur Besinnung, wird ein Wildesel als Mensch geboren?" In der Gottesrede wird die Ansicht des Zofar korrigiert und ergänzt.[467] Gott erfüllt Zofars Wunsch: Er antwortet Ijob und teilt ihm mit, daß es Gott selbst ist, der der Straußenhenne Dummheit zuteilte und mithin auch den Menschen Weisheit zuteilen kann, wie Zofar in 6a richtig bemerkt. Während Zofar Dummheit als Schuld auslegt (11,11f), zeigt Gott, daß auch Dummheit als Gottesgabe legitim ist. Zofar meint, daß Gott Ijobs Schuld vergißt und Ijob Weisheit lehrt, aber Gott sagt, daß er die Straußenhenne Weisheit vergessen läßt und mithin ihr Schuldbewußtsein. Sie behält sogar ihre Lebensfreude. Den Gegensatz, den Zofar zwischen Wildesel und Mensch, zwischen Dummheit und Klugheit im Parallelsatz aufstellt, entschärft und verwischt Gott in seiner Rede.

In 39,17 findet sich eine weitere Anspielung auf Ijobs Rede in 31,2.5f, besonders auf seine Formulierung: ... ומה חלק אלוה ממעל[468]. Ijob beteuert, daß er nicht gesündigt hat, aber was teilt Gott ihm (dafür) zu? Gott sagt von der Straußenhenne, daß er ihr Dummheit zuteilt, denn sie ist ohne Schrecken, wenn ihre Mühe umsonst war. Ijobs Mühe, gut zu handeln, war in seinen Augen umsonst. Man kann die Frage stellen, ob nicht Gott Ijob im Gegenteil Schrecken zugeteilt hat?

Auf dieselbe Ijobrede (31,2) spielt auch der folgende V 18 an. Das In-die-Höhe-Schnellen der Straußenhenne[469] erinnert an Ijobs Rede vom Allmächtigen in der Höhe. Wenn sie das Pferd und seinen Reiter auslacht, bezieht es sich wohl auf das vergebliche Bemühen der beiden, sie einzuholen. Dennoch sind Pferd und Reiter, wie die Tiere des Feldes, Gefah-

---

465 Auch Kubina 1979, 78, nennt dieses Argument im Hinblick auf אלוה in 40,2.

466 Es gibt nur fünf weitere Belege von נשה im AT (Klgl 3,17 Jer 23,39 Dtn 32,18 Jes 44,21 Gen 41,51) sowie eben diese zwei im Ijobbuch.

467 So zeigt sich, daß Schwienhorst-Schönbergers Ansicht, 1995, 241, die Gottesreden gingen nicht auf die Theologie der Freunde ein, nicht zutreffend ist. Auf Elifas' Reden wurden schon oben Bezüge gefunden.

468 In 31,2b heißt es weiter: שדי ממרמים. מרום wird auch in 39,18 verwendet. – König 1929, 416, erwähnt ein arabisches Sprichwort: „Dümmer als ein Strauß".

469 מרא ist hapax legomenon. Vgl. Ijobs Rede in 16,19: „Nun aber, seht, im Himmel ist mein Zeuge, mein Bürge in den Höhen."

ren für die Straußin[470]. Ihr Lachen über diese Gefahr offenbart ihre Sorglosigkeit, aber auch ihre Überlegenheit[471]. Ijob verwendet das Verb רכב als Metapher, um eine für ihn gefährliche Situation zu beschreiben: „Du hebst mich in den Wind, fährst mich dahin (רכב), läßt mich zergehen im Sturmgebraus. Ja, ich weiß, du führst mich zum Tod ..."[472] (30,22f). Gott wird für Ijob sozusagen zum gefährlichen Reiter. Er zeigt Ijob aber in seiner Rede, daß die Straußenhenne sogar in der Gefahr noch lachen kann, denn sie – und vielleicht auch Ijob – kann dem Niederreiten entgehen.

Anfangs wurde festgestellt, daß das übliche Schreien der Strauße in diesem Abschnitt nicht erwähnt wird. Die einzige lautliche Äußerung der Straußenhenne ist hier das Lachen.[473] An der schon zitierten Stelle 30,23f.28f, dem einzigen Mal, wo Ijob metaphorisch von den Straußen spricht, übernimmt er sozusagen deren Schreien. Ijob schreit wie die Strauße in der Wüste. So ist es wohl kein Zufall, daß Gott, wohlgemerkt nicht metaphorisch, sondern im eigentlichen Sinn, nicht die schreiende, sondern die lachende Straußenhenne Ijobs Klage gegenüberstellt und den Leben-Tod-Gegensatz wieder aufgreift.[474] Wie auch in anderen Sinnebenen impliziert dies für Ijob eine Aufforderung zu mehr Unbekümmertheit und auch die Möglichkeit, über den Tod seiner Kinder hinwegzukommen. Der Hinweis auf die gottgegebene Dummheit der Straußenhenne steht in einer Spannung zum Leitwort ידע, welches so oft an Ijob gerichtet ist. Gerade deshalb ist darin die Aufforderung an Ijob enthalten, unbekümmerter, weniger nachdenkend, fragend und taxierend zu leben.[475] Darüber hinaus muß man aufgrund dieser Untersuchung sagen, daß der

---

470 Keel 1984, 161f, meint, daß die Straußin die Eier einschart und wegläuft, um den Verfolger von den Eiern abzulenken. Des weiteren scheint die Erwähnung von Pferd und Reiter Keels These von den aufgeführten Tieren als Jagdtieren zu bestätigen. Vgl. 1978, 71. Auch das Lexikon der Ägyptologie VI, 72, bestätigt die Strauße als Jagdtiere.

471 Siehe auch 39,22a, das Pferd lacht über den Schrecken. Vgl. auch Bartelmus, שׂחק, ThWAT VII, 730–745.

472 Vgl. auch die schon erwähnte Stelle 9,17: „Er, der im Sturm mich niedertritt ..."

473 Vielleicht ist das Lachen sogar als Ersatz für die ansonsten verwendete Inhaltskomponente (+ sprachlich äußernd) zu betrachten. Beim Kriegspferd wird diese Inhaltskomponente durch das Wiehern abgedeckt.

474 Van Oorschot 1987, 178, meint, in der Straußenstrophe fehle das korrigierende und zur Klärung bei Ijob drängende Reden (von seiten Gottes) und scheidet sie aus. Indem Gott hier das von Ijob verwendete Bild aufgreift, und zwar nicht metaphorisch oder vergleichend, sondern im wörtlichen Sinn und dort ein von Ijobs Reden entgegengesetztes Verhalten der Straußenhenne aufzeigt, wird am Ende die Änderung von Ijobs Einstellung erreicht. Van Oorschot behauptet darüber hinaus, ebd. 177: „Damit steht der Abschnitt isoliert in seinem Kontext." Daß dem nicht so ist, wurde oben gezeigt.

475 Vgl. 42,1–6.

Abschnitt 39,13–18 über die Straußenhenne[476] Anspielungen besitzt, die ihn als Antwort an Ijob ausweisen. Die angeführten literarkritischen Argumente können meines Erachtens angesichts der komponierten Gegenpoligkeit zu den vorangehenden Dialogen nicht überzeugen.

3.14 Das Kriegspferd

Die außer Ijob selbst betreffende, längste pronominale Verweiskette bezieht sich auf das Pferd, סוס. Seine anfangs zweimalige direkt aufeinanderfolgende Nennung (39,18b.19a) überschneidet sich noch mit der Isotopie (+ die Straußenhenne betreffend)[477]. Die Strophe über das Kriegspferd reicht also von 19a bis 25c. In 26a wird ein neues Tier mit weiteren pronominalen Verweisen eingeführt. Neben den pronominalen Verweisen betreffen folgende Inhaltskomponenten die (+ Körperlichkeit [und Natur] des Pferdes): צואר (19b), רעמה (19b), רעש (20a), נחר (20b), חפר (21a), und evtl. noch ריח (25c). Eher abstrakt, aber dennoch das Pferd betreffend aufgrund der pronominalen Aufnahmen sind גבורה (19a) und כח (21c). Ab 21c finden sich Lexeme mit der gemeinsamen Sinnebene (+ den Krieg betreffend): נשק (21c), חרב (22c), רנה, אשפה, להב, חנית, כידון (23), שופר (24c.25a), מלחמה, רעם, שרים, תרועה (25c)[478]. Der erste Teil der Strophe ist also vorwiegend durch die Beschreibung der Natur des Pferdes charakterisiert, der zweite Teil eher durch die Kriegsbeschreibung. Das Gemeinsame beider Themen ist das formale Kriterium der pronominalen Verweise des Pferdes. Insofern ist es berechtigt, die Isotopie als (+ das Kriegspferd betreffend) zu beschreiben[479].

---

476 Rowold 1977, 207 zur Straußenperikope: „For another, it makes only more difficult the explanation of why a later interpolator would introduce this pericope at this point, and not with the other birds."

477 In 39,18a ist die Straußenhenne Subjekt und das Pferd indirektes Objekt. Die direkte Aufeinanderfolge wurde von van Oorschot 1987, 179, als Stichwortkomposition bezeichnet und als Indiz dafür verstanden, daß der Abschnitts über die Straußenhenne sekundär sei. Vgl. Budde 1913, 250. Gerade dieses Argument nimmt aber König 1929, 416, als Kriterium für die Echtheit der Straußenperikope. Vielleicht handelt es sich bei dem „Stichwort" um ein altes Relikt aus der mündlichen Erzähltradition, ein Erinnerungswort für den Fortgang des Textes.

478 Vgl. oben, S. 189, zu 38,23 mit der Anspielung auf den Krieg im Zusammenhang mit der „Tag Jahwe"-Thematik. Zu letzterem vgl. auch Fohrer 1963, 371 Anm. 3.

479 Vgl. Keel 1978, 70f – Westermann 1977, 117, läßt die Frage unentschieden, ob die Schilderung des Kriegspferds als sekundär auszuscheiden sei. Hölscher ^{2}1952, 92, hält 39,24.25 für „verdorben und lückenhaft", scheidet 39,19–25 aber nicht aus. Nach Maag 1982, 116, kommen „als ursprüngliche Teile der Gottesrede" in Kap. 39 nur in Betracht die VV 1.2.5.19.26.27, somit

Zu Beginn der Isotopie finden sich in drei aufeinanderfolgenden Sätzen an Ijob gerichtete Satzfragen mit der 2.m.sg., wie es auch bei anderen Tieren dieses Textabschnitts der Fall war und noch sein wird[480]. Die verwendeten Verben נתן, לבשׁ und רעשׁ (H-Stamm) haben u. a. (+ faktitive) Inhaltskomponenten. Innerhalb dieser Isotopie gibt es weitere, eingeflochtene Sinnebenen: Die Ebene (+ affektiv) konstituiert sich durch folgende Lexeme mit identischer Inhaltskomponente: אימה (20b), שׂושׂ (21b), שׂחק (22b), פחד (22a), חתת (22b), רגז (24a), אמן (24b). Sie findet sich bereits beim Wildesel und bei der Straußenhenne, bei den folgenden Raubvögeln nicht mehr.

In der Sinnebene (+ den Krieg betreffend) gibt es untergeordnet (+ [den Krieg betreffende] Artefakte) mit folgenden Lexemen: נשׁק (21c), חרב (22c), אשׁפה, להב, חנית, כידון (23) und שׁופר (24c.25a). Sie verweisen auf den menschlichen Bereich, wenngleich nur dem Lexem שׂרים die Inhaltskomponente (+ menschliches Lebewesen) zukommt. Die Sinnebene (+ den Krieg betreffend) könnte mit der bei der Straußenhenne festgestellten Sinnebene (+ aggressiv)[481] verwandt sein, trifft sich aber nicht mit den dort gefundenen Inhaltskomponenten (+ destruktiv). Anders gesagt, die Inhaltskomponente (+ destruktiv) kommt in dieser Strophe über das Kriegspferd auf semantischer Ebene nicht ausdrücklich vor[482].

Auf den ersten Blick scheint es hier um das Pferd zu gehen. Doch zeigt sich bei der Analyse der Inhaltskomponenten, daß zu einem erheblichen Maß der Mensch im Blickpunkt steht, genauer das Pferd in seiner Zweckmäßigkeit für menschliche Kriegsführung.[483] Hinzu kommen die Fragen an Ijob: Gibt er dem Pferd Kraft, kleidet er es, läßt er es springen? – also Fragen, die das Pferd in seiner Körperlichkeit, seiner Natur als Pferd betreffen und die für die Kriegsführung des Menschen notwendig sind. Gerade auf sie hat der Mensch, und hier eben Ijob, keinen Einfluß. Man könnte also auch sagen, daß es Gott ist, der einen beträchtlichen Anteil an der Kriegsführung des Menschen hat, indem er die Natur des Pferdes schafft, die der Mensch zu nutzen weiß.

In 25a findet sich אמר mit der Inhaltskomponente (+ sprachlich äußernd). Hier, wie auch bei רוח (25c) (+ sinnliche Wahrnehmung) ist das Pferd Subjekt. Diese schon mehrfach festgestellte, übergreifende Sinnebene der

---

nicht die Verse über das Kriegspferd außer 39,19. Nach Fohrer 1963, 515, war der Ijobdichter am Kriegspferd „besonders interessiert“ und nach Hesse 1978, 200, ist die Beschreibung des Pferdes „in poetischer Hinsicht zweifellos der Höhepunkt der Gottesrede“.

480 Vgl. (junge) Löwen (38,39a.b), Steinböcke des Felsens (39,1a), Wildstier (9a. 10a.11a.c.12a), eben hier beim Pferd (19a.b.20a), Falke (26a). מי-Fragen: Rabe (38,41a), Zebra (39,5a), Wildesel (5b). אם als mögliches Zeichen für den zweiten Teil einer Doppelfrage (39,27a) beim Geier.

481 זור (15b), דושׁ (15c) und קשׁח (16a).

482 Evtl. wieder bei den Raubvögeln durch חללים in 39,30.

483 H. Groß 1986, 137, weist auf die Domestikation hin, die bei keinem anderen Tier der Gottesrede gegeben ist.

Inhaltskomponente (+ sprachlich äußernd), die bisher meistens in Verbindung mit der Sinnebene (+ den geistigen Bereich betreffend) und mit Ijob vorkam, wird hier im Zusammenhang mit einem Tier und der Inhaltskomponente (+ sinnliche Wahrnehmung) kombiniert. Durch die Übertragung dieser Sinnebenen auf das Pferd wird der Unterschied zwischen Mensch und Tier verwischt.

In der Strophe über das Kriegspferd finden sich weiterhin mehrere Lexeme mit der Inhaltskomponente (+ Geräusch): רעשׁ (24a), שׁופר (24c.25a), רעם (25c), תרועה (25c), נחר (20b vgl. + Körperlichkeit) und קול (24c).

Der inhaltliche Aufbau der Strophe über das Kriegspferd stellt sich also folgendermaßen dar:

(+ das Kriegspferd betreffend)
+ ⟶ (+ den Krieg betreffend)
  + ⟶ (+ [den Krieg betreffende] Artefakte)
  + ⟶ (+ Geräusch)

Das Wort סוס kommt im Buch Ijob nur in 39,18 und 19 vor, aber 137mal im Alten Testament[484] und achtmal in den Schriften. Stendebach weist darauf hin, daß das Pferd im Alten Testament meist in profanen Zusammenhängen vorkommt[485]. Wegen der literarischen Verwandtschaft des Buches Ijob zu den übrigen Büchern der Ketubim sollen hier v. a. deren Belege vergleichend betrachtet werden[486]. Dabei zeigt sich, daß alle drei Psalmenbelege sowie einer der drei Spr-Belege die Nutzlosigkeit der Stärke des Kriegspferdes herausstellen: Zum Sieg ist die Stärke Gottes notwendig (Spr 21,31 Ps 20,8); Gott mißfällt die Stärke des Pferdes (Ps 147,10); das Pferd kann niemanden retten (Ps 33,17). Andere Konnotationen finden sich in Spr 26,3, wonach das Pferd parallel in einer Reihe mit dem Esel und dem Rücken des Toren steht. Allen drei gebührt Züchtigung durch Peitsche, Zaum oder Stock, d. h. sie dürfen nicht sich selbst überlassen bleiben. In Koh 10,7 wird „hoch zu Roß" gehen" positiv bewertet, da es mit (menschlichem) Ansehen verbunden ist. Die vier Belege Ps 20,8 33,17 147,10 und Spr 21,31 stellen also insofern einen Bezug

---

484 So ES. – Stendebach, סוס , ThWAT V, 784: „ca. 140mal".

485 Ebd. 786.

486 Zu den übrigen Belegen siehe ebd. 782–791. Vgl. aber auch den Vergleich Jer 8,6.

wenigstens zu dem zweiten Ijobbeleg her, als es sich jeweils um ein Kriegspferd handelt[487]. Während in den vier Belegen außerhalb des Ijobbuches die Stärke des Pferdes bedeutungslos ist angesichts der Macht Gottes, wird in der Gottesrede die Bedeutungslosigkeit bzw. Gefahrlosigkeit für die Straußin durch ihr Lachen herausgestellt. Ebenfalls Gottes Fragen an Ijob nach dem Urheber der Pferdeskraft, der Pferdegestalt (Mähne) und der Springleistung zeigen das Kriegspferd ungeachtet seiner Gefahr für den Menschen aus der Schöpferperspektive und zugleich aus der Pferdperspektive. Beides verdeutlicht sich an der Opposition Schrecken – Freude: Das Pferd kann zwar Schrecken verbreiten, aber es ist selbst furchtlos und kann sich sogar freuen (39,21b). An der Wortwahl zeigt sich der Gegensatz: אימה und פחד, zwei Substantive mit der Inhaltskomponente (+ Schrecken), werden ohne Negation verwendet, hingegen werden die zwei Verbformen יחת und אמין, ebenfalls mit der Inhaltskomponente (+ Schrecken), negiert.

Der Frage an Ijob, ob er dem Pferd Kraft (גבורה) gibt, gehen zwei Aussagen in den Dialogen voraus, die Ijob äußert. Zum einen der Hinweis Ijobs, daß bei Gott allein Weisheit und Heldenkraft (גבורה) sei, Rat und Einsicht (12,13) und zum andern die Frage: „... doch das Donnern seiner Macht (גורתו), wer kann es begreifen?“ (26,14) Beide Aussagen schreiben Gott diese Macht zu. Auch dem Körper des Leviathan wird in der zweiten Gottesrede (41,4) גבורה zugeschrieben. Daß Gott einerseits keine Freude an der Kraft des Pferdes habe (Ps 147,10) und er aber andrerseits, dem propositionalen Gehalt dieser Frage zufolge, dem Pferd die Kraft gibt, zeigt die Ambivalenz der Schöpfungswerke[488].

Das Verb נתן kommt nicht ausschließlich, aber doch öfter in Ijobs Mund vor. Er spricht dann davon, was er von Gott empfing: nämlich Licht für ihn, den Elenden, (3,20) und Atem (9,18), oder was er wünscht zu bekommen, nämlich daß seine Klageworte in einer Inschrift eingegraben werden (19,23), und daß Gott ihm gebe, was er von ihm erhofft. Außerdem kommt das Wort in einem von Ijobs schwersten Vorwürfen vor: „Die Erde ist in Frevlerhand gegeben“ (9,24). In 39,19a ist also die propositionelle Aussage einer vorangegangenen ähnlich: Wie Gott dem Hahn Einsicht gibt (38,36b), so gibt er dem Pferd Kraft.

Die Wendung לבוש ... צואר ist singulär für das Alte Testament; das Wort רעמה ist ein hapax legomenon. Ijob spricht in verschiedener Weise vom Bekleiden: Nun, in der Gegenwart, ist er in Maden und Schorf gekleidet (7,5), er weiß, daß Gott ihn mit Haut und Fleisch umkleidet und ihn mit Knochen durchflochten hat (10,11), Ijob selbst bekleidete sich mit

---

487 So auch Keel 1978, 37.84 u. ö.

488 Auch in Ez 32,29 werden נתן und גבורה in einem Satz kombiniert, aber mit anderem Kontext: „dort Edom mit seinen Königen und Fürsten, die man trotz ihrer Stärke zu denen gegeben hat, die das Schwert erschlug.“ Vergleichbar ist nur die Kriegssituation. Gott spielt in dem Satz als Verursacher oder Inhaber der גבורה keine Rolle. In Mi 3,8 1 Chr 9,12 (= 2 Chr 20,6) werden גבורה und כח miteinander kombiniert.

Gerechtigkeit, wie Mantel und Kopfbund umhüllen ihn sein Recht (29,14). Zu Beginn der zweiten Gottesrede fordert Gott Ijob auf, sich in Prunk und Pracht zu kleiden (40,10)[489], um die Stolzen niederzuzwingen. Das Bekenntnis, daß Gott ihn mit Haut und Fleisch bekleidet hat (לבשׁ), widerspricht oder beantwortet Gottes Frage, ob Ijob den Hals des Pferdes mit der Mähne bekleidet hat. Ijob hatte genauso wenig Einfluß auf seine Körperlichkeit wie auf die des Pferdes. Da das Pferd ebenfalls auf seine eigene Körperlichkeit keinen Einfluß hat, haben Pferd und Ijob in der Hinsicht Gemeinsamkeiten[490]. Das Wort צואר kommt auch in der zweiten Gottesrede (41,14) zur Beschreibung des Leviathans vor, daß Stärke in seinem Nacken wohnt. Elifas (15,26) nennt Ijob Gott gegenüber halsstarrig (בצואר).

Die Formulierung in 39,20a התרעישׁני כארבה kommt nur hier an dieser Stelle im Alten Testament vor. Beide Worte erscheinen sonst nicht mehr im Ijobbuch[491]. Auch hier findet sich durch הוד ein Bezug zur zweiten Gottesrede, zum bereits genannten Beleg 40,10: Gottes Aufforderung an Ijob, sich in Hoheit (הוד) und Majestät zu schmücken[492]. Weiterhin wird hier ein Synonym zum schon erwähnten פחד verwendet: אימה. Dieses Wort[493] verwendet Ijob zweimal (9,34 13,21). In 9,34, im Anschluß an seinen Wunsch nach einem Schiedsmann zwischen ihm und Gott, hofft Ijob: „Er nehme von mir seine Rute, sein Schrecken (אמתו) soll mich nicht weiter ängstigen."[494] In einem sehr ähnlichen Kontext, wo Ijob wie zuvor in juristischen Termini spricht, heißt es: „Seht, ich bringe den Rechtsfall vor; ich weiß, ich bin im Recht" (13,18). Ähnlich dem Ruf nach dem Schiedsmann, bittet er hier Gott: „Zieh deine Hand von mir zurück, nicht soll die Angst vor dir mich schrecken (אמתך) (13,21).[495] In beiden Belegen ist אימה mit einem ePP verbunden, welches sich auf Gott bezieht. Während es in Ijobs Sichtweise um den Schrecken, den Gott für Ijob darstellt, geht, spricht Gott (in einem Nominalsatz) von dem Schrecken, den das Pferd verbreitet. Wenn man die vorangehende Frage an Ijob „läßt du es springen ...?" mitbetrachtet, wäre der Schrecken von Gott (mit-)verur-

---

489 Vgl. 8,22 und 27,17, aber 38,3.

490 Vgl. 40,15a „Sieh doch Behemot, den ich wie dich erschuf ...".

491 ארבה erscheint noch 23mal im AT, davon sechsmal in Ex 10, wo es um die Heuschreckenplage in Ägypten geht; רעשׁ erscheint 30mal im AT als Verb.

492 נחר ist ein weiteres hapax legomenon.

493 17mal im AT, im Ijobbuch sechsmal: 9,34 13,21 20,25 33,7 39,20 41,6 (auch dort wieder die Anspielung auf die Zähne des Leviathan).

494 Die Phorik ist in diesem Vers unklar, denn es stellt sich die Frage, ob sich die 3.m.sg auf den Schiedsmann oder Gott oder bewußt undeutlich auf beide bezieht. – Zu 9,34 und 13,21 siehe Horst 1968, 153f.203 und Fohrer 1963, 200.212f.238.252f. Beide Autoren betonen nur den juridischen Charakter dieser Stellen.

495 In 13,19 fragte Ijob: „Wer ist es, der mit mir streitet?" So zeigt sich auch hier Ijobs Unsicherheit über Gott: Ist er Feind, Schiedsmann oder beides?

sacht – aber mittelbar durch das Pferd, nicht unmittelbar von Gott selbst. Durch den Nominalsatz bekommt 39,20b den Charakter von etwas Allgemeingültigem, zumal אימה auch kein ePP bei sich hat, welches den Schrecken einem bestimmten „Empfänger" zuordnen würde. Gottes Antwort an Ijob wäre also, daß er nicht direkter Urheber von Ijobs Schrecken ist, wie Ijob durch die beiden ePP an אימה meint, sondern ähnlich dem Pferd, welches Schrecken verbreitet, wozu ihm, wie die Frage 39,20a impliziert, Gott das Rüstzeug gegeben hat. Durch die mittelbare Verursacherfunktion Gottes entspricht diese Stelle der Intention der Rahmenerzählung, die den Satan als Unglücksverursacher zwischen Gott und Ijob schiebt. Darüber hinaus gibt es auch hier wieder den Gegensatz von (tödlichem?) Schrecken, der Ijob bedrückt und demjenigen, den das Pferd in seiner Lebendigkeit verbreitet.

Die Wendung von 39,21a חפר ... בעמק kommt im Alten Testament sonst nicht mehr vor, nur gelegentlich חפר ... את הארץ[496]. Das Verb חפר erscheint wieder in der folgenden Isotopie mit dem Geier als Subjekt. Auffällig ist die Verwendung von חפר in der Ijobrede 3,21 sowie in 3,22 die Verwendung von שׂושׂ[497]. Ijob spricht, indem er seine Lage verallgemeinert, von den Elenden: „Sie warten auf den Tod, der nicht kommt, sie suchen (חפר) ihn mehr als verborgene Schätze. Sie würden sich freuen über einen Hügel, fänden sie ein Grab, sie würden frohlocken (שׂושׂ)." Die Verwandtschaft der Kontexte zeigt sich auch zwischen den Lexemen Tod, Grab und hier Tal. Grab und Tal haben die gemeinsame Inhaltskomponente (+ erdige Vertiefung der Erdoberfläche). Der Tod assoziiert die Unterwelt. Mit dem kraftvollen, fröhlichen Pferd stellt Gott einen Gegenpart zu Ijob und den Mitleidenden auf. Wenn das Pferd im Tal scharrt, ist dies auch eine Anspielung auf seine Risikofreudigkeit, mit dem Tod zu spielen, und somit ein direkter Bezugspunkt zwischen Gottes und Ijobs Rede, da in beiden Texten in der selben Reihenfolge kurz nacheinander die Wörter חפר und שׂושׂ vorkommen. Wie bei einigen der zuvorgenannten Tiere, bei denen der Gegensatz von Leben und Tod, näherhin das Leben verdeutlicht wurde, zeigt sich hier die paradoxe Kombination von Lebensfreude angesichts des Todes. Eine Aussage über die Zugehörigkeit des Pferdes zu Freund oder Feind gibt es nicht und ist wohl auch nicht intendiert. Diese längste Tierbeschreibung in einer Sinnebene dient dazu, Ijobs Blick auf das Pferd an sich zu lenken, einen Schreckensverursacher in seiner ganzen Lebendigkeit.

Die Formulierung יצא לקראת־נשק ist einmalig im Alten Testament. לקראת begegnet im Ijobbuch nur hier, נשק noch in 20,24 in der Rede Zofars. Hingegen wird כח, das Synonym zu גבורה oft in Ijobs Rede ver-

---

496 Jos 2,2f Dtn 1,22.

497 Zu שׂושׂ vgl. Fabry, שׂושׂ/שׂישׂ, ThWAT VII, 721,729. – Mende 1990, 233 zieht aus der Wiederkehr von שׂושׂ, עמק und חתת an anderen Stellen, die ihrer Ansicht nach verschiedenen Bearbeitern zuzuordnen sind, den Schluß, daß diese Verse jünger seien als andere.

wendet[498]. Die Gottesrede zeigt mit dem Wort die große Kraft des Wildstiers (39,11) sowie die Kraft der Lenden des Behemot (40,16). Im Gegensatz zur Kraft des Wildstiers kann sich der Mensch bzw. Ijob die Kraft des Pferdes zunutze machen oder er muß gegebenenfalls unter der Kraft des (feindlichen) Pferdes leiden[499]. Obwohl die Isotopie auf eine Kriegsszene hinweist, ist auffällig, daß innerhalb der phorischen Verweisstrecke des Pferdes der Reiter nicht genannt wird, sondern nur in 18b am Ende der vorangehenden Verweisstrecke der Straußenhenne. Somit scheinen beide Sinnebenen miteinander verknüpft zu sein.[500] Zwar sind verschiedene Unternehmungen: Straußenjagd und Krieg gemeint, gemeinsam ist aber beiden Tieren, daß sie Feinde haben: die Straußenhenne das Pferd und seinen Reiter (vielleicht ist auch Ijob ein Reiter?), das Pferd mit Reiter das gegnerische Pferd mit dessen Reiter (und für den Unterlegenen der Geier, der seinen Leichnam frißt). In 31,34 verwendet Ijob יצא und חתת gemeinsam in einem Vers: „wenn ich … meine Schuld verbarg in meiner Brust (31,33), weil ich die große Menge scheute und die Verachtung der Sippen mich schreckte (חתת), so schwiege ich still und ginge nicht zur Tür hinaus (יצא)“[501]. In Zusammenschau mit der Rede über das Kriegspferd (39,21c.22b) zeigt sich insofern ein Gegenpart zu Ijobs Rede, als das Pferd sich konträr zu dem verhält, wie Ijob handelte, wenn er schuldig wäre: das Pferd reflektiert nicht, ob es schuldig ist, es rennt (יצא) dem Rüstzeug entgegen. Da das Rüstzeug zum menschlichen Bereich gehört und mehrere Soldaten in dem Zusammenhang mitgedacht werden können, korrespondiert dies mit der „Menge“ und den „Sippen“, von denen Ijob spricht. Während Ijob erschrecken (חתת) würde vor ihnen, erschrickt das Pferd nicht (לא חתת). Ijob würde still hinausgehen (יצא), aber das Pferd kehrt nicht um (לא שׁוב). Das impliziert die Aufforderung Gottes an Ijob, furchtlos, ohne zu reflektieren, den Kampf mit dem (tödlichen) Gegner aufzunehmen, und knüpft damit an die Intention der Sinnebene der Straußenhenne an.

Ein Bezug zur Straußenhenne findet sich zwar nicht anhand einer identischen Formulierung[502], aber im Kontext der beiden Texte in der Ver-

---

498 Vgl. oben, S. 229f.

499 Fuchs 1993, 217, meint, daß das Pferd hier selbst fast anthropomorphe Züge habe, die Grenzen zwischen Mensch und Tier seien aufgehoben. Sie macht das an אימה und פחד fest. Allerdings wurde schon bei der Untersuchung der Satzebene festgestellt (S. 126), daß mehreren (genauer gesagt: vier) Tieren u. a. die Inhaltskomponente (+ affektiv) zugeschrieben wird. In Anm. 234 ebd. weist Fuchs hin auf 2 Kön 23,11, die josianische Reform, der Pferde und Wagen, aufgestellt zur Verehrung der Sonne, zum Opfer fielen.

500 Manche Exegeten sehen daran aber im Gegenteil die Schnittstelle eines Einschubs. Vgl. oben zur Straußenhenne S. 243, Anm. 477.

501 Dies ist Teil einer längeren Selbstverfluchungsreihe Ijobs: „wenn ich das tat … dann soll das geschehen“. Vgl. oben, S. 238f, im Zusammenhang mit der Straußenhenne die Anspielung auf 31,5f.

502 Sie ist singulär im AT.

wendung von שׂחק und פחד. Mit dem Kriegspferd wird das dritte und für diesen Textabschnitt letzte Tier nach Wildesel und Straußenhenne genannt, welches lacht. Nur hier und in der zweiten Gottesrede[503] kommt es vor, daß Tieren שׂחק zugeschrieben wird. Neben „lachen" kann das Wort auch „tanzen" oder „spielen" konnotieren. Interessant in diesem Zusammenhang ist Elifas' Rede 5,22 an Ijob: „Über Verwüstung und Hunger kannst du lachen, von den wilden Tieren (חית הארץ) hast du nichts zu befürchen", weil der Herr aus Drangsalen befreit. Doch Ijob lacht hier nicht, allerdings die Tiere, obwohl sie wie die Straußenhenne vom Menschen gejagt werden oder, wie das Pferd, mit den Menschen hinaus in den Krieg müssen. Zwei Verse zuvor heißt es in Elifas' Rede: „In Hungerzeiten rettet er dich vom Tod, im Krieg aus der Gewalt des Schwertes (חמר)" (5,20). Daß dem nicht unbedingt so ist, zeigt die Rede Gottes über das Kriegspferd. Es reflektiert nicht und fragt auch nicht nach dem Gegner, ob er schuldig oder unschuldig ist. Der Gegner wird nicht genannt, bzw. bleibt unpersönlich durch die Erwähnung lediglich seiner Kriegsutensilien (+ den Krieg betreffenden Artefakte).

In 7,14 wirft Ijob Gott vor, „... nachts quälst du mich (חתת) mit Träumen und mit Gesichten erschreckst du mich (פחד)". Hier wie dort werden חתת und ein weiteres Synonym für Angst oder Schrecken parallel gesetzt. Während Ijob Gott mit der 2.m.sg. die Aktivität des Ängstigens zuschreibt, verwendet Gott in seiner Rede die 3.m.sg. Er sagt also nicht: daß er das Pferd nicht niedergeschlagen mache, sondern daß es nicht niedergeschlagen sei. Die in den Fragen an Ijob am Beginn der Sinnebene formulierten Verben „geben", „kleiden" und „springen lassen" haben (+ faktitive) Inhaltskomponenten, die letztlich für Gott als Verursacher stehen. Auch bei den weiteren Tätigkeiten des Pferdes ist Gott zumindest als mittelbarer Verursacher anzusehen.

Die (+ den Krieg betreffende Artefakte), wie sie die Lexeme (חרב) (39,22c), להב, חנית und כידון (39,23) beinhalten, konkretisieren den Eindruck der Gefahrensituation. Das Schwert, vor dem das Pferd der Gottesrede zufolge nicht umkehrt, verwendet Ijob als Drohung an seine Freunde im Anschluß an seine Hoffnungsäußerung zu wissen, daß sein Erlöser lebt, und die Zuversicht, Gott schauen zu dürfen (19,25f). Ijob droht anhand der Metapher des Schwerts seinen Freunden, falls sie sagen: „Wie wollen wir ihn verfolgen und den Grund der Sache an ihm selber finden!",[504] und fügt hinzu: „Damit ihr wißt: Es gibt ein Gericht (einen Richter)." (19,29) Aus diesem Kontext heraus legt sich die Vermutung nahe, daß die Isotopie (+ das Kriegspferd betreffend) eine Gerichtsszene darstellt. Wenn man unter dem „Gericht Gottes" ein „richtendes Handeln Gottes, mit dem er positiv oder negativ auf menschliches Handeln

---

503 Leviathan 41,21; alle Tiere des Feldes 40,20.

504 Der Vers fehlt in der LXX; nach Fohrer 1963, z. St. nicht sekundär; Witte 1994, 166 Anm. 427 und S. 237 hält hingegen 29,17.18–20.25b für sekundär ohne genaue Angabe von Gründen.

reagiert", versteht[505], so ist unter diesem Blickwinkel Gottes Handeln durch das Kriegspferd als mittelbar anzusehen.

Köcher, Klinge, Speer und Wurfspieß kommen relativ selten im Alten Testament vor. Anhand der Lexeme zeigt sich eine enge Verwandtschaft zur zweiten Gottesrede, besonders zum Abschnitt über den Leviathan[506]. Das Verb רנה (39,23) erinnert lautmalerisch an רננים[507], die Straußenhenne, und stellt daher einen Zusammenhang zur gleichnamigen Sinnebene her.

Von sieben alttestamentlichen Belegen kommt das Substantiv רגז (39,24a) noch fünfmal im Buch Ijob vor[508]. In Ijobs Rede 3,25f werden פחד und רגז im selben Kontext verwendet: „Was mich erschreckte (פחד), das kam über mich, wovor mir bangte, daß traf mich auch. Noch hatte ich nicht Frieden, nicht Rast, nicht Ruhe, fiel neue Unruhe (רגז) mich an." Metaphorisch kann man Ijobs Leiden auch als Kampf bezeichnen. In 7,1 fragt Ijob: „Ist nicht Kriegsdienst (צבא) des Menschen Leben auf der Erde (ארץ)?" Der Gottesrede zufolge vollzieht das Pferd Kriegsdienste und zwar nicht im metaphorischen, sondern im eigentlichen Sinn. Der Mut, die Kraft und Zuversicht des Pferdes stehen im krassen Gegensatz zu Ijobs Empfindungen und zu seinem Verhalten. Möglicherweise ist die Darstellung des Pferdes ebenfalls als indirekte Aufforderung an Ijob zu verstehen, ebenfalls Mut zu fassen.[509]

In Ijobs Klage 9,16, einem schon zitierten Vers, verwendet er das Verb אמן[510] und das Substantiv קול in einem Satz: „Ich glaube nicht (die Wortkombination lautet wie hier: לא אמין), daß er (Gott) auf meine Stimme (קולי) hört". In Anbetracht der ähnlichen Wendungen in 39,24b.c dürfte auch hier eine Ungläubigkeit des Pferdes gegenüber dem Horngeräusch ausgedrückt sein. Das Horn (שופר) wird im Buch Ijob nur hier und im folgenden Vers erwähnt[511]. Die Tatsache, daß es zweimal direkt hintereinander genannt wird, könnte die Art der damaligen Kriegsführung stilistisch ausdrücken, in die die Kriegsrolle aus Qumran, wenn auch zeitlich später entstanden als das Ijobbuch, einen Einblick gibt.[512] Das שופר hatte den Zweck der öffentlichen Kundmachung: Aufruf zur Versammlung, Verkündigung von Feiertagen, Veranstaltungen, Krönungen,

505 Michel, Gericht Gottes, NBL I, 801.

506 להב zwölfmal im AT, davon zweimal im Ijobbuch: 39,23 und 41,13; חנית 47mal im AT, davon zweimal im Ijobbuch: 39,23 und 41,18; כידון neunmal im AT, davon zweimal im Ijobbuch: 39,23 und 41,21.

507 Siehe Keel 1978, 67 Anm. 232 mit KBL 896 – רנה ist hapax legomenon.

508 Hab 3,2 Jes 14,3 Ijob 3,17.26 14,1 37,2 39,24.

509 Vgl. Jer 8,6, wo das Pferd als Metapher für die Sünder steht, das ohne Nachdenken in den Kampf stürmt.

510 Vgl. die verschiedenen Auslegungen zu 39,24c bei Jepsen, אמן, ThWAT I, 324.

511 Insgesamt kommt das Wort 72mal im AT vor.

512 Vgl. 1QM II 15f; III 1f; VIII 1–17.

Alarme und eben Aufruf zu den Waffen. In der Kriegsrolle ist neben dem שופר auch von der Trompete[513] die Rede. Beide Instrumente sollen an Schlachtszenen in Israels Vergangenheit erinnern. Ein Tusch ruft zum Appell, ein langgezogener Ton zur Formierung der Schlachtordnung, ein ruhig anhaltender Ton zum Vorrücken zur Front des Feindes, scharf und schmetternd, um die Flanken zu leiten. Außerdem gab es die Verfolgungstrompeten und bei einem Rückschlag wurde das Signal zum Rückzug gegeben zur Neuformierung und Ermunterung, um ein zweites Mal zum Kriegslärm zu blasen.[514] Vor diesem Hintergrund erklärt sich der Duktus von 39,23f: Die Aneinanderreihung der Substantive vermittelt das Schlachtgewimmel, die Erde in sich Schlürfen deutet auf lautes Galoppieren hin. Wenn während der Schlacht ein Lärmzeichen zum Rückzug mit möglicher Neuformierung oder zur Leitung der Flanke gegeben wird, ist das Pferd in seinem Kampfeseifer erstaunt, ungläubig, daß es nicht weitergaloppieren darf, sondern entweder umkehren, oder eine andere Richtung einschlagen soll. In seinem Ungestüm wird es also vom Menschen gebremst. Daß das Horn öfter ertönt, verrät בדי in 25a. In 39,25c heißt es, daß das Pferd von ferne den Kampf spürt, so daß eine Bewegung vom Kampfgeschehen weg zumindest vorübergehend stattgefunden hat. Mittels des Horn wurde der Befehl zum Rückzug gegeben. So kommt dem Horn im Kriegsgeschehen die Funktion zu, eine Veränderung herbeizuführen oder wenigstens zu dokumentieren,[515] sei es im positiven oder negativen Sinn.

Durch קול zeigt sich eine Anspielung auf Ijobs hier schon mehrfach genannte Klage 30,31: „Zur Trauer wurde mein Harfenspiel, mein Flötenspiel zum Klagelied." Zwei Verse zuvor bezeichnete sich Ijob als Freund der Strauße. Somit zeigt sich wiederum über eine gemeinsame Bezugstelle eine gewisse Zusammengehörigkeit von Strauß und Pferd.

Die wörtliche Zitation des Pferdes „Heach" ist möglicherweise als ein den Gegner abschreckendes Kriegsgeschrei und zur Anspornung der eigenen physischen und psychischen Kräfte auszulegen. Die elf weiteren alttestamentlichen Vorkommen[516] dieses Ausrufs sind alle im feindlichen Mund, sei es des benachbarten Feindes des Volkes, sei es des Feindes des Einzelnen zu finden. Eine Ausnahme ist hier allerdings, daß האח einem Tier ins Maul gelegt ist[517]. Daß hier möglicherweise das Pferd des

---

513 Szczygiel 1931, 219 übersetzt hier ohne Erläuterung שופר mit „Trompete".

514 Cornfeld-Botterweck, Bd. 4, „Musik", 1025f.

515 Sowohl Keel 1980, 319 als auch Ringgren, ThWAT VII, 1195, halten das Horn eher für ein Signal, weniger für ein Musikinstrument.

516 Ez 25,3 26,2 36,2 Ps 35,21.25 40,16 70,4.

517 Fohrer 1963, 516 hält somit האח für einen bildlichen Ausdruck, der vom Menschen auf das Tier übertragen ist. Ähnlich Fuchs 1993, 217. König 1929, 419: „In lebhafter Personifikation wird das gleichsam zustimmende Wiehern des Schlachtrosses ein Reden genannt.". Warum Fohrer, 1963, 490.494 meint, nach האח sei ein Halbvers ausgefallen, läßt er offen.

Gegners (Israels?/Ijobs?) gemeint ist, zeigt, daß im Alten Testament das Pferd meistens negativ dargestellt wird und als Gegenpart zum Vertrauen auf Gott steht[518].

In 39,25c macht das Verb ריח von allen elf alttestamentlichen Vorkommen[519] eine Ausnahme, weil es um einen kriegerischen Kontext geht. Die Wendung ריח ... מלחמה kommt nur hier vor. מלחמה wurde oben im Zusammenhang mit den Wettererscheinungen schon einmal verwendet als Bestimmung der Einsatzbereitschaft von Schnee und Hagel und mit tröstenden Funktionen für Ijob. Daß מלחמה hier an die tröstende Funktion von 38,23 anknüpft bzw. Gottes strafendes Gerichtshandeln konnotiert ist, erschließt sich erst aus dem Kontext der Lebens- und Kampfesfreude des Pferdes.

Das Getöse[520] der Beamten (39,25c) steht im Gegensatz zu den Belegen, nach denen Ijob von den שׂרים spricht: „Still läge ich jetzt und könnte ruhen, entschlafen wäre ich und hätte Ruhe ... bei Fürsten (שׂרים) reich an Gold, die ihre Häuser mit Silber gefüllt" (3,13.15) und „Fürsten (שׂרים) hielten mit Reden sich zurück und legten ihre Hand auf ihren Mund" (29,9), wenn sie Ijob sahen. Gottes Rede zufolge sind sie an der Kriegsmaschinerie beteiligt.[521]

Die Darstellung des Krieges wird hier also ausschließlich vom Standpunkt des Pferdes aus betrachtet und die Freude des Pferdes daran wird betont. Seine Fertigkeiten zur Kriegstauglichkeit hat Gott gemacht[522], der Mensch setzt es im Krieg ein und verwendet es als Waffe. Das Pferd wird, wie die anderen Tiere, in seiner Lebendigkeit vorgeführt. Seine Erwähnung in der Gottesrede ist nicht zufällig, sondern spielt wiederum auf Ijobs vorangegangene Reden an, die von seinem Leid und vom Tod handeln. Insofern findet sich der Tod-Leben-Gegensatz zwischen Ijobs und Gottes Ansicht auch hier hinsichtlich der Sinnebene des Kriegspferds.

---

518 Keel 1984, 129–131. – de Vaux II, 27f, meint daß diese Passage „fremden Einfluß" trage. Die Israeliten hätten keine Reitertruppe besessen bis ca. 136/135 vC. Und auch dann sei sie sehr klein gewesen.

519 P. A. H. de Boer 1991, 89 vermutet „an intransitive meaning" in Anlehnung an Übersetzungen des Substantiv: „The Horse gives forth the scent of war. The horse gives out a penetrating smell. His appearence, even seen from afar, recalls a battle field, and the air beaten with shouts." Übersetzung: „and even from afar he recalls war, thunder of captains, and battle-cry." König 1929, 419 denkt bei ריח an das „Wittern des Blutgeruchs".

520 רעם nur 26,14 im Buch Ijob, ansonsten Ps 77,19 81,8 104,7 Jes 29,6.

521 Vgl. 33,26. Bildad verheißt Ijob in 8,21: „Mit Lachen wird er (Gott) deinen Mund noch füllen, deine Lippen mit Jubel/Lärmzeichen (תרועה)".

522 Ähnlich Fuchs 1993, 218; Mende 1994, 274.

3.15 Raubvögel

Mit 39,26a wird ein neues Tier, der Falke, נץ[523], eingeführt und im selben Vers dreimal pronominal auf ihn verwiesen. Die verbalen Lexeme ארב (26a) und פרשׂ (26b) sowie das substantivische Lexem כנף haben die Inhaltskomponente (+ den Vogel und seine Fliegfähigkeit betreffend), die sich nicht spezifisch nur auf den Falken beziehen. Sie können sich auch auf den ab 27a erwähnten נשׁר beziehen. Der Falke wird mit einer erneuten Frage an Ijobs Einsicht eingeführt. Mit תימן werden die früheren Inhaltskomponenten (+ Wettererscheinung; + windig; + direktiv) wieder aufgenommen[524].

Der Geier, נשׁר, hat eine längere pronominale Verweistrecke mit sieben Aufnahmen bis zum Ende des Textabschnitts. Seine erste Erwähnung findet er ebenfalls hier im Zusammenhang mit einer Anrede an Ijob durch die 2.m.sg. Beiden Vögeln kann aufgrund ihrer Ernährungsweise die gemeinsame Inhaltskomponente (+ Raubvögel) zugesprochen werden.

Alle weiteren, den (+ Raubvögeln) untergeordneten Sinnebenen kommen schon im vorangehenden Textabschnitt vor und werden hier nicht neu entwickelt: (+ [tierische] Nachkommenschaft), ausgedrückt durch das Lexem אפרח (30a); (+ Nahrung), ersichtlich an den Lexemen אכל (29a) und עלע (30a) und verbunden mit den Inhaltskomponenten (+ destruktiv) durch דם und חללים (30a.bP) sowie die große Sinnebene (+ Örtlichkeit), die sich an den Lexemen סלע (28a), שׁן־סלע (28b)[525], מצודה (28b), מרחוק (29b), קן (27b), שׁכן (28a), לין (28b) festmacht, wobei die letzten drei mit der ebenfalls untergeordneten Sinnebene (+ Wohnen, Behausung) bezeichnet werden können. Auf die Örtlichkeit weist auch das zweimal verwendete (מ)שׁם in 29a und 30c hin.

Für die Zusammengehörigkeit von Falke und Geier zu einer einzigen Isotopie sprechen die genannten auf beide Vogelarten zutreffenden Inhaltskomponenten und die ihnen gemeinsame Art der Ernährung. Die beiden Anreden an Ijob, die in 26a mit dem Verb בין (+ den geistigen Bereich betreffend) und in 27a durch das Lexem פיך mit den Inhaltskomponenten (+ Körperteil eines menschlichen Lebewesens, + sprachliche Äußerung betreffend) ausgedrückt sind, stehen, wie meistens in der ersten Gottesrede zu Beginn eines neuen Sinnabschnitts. In dieser Isotopie (+ die Raubvögel betreffend) wird außer den Anreden an Ijob, den nur angedeuteten חללים sowie dem Kontext des Pferdes der menschliche Bereich nicht weiter erwähnt.

---

523 Das Wort נץ kommt nur dreimal im AT vor. Die beiden Belege außerhalb des Ijobbuches zählen den נץ zu den unreinen Tieren. Der Beleg des Ijobbuches ist der einzige Beleg, der etwas über die Lebensumstände des Vogels aussagt.

524 Vgl. oben – Keel 1978, 85, weist darauf hin, daß der Wanderfalke dem Winterregen nach Süden ausweicht. Daraus wäre zu schließen, daß nur die Himmelsrichtung gemeint wäre.

525 Die zweimalige Nennung von סלע innerhalb eines Verses ist auffällig.

Mit der einleitenden Frage und Anrede Ijobs (המבינתך) wird erneut nach Ijobs Weisheit gefragt. Die Informationen des Textes über die Lebensweise der Tiere sind sehr gering.[526] Die Wendung פרש כנף erscheint elfmal im Alten Testament[527], davon dreimal im Zusammenhang mit נשר, der seine Flügel ausbreitet (Jer 48,40 49,22 Dtn 32,11). In allen diesen drei Belegen wird נשר mit dem Vergleichspartikel כ verbunden. Die angedrohte Vernichtung von Moab und Edom wird in den Jer-Belegen mit dem Geier verglichen, im Dtn-Beleg dient die Fürsorge des Geiers für seine Jungen als Vergleich für Gottes Heilshandeln an Jakob. Somit bestätigt sich, daß die Inhaltskomponente (+ den Vogel und seine Fliegfähigkeit betreffend), besonders bei den Verben von 39,26, nicht spezifisch den Falken betreffen, sondern auch den Geier.

Die Übersetzung des Wortes תימן in 39,26 ist nicht eindeutig mit „Süden" oder „Südwind" wiederzugeben[528]. Das Wort kommt 24mal im Alten Testament vor.[529] Fast alle Belege[530] bezeichnen die geographische Himmelsrichtung. Wie schon oben bei סערה festgestellt, ist in Sach 9,14 mit der Wortverbindung בסערות תימן Gott die handelnde Person, welche die Stürme des Südens als Mittel seiner Ankunft in einem kriegerischen Zusammenhang benutzt, in dem auch das Wort שופר verwendet wird. Kriegerische Konnotationen sind auch hier in der Gottesrede gegeben.

Fohrer[531] interpretiert נץ als Zugvogel und meint, „daß er sich im Süden befindet und im Frühjahr ins nördlichere Palästina zurückzukehren im Begriff ist." Insofern ist לתימן als Richtungsanzeige zu verstehen wie auch die Wortverbindung in Jes 43,6 zeigt und deutet auf den Bereich der Wüste hin[532]. In Israel liegt die Wüste Negev im Süden. Vielleicht ist

---

526 אבר ist hapax legomenon. Bei אברה (vgl. oben zu 39,13b) dürfte es sich um ein substantivisches Derivat handeln.

527 Ex 25,20 37,9 Dtn 32,11 1Kön 6,27 8,7 2 Chr 3,13 5,8 Jer 48,40 49,22 Ez 16,8 Rut 3,9.

528 Mit „Süden" übersetzen: Stier 1954, 199; Pope 1973, 335; Buber 335, EÜ 1180; u. a. Mit „Südwind" übersetzen Tur-Sinai (Torczyner) 325, Fohrer 1963, 490; Hesse 1978, 199; HAL IV, 1589; KBL 1589 und Ges 877 in Anlehnung an Duhm 1897,192.

529 Einmal gibt es eine Wortverbindung von סערות und תימן (Sach 9,14). – Nach Dreytza 1992, 139 zweimal (Ps 78,26 Hld 4,16) (oder mit Ijob 39,26 dreimal) wird תימן „als eigenständige Bezeichnung eines Windes auch ohne die generische Angabe רוח gebraucht".

530 Ex 26,18.35 27,9 36,23 38,9 Num 2,10 3,29 10,6 Dtn 3,27 Jos 12,3 13,4 15,1 Jes 43,6 Sach 6,6 Hab 3,3 Ijob 9,9 Ez 21,2 47,19 (zweimal) 48,28.

531 Fohrer 1963, 516 identifiziert בינה mit dem Instinkt des Zugvogels. Keel 1978, 85.110 spricht von „Wanderfalke" und vom Vogelzug. Ähnlich Maiberger NBL I, 656. Vgl. auch J. Feliks, Habicht, BHH II, 620.

532 Jos 15,1: südwärts der Wüste Zin, Ez 47,19 (2mal) 48,28: Südgrenze im Negev, vgl. aber auch den Wald des Südlandes Ez 21,2. – Keel 1980, 71 führt Beispiele für den heißen Südwind an sowie Ps 91,6.

im Hinblick auf V 30 mit dem „Süden" das Beutesuchen in der Wüste gemeint. Nach 30,28 sagt Ijob, daß er geschwärzt, doch nicht von der Sonne gebrannt, aufstehe in der Gemeinde und laut schreie; den Straußen sei er zum Freund geworden. Dieser Vers 39,26b könnte ebenfalls, wie oben bei der Straußenhenne, als Gegenpart zu Ijobs Rede betrachtet werden, insofern der Falke die heißen Strahlen der Sonne nicht scheut, da sie ja sein Lebensraum sind, Ijob hingegen diesen Lebensraum zur Klage und Trauerbeschreibung verwendet.

Aus Ägypten ist der Falke als Symboltier des Gottes Horus bekannt. Horus als Himmelsgott galt als Beschützer der Erde[533]. Ähnliches stellte man sich von den Flügeln eines Falken vor. Die Immunität gegenüber der heißen Sonne konnotiert beschützende Funktionen.

Das Wort נשׁר (39,27a) kommt 26mal im Alten Testament vor, davon zweimal im Buch Ijob. Vielfach ist unklar, ob mit נשׁר der Adler oder der Geier gemeint ist[534]. Einige Belege sind im übertragenen Sinn zu verstehen.[535] Wenn das Wort als Vergleich verwendet wird, steht es für Gottes helfende Macht[536], für Gottes Gerichtshandeln[537], ganz allgemein für das Unheil[538] oder speziell für die Stärke der Verstorbenen Saul und Jonathan in 2 Sam 1,23. Ez 17,3.7 verwendet es als Gleichnis für feindliche Herrscher. Die übrigen Belege verwenden das Wort im eigentlichen Sinn, so Lev 11,13 und Dtn 14,12, die den נשׁר unter die unreinen Tiere einreihen, weiterhin Ez 1,10 und 10,14, die פני־נשׁר zur Beschreibung der Gottesvision verwenden. Innerhalb der alttestamentlichen Belege nimmt derjenige der Gottesrede ein untypische Stellung ein, da er den נשׁר an sich in seiner natürlichen Eigenart darstellt.[539] Im Zusammenhang mit dem Ausbreiten der Flügel wurde er oben schon genannt. Von den 13 פה-Belegen in Ijobs Reden[540] könnte diese Textstelle auf Ijobs Rede 31,27

---

533 Lurker 1981, 66.71f; Keel 1978, 22; vgl. Fuchs 1993, 218.

534 Die EÜ beispielsweise übersetzt das Wort uneinheitlich.

535 Ex 19,4 2 Sam 1,23 Jer 4,13 Ez 17,3.7 Klgl 4,19 und Ijob 9,26. – Von den insgesamt 26 Belegen werden elf zu der Wortverbindung כנשׁר verbunden. Einmal findet sich die Wendung כאשׁר ... נשׁר.

536 Ex 19,4 Dtn 32,11 Jes 40,31 Ps 103,5.

537 Dtn 28,49 Jer 4,13 48,40 49,16.22 Hos 8,1 Obd 4 Mich 1,16 Hab 1,8 Klgl 4,19.

538 Ijob 9,26 (hier: für Ijobs unglückliche Tage) Spr 23,5 30,17.

539 Kronholm, נשׁר, ThWAT V, 680–689, 682, meint zur Bedeutung des Wortes, daß es sich eher um einen Geier handelt, nur in Ez 17,3.7 sieht er einen Adler. Eine Geringschätzung des Adlers sei erst mit den Griechen aufgekommen, wie sich auch durch die LXX mit der Übersetzung ἀετός zeigt. Auch Keel 1978, 69, Anm. 234, plädiert für eine durchgängige Übersetzung von „Geier", wobei er auf die geringe Bedeutung des Adlers im Alten Orient hinweist. Keel gegenüber ist zu ergänzen, daß nicht nur der Falke, sondern auch der נשׁר in den Listen der unreinen Tiere erscheint.

540 3,1 7,11 9,20 16,5.10 19,16 21,5 23,4.12 29,9.23 30,18 31,27.

hinweisen, die schon einmal erwähnt wurde, wonach Ijob sagt: „Wenn ich die leuchtende Sonne sah, wie sie strahlte, den Mond, wie er herrlich dahinzog, wenn heimlich sich mein Herz betören ließ und meine Hand dem Mund (פה) zum Kuß sich bot, auch das wäre ein Verbrechen ..., denn Gott da droben (ממעל) hätte ich verleugnet." Dabei handelt es sich um ein Vonsichweisen sündhafter Verehrung der Gestirngottheiten[541]. Die Frage Gottes an Ijob in 39,27a[542] ist daher eine Frage an Ijob nach seiner göttlichen Vollmacht. מעל verstärkt diese Anspielung, da in diesem Raubvogelabschnitt mehrmals die Höhe als göttlicher Bereich betont wird. Da Gott Einsicht und Befehlsgewalt über die Raubvögel zukommt, wird indirekt auch eine Ablehnung der Gestirngottheiten bzw. eine Unterordnung derselben unter Gott konnotiert, wie es ähnlich auch in 38,7 im Zusammenhang des Jubels des Morgensterne der Fall ist.

In 9,26 verwendet Ijob in seiner Rede das Wort נשר, um seine schnell vergehenden, glücklosen Tage mit der Schnelligkeit des Geiers zu vergleichen[543], der auf Beute stößt. Die Beute in Form von חללים erscheint ebenfalls in dieser Isotopie. Während bei Ijob der zu erwartende Tod konnotiert wird, wird in Gottes Rede die Nachkommenschaft und mithin die Weitergabe des Lebens thematisiert. Der bereits bekannte Leben-Tod-Gegensatz zwischen Ijobs und Gottes Rede existiert also auch auf dieser Sinnebene.

Die Wendung רום קן findet sich nicht mehr im Alten Testament.[544] Das Wort קן spielt erneut auf Ijobs Erinnerung an seine glückliche Vergangenheit an: „So dachte ich: Mit meinem Nest (קן) werde ich verscheiden und gleich dem Phönix[545] meine Tage mehren. Meine Wurzel reiche

541 Vgl. oben die Isotopie (+ Gestirne) und Zatelli 1991, 86–99. Albani 1994, 228 nennt als Beispiel für den „astral definierten Süden" „das Sternbild ‚der große Gott'" und meint, daß diese Vorstellung von jüdischen Rezipienten in die eigene Tradition uminterpretiert wurde, „wonach Gott im Süden auf dem Sinai wohnt, wo er mit seinen Heerscharen (Sterne?) zum Gericht erscheinen wird (1 Hen 1,3f)". – W. W. Müller 1994, 106f, nennt einen altarabischen Beleg, eine Inschrift einer Schwurformel, für die Verehrung einer Geiergottheit, der „auf Höhen Schlachtopfer dargebracht wurden, so daß die Felsen rot wurden vom vergossenen Blut, welches mit dem roten Harz des Drachenblutbaumes verglichen wird."

542 Die Konjunktion אם am Satzanfang hat wie oben in 39,13b frageeinleitende Funktion.

543 Einen Gegensatz zu der Schnelligkeit bietet dieser Abschnitt, in dem von der Bleibe des Geiers (קן, שׁכן, לין) die Rede ist. – Keel 1978, 85 weist auf die Plötzlichkeit hin, mit der die Geier beim Aas auftauchen.

544 Es gibt eine Wortkombination mit מרום in Hab 2,9, in Obd 4 ist von dem Nest בין כוכבים שׂים die Rede und in Jer 49,16 eine Kombination mit dem auch hier in 27a vorkommenden Verb גבה. Zu Obd 4 siehe ausführlich Wehrle 1987, 226–232.

545 Buber übersetzt: „sandgleich mehre ich meine Tage." Die Übersetzung „Phönix" paßt zu „Nest" und diesen Anspielungen, die Lexeme aus der Vogel-

bis ans Wasser, auf meinen Zweigen nächtige (לין) Tau" (29,18f). Die Erneuerung der Jugend wird dem נשׁר auch in Ps 103,5 zugeschrieben[546]. Während Ijob einerseits die Schnelligkeit der vergehenden Tage mit einem נשׁר vergleicht und andrerseits früher auf ein langes Leben in seinem „Nest", mit dem Phönix vergleichend, hoffte, geht es in dieser Rede Gottes im eigentlichen Sinn um den Hausbau des Geiers in der Höhe. Wie Ijob aber keine Befehlsgewalt über den Geier hat, hat er sie auch nicht über seine eigene Lebenszeit. Schon oben im Zusammenhang mit der Geburtszeit der Felsensteinböcke ergab sich eine ähnliche Aussage.

Mit der Inhaltskomponente (+ Örtlichkeit) wird v. a. die Dimension der Höhe deutlich betont durch אבר (26a), גבה (27a), רום (27b), סלע (28a), שׁן סלע (ebd.), die in 29f in die Weite למרחוק (30a) משׁם (29a) und שׁם (30a) übergeht.[547] Die doppelte Verwendung von סלע ist auffällig, ebenso daß nicht צור parallelisiert wird.[548] Der Fels konnotiert Schutz und Sicherheit[549], ebenso מצודה, wie v. a. die Ps-Belege[550] zeigen. Während סלע im Buch Ijob nur hier in Kap. 39 vorkommt, begegnet צור öfter im Ijobbuch[551]. In 19,24 wünscht Ijob, daß seine Worte in den Fels gehauen würden, um Dauerhaftigkeit zu gewährleisten. Letztlich weiß Ijob selbst, wie die folgenden Verse zeigen, daß nur Gott das Attribut der Dauerhaftigkeit zukommt, so wie hier in der Gottesrede die Einsicht und Befehlsgewalt über Falke und Geier Ijob eben nicht zukommen. Weiterhin verwendet Ijob das Wort צור auch, um seine Hoffnungslosigkeit (14,18, vgl. 18,4), seine frühere vermeintliche Sicherheit (29,6) oder Schutzlosigkeit der Frevler (24,8) auszudrücken[552]. Ijobs Auffassungen gegenüber

---

welt verwenden und die auch durch לין unterstrichen werden. Zum Phönix vgl. auch Fohrer 1963, 410.

546 Jes 40,29–31: neue Kraft bekommen und Flügel wie ein נשׁר.

547 Vgl. Wehrle 1987, 219, dort auch Kombinationen mit ישׁב. – Kombinationen von סלע und שׁכן finden sich noch Ob 3 Jer 48,28 49,16 und Jes 22,16, mit שׁן 1 Sam 14,4.

548 Fohrer 1963, 494 nimmt das zum Anlaß סלע ישׁכן als Glosse nach Jer 49,16 zu streichen. Die doppelte Verwendung könnte auch emphatisch auszulegen sein, denn die Höhe spielt hier eine wichtige Rolle. Vgl. oben die Textumgebung von Anm. 119, daß Wiederholungen von Wörtern öfter vorkommen und nicht zwangsläufig einen Einschub anzeigen. Vgl. auch van der Lugts (1995) Untersuchung, nach der die Verbwiederholungen ein Strukturmuster des Textes darstellen.

549 Lang, Fels, NBL I, 665. – Vgl. Keel 1980, 158–161.

550 18,3 31,3.4 71,3 91,2 144,2. Siehe auch auch 1 Sam 5,9 22,4.5 24,22 2 Sam 5,7.9.17 22,2 23,14 1 Chr 11,16 Ez 12,13 13,21 17,20.

551 14,18 18,4 19,24 22,24 24,8 28,10 29,6.

552 Vgl. auch 30,6 Ijobs Rede über die Ausgestoßenen der Gesellschaft, die am Hang der Täler wohnen (שׁכן), in Staublöchern und Felsgeklüft (כף, nur nach Jer 4,29). Nach Keel 1980, 159 dienten Felsen, Türme und höhergelegene Punkte als Überwachung des Gebiets, als Zufluchtsort bei Feindgefahr und auch zur Darbringung von Opfern. Höhlen und Erdspalten werden

betont Gott die besonderen Lebensumstände des Geiers an sich: Auf Gottes Befehl hin[553] fliegt er hoch und baut sein Nest auf sicherem Felsen, – einem Felsen, der vielleicht auch den vor dem Kriegspferd Flüchtigen Schutz bieten könnte[554] – vielleicht eine versteckte Aufforderung an Ijob, auf Gottes Rettung zu warten.

Die Wendung חפר אכל ist singulär im Alten Testament. Sie ist aber synonym zu der Nahrungssuche des Wildesels דרשׁ ירוק und zu den umherirrenden Raben בלי־אכל[555]. Auch in Zofars Mund findet sich das Wort חפר (11,18)[556] in dem Zusammenhang, daß er Ijob rät, sein Herz in Ordnung zu bringen. Dann werde es ihm besser gehen: „Heller als der Mittag erhebt sich (קום) dann dein Leben ... du fühlst dich sicher (בטח, Assoziation an den Fels), weil noch Hoffnung ist, ausfindig machst du[557], wo du sicher ruhst (vgl. hier שׁכן und לין). Du kannst dich lagern, ohne daß jemand dich schreckt und viele mühen sich um deine Gunst, doch die Augen der Frevler (עיני רשׁעים) verschmachten, jede Zuflucht schwindet ihnen, ihr Hoffen ist, das Leben auszuhauchen." Die Rede über die Raubvögel auf dem sicheren Felsen erscheint als eine Gegendarstellung zu Zofars Rede: Wie der Geier sich auf Gottes Befehl hin aufschwingt, so kann Ijob sein Leben eben nicht von selbst erheben. Der Felsen, der die Sicherheit bietet, ist Wohnort des Geiers; von dort spähen seine Augen (erfolgreich) nach Nahrung (אכל), wie auch Ijob vergleichend in 9,26 feststellte. Der Geier als Vertreter der Bösen, der gegenmenschlichen Welt,[558] verschmachtet nicht, wie Zofar von den Augen der Frevler behauptet. Sein Hoffen ist auch nicht dahin, denn er hat Junge[559], die den Fortbestand seiner Art sichern und ebenso wie die jungen Löwen und Raben Hunger haben. Möglicherweise steckt hinter der Anspielung eine harte Kritik an Zofars Rede. In der Rahmenerzählung 2,12 werden, wie hier, עינים und מרחוק in einem Satz kombiniert. Vermutlich besteht auch auf diese Stelle, nach der die ankommenden Freunde Ijob in seinem Leid zum erstenmal sehen, eine Anspielung, in dem die Augen des Geiers

---

eher als gottferner Ort, der Unterwelt nahe betrachtet, während die Höhe die Nähe zu Gott ausdrückt. Ebd. 161.

553 Vgl. Mt 10,29: „Kein Spatz fällt zur Erde ohne den Willen des Vaters".

554 Vgl. die in Anm. 550 genannten Psalmbelege und noch einmal Keel 1980, 159. Vgl. auch ebd. 161 seine Assoziation vom kosmischen Schlußstein, den Gott nach Ijob 38,6 selbst setzt.

555 מצודה ist Derivat von צוד. Ijob verwendet das Wort schon ambivalent 10,16: „Erhebe ich es (mein Haupt) doch, jagst du mich wie ein Löwe und verhältst dich wieder wunderbar gegen mich." – Van der Lugt 1995, 387, sieht eine „thematic inclusio", die mit Löwe und Rabe beginnt und hier mit Falke und Geier endet. Die Nahrungssuche verbindet beide.

556 Vgl. Ijobs Rede 3,21.

557 So übersetzt Buber.

558 Keel 1978, 70f.

559 אפרח erscheint nur viermal im AT: noch Dtn 22,6 (zweimal) und Ps 84,4.

von fern nach Nahrung suchen. In 19,22 beklagt sich Ijob über den Kannibalismus seiner Freunde: „Warum verfolgt ihr mich wie Gott, warum werdet ihr an meinem Fleisch (מִבְּשָׂרִי) nicht satt?“[560]

Die Lexeme עין und דם erscheinen auch in Kap. 16 in Ijobs Klage: „mein Gegner schärft die Augen (עיניו) gegen mich“ (16,9) und „O Erde deck mein Blut (דם) nicht zu, und ohne Ruhstatt (מקום) sei mein Hilfeschrei!“ (16,18) Insgesamt liest sich 16,6–17,1 wie eine niederschmetternde Schlacht[561] gegen Ijob:

10c scharen sich zusammen gegen mich
13a seine Pfeile umschwirren mich
14 Bresche über Bresche bricht er mir, stürmt wie ein גבר gegen mich an
16 mein Gesicht ist vom Weinen rot (mit Assoziation an Blut),

für die er Gott verantwortlich macht: „Gott gibt mich dem Bösen preis, in die Hand der Frevler stößt er mich“ (16,11) – ein weiterer schwerer Vorwurf gegen Gott, der sich bald in eine Hoffnung auf Gott wandelt: „Nun aber, seht, im Himmel (שמים) ist mein Zeuge, mein Bürge in den Höhen (במרומים)“ (16,19). Sowohl bei Ijob als auch in der Gottesrede wird die Höhe thematisiert. חלל[562] erscheint innerhalb dies Buches nur noch in Ijobs Rede 24,12: „Aus der Stadt stöhnen Sterbende, der Erschlagenen Leben (נפש חללים) schreit laut.“ Während Gott von den Geiern auf der Höhe des Felsens spricht, wendet sich Ijob an Gott in der Höhe. Den Erschlagenen, die also bereits tot sind und am Boden liegen (mit der Assoziation an die Unterwelt), droht weiteres Unheil und zwar aus der Höhe, von wo die Geier kommen. Somit wird die Höhe ambivalent zum Heil- und Unheilsbringer, ebenso wie Ijobs Vorstellung von Gott, den er einerseits als einen Feind und dann wieder als seinen Retter ansieht.

Die Aussagen der Gottesrede über die Raubvögel ähneln denjenigen über das Kriegspferd: Der Krieg mit seiner lebensbedrohlichen Gefahr bietet dem Pferd Freude und dem Geier Nahrung.[563] Die Geier nehmen den toten Opfern des Krieges das (zunächst noch) Bleibende, nämlich ihren Leichnam. Wenn Ijob schreit, die Erde solle sein Blut nicht zudecken, damit sein Hilfeschrei ohne Ruhstatt sei (16,19), wendet Gott, auf diese Aussage bezugnehmend, makabrerweise den Blick auf die Gefallenen, deren Blut sozusagen in den jungen Geiern weiterlebt und deren Ort auf der Höhe des Felsens ist. Es zeigt sich einmal mehr, daß, was dem einen schadet, dem anderen zum Leben nützt. Auch in dieser Hinsicht lenkt

---

560 Vgl. den unklaren Sinn von 17,5 in Ijobs Rede und die עין-Belege in Ijobs Mund: 3,1 7,7.8 (zweimal) 10,4.18 13,1 14,3 16,9.20 17,2.5.7 19,15.27 21,8.20 23,29 24,15 (zweimal) 29,11.15 31,1.7.16.

561 Vgl. hier auch die Anspielungen auf die Sinnebene des Kriegspferds und die dortige Schlachtbeschreibung, allerdings anhand anderer Lexeme.

562 91mal im AT, nur zweimal im Buch Ijob.

563 Mende 1994, 274f betont in diesem Zusammenhang die Dunkelheit und Rätselhaftigkeit des göttlichen Wirkens.

Gott Ijobs Blick weg von sich selbst auf das, was für sich existiert, unabhängig davon, ob es für Ijob bedrohlich ist oder nicht. Denn auch hier ist es so, daß die Metaphern, die Ijob verwendet (Blut, Ruhstatt), Gott im eigentlichen Sinn wieder aufnimmt. Die Bedrohlichkeit des Krieges und die Endgültigkeit des Todes der Gefallenen werden in ihrer ganzen Härte thematisiert, aber aus dem Blickwinkel Ijobs herausgenommen und in ihrer Eigengesetzlichkeit und ihrem Eigenleben gezeigt. Die Frage Gottes nach Einsicht über dieses Leben verdeutlicht, daß Gott die Befehlsgewalt über die Raubvögel behält. Somit ist Gott auch der Verursacher, der den Geiern die Leichen zur Nahrung gibt. Diese Aussage des mittelbaren Verursacherprinzips deckt sich mit derjenigen der Rahmenerzählung, nach der Gott dem Satan befiehlt (vgl. פה in 39,27a), Ijobs Leben zu schonen (1,12   2,6).[564]

3.16 Zusammenfassung

Anhand von Inhaltskomponenten und ihren Kombinationen ergaben bestimmte Dominanzen Isotopien oder Sinnlinien, von denen (+ den geistigen Bereich betreffend), weitgehend gemeinsam mit (+ sprachlich äußernd) den ganzen Textabschnitt durchziehen. Verbunden mit Fragen, Imperativen und dem Morphem der 2.m.sg. ergibt sich eine anhaltende Zuwendung an Ijob. Andere Isotopien sind hingegen vorwiegend auf kürzere Textbereiche beschränkt. Die kleineren Isotopien verwenden hier und da Inhaltskomponenten, die sich auch bei anderen Isotopien finden, die also nicht auf eine Isotopie begrenzt sind. Sie variieren in den Kombinationen und Bedeutungen und sorgen für den Fortlauf des Textes. So zeigt sich an den formalen und inhaltlichen Strukturen der Textverflechtungen, daß der Text erstens kohärent ist und zweitens komplementär zu den vorangehenden Dialogen, besonders zu den Ijobreden steht. Daß die Gottesreden die vorangehenden Dialoge ergänzen und vollenden, zeigt sich daran, daß in der Gottesrede Wörter, Wortverbindungen und Synonyme verwendet werden, die schon zuvor in Ijobs-, aber auch in den Freundesreden vorkommen. Die jeweiligen Kontexte verdeutlichen Aussagen der Gottesrede und bestätigen die Einheitlichkeit des Textabschnitts.

Formal und inhaltlich findet sich eine vorausgehende Zusammenfassung in 38,2, in Gottes Vorwurf, daß Ijob den Ratschluß verdunkle. Gott entwickelt dann diesen Vorwurf in den komprimierteren, kürzere Textabschnitte umfassenden Isotopien, indem er Wörter und Motive von Ijobs Reden, aber auch von den Reden der Freunde aufnimmt und sie in

---

564 Auch Spiekermann 1994, 435f, meint, daß der Unterschied zwischen Rahmen und Dialog nicht in „theologischen Problemkonstellationen" liege, sondern an der „Reaktion Ijobs". „Theologisch ist Satan der Schatten Gottes".

einen anderen Kontext versetzt. Während Ijob zur Beschreibung und Klage seines früheren guten und seines gegenwärtigen leidvollen Lebens die ihn umgebenden Phänomene der Welt als Begleiterscheinung in bezug zu sich selbst sieht und sie oft als Vergleich und Metapher verwendet, nimmt Gott diese Phänomene in seiner Rede realiter, d. h. um ihrer selbst willen auf und beschreibt sie in ihrem eigenen, selbstständigen Dasein.

Gott beginnt die Ausgestaltung des Vorwurfs mit der Beschreibung der Gründung der Welt und ihres Inventars und zeigt erstens, daß er es war, der die Welt erschuf und zweitens, daß die Welt schon lange vor Ijob existierte. Die Welt besteht unabhängig von Ijob und Ijob nimmt auch keinen Einfluß auf ihren Fortgang, wie die zweite Isotopie zeigt: Jeder Tag kommt ohne Ijobs Zutun herauf. Wie Ijob die Grenzen eines Tages nicht kennt, kennt er auch nicht die Grenzen eines Menschenlebens, also den Tod. Weiter erfüllen die Wettererscheinungen einen vom Menschen unabhängigen Sinn, Ijob hat ebenfalls auf sie keinen Einfluß, ebensowenig auf die kosmische Ordnung, den Wechsel der Jahreszeiten und das Wetter. Sie alle existieren unabhängig von Ijob und ohne eine Wertung nach gut und böse.

Ähnliches gilt für die Tiere: Gott zeigt sich als Schöpfer und Erhalter des Lebens der Tiere um ihrer selbst willen: Er füttert die Löwen und kennt die Geburtszeit der Hirsche, wobei in Ijob der Gedanke evoziert werden könnte, daß das, was den Tieren geschieht, auch den Menschen gilt. Gott gibt dem Wildesel Freiheit, so daß dieser in seinem Leben glücklich ist und nicht, wie Ijob meint, darben muß. Der Wildstier ist in landwirtschaftlicher Hinsicht nutzlos für den Menschen, die Straußenhenne klagt nicht, wie Ijob meint, sondern ist sorglos und lacht. Nicht Ijob oder sonst ein Mensch ist für die Natur des Pferdes und seine Kraft verantwortlich, sondern Gott. Der Mensch nutzt die Natur des Pferdes für seine Kriegsführung. Das Pferd ist sorglos und der Krieg macht ihm Spaß. Die Brisanz des Themas steigert sich bei der Beschreibung der Raubvögel, die sich u. a. von den Gefallenen des Krieges ernähren.

Die Phänomene der Welt werden unabhängig von ihrer Wertung als gut oder böse und unabhängig von ihrer Nützlichkeit, was hier nicht unterschieden wird, in bezug auf den Menschen Ijob als dem Prototyp des Menschen vor Augen geführt. Gott kennt alle, ordnet alle und bewirkt indirekt Vorgänge, die für einen oder mehrere Menschen negativ sind. Wie sich an Ijobs Antwort 42,1–6 zeigt, wird Ijob durch Gottes Rede nicht niedergetreten (vgl. 9,17a), sondern befreit, insofern er eine andere Sichtweise der Welt erfährt. Trotz der Eigenständigkeit der Phänomene, die lediglich von Gott als ihrem Schöpfer und Erhalter abhängig sind, und nicht von Ijob, wird der Einzelmensch Ijob nicht zur Seite gedrängt, sondern steht dennoch im Mittelpunkt der Rede als ständiges Gegenüber und Gesprächspartner Gottes.

III. TEIL
PRAGMATISCHE NOTIZEN ZU IRONIE UND RHETORISCHEN SPRACHELEMENTEN IN DER GOTTESREDE

In der Literatur zur Gottesrede stößt man immer wieder auf die Aussage, die ganze Gottesrede oder Teile derselben seien ironisch. Es gibt kaum einen Autor, der nicht auf das Thema der Ironie zu sprechen kommt.[1] Die meisten Ausleger, die das Wort verwenden, geben aber nicht an, was sie unter Ironie verstehen und welche Passagen der Gottesrede sie nun genau für ironisch halten. Zwar werden des öfteren 38,2 und/oder 38,3 für ironisch gehalten, aber eben auch ohne Begründung.

- Veronika Kubina[2] sagt im Zusammenhang mit 40,7, dem mit 38,3 identischen Vers der zweiten Gottesrede: „Daß Gott Hiob als Rivalen anspricht, entbehrt nicht der Ironie, wie der Fortgang der Rede beweist. Doch ist dieses Element im Kontext der Gesamtkonzeption nicht vorherrschend." Dennoch spricht sie auch von „ironischen Fragen und Imperativen", mit denen Gott Ijob herausfordert.
- Jürgen van Oorschot[3] schreibt: „Wird hier vielfach ein ironischer Unterton wahrgenommen, so trifft dies sicher darin die Absicht des Textes, daß dieser niemals unterstellt, Hiob wäre in der Lage, der Forderung [von 40,10–14] nachzukommen." Die Bezeichnung „Parodie" durch Stier und „Karikatur" durch Terrien lehnt er ab.
- Henry L. Rowold[4] schreibt zu 38,3: „With a final touch of irony, Yahwe calls on Job not merely to ‚answer' as he offered to do in 13,22, but to ‚inform me'". In der Anmerkung meint er, Ijobs ironischen Antworten an seine Freunde stünde hier die tiefere Ironie des Autors gegenüber.
- Viktor Maag[5] interpretiert die Imperative von 38,4b und 38,18b als „gütige Ironie" und meint so, die Rede (er hält nur die erste für echt) sei in einem Ton „väterlich-freundlicher Überlegenheit" gehalten.
  Viele halten die ganze Gottesrede für ironisch, so u. a. Josy Eisenberg und Elie Wiesel[6].
- James G. Williams[7] meint, mit der Ironie den Interpretationsschlüssel für das ganze Buch Ijob gefunden zu haben[8], so daß sowohl Gott als

---

[1] So Keel 1978. Bei ihm erscheint das Wort auch nicht im Sachregister. Für ihn sind die „rhetorischen Fragen" und „rhetorischen Imperative" maßgebend, bes. 26.29f.

[2] 1979, 80.105.

[3] 1987, 41f.

[4] 1977, 70. – Siehe auch Cheyne 1887, 51.55.

[5] 1982, 120.

[6] 1986, 366.374. Volz 1921, 86: „leisen Unterton der Ironie".

[7] 1971, 231–255, 237ff.

Ijob bloßgestellt würden und sich drei Grundfragen ergäben: „Was ist das wahre Wesen der letzten Wirklichkeit? Was fällt dem Menschen in seiner Selbsterfahrung in der Welt auf? Wie kann man nach der ‚Beantwortung' der beiden ersten Fragen existieren?"[9]

- Auch Katherine J. Dell ist der Meinung, daß die Gottesrede deswegen ironisch sei, weil sie Ijob nicht mitteile, warum er leide[10]. Sie geht sogar soweit zu behaupten, daß eine Ablehnung der Ironie in der Gottesrede einen weiteren Grund dafür biete, daß sie sekundär sei[11]. Da sie eher wertend als beobachtend an den Text herangeht, kann sie schreiben: „His [Gottes] reply is deliberately disappointing and an anticlimax".[12] Außerdem ist es für sie „ironic, that he [Ijob] lays his hand on his mouth despite not having been given an answer"[13].
- Ebenfalls sehr allgemein äußert sich Gisela Fuchs[14]: „Von dem bitteren, tödlichen Ernst, der gerade diese Thematik im Dialog auszeichnet, lassen jedenfalls die Fragen der ersten Gottesrede kaum noch etwas spüren. Ein neuer, ‚ironischer', gelegentlich humorvoller Ton ist unüberhörbar. Wird hier der traurige alte Mythos vom Chaoskampf durch die Überlegenheit göttlicher Ironie gemildert?"
- Zuletzt hat sich auch Gianantonio Borgonovo in einem eigenen Exkurs „L'ironia nel libro di Giobbe" zu dem Thema geäußert und sieht dort eine „valenza dolce dell'ironia". Er stützt sich auf Quintilians antike Dreiteilung der Ironie und auf H. Lausberg, bietet aber keine grundsätzliche Definition, die über eine allgemeine Feststellung hinausgeht und einzelne Aussagen der Gottesrede bewerten kann.

Es wird also deutlich, daß die Aussagen über die Ironie in der Gottesrede insgesamt sehr vage und in sprachwissenschaftlicher Hinsicht nicht untermauert sind.

1. Ironie in der Sprachwissenschaft

Das Wort Ironie kommt von dem griechischen Wort εἰρονεῖα und bedeutet „Verstellung im Reden"[15]. Demnach ist die „Verstellung", also die Verletzung des Aufrichtigkeitsgebots, ein entscheidendes Krite-

---

8 Immerhin gibt Williams als einziger, soweit ich sehe, in der Anmerkung 19 an, auf welche Literatur er sich im Zusammenhang mit der Ironie stützt.

9 So das Abstract ebd. 255.

10 1991, 205f.

11 Ebd. 206.

12 Ebd. 207.

13 Ebd. 208.

14 1993, 25.

15 Bußmann 1990, 355.

rium.[16] In der Sprachwissenschaft hat man herausgefunden, daß mit jeder ironischen Äußerung (Behauptung, Frage, Aufforderung) eine Wertung des Sprechers verbunden ist. Diese Wertung zeigt sich durch den Kontrast zwischen seiner ausgedrückten und wirklichen Einstellung.[17] Um diesen Kontrast erkennen zu können, ist Hintergrundwissen über die individuelle Situation notwendig.

Edgar Lapp[18] präzisiert die Ironie dahingehend, daß er sie als „Simulation zweiter Stufe" beschreibt, eine sprechakttheoretische Konzeption, in der z. B. auch ironische Fragen und Imperative ihren Platz hätten. Danach gibt der Ironiker vor, unaufrichtig zu sein[19]. Insofern ist Ironie nach Lapp eine simulierte Lüge. Zur Unterscheidung von Ironie und Lüge führt er an, daß die Lüge eine „Simulation der Aufrichtigkeit" sei, hingegen sei die Ironie „eine Simulation der Unaufrichtigkeit". Während also „der Lügner eine *propositionale Einstellung* simuliert, simuliert der Ironische eine *sprachliche Handlung.*"[20]

Zuweilen können die sogenannten Ironiesignale zur Interpretation verhelfen. Die Ironiesignale bestehen aus Worten, Gesten oder sonstigen nichtsprachlichen Mitteln[21], machen aber allein eine Äußerung noch nicht ironisch. Besonders bei geschriebenen Texten ist es nicht immer leicht, die Ironie zu erkennen, da sie allein im Text, und zwar auf der Textebene und nicht nur anhand einzelner Worte oder Sätze, bestimmt werden kann.

Beispiel: Draußen regnet es. N. sagt zu P.: „Das ist ja ein schönes Wetter!"

In diesem Text bilden die Situationsbeschreibung „Draußen regnet es" und das Wort „ja" als Ironiesignal gemeinsam die Kriterien, woran der Leser feststellen kann, daß N. eigentlich sagt, daß das Wetter scheußlich ist.

Es hängt also vom Adressaten ab, ob er die wirkliche Einstellung des Sprechers versteht, obwohl auch dann Ironie vorliegt, wenn der Adressat sie nicht versteht.[22] Der Ironiker ist paradoxerweise aufrichtig[23], denn seine wahre Aussageabsicht soll ja vom Adressaten erkannt werden.[24]

---

16 W. G. Müller 1989, 189.

17 Bickmann 1978, 136, ist der Ansicht, daß „eine Behauptung" „nur dann ironisch verwendet werden kann, wenn es auch Fälle gibt, in denen sie nicht ironisch verwendet wird." „Die Wahrheit des betreffenden Satzes, nicht ironisch gelesen, wird als scheinbare Wahrheit zurückgenommen, ohne daß diese durch entsprechende Ausdrücke explizit gefordert würde."

18 1992, 133ff.

19 Ebd. 143.

20 Zum Ganzen ebd. 146.

21 Zu den Ironiesignalen siehe z. B. auch Berg 1978, 87–91; Sowinski 1983, 115; W. G. Müller 1989, 192.

22 Rosengren 1986, 67.

23 Ebd. 63.

24 Ebd. 65.

Eine Lüge wäre hingegen dann gegeben, wenn der Sprecher gar nicht beabsichtigte, die Wahrheit zu sagen.

Der Kommunikationsprozeß hängt immer von beiden Teilnehmern ab, dem Sender/Sprecher/Autor und dem Adressaten/Hörer/Leser. Ob eine Botschaft verstanden wird, liegt also nicht allein in der Macht des Senders. Auch Rosengren schreibt[25]: „Die linguistische Analyse kann aber niemals voraussagen, was genau der Hörer aus einer ironischen Äußerung folgern muß, da dies von der individuellen Situation abhängig ist."

Die Tatsache, daß Ironie (auch die der Gottesrede) oft negativ bewertet wird, liegt daran, daß man meint, der Sprecher lasse es am nötigen Ernst fehlen und mache sich über das „Ironieobjekt" lustig.[26] Das Gegenteil kann der Fall sein, denn der ironische Sprecher setzt Zusammengehörigkeit und gegenseitiges sehr gutes Kennen beim Anderen voraus und betont sie dadurch.[27]

2. Rhetorische und ironische Frage und rhetorische und ironische Aufforderung

Das Problem der Ironie betrifft in spezifizierter Form auch die Fragen und Aufforderungen der Gottesrede. Dabei ist eine Abgrenzung zwischen rhetorischen und ironischen Fragen nach der sprachwissenschaftlichen Literatur nicht eindeutig vorzunehmen. So ist zum Beispiel nicht geklärt, ob eine rhetorische Frage eine Art Oberbegriff zur ironischen Frage darstellt, also ob jede ironische Frage auch eine rhetorische ist.

Jörg Meibauer analysiert rhetorische Fragen als indirekte Behauptungen. Durch „kontextuelle und situative Faktoren" sind sie als rhetorisch feststellbar. Die „Rhetorizität betrifft auch Aufforderungen und Behauptungen."[28]

Othmar Keel hat sich zu diesem Sachverhalt in Bezug auf die Gottesrede schon eingehend geäußert: „Die rhetorische Frage ist (...) keine echte Frage, und zwar weil der, der sie stellt, die Antwort nicht nur schon weiß,

---

[25] Ebd. 65.

[26] Ebd. 68. – Auch Richter 1971, 184, meint, daß „der Verfasser ein Verhältnis der inneren Distanz zu einem Sachverhalt oder Vorgang einnimmt und ihn gleichzeitig abwertet." Anders Lapp 1992, 32: „Ironische Äußerungen werden keineswegs ausschließlich dazu benutzt, jemanden (vor anderen oder sich selbst) bloßzustellen oder lächerlich zu machen ..." Groeben/Scheele 1984, 244, nennen vier verschiedenen „Subkonstrukte von Ironie": „sich wehrende, schützende Ironie, „konstruktiv-kritische Ironie", „liebevolle Ironie" und „Überlegenheit-manifestierende Ironie".

[27] Rosengren 1986, 68. – Schweizer 1986, 98, meint mit Sökeland, daß indirekte Sprechakte „dem Hörer mehr Reaktionsmöglichkeiten und dem Sprecher mehr Rückzugsmöglichkeiten als ihre direkten Entsprechungen" lassen.

[28] 1986, 183f.

sondern sie als völlig evident betrachtet. Die Frageform hat die Funktion, den Gefragten auf diese Evidenz aufmerksam zu machen, ihn dazu zu bringen, diese Evidenz zur Kenntnis zu nehmen, ja sie zu bekennen, oft um ihn dann aufgrund dieses Bekenntnisses zur Annahme einer bestimmten Schlußfolgerung zu zwingen."[29] Im weiteren Sinne werden unter rhetorischen Fragen selbständige Fragesätze verstanden, „die nicht darauf abzielen, daß der Adressat die Frage beantwortet."[30] Insofern kann man sagen, daß die rhetorische Frage keine Fragehandlung vollzieht, sondern eine andere Art der Sprechhandlung. Das kann auch eine Handlung des Bestreitens sein.[31] Rosengren[32] unterscheidet zwar zwischen einer rhetorischen und einer ironischen Frage, aber der Unterschied wird nicht einsichtig.

Edgar Lapp[33] unterscheidet nach der Sprechakttheorie[34] drei Ebenen, auf denen sich Ironie unterschiedlich zeigen kann: die illokutionäre[35], die propositionale[36] und die illokutionär-propositionale Ebene. Die illokutionäre Ironie umfaßt ungefähr das Spektrum, welches Meibauer, Keel, und Rosengren ansprechen, nämlich daß der Sprecher mit seiner Behauptung, Frage oder Aufforderung nicht eben jene ausdrücken möchte. Er gibt es nur vor, er simuliert.[37] Lapp nennt als Beispiel: „Spann doch mal aus! [Wenn jemand den ganzen Tag nichts getan hat]"[38]. Damit drückt der Sprecher aus, daß er gerade nicht den Angesprochenen zur Ruhepause auffordern möchte.

---

29 1978, 29f.

30 Bußmann 1990, 650; Lapp 1992, 101.

31 Berg 1978, 80; vgl. auch Richter 1980, 181 zur möglichen Funktionsverschiebung bei Fragesätzen.

32 1986, 68f.

33 1992, 161ff.

34 Die Sprechakttheorie geht, nach Bußmann 1990, 726–729, auf J. L. Austin (1962) und J. R. Searle (1969) zurück. Sie beruht auf der Auffassung, daß die menschliche Kommunikation nicht auf Wörtern und Sätzen, sondern auf bestimmten Sprechhandlungen beruhe. Insofern ist die Sprechakttheorie „Teil einer umfassenden Handlungstheorie". – Vgl. auch Schweizer 1986, 57.60 sowie die Darstellung der Sprechakte von Irsigler 1990, 167–172 für Dtn 32,1–3.

35 Illokution bezeichnet die Art und Weise des Sprechens z. B. fragen oder behaupten. Sie ist, nach Bußmann 1990, 324, der zentrale Aspekt der Sprechhandlung. Zusammen mit dem propositionalen Gehalt macht sie die Sprechhandlung aus. Die Unterscheidung zwischen illokutionärer Rolle oder Kraft und propositionalem Gehalt stammt von J. R. Searle.

36 Bußmann 1990, 617 definiert die Proposition folgendermaßen: „Proposition ist der den Wahrheitswert bestimmende Kern der Bedeutung eines Satzes, wobei die spezifische syntaktische Form und lexikalische Füllung der jeweiligen Äußerungsform unberücksichtigt bleiben."

37 Lapp 1992, 164.

38 Ebd. 162 (Das Beispiel stammt von Rosengren 1986, 47).

Aber auch wenn Fragen oder Aufforderungen „die zum Ausdruck gebrachte Einstellung haben", können sie ironisch sein.[39] Die Ironie findet sich dann auf propositionaler Ebene und zwar entweder global auf der ganzen Proposition oder lokal auf Teilen der Proposition. Die propositional-globale Ironie entsteht „durch die Beziehung zwischen Illokution und Proposition", die propositional-lokale hingegen existiert „illokutionsunabhängig durch eine propositionsinterne Qualifizierung."[40] Nach Lapps Beispielen scheint die propositional-globale Ironie nur auf Aussagen bzw. Behauptungen anwendbar zu sein. Durch Illokutionswechsel, also durch einen Wechsel zu einer Frage oder Negation wird die Ironie zerstört. Da es in der Gottesrede auch um das Problem geht, ob einige oder alle von Gott gestellten Fragen ironisch sind, wäre zu klären, ob ein Illokutionswechsel der Fragen ebenfalls ironiezerstörend wäre, oder ob propositional-globale Ironie für die Fragen Gottes nicht vorkommt. Lapp nennt für die propositional-lokale Ironie folgendes Beispiel: „Ich schenke dir das Jahrhundertwerk"[41]. Die Ironie bezieht sich nicht auf die Ausführungskundgebung, sondern auf das „Jahrhundertwerk", um auszudrücken, daß es eben keins ist.

Ironie kann sich darüber hinaus sowohl auf illokutionärer als auch auf propositionaler Ebene befinden. Lapp nennt neben anderen folgendes Beispiel: „Vielen Dank für deine grenzenlose Hilfsbereitschaft". Die Ironie besteht, weil a) der Sprecher gar keinen Dank empfindet und b) der Sprecher statt Hilfsbereitschaft schädigendes Verhalten erfahren hat.

Eine ironische Aufforderung wäre nach Rosengren[42], wenn der Sprecher nicht will, daß sein Gegenüber p tut, den Adressaten aber zu p auffordert. Von einem rhetorischen Imperativ spricht Rosengren nicht. Anders hingegen Berg[43]. Er meint, daß eine rhetorische Aufforderung eigentlich zum Ausdruck bringen möchte, daß der Sprecher nicht glaube, daß der Adressat die geforderte Handlung vollbringen kann und sie somit bestreitet. Beide meinen also den gleichen kontrastiven Sachverhalt, aber mit unterschiedlicher Terminologie.

Folgender Auffassung ist Keel[44], der rhetorische Imperative so definiert: „Sie fordern den Angesprochenen dazu auf, etwas zu tun, was keinen Zweck ... oder gar für ihn schädliche Folgen hat (...) oder für ihn undurchführbar ist." Bei einer solchen Aufforderung fehlt allerdings das kontrastive Element, so daß in diesem Fall von Ironie nicht gesprochen werden kann.

Ebensowenig wie bei der Frage gibt es eine klare definitorische und terminologische Abgrenzung zwischen rhetorischer und ironischer Auf-

---

39 Lapp 1992, 163.

40 Ebd. 165.

41 Ebd. 166.

42 1986, 64.

43 1977, 81.

44 1978, 30.

forderung. Die Charakterisierung eines Imperativs als rhetorisch oder ironisch wird ebenfalls erst durch das Hintergrundwissen der Textebene deutlich.

Wenn nach Meibauer neben rhetorischen Fragen auch rhetorische Aufforderungen eine indirekte sprachliche Handlung darstellen, kommt bei ironischen Fragen und Aufforderunngen ein kontrastives Element hinzu, insofern der Sprecher das Gegenteil vom Geäußerten aussagen will. Rhetorische Fragen und Aufforderungen wären deshalb ironischen Fragen und Aufforderungen als übergeordnet aufzufassen. D. h. jede ironische Frage oder Aufforderung ist auch eine rhetorische Frage oder Aufforderung, aber nicht umgekehrt.

Eine andere Art der Ironie ist der Sarkasmus. Sarkasmus kommt von dem griechischen Wort σαρκαξω „zerfleischen" und meint beißenden Spott als „direkten Angriff auf ein Objekt oder eine Person"[45]. Auch Sarkasmus kommt als sprachliche Handlung erst auf der Textebene zustande.

3. Rhetorische Fragen im Textabschnitt Ijob 38 und 39

Nachfolgend sollen zunächst die rhetorischen Fragen aufgezählt werden[46]:

38,2 מי זה[47], 4a.aI, 5a.c, 6a.b, 12a, 16a.b*, 17a.b*, 18a, 19a.aR.bP.b, 22a.b*, 24a.aR1, 25a.b*, 28a.b, 29a.bP.b, 31a.b*, 32a.bP*.b*, 33a.b, 34a.b*, 35a.b*.c*, 36a.b*, 37a.bP*.b, 39a.b*, 41a 39,1a[48], 5a.bP*.b, 9a.b, 10a.b, 11a, 12a, 19a.b, 20a, 26a, 27a[49].

Bei diesen Fragen wird keine Antwort erwartet, denn zwischen den einzelnen Fragen gibt es keine Antworten und es scheinen auch keine Pausen in der Gottesrede vorgesehen zu sein, die Raum für eine Antwort ließen. Falls man sagen könnte, daß Antworten offensichtlich oder vorausgesetzt seien, so müßten die מי-Fragen (ausgenommen 38,2) mit „Gott"

---

45 Rosengren 1986, 70. Vgl. Bühlmann/Scherer 1973, 92f. – Lapp 1992, 109 hält Sarkasmus „in der Regel" für einen „direkten, expliziten Angriff auf eine Person, Institution oder Norm"; er weise „weder auf propositionaler noch auf illokutionärer Ebene eine Dissoziation auf".

46 * bedeutet einen syndetischen Satzanschluß durch ו an einen vorangehenden Fragesatz. Siehe oben, S. 62 mit Anm. 24.

47 Daß hier Ijob gemeint ist, wird durch den Satzzusammenhang mit 38,1 deutlich. Deshalb ist die Frage überflüssig. Vgl. die schon oben erwähnte Funktionsverschiebung bei Fragesätzen, worauf Richter 1980, 181 hinweist. Er nennt neben anderen das Fragepronomen מה, welches u. U. verstärkt durch זה einen Ausruf intendiert. Obwohl in 38,2 das Fragepronomen מי verwendet wird, wäre ein Ausruf, näherhin ein ironischer (vgl. unten) Anruf naheliegend.

48 Zur möglichen asyndetischen Weiterführung der Fragen siehe oben, S. 63 mit Anm. 25.

49 Siehe oben, S. 63 mit Anm. 26.

beantwortet werden, die ה-Satzfragen mit Morphemen der 2.m.sg., welche sich an Ijob wenden, mit „nein", und bei den übrigen ה-Satzfragen und Wortfragen wie על־מה und אי־זה könnte die Antwort nur heißen: „ich weiß es nicht". Da keine Antwort vorgesehen ist bzw. Antworten als offensichtlich vorausgesetzt werden, ist es angemessen anzunehmen, daß der Sprecher gar keine Frage stellen will, sondern nach Meibauer eine Behauptung aufstellt, bzw. eine Aussage macht.

Ähnliches gilt für die nachfolgend aufgeführten rhetorischen Imperative in 38,3a.c, 4b, 18b. Auf diese Fälle trifft Bergs Definitions zu, daß der Sprecher, also Gott, nicht glaubt, daß Ijob diesen Aufforderungen nachkommen kann, und somit Ijobs Fähigkeit dazu bestreitet. Inwieweit die Aufforderungen auch als ironisch bezeichnet werden können, mögen folgende Überlegungen verdeutlichen: Schon oben wurde gezeigt, daß es sich bei dem Imperativ in 38,3a „gürte wie ein Mann deine Lenden" um eine Metapher handelt. Bei den Imperativen „laß mich wissen" in 38,3c und „teile mit" in 38,4b.18b kann man deshalb von Ironie sprechen, weil Ijob gar keine Möglichkeit zum Sprechen eingeräumt wird und zuvor in 38,2 Ijob mehr oder weniger direkt vorgeworfen, den göttlichen Ratschlusses durch Worte ohne Einsicht zu verdunkeln. Somit besteht ein Widerspruch zwischen dem ersten Satz, der Gottes wahre Einstellung zeigt und dem auch deshalb besondere Bedeutung zukommt, und diesen folgenden Imperativen, die einen Kontrast dazu darstellen: Wenn Ijob Unsinn redet, warum soll er dann „wissen lassen", „mitteilen"? Insofern liegt in diesem Widerspruch auch die Wertung, daß Ijob nämlich nichts weiß. Von daher wird deutlich, daß die Aufforderungen keine Aufforderungen im eigentlichen Sinn sind, sondern wie bei den rhetorischen Fragen Aussagen und Behauptungen mit der Botschaft „du kannst mich nicht wissen lassen, du kannst es mir nicht mitteilen". Während die rhetorischen Fragen eher nach Einzelheiten fragen, fassen die rhetorischen Imperative diese zusammen und stellen eine Verschärfung der Behauptung dar, daß Ijob unfähig sei, die Fragen zu beantworten und den Behauptungen nachzukommen.

4. Ironische Aussagen

Der Widerspruch zwischen 38,2 und dem Folgenden betrifft weite Teile der Rede:

38,2 – מי זה, v. a. זה, erweckt den Anschein, als sei eine dritte Person neben Gott und Ijob gemeint, die aber der Situationseinführung in 38,1 entsprechend gar nicht anwesend ist. D. h. der Sprecher simuliert die Gegenwart einer dritten Person. Eigentlich müßte es מי אתה heißen, denn nachfolgend in 38,3a wird Ijob durch den Imperativ sehr direkt angesprochen. Es entsteht also ein Kontrast zwischen der Situationseinführung in 38,1 und מי זה. Wenn man מי זה an Ijob vorbeiredend, ja ihn mißachtend auslegt, könnte man es sogar als Sarkasmus bezeichnen.

Andrerseits schafft Gott durch זה eine Distanz zu Ijob, die es ihm erlaubt, den Vorwurf des Verdunkelns an Ijob auszusprechen. Auf jeden Fall kann man nach Rosengrens Definition den ganzen Vers 38,2 nicht als ironisch bezeichnen, weil Gott ja seine wahre Einstellung nicht verbirgt, sondern gerade hier seine wahre Meinung kundtut, daß Ijob den Rat verdunkelt mit Worten ohne Einsicht. Im Hinblick auf מי זה könnte man lediglich von einer propositional-lokalen Ironie sprechen, da sich Simulation lediglich in diesem Versteil befindet.

38,3a – כגבר: Ijob hat nicht nur von sich selbst als גבר gesprochen, sondern das Wort auch allgemein für die Menschen verwendet. Ebenso taten es Elifas und Elihu. Wenn also das Wort nicht nur für Helden benutzt wird, sondern auch für jeden Mann, so drückt Gott mit der vergleichenden Präpositionsverbindung eigentlich das Gegenteil aus: Ijob wird oder soll mit einem Mann verglichen werden, der er doch eigentlich sowieso ist. Insofern könnte man hier von Ironie sprechen, weil Gott das Gegenteil des Offensichtlichen sagt. Wie זה im vorangehenden Vers könnte man auch dies abwertend auslegen.[50] Die Ironie bezieht sich jedoch nicht nur auf גבר, sondern auf die ganze rhetorische Aufforderung, denn da Ijob krank und schwach ist (2,7 7,5 19,20 30,17.30), steht die metaphorische Aufforderung sich zu rüsten und die Lenden zu gürten im Widerspruch dazu, obwohl Ijob zuvor Kampfbereitschaft signalisiert hat, als er sagte: „Dann rufe, und ich will Rede stehen, oder ich rede und du antworte mir!“ (13,22) und bereit war, seinen „Leib zwischen die Zähne“ zu nehmen und sein Leben zu riskieren (13,14).[51]

38,3b und c – Ich frage dich und du laß mich wissen. Die Aussage Gottes mit der Ankündigung, daß er Ijob befragen will, ist eigentlich keine Simulation im ironischen Sinn dar, denn Gott stellt Ijob ja tatsächlich Fragen. Im weiteren Verlauf der ersten Gottesrede spricht Ijob allerdings nicht und läßt also Gott auch nicht wissen. Es gibt an keiner Stelle ein Zeichen einer Redepause Gottes, welches eine Bereitschaft Gottes zum Zuhören signalisierte. 3c mit der Aufforderung „laß mich wissen“ stellt einen Kontrast zur ganzen folgenden Gottesrede und den beiden Ijobantworten dar, insofern er sich auf eine geforderte und erwartete Handlung Ijobs bezieht, die er nicht erfüllt.

Wie sich nachfolgend zeigt, betrifft dieser Kontrast zwischen dem Ausgesagten und allen folgenden Aussagen den ganzen Text. Wird nun für die ganze erste Gottesrede Ironie postuliert, und der nachfolgende Text zeigt nicht, daß Gottes Aussagen, Imperative und Fragen zutreffen, bzw. daß ihnen nachgekommen wird oder sie beantwortet werden, so muß Gott unterstellt werden, daß er von vorneherein wußte, daß Ijob auf seine Forderung nicht eingehen und seine Fragen nicht beantworten

---

50 Vielleicht steht dahinter auch, daß vor oder während eines Kampfes versucht wird, den Gegner zu demoralisieren.

51 Auch Hayd 1856, 233 hält Vers 3 für ironisch, aber ohne Angabe von Gründen. Ebenso Weiser 1968, 244; Budde 1913, 241.

kann. Das wiederum zeigt, daß Gott Ijob gut kannte, um es wissen zu können. Andrerseits sollte Ijob in der Lage sein, sich selbst und die ganze Situation so einzuschätzen, daß er die Ironie Gottes erkennen kann. Daß er sie erkannt hat, zeigt der Blick über den Textabschnitt hinaus auf die erste Antwort Ijobs.

38,4a.aI ist eine rhetorische Frage, die keine Antwort erwartet. Ihre offensichtliche Abwegigkeit liegt darin, daß Ijob als Mensch mit seiner kurzen Lebensdauer (vgl. Ijobs Rede 14,1: Der Mensch, vom Weib geboren, knapp an Tagen, unruhevoll ...) nicht dabeigewesen sein kann, als Gott die Erde gründete.[52] Durch den Kontrast, daß Gott die Frage stellt, obwohl sie im Hinblick auf die kurze menschliche Existenz abwegig ist, kann man sie als ironisch bezeichnen, denn letztlich simuliert Gott nur eine Frage. In Wirklichkeit macht er eine Aussage: Du warst nicht dabei, als ich (Gott) die Erde schuf. Daher wären 38,4a.aI als Ironie auf illokutionärer Ebene aufzufassen. Die offensichtliche Abwegigkeit der Frage macht aus der rhetorischen eine ironische Frage.

38,4b.c – Durch den Imperativ wird die vorangehende rhetorische Frage in sich vollends ironisch, d. h. auch über den Widerspruch zu Beginn der Gottesrede hinaus, insofern trotz der offensichtlichen Unmöglichkeit der Anwesenheit Ijobs bei der Welterschaffung und der überflüssigen Antwort Ijob dennoch aufgefordert wird, eine Antwort zu geben. Die Bedingung in 4c ändert nichts daran, denn letztlich steht auch sie im Widerspruch zu 38,2.

38,5a – Die rhetorische Frage, deren Antwort so offensichtlich ist, nämlich daß Gott das Maß setzte (wie er auch die Erde gründete. 1.sg. in 4aI!), wird durch die Aussage „denn du weißt es" (38,5b) fortgesetzt. Diese Antwort weiß Ijob, aber sie ist überflüssig, da offensichtlich, denn auch Gott weiß sie. Die Aussage „denn du weißt es" könnte als simulierte gönnerhafte Ermunterung des Gegners ausgelegt werden, ist aber letztlich eine Verstärkung der Ironie, denn die rhetorische Frage ist eigentlich eine Aussage. Würde für 5a.b ein Illokutionswechsel vorgenommen, so daß z. B. 5a als Frage formuliert würden, wäre die Ironie zerstört. Deshalb ist hier von einer Ironie auf propositional-globaler Ebene zu sprechen. Zusammen mit der rhetorischen Frage sind beide für sich noch nicht ironisch, da sie jedoch dem Themavers 38,2 widersprechen und auf die Ironie in 38,4a.aI.b folgen, ist auch 5a.b als ironisch anzusehen. Während nachfolgend 5c und 6b die Frage mit מי einleiten, und diese vielleicht, aber auch überflüssigerweise Ijob mit „Gott" zu beantworten wüßte, könnte Ijob die Frage 6a על־מה nicht beantworten. Aber das ist anscheinend auch gar nicht nötig, denn Gott stellt ja schon die nächste Frage. Es zeigt sich also, daß Gott eigentlich gar nicht fragt, sondern mit den Fragen Aussagen macht, ähnlich wie in dem beiläufigen Nebensatz 4aI. Gott setzte das Maß der Erde, er streckte die Meßschnur

52 Vgl. Spr 8,22–31. – Driver-Gray 1950, 349 betrachten die Verse 7–14 als eine ironische Einladung Gottes an Ijob „to assume Divine attributes".

aus usw. So verwundert es nicht, daß Gott seine Beschreibungsfragen, die ja Aussagen sind u. a. durch Beschreibungsaussagen ergänzt und die nächste Frage, erstmals eine Satzfrage, erst in 12a wieder auftaucht. Diese Satzfrage könnte, wenn sie nicht rhetorisch wäre, mit ja oder nein beantwortet werden. Doch in ihrem Inhalt knüpft die Frage an 4a.aI an und ist ebenso wie diese absolut überflüssig angesichts der kurzen menschlichen Lebenszeit. Vollends ironisch wird es durch die sich anschließende Aussage „du kennst das Morgenrot, seinen Ort" (38,12b). Ijob kennt ihn nicht (vgl. 38,2), aber Gott behauptet hier das Gegenteil. Durch den Kontrast zu dem, was Gott wirklich meint, nämlich: Ijob kennt den Ort der Morgenröte nicht, liegt hier eindeutig Ironie vor, zumal dies unter der Bewertung steht: Ijob weiß es nicht, denn er verdunkelt den Ratschluß. Wie in 38,5b wird hier durch die an eine Frage anschließende Aussage die Ironie verstärkt. Allerdings ist es hier Ironie auf propositional-lokaler Ebene, denn auch als Frage formuliert bliebe die Ironie erhalten.

Die nächste Beschreibungsfrage in Form einer Satzfrage erscheint erst in 38,16a, dazwischen liegen Beschreibungsaussagen. Hier gibt es den schon auf der Ausdrucksseite beschriebenen Fall einer Frage mit folgender mit ו syndetisch angeschlossener Aussage. Die dort vermutete Doppelfunktion von Frage und Aussage bestätigt sich hier insofern, als die Fragen ja keine echten Fragen sind, sondern eigentlich Beschreibungsfunktion besitzen, um Ijob etwas zu zeigen. Außerdem gehen die Fragen teilweise in Beschreibungen über. So ist auch 16b eine Frage, weil sie im Gefolge von 16a steht, aber formal eine Aussage, wie es sie ja eigentlich (pragmatisch) auch 16a ist, denn Ijob kam nicht zu den Quellen des Meeres und wandelte nicht auf dem Grund der Urflut. Das gleiche gilt für 38,17a.b. An sich sind diese rhetorischen Fragen nicht zwingend ironisch, aber da sie inhaltlich kontrastieren zu der Aussage, daß Ijob den Ratschluß mit Worten ohne Einsicht verdunkelt und den Fragen nach Ijobs Einsicht, müssen sie dennoch als ironisch bezeichnet werden. Denn könnte Ijob diese und die folgenden rhetorischen Fragen bis 18a bejahen, gälte 38,2 nicht mehr.

38,18,a als inhaltlich zusammenfassende Frage von 16a bis 17a steigert somit die Ironie. In 18b.c handelt es sich um eine fast wörtliche Wiederholung von 38,4b.c הגד אם־ידעת. Allerdings steht an letzter Satzposition כלה, so daß sich aus inhaltlichen Gründen durch den allumfassenden Anspruch eine weitere Steigerung der Ironie ergibt.[53] Hier wie dort steht die Bedingung im Widerspruch zu 38,2.

Während der ganze Vers 38,19 mit der Frage „wo ist ..." (nur) im Widerspruch zu 38,2 steht, kann man die Aussagesätze von 38,20 und 21 in sich selbst als ironisch bezeichnen, denn dabei handelt es sich um Behauptungen, nicht um rhetorische Fragen: daß Ijob die Finsternis in ihr

---

53 Auch oben, S. 183, wurde ein Kristallisationspunkt aus kontextuellen und isotopischen Gründen festgestellt. Weiser 1968, 246 findet in 38,21b.21 eine „bitter ironische Remniszenz".

Gebiet nehme und die Pfade zu ihrem Haus kenne, denn er sei damals geboren worden und die Zahl seiner Tage sei groß. Dies widerspricht offensichtlich dem Aufrichtigkeitsgrundsatz, wie anhand des allgemeinen Hintergrundwissens um die Grenzen der menschlichen Existenz erkannt werden kann.

38,21b.c schlagen einen inhaltlichen Bogen zu 4a.aI, zu der ersten Frage Gottes, wo Ijob zur Zeit der Gründung der Erde war, also nach der Vergangenheit, der Urzeit. Auf der Ausdruckseite zeigte sich der Zusammenhang in der Verwendung derselben Verbformation. Während aber Vers 4 eine Frage ist, ist es in V 21b.c als Feststellung formuliert und dadurch ein ironischer Höhepunkt, denn Gott stellt hier eine offensichtlich falsche Behauptung auf, die nicht nur Ijob, sondern eigentlich jeder als falsch betrachten muß.[54] Dieser ironische Höhepunkt hat auch auf der Ausdrucksebene sein Pendant, denn an dieser Stelle fallen die beiden Vergangenheiten zusammen und werden nachfolgend nicht mehr getrennt.

In 38,22 wiederholt sich das Schema der Fragen bzw. Aussagen von Vers 16: Satzfrage und mit ו syndetisch angeschlossener Satz mit dem Doppelcharakter Aussage-/Fragesatz. Das Auftreten dieses Phänomens wurde oben bei den rhetorischen Fragen mit * bezeichnet. Im Hinblick auf die Ironie gilt zwar zunächst wie in 38,16 der inhaltliche Widerspruch zu 38,2, jedoch wird sie durch den folgenden Vers 38,23 zurückgenommen, denn der relative Aussagesatz unterstreicht, daß 22a.b eigentlich ebenfalls eine Aussage machen, indem Gott selbst eine Art Antwort auf die rhetorische Frage gibt und somit teilweise Einsicht vermittelt, die Ijob in 38,2 abgesprochen wird.

In 38,24a wiederholt sich die Frage אי זה הדרך von 19a. In aR1 geht es, wie oben, um das Licht. Hier wie dort besteht der Widerspruch zu 38,2. Wäre 38,24aR1 als Aussage formuliert, und diese steckt ja hinter der rhetorischen Frage – nämlich: es gibt einen Weg, wo das Licht verteilt wird – wirkte sie ironiezerstörend. Nach Lapps Definition wäre dann dieser Satz auf propositional-globaler Ebene ironisch. Der folgende Relativsatz als beschreibende Aussage „der Ostwind zerschlägt auf der Erde" nimmt auch hier die Ironie zurück.

38,25a fragt nach der Person, die einen Wassergraben für die Flut furcht und einen Weg für die Gewitterwolke und paßt zum Charakter von 38,6b, der letzten מי-Frage. Auch diese Frage ist überflüssig und müßte mit „Gott" beantwortet werden, wenn sie ernst gemeint wäre. Daß auch sie eher den Charakter einer Beschreibung hat, zeigen die sich ebenfalls anschließenden Beschreibungsverse 26 und 27.

Weitere rhetorische מי-Fragen gibt es in 38,28b.29a.bP.b. Die Fragen sind dort inhaltlich verbunden mit der Geburt wasserhaltiger Naturphä-

---

54 Zenger 1981, 44 nennt 38,21 als Beispielsatz, wenn er schreibt: „Der ganze Fragenkatalog ist gestaltet mit dem Stilmittel der Ironie" und weiter formuliert: „Es wirkt wahrhaft ironisch, wenn Gott die Einsicht Hiobs in die verborgensten Tiefen des Daseins anerkennend bestätigt". – Delitzsch 1902, 85 hält 21b für „sarkastisch". König 1929, 404 stellt bei Vers 21 „hochgradige Ironie" fest.

nomene und in 38,37a.bP.b mit der Herkunft des Niederschlags, in 38,41a mit der Futterbereitung des Raben und in 39,5a.bP.b mit der Freilassung von Zebra und Wildesel.[55] Auch wenn das Fragewort nach einer Person fragt, ist die Antwort – hier wäre „Gott" vorausgesetzt, Ijob könnte nicht mit „ich" antworten – unwichtig, da eigentlich die Beschreibung der Phänomene im Vordergrund steht und somit Ironie auf illokutionärer Ebene festzustellen ist. Dafür spricht auch, daß all diesen genannten Stellen Beschreibungsverse folgen. Mithin kann man sagen, daß die Beschreibungen die Ironie in den Hintergrund rücken, denn dort simuliert Gott weder eine Sprachhaltung (z. B. eine Frage oder Aufforderung), noch eine inhaltliche Überzeugung, sondern stellt die Dinge dar, wie sie sind.

Deshalb ist nicht so sehr der Inhalt der Fragen selbst als ironisch zu bezeichnen, sondern vielmehr die Tatsache, daß Gott Ijob überhaupt nach den Dingen fragt, steht im Widerspruch zu 38,2 mit dem Vorwurf Gottes, Ijob verdunkele den Ratschluß. Somit sind also nur die Fragen und Aufforderungen an Ijob als ironisch anzusehen, nicht die Beschreibungsabschnitte.

Als etwas stärker ironisch als die מי-Fragen sind die ה-Satzfragen anzusehen, in denen das Verb das Morphem der 2.m.sg. besitzt und auf Ijob verweist. Während das Fragewort מי sich aufgrund der fehlenden 2.m.sg. von Ijob entfernt, indem vielleicht auch eine dritte Person gemeint sein könnte, weisen diese Satzfragen direkt auf Ijob hin: 38,31a.32a.33a.34a.35a.39a 39,1a.10a.11a.12a.19a.b.20a (in 26a befindet sich das Morphem der 2.m.sg. an dem Substantiv בינה)[56], als wenn ihm die jeweiligen Fähigkeiten (binden, hervorbringen, erkennen) über den Himmel und die Gestirne, Befehlsgewalt über Wettererscheinungen, Jagdglück für die Löwen, Obhut über die Geburt der Steinböcke, Vereinnahmung der Kraft des Wildstieres für die Landwirtschaft und Verleihung der Kriegspferdfähigkeit zugetraut würden.

Diese Art Fragen sind nicht nur durch ihren Widerspruch zu 38,2, sondern auch durch sich selbst in ihrem offensichtlichen Kontrast zur menschlichen Welt ironisch.[57] Zu dieser Art gehören auch Aussagesätze (teilweise direkt auf die Fragesätze folgend), in denen an den Verben oder Substantiven Morpheme der 2.m.sg. existieren und die sich auf Ijob beziehen. Dazu gehören (neben den schon behandelten ה-Satzfragen 38,12a.16a.17a.18a.22a) 38,12b, 16b*, 17b*, 31b*, 32bP*, b*, 34b*, 35c (Morphem der 2.m.sg. an dem selbständigen Personalpronomen ל), 39b*, 39,1b.2a.b. Bei den folgenden Belegen findet sich das Morphem jeweils an Substantiven: 39,9b.11c.12b.27a. Auch 38,20a.b.21a.b.c gehören dazu, die oben als stark ironisch erkannt wurden.

---

55 Übrigens sind alle Pendenskonstruktionen, bis auf 38,19bP.b, mit dem Fragepronomen מי verbunden.

56 Die Belege vor 38,31 wurden schon oben dargestellt.

57 Eine Ausnahme bildet 38,28a, da es kein Morphem der 2.m.sg. gibt.

In allen diesen Sätzen wird Ijob auf folgende Fähigkeiten hin simulierend befragt oder sie werden über ihn ausgesagt: den Ort der Morgenröte erkennen, auf dem Grund der Urflut wandeln, die Tore der Finsternis sehen, die Fessel des Orion lösen, die Löwin (= Sternbild) zu ihren Jungen führen, die Schrift des Himmels auf die Erde setzen, dem Wasserschwall befehlen, zu den Blitzen sprechen, die Gier der jungen Löwen stillen, das Kreißen der Damhirschkühe bewachen und deren (Schwangerschafts-)Monate zählen sowie deren Gebärzeit kennen.[58] Da dies der menschlichen Wirklichkeit widerspricht und sowohl Gott als auch Ijob das wissen, sind diese Aussagen in sich, aber auch im Hinblick auf 38,2 als ironisch zu betrachten.[59]

Sätze, die als Aussagen ohne ein Morphem der 2.m.sg. an Ijob gerichtet sind, können nicht als ironisch bezeichnet werden, da sie ganz im Fluß der Beschreibung stehen.[60] Hier wird das Frage- (und Antwort-?)Spiel mit Ijob vernachlässigt und wie unbewußt stellt Gott seine wahre Einstellung dar, die Beschreibung der Welt, die er schuf. An einigen dieser Stellen findet sich auch das Morphem der 1.sg., wo Gott von sich selbst spricht. Vor allem in Kap. 39 sind die Passagen ohne Anreden an die 2.m.sg. länger, so daß auch dort die Ironie zurückgenommen ist.

5. Zusammenfassung

Bis auf einige beschreibende Sätze ohne Anrede an Ijob bedient sich die erste Gottesrede über weite Strecken des Mittels der Ironie. So vor allem in Kap. 38 und mit abnehmender Tendenz in Kap. 39. Schlüsselvers dazu ist 38,2, wo Gott seine wahre, ehrliche Meinung über Ijob zeigt, der aber die folgenden Fragen, Imperative und Beschreibungen von Ijobs Fähigkeiten widersprechen. Dieser Widerspruch ist als wichtigstes Ironiesignal zu werten. Die Ironie zeigt, daß Gott Ijob wegen seiner falschen Weltbetrachtung tadelt, indem er Ijobs Erkenntnisfähigkeit bestreitet und ihm gleichzeitig beschreibend die Welt in ihrer Vielfältigkeit, Geordnet- und Rätselhaftigkeit vor Augen führt. Wie ist die Ironie zu bewerten? Ist sie als väterlich-gütig zu interpretieren, wie Viktor Maag meint, oder als unverschämte Machtdemonstration Gottes negativ zu bewerten, wie

---

58 Die Belege 39,9b.11c.12b.27a mit dem Morphem der 2.m.sg. sind an folgenden Substantiven: Ijobs Krippe, Ijobs Arbeit, Ijobs Saat und Ijobs Befehl.

59 Dies gilt für Frage- und Aussagesätze. Werden die Sätze negiert, wird die Ironie zerstört.

60 Aussagen ohne Anreden an die 2.m.sg.: 38, (3b ist zwar nicht ironisch zu werten, besitzt aber dennoch ein ePP der 2.m.sg.)4aI.7vI.a.8a–11d.13vI–15b.23vR.24aR2.25b.26vI–27vI2. (28a ist nicht als ironisch zu werten, denn es gibt keine Anrede an die 2.m.sg., aber dennoch eine Frage [היש]).30.a.b.35b–d. 38vI.a.40a.b.41b.c 39,3a–4d.6a.b.7a–8b.9b.13a–18b.20b–25c.26b.27b–30c.

Jung[61] und Bloch[62] auslegten? Obwohl der Text gewisse Interpretationsnuancen offen läßt, kann gesagt werden, daß der Text die Funktion hat, Ijob davon zu überzeugen, daß er eine falsche Weltsicht und eine falsche Sicht von Gottes Wirken in der Welt hat und Gott ihm gleichzeitig eine andere Welt- und Gottessicht vermitteln will.[63] Ein Blick auf die Antworten Ijobs bestätigt dies, insofern, als Ijob sich von Gottes Standpunkt überzeugen läßt und keine weitere Gegenposition vertritt.

Würde der Text nicht das Stilmittel der Ironie verwenden und nur ernstgemeinte Aussagen treffen, wie z. B. „Ijob, du verdunkelst den Ratschluß, du könntest mir die folgenden Fragen nicht beantworten, du warst nicht dabei, als ich die Erde gründete, du hast nicht ihr Maß gesetzt, du hast nicht den Grundstein gelegt" usw., so würde der Gedankengang sehr schnell als langweilige Aufzählung verblassen und an Ausdruckskraft einbüßen. Die Ironie zeigt sich als künstlerisches Mittel, welches die Hinwendung Gottes zu Ijob aufrechterhält und ihm eindringlich seine falsche Weltauffassung zeigt.

---

61 „Jahwe denkt weder daran, seinen Sohn, von dem er sich überreden ließ, zur Verantwortung zu ziehen, noch fällt es ihm ein, durch eine Erklärung seines Verhaltens Hiob wenigstens eine gewisse moralische Genugtuung zu gewähren. Vielmehr fährt er mit seiner Allmacht im Gewitter daher und donnert den halbzertretenen Menschenwurm mit Vorwürfen an". C. G. Jung 1990, 23.

62 Vgl. das Zitat Blochs in der Einleitung Anm. 7.

63 Zenger 1981, 44: „Aber die Ironie zielt nicht darauf ab, Hiob lächerlich zu machen. Diese Gottesrede will vielmehr in ihm erreichen, daß er sich noch einmal des Ernstes, des Anspruchs und letztlich auch der Unmöglichkeit seiner Worte bewußt wird. Diese Gottesrede stellt ihn vor die äußerste Entscheidung, ob er seine maßlose Forderung aufs letzte durchhalten will, um daran zu zerbrechen". Nach dem Vorschlag von Groeben/Scheele 1984, 244 wäre hier vielleicht eine Mischform zwischen „konstruktiv-kritischer" und „Überlegenheit-manifestierender Ironie" anzunehmen.

„Kennst du die Welt?" – Gottes Antwort an Ijob
Zusammenfassung und zentrale theologische Aspekte

Gott antwortet und spricht zu Ijob. Die große Bedeutung dieses Faktums ist immer wieder von Exegeten betont worden, auch von denjenigen, die der Ansicht waren, Gott rede an Ijob vorbei oder der Inhalt der Reden sei unwichtig.

Durch die Antwort an Ijob tritt Gott aus seiner Verborgenheit heraus und zeigt, daß er den Inhalt des vorangegangenen Dialogs Ijobs mit seinen Freunden kennt.[1] Die Tatsache der Antwort zeigt darüber hinaus, daß Gott sich demjenigen Menschen offenbart, der nach ihm sucht.[2] Gott begnügt sich nicht mit einer für Ijob mystischen Schau seiner Gottheit. So wie Ijob sich mit Worten mit konkreten Inhalten an ihn wendet und nicht in meditativer Versunkenheit Gott sucht, so reagiert auch Gott mit Worten und inhaltlichen Aussagen.

Anhand der vorgenommenen synchronen Textanalyse der ersten Gottesrede zeigte sich ein hinter der Komposition des Ijobbuches stehendes theologisches Konzept: Durch die gegensätzlichen Inhalte der Dialoge und der Gottesreden werden in der Gottesrede theologische Aussagen deutlich. Nachfolgend läßt sich also über die erste Gottesrede festhalten:

Gott redet nicht an Ijob vorbei, sondern im Gegenteil, er spricht ihn durchgehend an und zwar besonders zu Anfang so häufig, daß es einen eindringlichen Charakter bekommt. Die Verwendung der 2.m.sg. und der Imperative, aber auch anderer zu Beginn konzentrierter Formelemente verdeutlichen dies.[3] Dem widerspricht nicht, daß sich die Gottesrede des Mittels der Ironie bedient und die Eindringlichkeit der Anrede an Ijob verstärkt.

Als Textthema ergibt sich: Kennst du die Welt? Anhand der Wortstatistik und der grammatischen Phänomene zeigten sich die Leitwörter ידע und ארץ sowie die vorherrschenden grammatischen Phänomene der Frage und der 2.m.sg. Auch unter textsemantischen Gesichtspunkten durchziehen die beiden Sinnebenen (+ den geistigen Bereich betreffend) und (+ sprachlich äußernd) – im Gegensatz zu den anderen Sinnebenen, die kürzere Textpassagen einnehmen, den ganzen Textabschnitt.

---

1 Auch Kubina 1979, 146, ist der Ansicht, daß Gott während der Freundesgespräche anwesend gewesen sei.

2 Die Tatsache, daß Gott aber auch zu den Naturphänomenen Meer und Blitzen spricht, nimmt der Anrede an Ijob die Exklusivität und zeigt, daß Ijob wie alle Naturphänomene ein geschaffenes Wesen ist. Die Raben wenden sich an Gott, aber eine Antwort an sie findet sich nicht. Ijob erfährt die längste aller Antworten.

3 Siehe Keel 1978, 21, der darauf hinweist, daß zur persönlichen Begegnung das Angesprochenwerden gehört.

Die Sprache, genauer gesagt der Dialog mit Worten hat eine herausragende Stellung im Text. Das zeigt sich an der schon genannten durchgehenden Sinnebene (+ sprachlich äußernd) und an den Anspielungen Gottes auf Ijobs Reden mit Wörtern, Wortverbindungen und Synonymen.

Daraus ergibt sich auch, daß die Gottesrede nicht allein und isoliert für sich zu betrachten ist. Sie ist ein Pol des Dialogs zwischen Gott und Ijob, der nicht ohne den anderen Pol, also Ijobs vorangegangene Reden gesehen werden kann. Die gegenseitige Aufeinanderbezogenheit zeigt sich eben in den sprachlichen Anspielungen und den sich daraus ergebenden gegensätzlichen Auffassungen. Insofern ist das Buch Ijob ein literarisch durchkomponiertes Kunstwerk.

Gott und Ijob haben unterschiedliche Standpunkte. Ijobs Problem liegt nicht nur in der Gottesferne[4], sondern in der Art und Weise, wie er angesichts seines Leidens Gottes Verhältnis zu sich und zur Welt beurteilt.[5] Da es Ijob schlecht geht, beurteilt er auch die ganze Welt samt ihrem Schöpfer als schlecht. Alle Phänomene, die Gott in seiner Rede nennt, hat bereits Ijob in seinen Reden metaphorisch oder vergleichend verwendet. Ijob benutzt sie zur Schilderung seiner menschlichen Lage. Indem Gott sie aufgreift, nimmt er sie aus der metaphorischen „Fessel" heraus und setzt sie frei, also schildert die Dinge in ihrem eigentlichen Sosein. Sozusagen als „Retourkutsche" verwendet Gott Ijobs Mann- bzw. Menschsein zu Beginn seiner Rede (38,3) metaphorisch, in dem Sinn, als sich Gott vor seine nicht-menschliche Schöpfung stellt, indem er sie „objektiv" beschreibt, und die menschliche Schöpfung durch „gürte deine Lenden wie ein Mann" metaphorisiert. Gott kritisiert damit, daß Ijob die übrige Schöpfung „metaphorisch vereinnahmt", indem er sie nur in bezug zu sich selbst betrachtet.

Der leidende Mensch Ijob fällt ein Urteil über die Welt aus seiner menschlich zentrierten Sicht[6], aber Gott weist dieses Urteil mit dem Mittel der Ironie zurück und fragt ihn, ob er wirklich die Welt kennt. Dabei führt er Ijob die Geheimnisse der Welt vor Augen, die Ijob gerade nicht kennt.

Aber was hat das mit Ijobs persönlichem Schicksal zu tun? Während Ijob aus seinem menschlichen Zeitgefühl und von seinem persönlichen Leid auf die Allgemeinheit der Welt Rückschlüsse zieht – siehe dazu den sehr ironischen Vers 38,21 in Gottes Antwort: „Du weißt es, denn damals

---

4 So meint Kubina 1979, 149: „Nicht Leid und Schmerz an sich, sondern die Gottesferne, der sich der Gerechte in diesem Leiden ausgesetzt fühlt, bilden seine Anfechtung."

5 Siehe dazu Ijob 14,21.24: „Zieh deine Hand von mir zurück; nicht soll die Angst vor dir mich schrecken." „Warum verbirgst du dein Angesicht und siehst mich an als deinen Feind?" und 9,24: „Die Erde ist in Frevlerhand gegeben, das Gesicht ihrer Richter deckt er zu. Ist er es nicht, wer ist es dann?"

6 Vgl. Kuhl 1954, 310, „Hiob [hatte] im Dialog ... seinen einseitig anthropozentrisch orientierten Standpunkt vertreten und sich als Haupt und Ziel der Schöpfung gefühlt".

wurdest du geboren und die Zahl deiner Tage ist groß" –, setzt Gott genau an diesem Punkt an und führt ihm die Allgemeinheit oder Ganzheit der Welt und seines göttlichen Handelns an ihr vor. Damit will er Ijob dazu veranlassen, den umgekehrten Weg zu gehen, nämlich von der Allgemeinheit auf sein persönliches Leben zu schließen. Obwohl Gott fast nirgends explizit sagt: „Ich habe dich erschaffen (mit Ausnahme von 40,15 in der zweiten Gottesrede), „ernährt, den Lauf deines Lebens erhalten, dir Freiheit, Lebensfreude usw. gegeben und kann es weiterhin geben"[7], soll Ijob sich als ein Geschöpf neben den anderen begreifen und wie diese durch Gott sein Leben erhalten und bewahrt wissen.[8] Die Aufforderung an Ijob, vom Allgemeinen auf sein privates Leben rückzuschließen, zeigt sich durch die Verknüpfung der Weltphänomene mit den ständigen Anreden an Ijob durch die 2.m.sg. und eine Bewegung des Textes von der Vielheit zur Vereinzelung: Gott beginnt mit der Frage, wo Ijob bei der Erschaffung der Welt (ארץ ist Leitwort der Substantive) war. Dann werden die vielen verschiedenen unbelebten Naturphänomene dargestellt und anschließend zehn verschiedene Tierarten. Die zweite Gottesrede handelt dann nur noch von zwei weiteren Tieren, Behemot und Leviathan. Der Mensch Ijob, der einzelne, ist während beider Reden präsent. Ihm gilt die Rede (2.m.sg.), so daß sich formal ein Rückschluß vom Allgmeinen auf sein privates Einzelschicksal legitimiert.

Der erste Satz von Gottes Rede nennt den Hauptvorwurf an Ijob, er verdunkele den Ratschluß, d. h. er behauptet, die Welt sei schlecht. Anhand von Gottes Anspielungen auf Ijobs Reden zeigte sich, daß Ijob sehr oft in Zusammenhängen spricht, die von vergangenem, gegenwärtigem und bevorstehendem Leid handelten mit dem Tod als Zielpunkt.[9] Gottes Rede setzt dagegen die Naturphänomene in ihrer Lebendigkeit und in seiner Fürsorge für die Erhaltung dieser Lebendigkeit. Ganz pauschal kann man auch sagen, daß Gott die Welt in ihrer Lebendigkeit darstellt. Es ergibt sich also ein Gegensatz von Leben und Tod innerhalb der beiden Standpunkte. Dieser Gegensatz zeigt sich schon in den Begleitumständen von Gottes Erscheinen, ehe er ein Wort an Ijob gerichtet hat: Gott tritt Ijob im Sturm nicht nieder, sondern er antwortet ihm.

Die abstrakt pauschale Frage: „Warum gibt es das Böse in der Welt?" stellt Ijob nicht. Dennoch findet sich die Frage „warum", מדוע, auch in Ijobs Mund. Er fragt, warum er geboren wurde (3,12), warum die Frevler

---

7 Insofern ist Kubina 1979, 157, Recht zu geben, wenn sie den Dichter einen „Meister des ‚Unausgesprochenen'" nennt.

8 Vgl. in der Rahmenerzählung Gottes Anweisungen an den Satan: „nur gegen ihn selbst streck deine Hand nicht aus" (1,12) und „nur schone sein Leben!" (2,6). Auch darin zeigt sich möglicherweise ein Argument für die These, daß die Gestaltung der Rahmenerzählung vom selben Dichter wie dem der Gottesrede stammt. Siehe auch Keel 1978, 158 Anm. 427.

9 Ijobs Metaphern könnte man auch als Todesmetaphern bezeichnen. Ijob verwendet die sich dem Tod zuneigenden Lebenselemente für sein Urteil über die Schlechtigkeit von Gott und Welt.

am Leben bleiben, alt und stark an Kraft (21,7) und warum der Allmächtige keine Fristen bestimmt habe (24,1, vgl. auch 21,4). Auf die letzte Frage antwortet Gott ihm z. B. anhand der Grenzsetzung des Meeres (38,8–11), daß er sehr wohl Fristen bestimmt hat. Die Frage, warum Ijob geboren wurde, erfährt keine konkrete Antwort, er kann nur aus Gottes Darstellung rückschließen, z. B. aus der Geburtsbeschreibung der Hirsche, daß Gott Geburtsvorgänge bewacht und somit ein Interesse am Dasein von jungem Leben hat. Das gilt für junge Hirsche, aber auch für Ijob und für die Frevler, nach deren gelungenem Leben er fragt. Zusammenfassend könnte man dies mit Mt 5,45: „denn er läßt seine Sonne aufgehen über Guten und Bösen, und er läßt regnen über Gerechte und Ungerechte." Indirekt fordert Gott also Ijob zu einer toleranteren Haltung von leben und leben lassen auf.

Die Existenz des Bösen in der Welt bestreitet Gott nicht. Das zeigt sich neben der Auswahl der Weltphänomene vor allem in den Darstellungen von Kriegspferd und Raubvögeln, wo von Menschen (Krieg) und von der Natur (Fressen der Raubvögel) bewirktes Übel beschrieben wird. Der Theodizee setzt Gott sozusagen eine ironische Anthropodizee entgegen. Sie zeigt sich in 38,3: „Gürte deinen Lenden wie ein Mann, ich frage dich und du antworte mir", indem der Mensch aufgefordert wird, seinen Vorwurf, die Welt sei schlecht, zu rechtfertigen.[10] Erst wenn der Mensch Gottes hier gestellte Fragen beantworten könnte, weil er z. B. dabei war, als Gott die Welt erschuf, hätte er ein Recht zu der Frage nach dem Warum des Bösen. Ironisch ist diese Anthropodizee deshalb, weil der Mensch die Geheimnisse der Welt nicht ergründen kann und ihn eine Antwort auf die Frage überfordert.

Die Antwort Gottes ist verschiedentlich in Beziehung zum Buch Genesis betrachtet worden, zumal in 38,8aI eine Anspielung auf den Paradiesfluß Gihon (Gen 2,13) zu finden ist. In Gen 2,15 wird der Baum der Erkenntnis zur Unterscheidung von Gut und Böse erwähnt, eine Eigenschaft, die nach der Rede der Schlange eine göttliche ist (Gen 3,5). Friedrich V. Reiterer formuliert dazu: „Der Baum der Erkenntnis will die umfassende Zusammenschau, wie sie einem Menschen einfach nicht möglich ist, versinnbildlichen. Kann man über diese Dimensionen eigenmächtig verfügen, kann man auch festsetzen, was gut und böse ist. Ein Mensch legt fest, wie die Qualität einer Tat usw. im Rahmen des schöpferischen Gesamtzusammenhangs zu bewerten ist! ... Danach greift der Mensch nach der Verfügungsgwalt über die gesamte Schöpfung und verdrängt damit den Schöpfer aus seiner Position."[11] Dadurch, daß der Mensch im Sündenfall die von Gott gesetzte Grenze überschreitet, um so

---

10 Es sei ausdrücklich darauf hingewiesen, daß Gott sich nicht gegen die Klage als solche wendet. Er wehrt sich nur dagegen, daß persönliches Leid verallgemeinert wird.

11 Vgl. Reiterer 1983, 22.

klug (שׂכל) zu sein wie Gott, erfährt er seine eigene Begrenztheit.[12] Auch Ijob hat sich ein Urteil über Gut und Böse angemaßt, genauer gesagt: alles als böse bewertet. Man könnte sagen: dadurch, daß Gott Ijobs Sichtweise zurechtrückt, kann Ijob wieder paradiesisch leben.

Somit erklärt sich, warum in der Gottesrede die Naturphänomene ohne Wertung dargestellt werden, vor allem ohne menschliche. Ijob hat sie durch seine metaphorische Verwendung in seiner Klage bewertet und sie in negative Zusammenhänge gestellt. Gott beschreibt sie wertfrei in ihrem Eigen„leben“, aber mit dem Hinweis, daß er sie in der Hand hält und ihnen einen gewissen Bereich ungebändigten Agierens[13] zugesteht. Die letzten Geheimnisse der Welt gibt Gott nicht preis, zum Schutz für die Menschen und zur Erhaltung seiner Schöpfermacht.

---

12 Siehe ebd.

13 Vgl. Keel 1978, 156f.

ANHANG

Isotopien in Ijob 38 und 39

Isotopien Kap. 38	1	2	3	4	5	6	7	8	9	10	11	12	13	14	15	16	17	18	19	20	21	22	23	24	25	26	27	28	29	30	31	32	33	34	35	36	37	38	39	40	41
1 (+sprachl. äußernd)	x	x	x	x			x				x	x						x															x	x	x		x				x
2 (+ den geistigen Bereich betreffend)		x	x	x	x								x						x		x	x															x	x			
3 (+ verdunkeln)		x																																							
4 (+ männliche Stärke)			x																																						
5 (+ das Welthaus erstellend)				x	x	x																																			
→ (+ das Meer begrenzend)								x		x	x																														
→ (+ Kleinkind)								x	x																																
6 (+ die Erde am Morgen												x	x	x	x																										
7 (+ Grenzen des Welthauses)																x	x	x	x	x																					
8 (+ Wettererscheinungen)																					x		x	x	x																
9 (+ Gestirne)																																x	x	→							
10 (+ Nahrung der Tiere)																																							x	x	x

Isotopien Kap. 39	1	2	3	4	5	6	7	8	9	10	11	12	13	14	15	16	17	18	19	20	21	22	23	24	25	26	27	28	29	30
1 (+sprachl. äußernd)		x																							x		x			
2 (+ den geistigen Bereich betreffend)	x	x															x									x				
11 (+ Geburt und Nachkommenschaft des Steinbocks und der Hirsche)	x	x	x	x																										
12 (+ Lebensbereich des Zebras und des Wildesels)					x—	—	→																							
13 (+ der Wildstier in der Landwirtschaft)									x	x	—	→																		
14 (+ die Straußenhenne betreffend)													x	x—	—	—	—	→												
15 (+ das Kriegspferd betreffend)																		x	x—	—	—	—	—	—	→					
16 (+ die Raubvögel betreffend)																										x—	—	—	—	→

Abkürzungen

Grammatische und allgemeine Abkürzungen

Die Abkürzungen der biblischen Bücher und Eigennamen richten sich nach den Loccumer Richtlinien

App.	textkritischer Apparat
Anm.	Anmerkung
AnnV	Annexionsverbindung
act	Aktiv
asyn	asyndetisch
AT	Altes Testament
atl.	alttestamentlich
Bd	Band
Bde.	Bände
bes.	besonders
C	Circumstant, Umstandsbestimmung
cs	constructus
CsV	Constructusverbindung
D	D-Stamm
d. h.	das heißt
ders.	derselbe
dies.	dieselbe
dO	direktes Objekt
DPron	Demonstrativpronomen
ePP	enklitisches Personalpronomen
f.	feminin
f	folgende(r)
ff	folgende
FrPron	Fragepronomen
FS	Festschrift
G	Grundstamm
H	H-Stamm
hebr.	hebräisch
Hg.	Herausgeber
Hitpol.	Hitpolel-Stamm
I	Infinitiv
idO	indirektes Obkekt
Imp	Imperativ
Inf	Infinitiv
inkl.	inklusiv
Kap.	Kapitel
KF	Kurzform
LF	Langform
m.	maskulin
N	N-Stamm

Narr	Narrativ
nc	nach Christus
Neg	Negation
NS	Nominalsatz
NT	Neues Testament
P	Pendenskonstruktion
P	Prädikat
pass.	Passiv
PK	Präfixkonjugation
pl.	Plural
Präp.	Präposition
Ptz	Partizip
PV	Präpositionalverbindung
R	Relativsatz
S.	Seite
sg.	Singular
SK	Suffixkonjugation
s. o.	siehe oben
Sub	Substantiv
Suff	Suffix
tD	tD-Stamm
u. ö.	und öfter
u. U.	unter Umständen
V	Vers
VV	Verse
v	vorhergehender Satz
vC	vor Christus
vgl.	vergleiche
VS	Verbalsatz
z. St.	zur Stelle

Abgekürzte Literaturangaben

Die Abkürzungen der Literatur richten sich, soweit sie hier nicht aufgeführt sind, nach dem Abkürzungsverzeichnis der Theologischen Realenzyklopädie (TRE), welches Siegfried Schwertner zusammengestellt hat.

AuS	Dalman, Gustav, Arbeit und Sitte in Palästina, Bde. 1 bis 6, Gütersloh 1928-1939.
BHH	Biblisch-Historisches Handwörterbuch, hg. von B. Reicke und L. Rost, Bde. I-III, Göttingen 1962-1966.
BHS	Biblia Hebraica Stuttgartensia quae antea cooperantibus A. Alt, O. Eißfeldt, P. Kahle ediderat R. Kittel, editio funditus renovata, editio quarta emendata opera H. P. Rüger, Stuttgart [4]1990.

BHK Biblia Hebraica, edidit R. Kittel, Textum masoreticum curavit P. Kahle, Stuttgart 1961.

BH[t] Biblia Hebraica transcripta BH[t]. 12. Ijob, Sprüche, ATS 33,12, St. Ottilien 1993.

ES Even-Shoshan, Abraham (Ed.), A new Concordance of the Bible, Thesaurus of the Language of the Bible, Hebrew and Aramaic, Roots, Words, Proper Names and Synonyms, Jerusalem 1990.

EÜ Einheitsübersetzung der Heiligen Schrift, Stuttgart [1]1980.

Ges[17] Gesenius, Wilhelm, Hebräisches und aramäisches Handwörterbuch über das Alte Testament, in Verbindung mit Prof. Dr. O. Weber, bearbeitet von Dr. Frants Buhl, (unveränderter Neudruck der 1915 erschienenen 17. Auflage) Berlin u. a. 1962.

HAL Ludwig Köhler/Walter Baumgartner (Hg.), Hebräisches und aramäisches Wörterbuch zum Alten Testament. Dritte Auflage neu bearbeitet von Walter Baumgartner u. a., Leiden 1967, 1983, 1990.

HAW Georg Fohrer u. a. (Hg.), Hebräisches und aramäisches Wörterbuch zum Alten Testament, Berlinu. a. [2]1989.

KBL Ludwig Köhler/Walter Baumgartner (Hg.), Lexikon in Veteris Testamenti Libros, Leiden 1958.

LXX Septuaginta

MT masoretischer Text

NBL Neues Bibellexikon, hg. v. Manfred Görg u. Bernhard Lang, Bde. I,II

Qtg Qumrantargum

Syr Peschitta

T Targum

THAT Theologische Handwörterbuch zum Alten Testament, hg. v. Ernst Jenni u. Claus Westermann, Bde. I - II, München u. a. 1971-1976.

ThWAT Theologisches Wörterbuch zum Alten Testament, hg. v. G. Johannes Botterweck u. Helmer Ringgren, Bde. Iff,

V Vulgata

Bibelausgaben

Die Bibel. Die Heilige Schrift des Alten und Neuen Bundes. Deutsche Ausgabe mit den Erläuterungen der Jerusalemer Bibel, hg. v. Diego Arenhoevel, Alfons Deissler, Anton Vögtle, Freiburg i. B. u. a. ^{15}1979.

Biblia Hebraica, edidit R. Kittel, Textum masoreticum curavit P. Kahle, Stuttgart 1961.

Biblia Hebraica Stuttgartensia quae antea cooperantibus A. Alt, O. Eißfeldt, P. Kahle ediderat R. Kittel, editio funditus renovata, editio quarta emendata opera H. P. Rüger, Stuttgart ^{4}1990.

Biblia Sacra Iuxta Latinam Vulgatam Versionem ad Codium Fidem Iussu Pii PP. XII, Libri Hester et Iob ex interpretatione Sancti Hieronymi, Romae 1951.

Biblia Sacra Iuxta Vulgatam Versionem adiuvantibus Bonifatio Fischer OSB u. a. recensuit et brevi apparatu instruxit Robertus Weber OSB editio tertia emendata Bonifatius Fischer OSB u. a. Stuttgart ^{3}1983.

Einheitsübersetzung der Heiligen Schrift. Das Alte Testament, hg. im Auftrag der Bischöfe Deutschlands, Österreichs, der Schweiz u. a., Stuttgart ^{1}1980.

Ginsburg, C. D., *The Writings. Diligenthy revised according to the Massorah and the early Editions with the various Readings,* London 1926.

Kennicott, Benjamin (Hg.), *Vetus Testamentum Hebraicum, cum variis Lectionibus,* Tomus I, Oxford 1780.

Richter, Wolfgang, *Biblia Hebraica transcripta* BH^t. *12. Ijob, Sprüche,* ATS 33,12, St. Ottilien 1993.

Rignell, L. G. (prepared by), *The Old Testament in Syriac. According to the Peshitta Version, Vetus Testamentum Syriace* edited by the Peshitta Institute Leiden Part II, Fasc. 1a, Job, Leiden 1982.

Die Schriftwerke, Verdeutscht von Martin Buber, Heidelberg ^{6}1986.

Septuaginta. Id est Vetus Testamentum graece iuxta LXX interpretes edidit Alfred Rahlfs, Stuttgart 1979.

Ziegler, Joseph, *Iob. Septuaginta. Vetus Testamentum Graecum.* Auctoritate Academiae Scientiarum Gottingensis editum Vol. XI,4, Göttingen 1982.

Literatur

Albani, Matthias, *Astronomie und Schöpfungsglaube. Untersuchungen zum astronomischen Henochbuch,* WMANT 68, Neukirchen-Vluyn 1994.

Albertz, R./Westermann, Claus, רוח, in: THAT II, 726–753.

Alonso-Schökel, Luis, *Das Alte Testament als literarisches Kunstwerk,* Köln 1971.

– /SICRE DIAZ, J. L., *Job. Comentario teológico y literario*, Nueva Biblia Española, Madrid 1983.

Der Babylonische Talmud mit Einschluss der vollstaendigen Mišnah, hg. von Lazarus Goldschmidt, Sechster Bd.: Bara Qamma, Bab meçiâ, Baba bathra, Haag 1933.

BARTELMUS, RÜDIGER, *Einführung in das Biblische Hebräisch*, Zürich 1994.

– *HYH. Bedeutung und Funktion eines hebräischen „Allerweltswortes"*, ATS 17, St. Ottilien 1982.

– שׂחק, in: ThWAT VII, 730–745.

BARTH, C., חלץ, in: ThWAT II, 1004.

BARTH, J., *Die Nominalbildung in den semitischen Sprachen*, (Leipzig ^{2}1894) Nachdruck Hildesheim 1967.

BAUMGÄRTEL, FRIEDRICH, *Der Hiobdialog. Aufriss und Deutung*, BWANT IV, 9, Stuttgart 1933.

BEAUGRANDE, R.-A. DE / DRESSLER, W. U., *Einführung in die Textlinguistik*, Tübingen 1981.

BERG, WOLFGANG, *Uneigentliches Sprechen. Zur Pragmatik und Semantik von Metapher, Metonymie, Ironie, Litotes und rhetorischer Frage*, Tübingen 1978.

BERGENHOLTZ, HENNING / SCHAEDER, BURKHARD, *Die Wortarten des Deutschen. Versuch einer syntaktisch-orientierten Klassifikation*, Stuttgart 1977.

BERLIN, ADELE, *The Dynamics of Biblical Parallelism*, Bloomington 1985.

BEUKEN, W., שׁכב, in: ThWAT VII, 1306–1318.

BEYERLIN, WALTER (Hg.), *Religionsgeschichtliches Textbuch zum Alten Testament*, Göttingen ^{2}1985.

BEYSE, K.-M., שׁאה, in: ThWAT VII, 898–901.

Biblisch-historisches Handwörterbuch, hg. v. Bo Reicke und Leonhard Rost. Bd.1 1962, Bd.2 1964, Bd.3 1966, Göttingen (abgekürzt: BHH)

BICKMANN, H.-J., *Synonymie und Sprachverwendung. Verfahren zur Ermittlung von Synonymklassen als kontextverschränkten Äquivalenzklassen*, Tübingen 1978.

BLANKE, G. H., *Einführung in die semantische Analyse*, München 1973.

BLOCH, ERNST, *Zur Religion des Exodus und des Reichs*, Frankfurt a. M. 1985.

BOBZIEN, HARTMUT, *Die „Tempora" im Hiobdialog*, Marburg 1974.

BOER, P. A. H. DE, ומרחוק ירוח מלחם – Job 39,25, in: Selected Studies in Old Testament Exegesis, hg. v. C. van Duin, Leiden u. a. 1991, 80–89.

BORGONOVO, GIANANTONIO, *La notte e il suo sole. Luce e tenebre nel Libro di Giobbe. Analisi simbolica*, Roma 1995.

BOTTERWECK, G. JOHANNES, ידע, in: ThWAT III, 486–512.

BRINKER, KLAUS, *Linguistische Textanalyse. Eine Einführung in Grundbegriffe und Methoden*, Berlin ^{2}1988

BRUNO, D. ARVID, *Das Hohe Lied. Das Buch Hiob,* Stockholm 1956.

BRUNNER, HELLMUT, *Das hörende Herz. Kleine Schriften zur Religions- und Geistesgeschichte Ägyptens,* hg. v. Wolfgang Rölling, OBO 80, Fribourg u. a. 1988.

BUBER, MARTIN, *Zur Verdeutschung des letzten Bandes der Schrift.* Beilage zum vierten Band: Die Schriftwerke. Verdeutscht. Heidelberg 1986.

BUDDE, KARL, *Hiob,* Handkommentar zum Alten Testament, Göttingen 1896.

– *Hiob.* Göttinger Handkommentar zum Alten Testament, Göttingen ²1913.

BÜHLMANN, WALTER / SCHERER, KARL, *Stilfiguren der Bibel. Ein kleines Nachschlagewerk,* Biblische Beiträge 10, Fribourg 1973.

BUSSMANN, HADUMOD, *Lexikon der Sprachwissenschaft,* Stuttgart ²1990.

CHEYNE, T. K., *Job and Solomon,* London 1887.

CLEMENTS, R. E., כוכב, in: ThWAT IV, 79–91.

CORNFELD, GAALYAHU – BOTTERWECK, G. JOHANNES (Hg.), *dtv-Lexikon Die Bibel und ihre Welt,* Bd. 4. München 1972.

COX, DERMONT, *The Triumph of Impotence,* Roma 1978.

DAHOOD, MITCHELL, *Northwest Semitic Philology and Job,* in: The Bible in Current Catholic Thought, hg. v. John Lawrence McKenzie, New York 1962, 55–74.

– *„Some Rare Parallel Word Pairs in Job and in Ugaritic",* in: The Word in the World: Essays in Honor of Frederick L. Moriarity. Ed. by Richard J. Clifford and George MacRae, Cambridge, Mass. 1973, 19–34.

DALMAN, GUSTAV H., *Aramäisch-Neuhebräisches Handwörterbuch zu Targum, Talmud und Midrasch,* Hildesheim u. a. 1987 (2. Nachdruck der 3. Aufl. Göttingen 1938).

DALMANN, GUSTAF, *Arbeit und Sitte in Palästina,* Bde. 1–6, Gütersloh 1928–1939 (abgekürzt: AuS).

DAVIDSON, BENJAMIN, *The Analytical Hebrew and Chaldee Lexicon,* London 1967.

DELEKAT, LIENHARD, *Probleme der Psalmenüberschriften,* ZAW 76, 1964, 280–297.

DELITZSCH, FRIEDRICH, *Das Buch Hiob.* Neu übersetzt und kurz erklärt … Ausgabe mit sprachlichem Kommentar, Leipzig 1902.

DELL, KATHARINE J., *The Book of Job as sceptical Literature,* BZAW 197, Berlin u. a. 1991.

DOMMERSHAUSEN, WERNER, *Leitwortstil in der Rutrolle,* in: Theologie im Wandel, FS 150 Jahre Kath.-Theol. Fakultät Tübingen, München u. a., 1967, 364–407.

DREYTZA, MANFRED, *Der theologische Gebrauch von* RUAH *im Alten Testament. Eine wort- und satzsemantische Studie,* Gießen ²1992.

DRIVER, SAMUEL ROLLES / GRAY, GEORGE BUCHANAN, *The Book of Job. Together with a new translation,* Edinburgh 1950.

Duden Grammatik, hg v. G. Drosdowski u. a., Mannheim u. a. ³1973.

DUHM, BERNHARD, *Das Buch Hiob,* Freiburg u. a. 1897.

ECO, UMBERTO, *Semiotik. Entwurf einer Theorie der Zeichen,* München ²1991.

EDEL, REINER-FRIEDEMANN, *Hebräisch-Deutsche Präparation zum Buch Hiob,* Lüdenscheid-Lobetal ²1984.

– *Hebräisch-Deutsche Präparation zu den Psalmen,* Marburg ²1966.

EGGER, WILHELM, *Methodenlehre zum Neuen Testament. Einführung in linguistische und historisch-kritische Methoden,* Freiburg u. a. 1996.

EGGER-WENZEL, RENATE, *Von der Freiheit Gottes, anders zu sein. Die zentrale Rolle der Kapitel 9 und 10 für das Ijobbuch,* Würzburg 1998.

EHRLICH, ARNOLD B., *Randglossen zur hebräischen Bibel. Textkritisches, Sprachliches und Sachliches,* 6. Bd., Hildesheim 1968.

EISENBERG, JOSY / WIESEL, ELIE, *Job ou Dieu dans la tempête,* Paris 1986.

EISENBERG, PETER, *Grundriß der deutschen Grammatik,* Stuttgart u. a. ³1994.

EISLER, ROBERT, *Weltenmantel und Himmelszelt. Religionsgeschichtliche Untersuchungen zur Urgeschichte des antiken Weltbildes,* 2 Bde., München 1910.

EISSFELDT, OTTO, *Einleitung in das Alte Testament unter Einschluß des Apokryphen und Pseudepigraphen sowie der apokryphen- und pseudepigraphenartigen Qumran-Schriften,* Tübingen ³1964.

EPPING, C. / NELIS, J. T., *Job. Uit de Grondtekst vertaald en uitgelegd,* Roermond 1968.

ERBEN, JOHANNES, *Deutsche Syntax. Eine Einführung,* Bern u. a. 1984.

ERNST, שׁלג, in: ThWAT VIII, 5–8.

EVEN-SHOSHAN, ABRAHAM (Hg.), *A new Concordance of the Bible. Thesaurus of the Language of the Bible Hebrew and Aramaic Roots, Words Proper Names, Phrases and Synonyms,* Jerusalem 1990.

EWALD, HEINRICH, *Ausführliches Lehrbuch der hebräischen Sprache des Alten Bundes,* Göttingen ⁸1870.

FABRY, HEINZ-JOSEF, מדד, in: ThWAT IV, 695–709.

– שׂושׂ/שׂישׂ, in: ThWAT VII, 721–729.

– / GRAUPNER, A., שׁוב, in: ThWAT VII, 1118–1176.

– FELIKS, J., *Habicht,* in: BHH II, 620.

FELIKS, YEHUDA, *Strauß,* in: BHH III, 1882f.

FICKER, R., רנן, in: THAT II, 781–786.

FIELD, FRIDERICUS (Hg.), *Origenis Hexaplorum quae supersunt sive veterum interpretum graecorum in totum Vetus Testamentum Fragmenta,* Tomus II, Jobus u. a., (Nachdruck der Ausgabe Oxford 1875) Hildesheim 1964.

FLOSS, JOHANNES PETER, *Kunden oder Kundschafter. Literaturwissenschaftliche Untersuchung zu Jos 2. I. Text, Schichtung, Überlieferung*, ATS 16, St. Ottilien 1982.

FOHRER, GEORG, *Das Buch Hiob. Kommentar zum Alten Testament*, Gütersloh 1963.

– U. A. (Hg.), *Hebräisches und aramäisches Wörterbuch zum Alten Testament*, Berlin u. a. ²1989 (abgekürzt: HAW).

FRANKFORT, HENRI UND H. A., *Einführung*, in: Frankfort, Henri und H. A. u. a., Alter Orient – Mythos und Wirklichkeit, Stuttgart u. a. 1981.

FUCHS, GISELA, *Mythos und Hiobdichtung. Aufnahme und Umdeutung altorientalischer Vorstellungen*, Stuttgart u. a. 1993.

FÜGLISTER, NOTKER, *Das Psalmgebet*, München 1965.

GAMBERONI, J., לבשׁ, in: ThWAT IV, 471–483.

GERSTENBERGER, E., אבה, in: THAT I, 20–25.

– בטח, in: THAT I, 300–305.

GESENIUS, WILHELM, *Hebräisches und aramäisches Handwörterbuch über das Alte Testament* (unveränderter Neudruck der 1915 erschienenen 17. Auflage) Berlin u. a. 1962 (abgekürzt: Ges¹⁷).

GESENIUS, W. / KAUTZSCH, E. / BERGSTRÄSSER G., *Hebräische Grammatik*, Hildesheim u. a. 1983

GIERLICH, AUGUSTINUS M., *Der Lichtgedanke in den Psalmen. Eine terminologisch-exegetische Studie*, Diss. Freiburg im Breisgau 1940.

Das Gilgamesch-Epos, übersetzt und mit Anmerkungen versehen von Albert Schott, neu hg. v. Wolfram von Soden, Stuttgart 1988.

GÖRG, MANFRED, *Ijob aus dem Lande Uz. Ein Beitrag zur „theologischen" Geographie*, BN 12, 1980, 7–12.

GOOD, EDWIN M., *In turns of tempest*, Stanford Calif. 1990.

GREIMAS, ALGIRDAS JULIEN, *Strukturale Semantik. Methodologische Untersuchungen*, Braunschweig 1971.

GROEBEN, NORBERT / SCHEELE, BRIGITTE, *Produktion und Rezeption von Ironie. Pragmalinguistische Beschreibung und psycholinguistische Erklärungshypothesen*, Tübingen 1984.

GROSS, HEINRICH, *Ijob*, Neue Echter Bibel, Kommentar zum Alten Testament, Würzburg 1986.

GROSS, WALTER, *Otto Rössler und die Diskussion um das althebräische Verbalsystem*, BN 18, 1982, 28–78.

– *Verbform und Funktion. Wayyiqtol für die Gegenwart? Ein Beitrag zur Syntax poetischer althebräischer Texte*, ATS 1, St. Ottilien 1976.

– *Die Pendenskonstruktion im Biblischen Hebräisch*, ATS 27, St. Ottilien 1987.

GUNKEL, H., *Schöpfung und Chaos in Urzeit und Endzeit*, Berlin ²1921.

HAMP, VINZENZ, חלצים, in: ThWAT II, 1011.

– *Söhne Gottes*, in: LThK² IX, 850.

HAUSMANN, J., שחק, in: ThWAT VII, 1218–1228.

HAYD, HEINRICH, *Das Buch Job. In gereimten Versmaße übersetzt und mit den nöthigen Erklärungen versehen*, München 1859.

HEINEMANN, WOLFGANG / VIEHWEGER, DIETER, *Textlinguistik. Eine Einführung*, Tübingen 1991.

HERRMANN, WOLFRAM, *Die Göttersöhne*, ZRG 12, 1960, 242–251.

HESSE, FRANZ, *Hiob*, Zürcher Bibelkommentare AT 14, Zürich 1978.

HOCKEL, ALFRED, *Christus, der Erstgeborene. Zur Geschichte der Exegese von Kol 15*, Düsseldorf 1965.

HÖLSCHER, GUSTAV, *Das Buch Hiob*, Handbuch zum Alten Testament 17, Tübingen ^{2}1952.

HOLMBERG, B., עב, in: ThWAT V, 978–982.

HORST, FRIEDRICH, *Hiob*, Biblischer Kommentar Altes Testament XVI/1, Neukirchen-Vluyn 1968.

IMSCHOOT, P. VAN, *Söhne Gottes*, in: Bibel-Lexikon, hg. v. Herbert Haag, Einsiedeln u. a. 1968.

IRSIGLER, HUBERT, *Eine Einführung in das Biblische Hebräisch*, ATS 9, St. Ottilien 1981.

– *Das Proömium im Moselied Dtn 32. Struktur, Sprechakte und Redeintentionen von V. 1–3*, in: Lingua restituta orientalis, FS Julius Aßfalg, hg. von Regine Schulz und Manfred Görg, Wiesbaden 1990, 161–174.

JAKOBSON, ROMAN, *Poesie der Grammatik und Grammatik der Poesie (1961)*, in: Poetik. Ausgewählte Aufsätze 1921–1971, hg. v. Elmar Holenstein und Tarcisius Schelbert, Frankfurt a. M. 1979, 233–263.

JANZEN, J. GERALD, *On the Moral Nature of God's Power: Yahweh and the Sea in Deutero-Isaiah*, in: CBQ 56, 1994, 458–478.

JENNI, ERNST, *Lehrbuch der hebräischen Sprache des Alten Testaments*, Basel u. a. 1981.

– יהוה, in: THAT I, 701–707.

– יום, in: THAT I, 707–726.

– ענן, in: THAT II, 351 – 353.

JEPSEN, A., אמן, in: ThWAT I, 313–348.

JEREMIAS, JÖRG, *Theophanie. Die Geschichte einer alttestamentlichen Gattung*, Neukirchen ^{2}1977.

JUNG, C. G., *Antwort auf Hiob*, München 1990.

KALLMEYER, WERNER / KLEIN, WOLFGANG / MEYER – HERMANN, REINHARD / NETZER, KLAUS / SIEBERT, HANS-JÜRGEN, *Lektürekolleg zur Textlinguistik*, Bd. 1: Einführung, Königstein/Ts. ^{4}1986.

KAYSER, WOLFGANG, *Das sprachliche Kunstwerk. Eine Einführung in die Literaturwissenschaft*, Bern u. a. ^{19}1983.

KEDAR, BENJAMIN, *Biblische Semantik*, Stuttgart u. a. 1981.

KEEL, OTHMAR, *Zwei kleine Beiträge zum Verständnis der Gottesreden im Buch Ijob (XXXVIII 36f, XL 25)*, VT 31, 1981, 220–225.

– *Das Hohelied,* Zürcher Bibelkommentare AT 18, Zürich 1986.
– *Jahwes Entgegnung an Ijob. Eine Deutung von Ijob 38–41 vor dem Hintergrund der zeitgenössischen Bildkunst,* Göttingen 1978.
– *Die Welt der altorientalischen Bildungssymbolik und das Alte Testament. Am Beispiel der Psalmen,* Zürich u. a. [3]1980.
– /CHRISTOPH UEHLINGER, *Göttinnen, Götter und Göttersymbole,* QD 134, Freiburg 1992.
– / – KÜCHLER, MAX, *Orte und Landschaften der Bibel,* Bd. 1, Zürich u. a. 1984.

KESSLER, R., *Der antwortende Gott.* Wort und Dienst 21, 1991, 43–57.

KILIAN, RUDOLF, *Jesaja 1–12,* Neue Echter Bibel, Würzburg 1986.

KISSANE, EDWARD J., *The Book of Job.* Translated from the critically revised Hebrew Text with Commentary, Dublin 1939.

KÖHLER, LUDWIG/BAUMGARTNER, WALTER (Hg.), *Lexikon in Veteris Testamenti Libros,* Leiden 1958 (abgekürzt: KBL).
– / – (Hg.), *Hebräisches und aramäisches Wörterbuch zum Alten Testament.* Dritte Auflage neu bearbeitet von Walter Baumgartner u. a., Leiden 1967, 1983, 1990 (abgekürzt: HAL).

KÖNIG, EDUARD, *Das Buch Hiob, eingeleitet, übersetzt und erklärt,* Gütersloh 1929.

KOSMALA, H., גבר, in: ThWAT I, 901–919.

KNAUF, ERNST A., *Supplementa Ismaelitica und Ijobs Heimat,* BN 22, 1983, 25–29.

KNOBLOCH, JOHANN (Hg.), *Sprachwissenschaftliches Wörterbuch,* Heidelberg 1986.

KRONHOLM, T., רחם, in: ThWAT VII, 477–482.
– נשר, in: ThWAT V, 680–689.

KUBINA, VERONIKA, *Die Gottesreden im Buch Hiob. Ein Beitrag zur Diskussion um die Einheit von Hiob 38,1–42,6,* Freiburger Theologische Studien 115, Freiburg 1979.

KÜHLEWEIN, J., גבר, in: THAT I, 398–402.

KUHL, CURT, *Neuere Literarkritik des Buches Hiob,* in: Theologische Rundschau, Neue Folge 21, 1953, 163–205 (1. Teil) und 257–317 (2. Teil).
– *Vom Hiobbuche und seinen Problemen,* in: Theologische Rundschau 22, 1954, 261–316.

LABUSCHAGNE, C. J., ענה, in: THAT II, 335–341.

LAGARDE, P. DE (edidit), *Hagiographa Chaldaice,* Lipsiae 1873.

LAMBERT, FRANZ A., *Das Buch Hiob,* Berlin 1919.

LANG, BERNHARD, *Fels,* in: NBL I, 665.

LAPP, EDGAR, *Linguistik der Ironie,* Tübingen 1992.

LEEUWEN, C. VAN, רעש, in: THAT II, 813–818.

LÉVÊQUE, JEAN, *Job et son Dieu,* Tome 1 et 2, Études Bibliques, Paris 1970.

- *La datation du livre de Job:* VT.S XXXII (Congress Volume, Vienna 1980), 1981, 206–219.
- *L'interpretation des Discours des YHWH (Job 38,1–42,6),* in: The Book of Job, ed. by W. A. M. Beuken, Leuven 1994, 203–222.

LEVI, JAAKOV, *Inkongruenz im biblischen Hebräisch,* Wiesbaden 1987.

Lexikon der Ägyptologie, begründet von Wolfgang Helck und Eberhard Otto, hg. v. W. Helck u. Wolfhart Westendorf, Wiesbaden 1986.

LIEDKE, G., חקק, in: THAT I, 626–633.

LISOWSKY, GERHARD, *Konkordanz zum Hebräischen Alten Testament,* Stuttgart [2]1958.

LORETZ, OSWALD, *Ugarit und die Bibel. Kanaanäische Götter und Religion im Alten Testament,* Darmstadt 1990.

LUGT, HANS, *Wirbelstürme im Alten Testament,* BZ 19, 1975, 195–204.

LUGT, PIETER VAN DER, *Rhetorical Criticism and the Poetry of the Book of Job.* Oudtestamentische Studien XXXII, Leiden u. a. 1995.

LURKER, MANFRED, *Götter und Symbole der alten Ägypter,* Bern u. a. 1981.

LYONS, JOHN, *Einführung in die moderne Linguistik,* München [7]1989.

MAAG, VICTOR, *Hiob,* FRLANT 128, Göttingen 1982.

MAIBERGER, P., *Falke,* in: NBL I, 656.

MANDELKERN, S., *Veteris Testamenti Concordantiae Hebraicae atque Chaldaicae,* prima et altera pars, Graz 1975.

MARBÖCK, JOHANN, קו. *Eine Bezeichnung für das Hebräische Metrum?,* VT 20, 1970, 236–239.

MEIBAUER, JÖRG, *Rhetorische Fragen,* Tübingen 1986.

MENDE, THERESIA, *Das Buch Ijob. Teil II (Kap. 21–42),* Geistliche Schriftlesung, Düsseldorf 1994.
- *Durch Leiden zur Vollendung. Die Elihureden im Buch Ijob. Ijob 32–37,* Trier 1990.

MEYER, RUDOLF, *Hebräische Grammatik, I Einleitung, Schrift- und Lautlehre, II Formenlehre, Flexionstabellen, III Satzlehre,* Berlin [3]1966–1972.

MICHEL, D., *Gericht Gottes. AT,* in: NBL I, 801–807.

MOSIS, R., יסד, in: ThWAT III, 668–682.

MÜLLER, BEAT LOUIS, *Der Satz. Definition und sprachtheoretischer Status,* Tübingen 1985.

MÜLLER, HANS-PETER, *Die sog. Straußenperikope in den Gottesreden des Hiobbuches,* in: ZAW 100, 1988, 90–105 (zitiert als 1988a).
- *Gottes Antwort an Ijob und das Recht religiöser Wahrheit,* BZ 32, 1988, 210–231 (zitiert als 1988b).
- *Das Hiobproblem. Seine Stellung und Entstehung im Alten Orient und im AT,* Darmstadt [3]1995.
- ראם, in: ThWAT VII, 267–271.

– *Theodizee? Anschlußerörterungen zum Buch Hiob,* in: ders., Glauben, Denken und Hoffen. Alttestamentliche Botschaften in den Auseinandersetzungen unserer Zeit, Münster 1998, 123–153.

MÜLLER, WOLFGANG G., *Ironie, Lüge, Simulation, Dissimulation und verwandte rhetorische Termini,* in: Zur Terminologie der Literaturwissenschaft. Akten des IX. Germanistischen Symposions der Deutschen Forschungsgemeinschaft Würzburg 1986, Stuttgart 1989, 189–208.

MÜLLER, WALTER W., *Adler und Geier als altarabische Gottheiten,* in: „Wer ist wie du, HERR, unter den Göttern?", FS Otto Kaiser, hg. v. Ingo Kottsieper u. a., Göttingen 1994, 91–107.

MULLER, CHARLES, *Einführung in die Sprachstatistik,* München 1972.

NEEF, HEINZ-DIETER, *Gottes himmlischer Thronrat. Hintergrund und Bedeutung von* sôd JHWH *im Alten Testament,* Stuttgart 1994.

OBERLINNER, L., *Hahn,* in : NBL II, 14.

– *Hahnenschrei,* in: NBL II, 15.

OORSCHOT, JÜRGEN VAN, *Gott als Grenze. Eine literar- und redaktionsgeschichtliche Studie zu den Gottesreden des Hiobbuches,* BZAW 170, Berlin u. a. 1987.

OTTOSSON, M. / BERGMAN, J., ארץ, in: ThWAT I, 418–436.

PANGRITZ, WALTER, *Das Tier in der Bibel,* München u. a. 1963.

Der Kleine Pauly. Lexikon der Antike in fünf Bänden, hg. v. Konrat Ziegler u. a., München 1979.

PELZ, HEIDRUN, *Linguistik für Anfänger,* Hamburg ^{5}1982.

PERDUE, LEO G., *Metaphorical Theology in the Book of Job. Theological Anthropology in the first Cycle of Job's Speeches (Job 3; 6–7; 9–10),* in: The Book of Job, ed. by W. A. M. Beuken, Leuven 1994, 129–154.

PETERS, NORBERT, *Das Buch Job. Übersetzt und erklärt,* Exegetisches Handbuch zum Alten Testament 21, Münster 1928.

PIEPER, URSULA, *Über die Aussagekraft statistischer Methoden für die linguistische Stilanalyse,* Tübingen 1979.

PIPER, NIKOLAUS, *Die Diktatur der Gegenwart,* in: Die Zeit, vom 29. 12. 1995.

PLOEG, J. P. M. VAN DER / WOUDE, A. S. VAN DER, *Le Targum de Job de la Grotte XI de Qumran,* Leiden 1971.

POLENZ, PETER VON, *Deutsche Satzsemantik. Grundbegriffe des Zwischen-den-Zeilen-Lesens,* Berlin u. a. ^{2}1988.

POPE, M. H., *Job,* Anchor Bible 15, NewYork ^{2}1973.

PREUSS, H. D., זרע, in: ThWAT II, 663–686.

RAD, GERHARD VON, *Theologie des Alten Testaments* I, München ^{4}1962.

RAVASI, GIANFRANCO, *Giobbe,* Roma 1979.

RECHENMACHER, HANS, *Jungfrau, Tochter Babel. Eine Studie zur sprachwissenschaftlichen BEschreibung althebräischer Texte am Beispiel von Jes 47,* ATS 44, St. Ottilien 1994.

Reiser, Werner, *Hiob. Ein Rebell bekommt recht*, Stuttgart 1991.

Reiterer, Friedrich Vinzenz, *Gottes Wort im Festkreis. Hilfen für Verkündigung und Bibelrunden. Schwerpunkt Altes Testament*, Graz 1983.
- שׁוא, in: ThWAT VII, 1104–1117.
- שׁם, in: ThWAT VIII, 122–174.
- *Das Verhältnis Ijobs und Ben Siras*, in: The Book of Job, ed. by W. A. M. Beuken, Leuven 1994, 405–429.

Richter, Heinz, *Die Naturweisheit des Alten Testaments im Buche Hiob*, ZAW 1958, 1–20.

Richter, Wolfgang, *BH*^{t} *Ijob, Sprüche*, ATS 33.12, St. Ottilien 1993.
- *Exegese als Literaturwissenschaft. Entwurf einer alttestamentlichen Literaturtheorie und Methodologie*, Göttingen 1971.
- *Grundlagen zu einer althebräischen Grammatik, I Das Wort*, ATS 8, St. Ottilien 1978.
- *II Die Wortfügung*, ATS 10, St. Ottilien 1979.
- *III Der Satz*, ATS 13, St. Ottilien 1980.
- *Untersuchungen zur Valenz althebräischer Verben. 1. 'RK*, ATS 23, St. Ottilien 1985.

Ringgren, H., כח, in: ThWAT IV, 130–137.
- רשׁע, in: ThWAT VII, 675–684.
- שׁופר, in: ThWAT VII, 1195f.

Ritter, Petra, *Die Verben der Gottesrede in Ijob 38 und 39. Eine formalstatistische Untersuchung*, in: Liebe zum Wort. FS Ludger Bernhard OSB, hg. v. Friedrich V. Reiterer u. Petrus Eder OSB., Salzburg 1993, 215–237.

Rosengren, Inger, *Ironie als sprachliche Handlung*, in: Sprachnormen in der Diskussion. Beiträge von Sprachfreunden, Berlin u.a. 1986, 41–71.

Rossi, Joh. Bern. de, *Variae Lectiones Veteris Testamenti* Librorum Volumen, IV, (Parma M DCC LXXXV) Nachdruck Amsterdam 1970.

Rowold, Henry Lawrence, *The Theology of Creation in the Yahweh Speeches of the Book of Job as a Solution to the Problem Posed by the Book*, Ph. D. Dissertation, Concordia Seminary in Exil 1977.

Ruppert, L., יעץ, in: ThWAT III, 718–751.
- שׁחר, in: ThWAT VII, 1226–1233.

Sabatier, D. Petri, *Bibliorum Sacrorum Latinae versiones antiquae seu Vetus Italica et carterea quaecunque …*, Tomus primus, (Florenz 1743), Nachdruck München 1976.

Saebø, M., אור, in: THAT I, 84–90.
- יום, in: ThWAT III, 566–586.

Sauer, G., דרך, in: THAT I, 456–460.

Sawyer, J. F. A., קבץ, in: THAT II, 583–586.
- תעה, in: THAT II, 1055–1057.

SCHICKLBERGER, FRANZ, *Biblische Literarkritik und linguistische Texttheorie. Bemerkungen zu einer Textsyntax von hebräischen Erzähltexten,* Theologische Zeitschrift 34, 1978, 65–81.

SCHMID, H. H., אמר, in: THAT I, 211–216.

– ארץ, in: THAT I, 228–236.

SCHMIDT, W. H., אל, in: THAT I, 142–149.

– יסד, in: THAT I, 736–738.

SCHMÖKEL, HARTMUT, *Kulturgeschichte des Alten Orient. Mesopotanien, Hethiterreich, Syrien-Palästina, Urartu,* Stuttgart 1995.

SCHOTTROFF, W., ידע, in: THAT I, 682–701.

SCHROER, SILVIA, *Entstehungsgeschichtliche und gegenwärtige Situierungen des Hiob-Buches,* in: Hiob. Ökumenischer Arbeitskreis für Bibelarbeit, Bibelarbeit in der Gemeinde 7, Basel u. a. 1989, 35–62.

SCHULTE-SASSE, JOCHEN / WERNER, RENATE, *Einführung in die Literaturwissenschaft,* München 1977.

SCHULTENS, ALBERT, *Liber Jobi: cum nova versione ad Hebraeum fontem et commentario …,* Lugdunum Batavorum 1737.

SCHWANKL, OTTO, *Licht und Finsternis. Ein metaphorisches Paradigma in den johanneischen Schriften,* Freiburg i. B. u. a. 1995.

SCHWEIZER, HARALD, *Metaphorische Grammatik. Wege zur Integration von Grammatik und Textinterpretation in der Exegese,* ATS 15, St. Ottilien 1981.

– *Biblische Texte verstehen. Arbeitsbuch zur Hermeneutik und Methodik der Bibelinterpretation,* Stuttgart u.a. 1986.

SCHWIENHORST-SCHÖNBERGER, LUDGER, *Das Buch Ijob,* in: Erich Zenger u. a. (Hg.), Einleitung in das Alte Testament, Stuttgart u. a. 1995, 230–242.

SCRIBA, ALBRECHT, *Die Geschichte des Motivkomplexes Theophanie,* FRLANT 167, Göttingen 1995.

SEIDL, THEODOR, *Tora für den „Aussatz"-Fall. Literarische Schichten und syntaktische Strukturen in Levitikus 13 und 14,* ATS 18, St. Ottilien 1982.

SELLIN, ERNST, *Das Problem des Hiobbuches.* Vortrag gehalten auf dem theologischen Lehrkurs für Feldgeistliche in Riga am 13. März 1918, Leipzig 1919.

SMITTEN, W.-TH. IN DER, חמור, in: ThWAT II, 1036–1042.

SNAITH, NOMAN H., *The Book of Job. Its Origin and Purpose,* London 1968.

SOISALON-SOININEN, J., *Der Infinitivus constructus mit ל im Hebräischen,* VT 22, 1972, 82–90.

SOWINSKI, BERNHARD, *Textlinguistik. Eine Einführung,* Stuttgart u. a. 1983.

SPIECKERMANN, HERMANN, *Die Satanisierung Gottes. Zur inneren Konkordanz von Novelle, Dialog und Gottesreden im Hiobbuch,* in: „Wer ist wie du, HERR, unter den Göttern?", FS Otto Kaiser, hg. v. Ingo Kottsieper u. a., Göttingen 1994, 431–444.

STÄHLI, H. P., נאה, in: THAT I, 379–382.

STENDEBACH, F. J., ענה I, in: ThWAT VI, 233–247.

- סוס, in: ThWAT V, 782–791.

STIER, F., *Das Buch Ijjob*, München 1954.

STRAUSS, HANS, *Bemerkungen zu Gebrauch und Bedeutung von* אל *in der Hiobdichtung und -Gesamtkomposition*, in: Altes Testament. Forschung und Wirkung. FS Henning Graf Raventlow, hg. v. Peter Mommer, Winfried Thiel, Frankfurt a. M. u. a. 1994.

SZCZYGIEL, P., *Das Buch Job*, Bonn 1931.

TITZMANN, MICHAEL, *Strukturale Textanalyse. Theorie und Praxis der Interpretation*, München [2]1989.

TUR-SINAI, N. H., *Die Heilige Schrift*. Neu ins Deutsche übertragen, Vierter Bd. Ketubim, Schriftum, Jerusalem o. J.

UTZSCHNEIDER, H., *Das Heiligtum und das Gesetz. Studien zur Bedeutung der sinaitischen Heiligtumstexte*, Göttingen u. a. 1988.

VANONI, GOTTFRIED, שׂים, in: ThWAT VII, 761–781.

– שׂית, in: ThWAT VII, 1296–1306.

VAUX, ROLAND DE, *Das Alte Testament und seine Lebensordnungen*, Freiburg 1960 (Bd. I), 1962 (Bd. II).

VERMEER, HANS J., *Allgemeine Sprachwissenschaft. Eine Einführung*, Freiburg 1972.

VETTER, D., הנה, in: THAT I, 504–507.

VOLZ, PAUL, *Hiob und Weisheit (Das Buch Hiob, Sprüche und Jesus Sirach, Prediger) übersetzt, erklärt und mit Einleitungen versehen*, Göttingen [2]1921.

WAGNER, RENATE, *Textexegese als Strukturanalyse. Sprachwissenschaftliche Methode zur Erschließung althebräischer Texte am Beispiel des Visionsberichtes Jes 6,1–11*, ATS 32, St.Ottilien 1989.

WAHL, HARALD MARTIN, *Der gerechte Schöpfer. Eine redaktions- und theologiegeschichtliche Untersuchung der Elihureden – Hiob 32–37*, BZAW 207, Berlin u. a. 1993.

WANKE, G., עפר, in: THAT II, 353–356.

WEHRLE, JOSEF, *Metapher*, in: NBL II, 789–791.

– *Prophetie und Textanalyse. Die Komposition Obadja 1–21 interpretiert auf der Basis textlinguistischer und semiotischer Konzeptionen*, ATS 28, St. Ottilien 1987.

– *Sprichwort und Weisheit. Studien zur Syntax und Semantik der* tob ... min-*Sprüche im Buch der Sprichwörter*, ATS 38, St. Ottilien 1993.

WEINRICH, HARALD, *Textgrammatik der deutschen Sprache*, Mannheim u. a. 1993.

– *Semantik der Metapher*, in: Strukturelle Textanalyse – Analyse du Récit-Discourse Analysis, hg. v. Walter A. Koch, Hildesheim u. a. 1972, 269–283.

WEIPPERT, H., *Kleidung,* in: NBL II, 495–499.

WEISER, ARTUR, *Das Buch Hiob,* Das Alte Testament Deutsch 13, Göttingen 51968.

WENNING, ROBERT, *Bestattungen im königszeitlichen Juda,* in: ThQ 177, 1997, 82–93.

WESTERMANN, CLAUS, *Das Loben Gottes in den Psalmen,* Göttingen 41968.

– *Der Aufbau des Buches Hiob,* Stuttgart 21977.

– תהום, in: THAT II, 1026–1031.

WILDBERGER, HANS, *Jesaja I,* BKAT X/1, Neukirchen Vluyn 1972.

– אמן, in: THAT I, 177–209.

WILDE, A. DE, *Das Buch Hiob. Eingeleitet, übersetzt und erläutert,* Oudtestamentische Studien 22, Leiden 1981.

WILLIAMS, J. G., *„You have not spoken Truth to me." Mystery and Irony in Job,* ZAW 83, 1971, 231–255.

WITTE, MARKUS, *Vom Leiden zur Lehre. Der dritte Redegang (Hiob 21–27) und die Redaktionsgeschichte des Hiobbuches,* BZAW 230, Berlin u. a. 1994.

WOUDE, A.S. VAN DER, זרוע, in: THAT I, 522–524.

– כנף, in: THAT I, 833–836.

– צבא, in: THAT II, 498–507.

WÜRTHWEIN, ERNST, *Gott und Mensch in Dialog und Gottesreden des Buches Hiob,* in: Wort und Existenz. Studien zum AT, Göttingen 1970, 217–295.

– *Der Text des Alten Testaments. Eine Einführung in die Biblia Hebraica,* Stuttgart 51988.

WUTZ, FRANZ-XAVER U. A., *Systematische Wege von der Septuaginta zum hebräischen Urtext,* Stuttgart 1937.

ZATELLI, IDA, *Astrology and the Worship of the Stars in the Bible,* ZAW 103, 1991, 86–99.

ZENGER, ERICH, *Durchkreuztes Leben,* Freiburg 1981.

ZERAFA, PETER PAUL, *The Wisdom of God in the Book of Job,* Roma 1978.

ZOBEL, H. J., פרא, in: ThWAT VI, 731–735.

– שור, in: ThWAT VII, 1199–1205.

Register

Bibelstellen*

* Ijob 38 und 39 werden nicht aufgenommen.

Rut

1 Samuel

2 Samuel

1 Könige

2 Könige

1 Chronik

2 Chronik

Esra

Nehemia

Ester

Ijob

Psalmen

Sprüche

Kohelet

Hohes Lied

Jesus Sirach

Jesaja

Jeremia

Klagelieder

Baruch

Ezechiel

Verfasser